Schriften zum Finanzrecht und Währungsrecht

Herausgegeben von

Prof. Dr. Ulrich Häde, Europa-Universität Viadrina Frankfurt (Oder)
Prof. Dr. Christoph Ohler, Friedrich-Schiller-Universität Jena

Band 11

Erol Gören

Der Einheitliche Aufsichtsmechanismus bei der Europäischen Zentralbank (Single Supervisory Mechanism)

Nomos

Die Deutsche Nationalbibliothek verzeichnet diese Publikation in der Deutschen Nationalbibliografie; detaillierte bibliografische Daten sind im Internet über http://dnb.d-nb.de abrufbar.

Zugl.: Kiel, Univ., Diss., 2018

ISBN 978-3-8487-5308-6 (Print)
ISBN 978-3-8452-9489-6 (ePDF)

1. Auflage 2019

Meinen Eltern

Vorwort

Die vorliegende Arbeit ist während meiner Zeit als wissenschaftlicher Mitarbeiter am Lehrstuhl für Öffentliches Recht an der Christian-Albrechts-Universität zu Kiel entstanden und dort im Sommersemester 2018 von der Juristischen Fakultät als Dissertation angenommen worden. Die Arbeit wurde anlässlich der Veröffentlichung aktualisiert. Rechtsprechung und Literatur sind größtenteils bis September 2018 berücksichtigt.

Zunächst möchte ich mich ganz herzlich bei meinem Doktorvater Herrn Prof. Dr. Florian Becker, LL.M. (Cambridge) für die thematische Anregung und unermüdliche Unterstützung während meines Promotionsvorhabens sowie der erfahrungsreichen Zeit an seinem Lehrstuhl bedanken. Er hat die Arbeit in allen Phasen konstruktiv begleitet und mit seinen wertvollen Ratschlägen maßgeblich zu dessen Gelingen beigetragen. Dank gebührt auch Frau Prof. Dr. Nele Matz-Lück für die Erstellung des Zweitgutachtens. Darüber hinaus danke ich Herrn Prof. Dr. Ulrich Häde und Herrn Prof. Dr. Christoph Ohler, LL.M. (Brügge) für die Aufnahme der Arbeit in ihre Schriftenreihe.

Bedanken möchte ich mich auch bei allen ehemaligen und gegenwärtigen Mitarbeitern des Lehrstuhls, die jederzeit für eine freundliche Arbeitsatmosphäre gesorgt haben. Besonderer Dank gilt meinem Freund und Kollegen Herrn Dr. Alexander Merschmann, der mit mir die Freuden und Sorgen des Doktorandenlebens teilen durfte.

Schließlich möchte ich mich von ganzem Herzen bei meiner Familie bedanken, die mich nicht nur während der Promotionszeit, sondern auch im Studium und Referendariat jederzeit nach Kräften unterstützt und gefördert hat, und ohne die diese Doktorarbeit niemals möglich geworden wäre. Ihnen verdanke ich alle meine persönlichen und beruflichen Erfolge. Besonderer Dank gilt dabei meinen lieben Schwestern Hediye, Mehlican und Melike, die die Arbeit mehrmals mühevoll korrekturgelesen haben.

Kiel, im November 2018 *Erol Gören*

Inhaltsverzeichnis

A. Einleitung

I. Einführung in die Problematik

Die jüngste Finanz- und Wirtschaftskrise hat gravierende Defizite der institutionellen Aufsichtsstruktur in der Europäischen Union offenbart. Diese war trotz der globalen Verflechtung der Finanzmärkte durch eine fragmentierte und naturgemäß an den Grenzen der Mitgliedstaaten endende Aufsicht gekennzeichnet, die insbesondere bei grenzüberschreitenden Sachverhalten an ihre Grenzen stieß.

Als Reaktion auf die Finanzmarktkrise, die im Jahr 2007 durch den Zusammenbruch der Investmentbank *Lehman Brothers* ihren Anfang genommen hatte, stellte die Europäische Kommission 2009 Reformpläne für eine neue Aufsichtsstruktur im Finanzsektor vor. Ergebnis dieser Reformen war das Europäische System der Finanzmarktaufsicht (*European System of Financial Supervision* – ESFS), das Anfang 2011 die systemweite Aufsicht über die in den Mitgliedstaaten der Europäischen Union ansässigen Institute übernommen hat.[1] Ein Novum war insbesondere die Errichtung der Europäischen Bankenaufsichtsbehörde (EBA)[2] als eines der Elemente des ESFS. Allerdings scheute sich die federführende Expertengruppe unter der Leitung von *Jacques de Larosière* damals schon vor der konsequenten Forderung einer einheitlichen Aufsichtsbehörde mit weitreichenden Aufsichtsbefugnissen in Bezug auf Kreditinstitute in der Europäischen Union. Stattdessen beschränkte sich der Aufgabenbereich der EBA auf Überwachung und Koordination der Aufsichtstätigkeit der nationalen Aufsichtsbehörden. Primär oblag ihr die Aufgabe, die Kooperation innerhalb der nationalen Aufsichtsbehörden zu verbessern und eine einheitliche Aufsichtspraxis sowie die kohärente Anwendung des Unionsrechts sicherzustellen.[3] Es war daher wenig überraschend, dass die EBA aufgrund ihrer begrenzten Befugnisse nicht in der Lage war, eine Verschärfung der Krise zu verhindern.[4]

---

1 VOen (EU) Nr. 1092 - 1095/2010.

2 VO (EU) Nr. 1093/2010 v. 24.10.2011 zur Errichtung einer Europäischen Aufsichtsbehörde, ABl. 2010 L 331/12.

3 *Deutsche Bundesbank*, Monatsbericht September 2011, S. 93; *Baur/Boegl*, BKR 2011, 177 (181).

4 *Welch/Parker*, in: Walker/Purves/Blair, Financial Services Law, S. 98 Rn. 3.49; siehe auch *Herdegen*, WM 2012, 1889 (1896); *Ceyssens*, NJW 2013, 3704 (3705); *Boegl*, Die

Ihre größtenteils nur rein koordinierende Funktion war nicht ausreichend, um die Tätigkeit der einzelnen Institute in Europa zu beaufsichtigen und grenzüberschreitende Auswirkungen von Bankenkrisen frühzeitig zu erkennen.[5] Angesichts der gemeinsamen geldpolitischen Zuständigkeiten der Eurostaaten und der grenzüberschreitenden Tätigkeit der Kreditinstitute hätte bereits zu diesem Zeitpunkt ein funktionierendes supranationales Krisenabwehr- und Überwachungssystem installiert werden müssen.[6]

Vor dem Hintergrund der andauernden Staatsschuldenkrise und der Erkenntnis, dass die enge Verflechtung zwischen Staaten und Kreditinstituten erhebliche Gefahren für die Finanzmarktstabilität ins sich birgt, bekräftigten die Staats- und Regierungschefs der Eurozone auf dem Euro-Gipfeltreffen vom 29.06.2012 den Wunsch nach einer zentralen Aufsichtsbehörde auf europäischer Ebene unter Einbeziehung der Europäischen Zentralbank.[7] Die nunmehr seit 40 Jahren andauernde Integration des europäischen Bankensektors hat mit dem Vorschlag der Europäischen Kommission zur Errichtung eines Einheitlichen Aufsichtsmechanismus (*Single Supervisory Mechanism* – SSM) unter Einbeziehung der Europäischen Zentralbank ihren Höhepunkt erreicht.[8] Zu den primären Zielen dieses Vorhabens gehören die grenzüberschreitende Stabilisierung des Finanzsystems und die Schaffung neuer und einheitlicher Rahmenbedingungen für alle in der Wirtschafts- und Währungsunion ansässigen Kredit- und sonstigen Finanzinstitute. Die Errichtung einer gemeinsamen Kreditinstitutsaufsicht ist eine notwendige Voraussetzung dafür, dass notleidende Kreditinstitute in Zukunft ohne eine Legitimation der nationalen Parlamente nach einem entsprechenden Beschluss vom Europäischen Stabilitätsmechanismus (ESM) rekapitalisiert werden.[9] Hierbei soll in erster Linie

---

Bank 09/2013, 19; *Witte*, Maastricht J. Eur. & Comp. Law 21/2014, 89 (92); *Kaufhold*, ZG 2017, 18 (20).

5 *Europäische Kommission*, Mitteilung v. 12.09.2012, COM (2012) 510 final.

6 *Europäische Kommission*, Pressemitteilung v. 12.09.2012, IP/12/953.

7 Gipfelerklärung der Mitglieder des Euro-Währungsgebietes v. 29.06.2012, MEMO/12/656, abrufbar unter http://www.consilium.europa.eu/uedocs/cms_data/docs/pressdata/de/ec/131365.pdf, zuletzt aufgerufen am 25.11.2018; *Kaufhold*, ZG 2017, 18 (21).

8 *Kohtamäki*, Die Reform der Bankenaufsicht in der Europäischen Union, S. 1; *Deutsche Bundesbank*, Monatsbericht September 2011, S. 83; *Wymeersch*, ECGI-Law Working Paper 240/2014, S. 9; siehe *Thiele*, GewArch 2015, 111 (114), der von einer „Aufsichtswende“ spricht.

9 Gipfelerklärung der Mitglieder des Euro-Währungsgebietes v. 29.06.2012, abrufbar unter: http://www.consilium.europa.eu/uedocs/cms_data/docs/pressdata/de/ec/131365.pdf, zuletzt aufgerufen am 25.11.2018.

die Verknüpfung zwischen der Insolvenz von Kreditinstituten und übermäßiger Staatsverschuldung aufgelöst werden. Beispielhaft wird an dieser Stelle nur auf Länder wie Irland und Spanien hingewiesen. Der Unionsgesetzgeber scheute bei diesem Vorhaben, anders als bei der Errichtung des ESFS, nicht davor zurück, die mitgliedstaatliche Souveränität einzuschränken und die Europäische Zentralbank mit weitreichenden Befugnissen auszustatten, die sich nicht nur auf Information und Kooperation sowie auf den Erlass unverbindlicher Maßnahmen beschränken.

Der Einheitliche Aufsichtsmechanismus stellt darüber hinaus den ersten Schritt zur Errichtung einer Bankenunion in der Europäischen Union dar. Zu den weiteren Säulen dieser Bankenunion gehören ein Bankenabwicklungsmechanismus (*Single Resolution Mechanism* – SRM[10]) und das Europäische Einlagensicherungssystem (*European Deposit Insurance Scheme* – EDIS). Letzteres ist jedoch bislang noch nicht realisiert worden. Die Europäische Kommission hat am 24.11.2015 einen entsprechenden Entwurf für ein europaweites Einlagensicherungssystem[11] sowie weitere Maßnahmen zum gleichzeitigen Abbau noch verbleibender Risiken im Bankensektor vorgestellt.

Im allgemeinen Sprachgebrauch werden die Begriffe Bank und Kreditinstitut oftmals synonym verwendet, gleichwohl diese nicht deckungsgleich sind. Soweit diese Arbeit aber von „Bankenaufsicht" oder „Bankenaufsichtsbehörde" spricht, ist hierunter eine Institution zu verstehen, die die Aufsicht über Kreditinstitute im Sinne des KWG oder des Unionsrechts ausübt.

II. Gang der Untersuchung

Der Einheitliche Aufsichtsmechanismus auf europäischer Ebene stellt in der Geschichte der europäischen Bankenaufsicht insoweit ein Novum dar, als erstmals weitreichende Aufsichtskompetenzen auf Unionsebene verlagert werden, die im Wesentlichen mit denen von nationalen Aufsichtsbe-

---

10 VO (EU) Nr. 806/2014 v. 15.07.2014 zur Festlegung einheitlicher Vorschriften und eines einheitlichen Verfahrens für die Abwicklung von Kreditinstituten und bestimmten Wertpapierfirmen im Rahmen eines einheitlichen Abwicklungsmechanismus und eines einheitlichen Abwicklungsfonds sowie zur Änderung der Verordnung (EU) Nr. 1093/2010, ABl. 2014 L 225/1.

11 *Europäische Kommission*, Vorschlag für eine Verordnung zur Änderung der Verordnung (EU) Nr. 806/2014 im Hinblick auf die Schaffung eines europäischen Einlagenversicherungssystems, COM(2015) 586 final.

hörden vergleichbar sind und eine direkte Aufsicht über die im Euroraum ansässigen Institute ermöglichen.

Die vorliegende Arbeit richtet ihren Blick zunächst auf die allgemeinen Grundlagen der Bankenaufsicht sowie auf einzelne Begriffsbestimmungen. Angesichts der weitreichenden Übertragung von Aufsichtsaufgaben auf die Europäische Zentralbank erscheint auch ein Überblick über die derzeitige Aufsichtsstruktur sowohl auf nationaler als auch europäischer Ebene erforderlich, um das Maß der übertragenen Aufgaben deutlich zu machen. Sodann werden die verschiedenen Kompetenzen, die für die Errichtung des Einheitlichen Aufsichtsmechanismus unter der Leitung der Europäischen Zentralbank in Betracht kommen, näher untersucht. Unabhängig davon, auf welche Gesetzgebungskompetenz dieses Vorhaben gestützt werden kann, muss zudem der Frage nachgegangen werden, welche Maßnahmen zu ergreifen sind, um die augenscheinlichen Zielkonflikte zwischen den geldpolitischen und aufsichtlichen Aufgaben der Europäischen Zentralbank zu vermeiden. Letztere verfügte bis zur Errichtung des Einheitlichen Aufsichtsmechanismus bislang nur über relativ unbedeutende Aufsichtskompetenzen und ist gemäß Art. 127 Abs. 1 S. 1 AEUV primär der Geldwertstabilität verpflichtet. Mit der Übertragung von Aufsichtsaufgaben auf die Europäische Zentralbank unter Beibehaltung der Aufgaben auf dem Gebiet der Preisstabilität wird sie somit zum „Diener zweier [sich beeinflussender] Ziele“[12]. Dabei gilt es zu klären, wie die SSM-VO[13] diesen Zielkonflikt auflöst bzw. welche Alternativen zwecks Vermeidung von Konflikten zur Verfügung stehen.

12 *Waldhoff/Dieterich*, EWS 2013, 72 (77).

13 VO (EU) Nr. 1024/2013 v. 15.10.013 zur Übertragung besonderer Aufgaben im Zusammenhang mit der Aufsicht über Kreditinstitute auf die Europäische Zentralbank, ABl. 2013 L 287/63 (SSM-VO).

B. Grundlagen der Bankenaufsicht

I. Entstehungsgeschichte der Bankenaufsicht in Deutschland

Die Entstehung der deutschen Bankenaufsicht reicht nicht einmal 100 Jahre zurück. Die Gründung einer Bankenaufsicht wurde bereits 1875 im Zusammenhang mit der Errichtung einer Reichsbank diskutiert.[14] Erst infolge der Bankenkrise im Jahr 1931 reagierte der Reichspräsident mit einer auf der Reichsverfassung (Art. 48 WRV) gestützten Notverordnung[15] und führte eine allgemeine Bankenaufsicht ein.[16] Diese erfolgte zum einen durch einen Reichskommissar für das Bankgewerbe und zum anderen durch ein bei der Reichsbank und dem Reichswirtschaftsminister unterstelltes Kuratorium für das Bankgewerbe.[17] Vor dieser Notverordnung gab es trotz mehrerer Banken- und Konjunkturkrisen keine laufende Bankenaufsicht bzw. Regulierungsbestrebungen im privaten Bankensektor. Dies war unter anderem auf eine liberale Grundeinstellung zur allgemeinen Gewerbefreiheit zurückzuführen.[18] Erste Ansätze zur Einschränkung dieser Freiheit erfolgten im Bereich der Hypothekenbanken mit dem Hypothekenbankgesetz[19] vom 13.07.1899, das neben verschiedenen Regularien auch eine besondere staatliche Aufsicht vorsah.[20] Die öffentlich-rechtlichen Sparkassen hingegen waren vom nicht-regulierten Bankensektor ausgenommen, da diese bereits aufgrund anderer Regelungen unter der besonderen Aufsicht des Staates standen.[21] Die erste Fassung des heute geltenden Kreditwesengesetzes ist auf das Gesetz über das Kreditwesen vom 10.06.1961 zurückzuführen.[22]

---

14 *Reiter/Geerlings*, DÖV 2002, 562.

15 Verordnung des Reichpräsidenten über Aktienrecht, Bankenaufsicht und über eine Steueramnestie vom 19.09.1931, RGBl. I S. 493.

16 *Gramlich*, in: Schmidt, Öffentliches Wirtschaftsrecht BT I, § 5 II Rn. 28; *Häde*, JZ 2001, 105.

17 *Häde*, JZ 2001, 105.

18 *R. Fischer*, in: Boos/ders./Schulte-Mattler, KWG, Einführung Rn. 1 f.

19 RGBl. I S. 375.

20 *R. Fischer*, in: Boos/ders./Schulte-Mattler, KWG, Einführung Rn. 1 f.

21 *Bieg/Krämer/Waschbusch*, Bankenaufsicht in Theorie und Praxis, S. 2.

22 BGBl. I S. 881.

II. Begriff der Bankenaufsicht

Eine klar umrissene Definition der „Bankenaufsicht" existiert bislang nicht. Lediglich der Begriff der Aufsicht bietet hierfür Anhaltspunkte. Dieser beschreibt im Allgemeinen die administrative oder administrativ initiierte Überwachung der Einhaltung von Normen oder Normkomplexen durch die Normadressaten, die an den zu überwachenden wirtschaftlichen Geschehnissen teilnehmen.[23] Eine Legaldefinition der Bankenaufsicht ist den maßgeblichen aufsichtsrechtlichen Gesetzestexten, wie dem KWG oder FinDAG, ebenfalls nicht zu entnehmen. Gleichwohl die Aufsicht über Kreditinstitute nicht alleiniger Regelungsinhalt des Kreditwesengesetzes ist, wird der Begriff der Bankenaufsicht im allgemeinen Sprachgebrauch überwiegend als Synonym für die gesamte aufsichtliche Tätigkeit der Behörden nach dem KWG bezeichnet.[24] Hinzu kommt, dass es sich bei der Bankenaufsicht um eine Materie handelt, mit der sich sowohl die Volks- als auch die Finanzwirtschaftslehre befassen. Dies kann zur Herausbildung verschiedener Definitionen führen.[25]

Die Aufsicht über die Kreditinstitute zeichnet sich im Wesentlichen durch zwei Merkmale aus. Zum einen berechtigt und verpflichtet sie den Aufsichtsträger zur laufenden Überwachung über die Aufsichtsobjekte (formelle Bankenaufsicht) und zum anderen räumt sie ihr die Möglichkeit ein, zur Einhaltung der aufsichtsrechtlichen Vorschriften auf die Kreditinstitute einzuwirken (materielle Bankenaufsicht).[26] Im Ergebnis lässt sich die Bankenaufsicht begrifflich in drei Kategorien einteilen. In erster Linie wird als Bankenaufsicht die Tätigkeit all jener staatlichen Organe bezeichnet, die mit der Aufsichtsaufgabe betraut sind (institutioneller Begriff).[27] Hierunter fällt neben der Bundesanstalt für Finanzdienstleistungsaufsicht (BaFin) auch die Deutsche Bundesbank als Aufsichtsbehörde. In funktioneller Hinsicht meint Bankenaufsicht aber auch die laufende Überwachung und Zulassung der einzelnen, in den Anwendungsbereich des KWG fallende Institute (funktioneller Begriff). Hierbei handelt es sich um Ban-

---

23 *Mösbauer*, Staatsaufsicht über die Wirtschaft, S. 3 ff.; *Ruffert*, in: Fehling/ders., Regulierungsrecht, § 7 Rn. 39; eingehend dazu *Hecker*, Marktoptimierende Aufsicht, S. 21 ff.

24 *Keßler*, Aufsichtskonkurrenz im Sparkassenwesen, S. 18.

25 Siehe *Glatzl*, Geldpolitik und Bankenaufsicht im Konflikt, S. 91.

26 *Honold*, Die Bankenaufsicht, S. 5; *Niethammer*, Die Ziele der Bankenaufsicht in der BRD, S. 23.

27 *Humm*, Bankenaufsicht und Währungssicherung, S. 35.

kenaufsicht im engeren Sinne.[28] Im weiteren Sinne steht der Begriff der Bankenaufsicht für die Bezeichnung aller Spezialvorschriften, die eine aufsichtsrechtliche Zielsetzung haben und die bankgeschäftliche Tätigkeit der Kreditinstitute über den Rahmen der allgemeinen Rechtsordnung hinaus regeln.[29]

III. Notwendigkeit einer staatlichen Bankenaufsicht

Der deutsche Bankensektor ist wie kein anderer Wirtschaftsbereich durch eine hohe Regelungsdichte gekennzeichnet, die aber je nach Lage der Konjunktur variieren kann.[30] Bei der Beaufsichtigung von Kreditinstituten durch die BaFin handelt es sich um eine besondere Form der Gewerbeaufsicht[31], die nach der Rechtsprechung des Bundesverfassungsgerichts als Beschränkung der grundrechtlich geschützten Berufsfreiheit aus Art. 12 Abs. 1 GG eine besondere Rechtfertigung erfordert.[32]

Die Ziele der Bankenaufsicht lassen sich im Wesentlichen auf zwei Aspekte reduzieren: Funktions- und Gläubigerschutz.[33] Die Begründung für eine staatliche Aufsicht über Kreditinstitute beruht vordergründig auf der Sicherung der Funktionsfähigkeit des Kreditwesens und die damit verbundene Bedeutung für die Realwirtschaft und ersterem untergeordnet, dem Schutz der Anleger bzw. der Bankengläubiger.[34] Die Beaufsichtigung von Banken erfolgt daher in erster Linie nicht um der Banken Willen, vielmehr soll das System als solches vor Zusammenbrüchen geschützt und daraus resultierende Konsequenzen für die Gesamtwirtschaft vermieden werden. Die Bankenaufsicht wird primär im öffentlichen Interesse der Allgemein-

---

28 *Glatzl*, Geldpolitik und Bankenaufsicht im Konflikt, S. 91.

29 *Humm*, Bankenaufsicht und Währungssicherung, S. 35; so auch *Glatzl*, Geldpolitik und Bankenaufsicht im Konflikt, S. 90.

30 *Bieg/Krämer/Waschbusch*, Bankenaufsicht in Theorie und Praxis, S. 59.

31 BVerfGE 14,197 (205); *Hütz*, Die Bankenaufsicht in der BRD und in den USA, S. 49; *Reiter/Geerlings*, DÖV 2002, 562 (563); siehe auch *Pitschas/Gille*, VerwArch 2003, 68 (70).

32 BVerfGE 7, 377 ff.; *R. Fischer*, in: Boos/ders./Schulte-Mattler, KWG, Einführung Rn. 166; *Becker*, in DÖV 2010, 909 (910); *Junker*, Gewährleistungsaufsicht über Wertpapierdienstleistungsunternehmen, S. 84; siehe auch *H. Schäfer*, Bankenaufsichtsrecht in Deutschland, dem Vereinigten Königreich und den Vereinigten Staaten, S. 35 ff.

33 Ausführlich dazu *Niethammer*, Die Ziele der Bankenaufsicht in der BRD.

34 *R. Fischer*, in: Boos/ders./Schulte-Mattler, KWG, Einführung Rn. 170; *Hütz*, Die Bankenaufsicht in der BRD und in den USA, S. 49 m.w.N.

heit ausgeübt, sodass nur die Interessen der Gläubiger als Gruppe geschützt sind, jedoch nicht die des einzelnen Bankkunden (vgl. § 6 Abs. 3 KWG und § 4 Abs. 4 FinDAG).[35]

1. Bedeutung der Kreditinstitute für die Volkswirtschaft

Die besondere Bedeutung der Kreditinstitute und die damit einhergehende Notwendigkeit einer staatlich betriebenen Bankenaufsicht für die Bundesrepublik Deutschland wurde bereits im Rahmen der Verhandlungen zur Verabschiedung des Kreditwesengesetzes im Jahr 1961 im sog. Ruland-Bericht erörtert und besonders hervorgehoben:

> *„Da alle wesentlichen Zweige der Volkswirtschaft auf das Kreditgewerbe als Kreditgeber und Geldsammelstelle angewiesen sind, greifen Störungen in diesem Wirtschaftszweig leicht auf die gesamte Volkswirtschaft über.*[…] *Da die Kreditinstitute vorwiegend mit fremden Geldern arbeiten, treffen Schwierigkeiten bei ihnen auch einen viel größeren Gläubigerkreis, als wenn ein anderes Wirtschaftsunternehmen illiquide wird.*“[36]

Jede moderne Volkswirtschaft benötigt ein gut funktionierendes Bankensystem, das als elementarer Baustein einen eigenständigen und wesentlichen Beitrag zu deren Wohlergehen und Wachstum leistet.[37] Die Kreditinstitute üben als private Unternehmen gleich mehrere Funktionen aus. Hierzu gehört neben der Abwicklung des Zahlungsverkehrs insbesondere die Bereitstellung von Kredit- und Anlagemöglichkeiten für das Vermögen der Bevölkerung. Die Kreditinstitute nehmen somit als Finanzintermediäre eine Schlüsselfunktion innerhalb Kreditwirtschaft ein, indem sie sowohl private Haushalte als auch die öffentliche Hand und Unternehmen stetig mit neuem Kapital versorgen, das wiederum dem volkswirtschaftlichen

---

35 Zu der Frage, inwieweit die Kreditinstitutsaufsicht individuellen Anlegerschutz entfaltet, *Thiele*, Finanzaufsicht, S. 97 ff.; *Reimer/Waldhoff*, Verfassungsrechtliche Vorgaben für Sonderabgaben des Banken- und Versicherungssektors, S. 19; *Lenz*, NVwZ 2010, 29 ff.; siehe auch BVerfG, Beschl. v. 16.09.2010 – 2 BvR 852/07=NVwZ 2010, 35 ff.

36 *Ruland-Bericht*, BT-Drs. 3/2563.

37 *Gramlich*, in: Schmidt, Öffentliches Wirtschaftsrecht BT I, § 5 I, S. 426; siehe auch *Kaufhold*, Systemaufsicht, S. 185 ff.

Kreislauf zugeführt werden kann.[38] Angesammeltes Sparkapital vieler Kleinkunden wird gebündelt, damit dieses im Anschluss von Kreditnehmern investiver Verwendung zugeführt werden kann.[39]

Das Bankensystem ist anders als andere Wirtschaftsbereiche durch eine Informationsasymmetrie gekennzeichnet. Die Anleger verfügen in der Regel nicht über ausreichende Informationen in Bezug auf tatsächlich bestehende Risiken eines Kreditinstituts und können daher nicht differenzieren, ob und inwieweit Gefahren für ihr angelegtes Vermögen vorliegen. Es reichen bereits negative Nachrichten aus, – ungeachtet dessen, ob diese der Wahrheit entsprechen oder nicht –, um einen Vertrauensverlust in das Bankensystem zu bewirken. Die Befürchtung, dass sämtliche Einlagen durch den Konkurs eines Instituts vernichtet werden könnten, kann einen sog. *bankrun* verursachen.[40] Dieses Phänomen führt im Extremfall zu einem raschen Abzug der Vermögenseinlagen durch die Anleger, denn je später dies erfolgt, desto geringer ist die Wahrscheinlichkeit, 100 % der Einlagen wieder zu erlangen.[41] Der volkswirtschaftliche Schaden ist allerdings erst dann von Bedeutung, wenn der *run* auf ein Kreditinstitut einen Dominoeffekt mit der Folge auslöst, dass selbst gesunde Kreditinstitute von einem plötzlichen Vermögensabzug betroffen sind, sodass letztlich der gesamte Bankensektor einen Vertrauensverlust erleidet.[42] An dieser Stelle sei auf das Beispiel der Herstatt-Bank hingewiesen, das zeigt, dass Liquiditätsprobleme eines einzelnen Instituts und der damit einhergehende Vertrauensverlust in die Tätigkeit des Bankensystems insgesamt zu einem Kapitalabzug bei unbeteiligten Kreditinstituten führen können.[43]

Die grenzüberschreitende Verflechtung der Kreditwirtschaft ist eine weitere Ursache für die Ausweitung von Finanzkrisen auf ausländische Bankensektoren und Volkswirtschaften.[44] Die Funktionsfähigkeit der Volkswirtschaft steht und fällt mit der Stabilität und Solidität des Bankensektors als eine ihrer wesentlichen Stützen. Ein Versagen kann ohne Weiteres in

---

38 *H. Schäfer*, Bankenaufsichtsrecht in Deutschland, dem Vereinigten Königreich und den Vereinigten Staaten, S. 29; *Müller*, Bankenaufsicht und Gläubigerschutz, S. 22; *Sethe/Lehmann*, in: Tietje, Internationales Wirtschaftsrecht, § 13 Rn. 7.

39 *Tolksdorf*, IMB Working Paper 57/2010, S. 5; *Gramlich*, in: Schmidt, Öffentliches Wirtschaftsrecht BT I, § 5 I, S. 426 f.

40 *Burghof/Rudolph*, Bankenaufsicht S. 20 f.

41 Vgl. *Burghof/Müller*, ZfGK 2013 Sonderheft, 3 (10).

42 *Kohtamäki*, Die Reform der Bankenaufsicht in der Europäischen Union, S. 18.

43 *R. Fischer*, in: Boos/ders./Schulte-Mattler, KWG, Einführung Rn. 169.

44 *H. Schäfer*, Bankenaufsichtsrecht in Deutschland, dem Vereinigten Königreich und den Vereinigten Staaten, 2011, S. 38.

eine systemweite Finanzkrise umschlagen, wovon auch andere Wirtschaftsbereiche erfasst werden können und letztlich die gesamte Volkswirtschaft zum Zusammenbruch gebracht werden kann.[45] Die damit verbundenen Folgekosten könnten vom Staat und in letzter Konsequenz von der gesamten Gesellschaft zu tragen sein, was Wachstumseinbußen über mehrere Jahre zur Folge haben kann.[46] Das jüngste Beispiel ist in diesem Zusammenhang der Fall der Hypo Real Estate (HRE), welche durch mehr als 100 Mrd.[47] Euro an staatlichen Hilfen in Form von Garantien und Bürgschaften gestützt werden musste. Die staatlichen Finanzierungshilfen wirken sich enorm auf das Defizit des Bundeshaushaltes aus.[48] Die potenziellen volkswirtschaftlichen Schäden, die durch einen etwaigen Zusammenbruch des Finanzsektors verursacht werden können, rechtfertigen sowohl die Regulierung als auch eine staatliche Überwachung des gesamten Finanzsystems, welche sich frühzeitig mit den von Kreditinstituten ausgehenden Risiken beschäftigt.

2. Gläubigerschutz

Der Gläubigerschutz spielt in der Bankenaufsicht im Verhältnis zum Ziel der Funktionssicherung eine eher untergeordnete Rolle.[49] Die Gläubiger von Kreditinstituten unterliegen angesichts der Komplexität des Bankgeschäfts regelmäßig einem hohen Informationsdefizit und erscheinen daher besonders schutzwürdig. Sie treffen ihre Anlageentscheidung mangels ökonomischer Kenntnisse in der Regel nur auf der Grundlage von Beratungen und Informationen, welche vom Kreditinstitut zur Verfügung gestellt werden. Sie sind darüber hinaus kaum in der Lage, sich vor einem Fehlverhalten der Kreditinstitute zu schützen oder diese hinreichend zu kontrollieren.[50] Diese zu Lasten des Bankkunden gehende Informationsasymmetrie kann zu einem Marktversagen (*market failure*) führen und letztlich auch die Finanzmarktinstabilität gefährden.[51] Um den Anleger vor Gefahren, die aus dieser Informationsasymmetrie herrühren, schützen

45 *Burghof/Rudolph*, Bankenaufsicht, S. 20 f.
46 *Kohtamäki*, Die Reform der Bankenaufsicht in der Europäischen Union, S. 23.
47 Überblick zur Finanzkrise bei *Heun*, JZ 2010, 53 ff.
48 Siehe *Sachverständigenrat*, Jahresgutachten 2010/11, Rn. 341.
49 *Heun*, JZ 2012, 235 (237).
50 *Kohtamäki*, Die Reform der Bankenaufsicht in der Europäischen Union, S. 24; *Burghof/Rudolph*, Bankenaufsicht, S. 20.
51 Vgl. *Fritsch*, Marktversagen und Wirtschaftspolitik, S. 245 ff.

zu können, ist eine Überwachung der Kreditinstitute durch staatliche Institutionen einerseits zum Schutze der Anleger und andererseits zum Zwecke einer effizienteren Verteilung von Ressourcen notwendig.[52] Die Funktionsfähigkeit des Kreditsektors ist eng mit dem Vertrauen der Anleger in die Geschäftstätigkeiten der Kreditinstitute verbunden. Denn diese werden nur solange Investitionen tätigen, wie Vertrauen vorhanden ist. Es liegt somit sowohl im Interesse der Kreditinstitute als auch im Interesse des Staates, dass ihre Tätigkeit überwacht wird, um einen etwaigen Vertrauensverlust seitens der Anleger aufgrund bedenklicher Tätigkeiten zu vermeiden. Ein umfassender Anlegerschutz kann aber nur durch eine ununterbrochene staatliche Überwachung erreicht werden und darf sich nicht nur auf zivil- oder gesellschaftsrechtliche Schutzmechanismen beschränken.[53]

---

52 *Niethammer*, Die Ziele der Bankenaufsicht in der BRD, S. 9.

53 *Mösbauer*, Staatsaufsicht über die Wirtschaft, S. 261; siehe auch *Sethe/Lehmann*, in: Tietje, Internationales Wirtschaftsrecht, § 13 Rn. 8.

C. Status quo der Bankenaufsichtsstruktur in Deutschland

Die Beaufsichtigung der in der Bundesrepublik Deutschland niedergelassenen Kreditinstitute erfolgt auf der Grundlage des KWG[54] und dem BBankG[55] sowie der europäischen Bankenregulierungsvorschriften CRR (*Capital Requirement Regulation*)[56] und CRD IV (*Capital Requirement Directive*)[57]. Die Aufsicht erfolgt dabei im Wege eines dualistischen Aufsichtsmodells durch zwei Institutionen; die BaFin und die Deutsche Bundesbank (§§ 6, 7 KWG). Den Aufsichtsbehörden stehen dabei verschiedene Maßnahmen zur Verfügung, um die staatlich auferlegte Aufgabe der Bankenaufsicht wahrnehmen zu können.

I. Bundesanstalt für Finanzdienstleistungsaufsicht

1. Konzept der Allfinanzaufsicht

Die BaFin wurde am 01.05.2002 auf der Grundlage des Gesetzes über die integrierte Finanzdienstleistungsaufsicht errichtet.[58] Die Finanzaufsicht hat hierdurch eine grundlegende Umstrukturierung auf institutioneller Ebene erfahren. Sie ist das Ergebnis einer Zusammenlegung der drei ehemals selbstständigen Bundesaufsichtsämter für das Kreditwesen, das Wertpapierwesen und das Versicherungswesen (§ 1 Abs. 1 S. 1 FinDAG). Der Zusammenlegung waren damals Diskussionen zur Neustrukturierung der Deutschen Bundesbank vorausgegangen. Nach den Vorstellungen der Deutschen Bundesbank sollte die Bankenaufsicht, an der sie ohne jegliche

---

54 Gesetz über das Kreditwesen i.d.F. v. 09.09.1998, BGBl. I S. 2776.

55 Gesetz über die Deutsche Bundesbank i.d.F. v. 22.10.1992, BGBl. I S. 1782.

56 VO (EU) Nr. 575/2013 v. 26.06.2013 über Aufsichtsanforderungen an Kreditinstitute und Wertpapierfirmen und zur Änderung der Verordnung (EU) Nr. 646/2012, ABl. 2013 Nr. L176/1.

57 RL 13/36/EU v. 26.06.2013 über den Zugang zur Tätigkeit von Kreditinstituten und die Beaufsichtigung von Kreditinstituten und Wertpapierfirmen, zur Änderung der Richtlinie 2002/87/EG und zur Aufhebung der Richtlinien 2006/48/EG und 2006/49/EG, ABl. 2013 Nr. L 176/338.

58 Gesetz über die Bundesanstalt für Finanzdienstleistungsaufsicht v. 22.04.2002, BGBl. I S. 1310; siehe auch *Hagemeister*, WM 2002, 1773 (1773 ff.).

Entscheidungskompetenz im Bereich der Aufsicht beteiligt war, vollständig in ihre Zuständigkeit übergehen.[59] Hintergrund dieser Bestrebungen war insbesondere ihr, mit der Übertragung geldpolitischer Kompetenzen auf die Europäische Zentralbank einhergehender Funktionsverlust.[60] Dieses Vorhaben konnte aber letztlich nicht realisiert werden, sodass sich das Allfinanzkonzept[61] durchgesetzt hat. Entgegen dem allgemeinen Sprachgebrauch handelt es sich bei der BaFin nicht um eine reine „Bankenaufsichtsbehörde". Sie übt sowohl die Aufsicht über Kreditinstitute als auch über Versicherungs- und Wertpapierunternehmen aus.

Die Bündelung von sektorübergreifenden Aufsichtskompetenzen bei der BaFin als *Allfinanzaufsichtsbehörde* erfolgte wegen tiefgreifender Veränderungen auf dem Finanzmarkt.[62] Zu diesem Zeitpunkt konkurrierten Versicherungsunternehmen und Finanzdienstleister mit den Kreditinstituten auf dem gleichen Markt, in dem sie gleiche oder ähnliche Finanzprodukte anboten mit der Folge, dass die unterschiedlichen Märkte immer weiter miteinander verschmolzen sind.[63] Das spektakulärste Beispiel stellt hierbei die Übernahme der Dresdner Bank durch den Versicherungskonzern Allianz dar, der damit zum größten „integrierten Finanzdienstleister"[64] aufsteigen sollte.

Das neue Allfinanzkonzept sollte gerade solchen Veränderungen auf dem Finanzmarkt Rechnung tragen und diesen auch gewachsen sein.[65] Die institutionelle Neuausrichtung der Finanzaufsicht diente dem Zweck, bereits vorhandenes *know-how* zu bündeln, um sowohl die Effizienz der Aufsicht zu stärken als auch Synergieeffekte im Bereich von zentralen und auf-

59 *Herdegen*, WM 2000, 2121 (2121); die sog. *Pöhl-Kommission*, die für Neustrukturierung eingesetzt wurde, sprach sich ebenfalls für dieses Model aus.

60 *R. Fischer*, in: Boos/ders./Schulte-Mattler, KWG, Einführung Rn. 58; *Becker*, DÖV 2011, 909 (909).

61 Zum Begriff der „Allfinanz" im Aufsichtsrecht *Schieber*, Die Aufsicht über Finanzkonglomerate, S. 51 ff.; siehe auch *De Luna Martínez/Rose*, World Bank Policy Research Working Paper 3096 (2003), S. 3 ff., die sich mit den Vor- und Nachteilen der Allfinanzaufsicht auseinandersetzen.

62 *BaFin*, Jahresbericht 2002/Teil A, S. 11; ausführlich dazu *Hagemeister*, WM 2002, 1173 ff.

63 *Möller*, Kapitalmarktaufsicht, S. 67.

64 *Handelsblatt*, „Aus Aktionärssicht ist die Bilanz verheerend" Online-Ausgabe v. 31.08.2008.

65 Dieses Beispiel wird ausdrücklich in der Gesetzesbegründung genannt, BT-Drs. 14/17033, S. 31; *von Rosen*, ZfgK 2002, 634 (634); *Hagemeister*, WM 2002, 1773 (1773).

sichtlichen Querschnittsaufgaben einzufahren.[66] Allerdings ist mit diesen Reformen keine materielle Neuausrichtung einhergegangen. Lediglich die bereits bestehende Zusammenarbeit mit der Deutschen Bundesbank wurde weiter vertieft.[67]

2. Rechtsform

Die BaFin ist gemäß § 1 Abs. 1 S. 2 FinDAG eine bundesunmittelbare, mit eigener Rechtspersönlichkeit ausgestattete Anstalt des öffentlichen Rechts. Sie unterliegt der Rechts- und Fachaufsicht des Bundesministeriums für Finanzen (§ 2 FinDAG) und ist somit, anders als die Deutsche Bundesbank, weisungsabhängig. Auf diese Weise wird dem Demokratieprinzip hinreichend Rechnung getragen.[68] Da die BaFin keinen eigenen organisatorischen Mittel- und Unterbau besitzt, muss sie die ihr übertragenen Aufsichtsaufgaben zentral wahrnehmen.[69]

3. Organisation

Die Organe der BaFin sind das Direktorium, der Präsident oder die Präsidentin und der Verwaltungsrat. Soweit das Gesetz nicht etwas anderes bestimmt, regelt eine Satzung[70] die nähere Ausgestaltung der Aufgaben und Befugnisse. § 5 Abs. 3 FinDAG ermächtigt das Bundesministerium der Finanzen zum Erlass einer Satzung in Form einer Rechtsverordnung, welche u.a. Bestimmungen über den Aufbau und die Organisation der Bundesanstalt, die Rechte und Pflichten ihrer Organe sowie die Bestellung und Abberufung der Verwaltungsratsmitglieder enthält.[71] Im Übrigen richtet sich die Aufgabenverteilung der Organe nach den §§ 5-8 FinDAG.

66 BT-Drs. 14/17033, S. 1.
67 BT-Drs. 14/17033, S. 32.
68 Siehe auch *Hagemeister*, WM 2002, 1773 (1776).
69 *Becker*, DÖV 2010, 909 (910).
70 Satzung der Bundesanstalt für Finanzdienstleistungsaufsicht v. 29.04.2002, BGBl. I, S. 1499.
71 BT-Drs. 14/7033, S. 34.

a) Direktorium

Leitendes Organ der BaFin ist das Direktorium, welches aus einem Präsident oder einer Präsidentin sowie vier weiteren Exekutivdirektoren besteht. Mit dem Aufsichtsstrukturmodernisierungsgesetz hat der Gesetzgeber sich für ein Kollegialorgan und damit gegen die bis 2008 bestehende Präsidialstruktur der BaFin entschieden.[72] Diese Machtbeschränkung zulasten des Präsidenten hat zur Folge, dass bedeutende Fragestellungen nunmehr durch das Direktorium im Wege des Mehrheitsbeschlusses verbindlich und abschließend entschieden werden.[73] Das Direktorium verwaltet und leitet gemäß § 6 Abs. 1 FinDAG die BaFin gesamtverantwortlich. Der Aufgaben- und Befugniskatalog des Direktoriums umfasst u.a. die Beschlussfassung über die Geschäftsordnung sowie das Organisationsstatut der BaFin, den Haushalt, Entscheidungen bei Meinungsverschiedenheiten zwischen den einzelnen Direktoriumsmitgliedern oder den Erlass von Verwaltungsvorschriften (vgl. § 3 Abs. 3 OsBaFin[74]).[75]

b) Präsident

Gemäß § 6 Abs. 3 S. 1 FinDAG obliegt es allein dem Präsidenten im Rahmen einer Richtlinienkompetenz, die strategische Ausrichtung der BaFin als Allfinanzaufsicht national und international zu bestimmen sowie einen verbindlichen Handlungsrahmen festzulegen.[76] Im Übrigen hat der Präsident eine ausreichende Interessenvertretung der BaFin in internationalen Gremien sicherzustellen, welche dem Zweck dient, internationale Aufsichtsstandards mitzugestalten.[77] Darüber hinaus nimmt er repräsentative Aufgaben wahr.

---

72 Gesetz zur Modernisierung der Aufsichtsstruktur der BaFin v. 28.03.2008, BGBl. I, S. 493. Nach § 6 FinDAG a.F. war allein der Präsident für die Leitung der BaFin zuständig.

73 BT-Drs. 16/7078, S. 8; *Laars*, FinDAG[3], 2017, § 6 Rn. 1.

74 Das Organisationsstatut der BaFin ist abrufbar unter: https://www.bafin.de/SharedDocs/Veroeffentlichungen/DE/Aufsichtsrecht/Satzung/organisationsstatut_bafin.html, zuletzt aufgerufen am 25.11.2018.

75 BT-Drs. 16/7078, S. 8.

76 BT-Drs. 16/7078, S. 8.

77 BT-Drs. 16/7078, S. 8.

c) Verwaltungsrat

Beim Verwaltungsrat handelt es sich um ein weiteres Organ der BaFin, das gemäß § 7 Abs. 1 S. 2 FinDAG die Geschäftsführung der Bundesanstalt überwacht und sie bei der Erfüllung ihrer Aufgaben berät. Der Verwaltungsrat ist zwar dem Aufsichtsrat einer Aktiengesellschaft im Sinne des § 111 AktG nachgebildet.[78] Anders als ein Aufsichtsrat, ist dieser aber nicht befugt, Personen zu bestellen und abzuberufen.[79] Der Verwaltungsrat besteht gemäß § 7 Abs. 3 FinDAG aus 17 Mitgliedern, die mehrheitlich aus Vertretern des Staates, wie Bundesministerien und Bundestag stammen sowie sechs Personen mit beruflicher Erfahrung oder besonderen Kenntnissen auf dem Gebiet des Kredit-, Finanzdienstleistungs-, Zahlungsdienste-, Investment-, Versicherungs-, Wertpapier- oder Bilanzwesens, die jedoch nicht der BaFin angehören dürfen.[80] Im Übrigen ist der Präsident oder die Präsidentin zur regelmäßigen Unterrichtung über die Geschäftsführung der BaFin verpflichtet (§ 7 Abs. 1 S. 3 FinDAG).

d) Sonstige Gremien

aa) Forum für Finanzmarktaufsicht

Mit dem Gesetz zur Stärkung der deutschen Finanzaufsicht[81] wurde die Vorschrift des § 3 FinDAG aufgehoben. Das Forum für Finanzmarktaufsicht war am 03.11.2000 durch eine Vereinbarung zwischen der Deutschen Bundesbank und den drei damals noch bestehenden Bundesaufsichtsämtern gegründet worden. Ziel dieser Vereinbarung war seinerzeit, die Aufsicht über Kreditinstitute vor allem mit Blick auf die sog. Allfinanzkonzep-

---

78 *Laars*, FinDAG³, 2017, § 7 Rn. 1.

79 *Hagemeister*, WM 2002, 1773 (1778).

80 Gemäß § 7 Abs. 3 S. 1 Ziff. 3 lit. e) - g) FinDAG a.F. bestand der Verwaltungsrat noch aus sechs weiteren Vertretern, die von den zu beaufsichtigenden Kreditinstituten, Versicherungsunternehmen sowie Kapitalanlagegesellschaften entsendet worden sind. Dies war insoweit bedenklich, als nicht demokratisch legitimierte Vertreter aus der Privatwirtschaft über Aufsichtsmaßnahmen entscheiden konnten, von denen sie letztlich selbst betroffen waren. Der Gesetzgeber hat allerdings auf die potenzielle Beeinträchtigung des Demokratieprinzips reagiert und die Zusammenstellung dementsprechend geändert.

81 Gesetz zur Stärkung der deutschen Finanzaufsicht v. 28.11.2012, BGBl. I, S. 2369 (2372).

te und der daraus resultierenden Risiken zwischen den Bundesaufsichtsämtern und unter Beteiligung der Deutschen Bundesbank besser zu koordinieren und bestehende Aufsichtskonzepte weiterzuentwickeln.[82] Allerdings hat das Forum seit der Einrichtung der BaFin und der damit einhergehenden Zusammenlegung der drei Bundesaufsichtsämter in großem Maße an Bedeutung verloren. Die notwendige Koordinierung zwischen der BaFin und der Deutschen Bundesbank erfolgt insbesondere im Hinblick auf die laufende Überwachung nunmehr im Wege eines Abstimmungsprozesses.[83] Die Koordinationsfunktion des Forums ist somit obsolet.

bb) Fachbeirat

Darüber hinaus existiert bei der BaFin ein Fachbeirat, der diese bei der Erfüllung ihrer Aufgaben unterstützen soll. Dazu gehört gemäß § 8 Abs. 1 S. 3 FinDAG u.a. die Abgabe von Empfehlungen zur allgemeinen Weiterentwicklung der Aufsichtspraxis. Der Vorteil eines Fachbeirats liegt insbesondere darin, dass auf diese Weise der Kontakt zu der Wissenschaft hergestellt und aufrechterhalten werden kann.[84] Die Mitglieder des 24-köpfigen Gremiums werden durch das Bundesministerium für Finanzen bestellt. In personeller Hinsicht soll der Fachbeirat angemessen mit Vertretern aus dem Bereich der Finanzwissenschaft, der Kredit- und Versicherungswirtschaft sowie von der Deutschen Bundesbank und Verbraucherschutzvereinigungen besetzt sein.

4. Aufsichtskompetenzen

Ausgangspunkt für die Kompetenzen der BaFin auf dem Gebiet der Bankenaufsicht ist zunächst die Generalklausel des § 6 Abs. 1 KWG, welche der BaFin die laufende Aufsicht als besondere Form der Gewerbeaufsicht im Rahmen der unionsrechtlichen Vorschriften zuweist. Die BaFin wird in erster Linie insbesondere zur Durchsetzung sämtlicher Vorschriften des KWG, der europäischen Bankenregulierungsvorschriften CRR und CRD IV sowie der auf Grundlage dessen erlassenen Rechtsakte verpflichtet und

---

82 BT-Drs. 17/10040, S. 18.

83 BT-Drs. 17/10040, S. 18; zur Rolle und Funktion des Forums, *Laars*, FinDAG, 2012, § 3 Rn. 1 f.

84 *Hagemeister*, WM 2002, 1773 (1778).

soll auf diese Weise zur Stabilität der von ihr überwachten Kreditinstitute beitragen.[85] Diese Aufgabe kann sie nur wahrnehmen, wenn ihr die entsprechenden Instrumente zur Verfügung stehen, die den Erhalt aufsichtsrechtlich relevanter Informationen sowie Einblicke in die Geschäftstätigkeit der beaufsichtigten Institute ermöglichen. Zur Durchsetzung der im KWG enthaltenen aufsichtsrechtlichen Vorschriften steht der BaFin ein breites Spektrum an Handlungsbefugnissen zur Verfügung. Zu den wichtigsten hoheitlichen Maßnahmen gehören u.a. Verwaltungsakte und Rechtsverordnungen sowie Richtlinien.

Die BaFin wird im Rahmen der laufenden Überwachung maßgeblich von der Deutschen Bundesbank unterstützt. Die Zusammenarbeit erfolgt auf der Grundlage von § 7 Abs. 1 KWG und umfasst insbesondere die Auswertung der von den Instituten eingereichten Unterlagen, Prüfungsberichte und der Jahresabschlussunterlagen sowie die Durchführung und Auswertung der bankgeschäftlichen Prüfungen zur Beurteilung der angemessenen Eigenkapitalausstattung und Risikosteuerungsverfahren der Institute und das Bewerten von Prüfungsfeststellungen. Die Auswertung dieser Daten erfolgt dabei überwiegend durch die Deutsche Bundesbank, die diese je nach Bedeutung gefiltert an die BaFin weitergibt. Allerdings ist nur die BaFin befugt, Maßnahmen mit Eingriffscharakter gegenüber den Kreditinstituten zu ergreifen.[86]

a) Missstände im Kredit- und Finanzdienstleistungswesen

Die BaFin hat gemäß § 6 Abs. 2 KWG die Aufgabe, Missständen im Kredit- und Finanzdienstleistungswesen entgegenzuwirken, die insbesondere eine Gefährdung für das Vermögen der Anleger und erhebliche Nachteile für die Gesamtwirtschaft mit sich bringen können. Anders als Abs. 3 bezieht sich Abs. 2 der Generalklausel nicht auf einzelne Institute, sondern nur auf Missstände in der Kreditwirtschaft insgesamt.[87]

Unter einem Missstand ist dabei jede „erhebliche, nachhaltige, negative Abweichung vom Standard“[88] zu verstehen. Maßgeblich hierfür sind die geltenden förmlichen Gesetze sowie internationalen Richtlinien. Gelangt

85 *F. Schäfer*, in: Boos/Fischer/Schulte-Mattler, KWG, § 6 Rn. 2; *Müller-Feyen*, in: Luz/Neus, KWG, § 6 Rn. 1; *Szagunn/Haug/Ergenzinger*, KWG, § 6 Rn. 2.

86 § 7 Abs. 2 S. 4 KWG.

87 *R. Fischer*, in: Schimansky/Bunte/Lwowski, Bankrechts-Handbuch, § 125 Rn. 26.

88 *F. Schäfer*, in: Boos/Fischer/Schulte-Mattler, KWG, § 6 Rn. 35.

die BaFin zu der Auffassung, dass bestimmte Missstände vorherrschen, kann sie in diesen Fällen allein in Form von allgemeinen und unverbindlichen Aufsichtshandlungen entgegenwirken. Bei § 6 Abs. 2 KWG handelt es sich daher nicht um eine allgemeine Anordnungskompetenz zum Erlass von rechtsverbindlichen Maßnahmen wie Rechtsverordnungen und Verwaltungsakten.[89] Für diese Einordnung streitet auch die Regierungsbegründung zur sechsten KWG-Novelle:

> *„Nur wenn und soweit ein entsprechender Missstand zugleich einen Verstoß gegen die kodifizierten Normen der materiellen Bankenaufsicht beinhaltet, kann das BaKred bisher mit dem klassischen Eingriffsinstrumentarium des allgemeinen Verwaltungsrechts einschreiten. Andernfalls muss sie sich noch damit behelfen, informellen Druck auf die verantwortlichen Geschäftsleiter auszuüben und in krassen Fällen deren Abberufung zu verlangen“*[90].

Beispielhaft für informelle Maßnahmen im Sinne des § 6 Abs. 2 KWG sind Verlautbarungen[91], mit denen die BaFin auf bestehende Missstände im Kreditwesen hinweisen kann. Die Adressaten sollen auf diese Weise zu einer Veränderung ihres Geschäftsverhaltens bewegt werden. Maßnahmen, die auf der Grundlage von Absatz 2 erlassen werden, entfalten jedoch keine Bindungswirkung und sind daher nur informeller Natur ohne jegliche Verbindlichkeit. Werden die Verlautbarungen der BaFin von einzelnen Adressaten nicht beachtet – was aufgrund ihrer Rechtsnatur nicht unwahrscheinlich ist – kann sie zumindest mittelbar Druck ausüben, indem sie das Bundesministerium für Finanzen oder den parlamentarischen Gesetzgeber auf Missstände im Kreditwesen hinweist, um diese zur Einleitung von Maßnahmen zu bewegen.[92]

b) Anordnungsbefugnis

Bei Verstößen gegen das materielle Aufsichtsrecht sowie bei Vorliegen von institutsbezogenen Missständen können hingegen verbindliche Anordnun-

---

89 *Beck/Samm/Kokemoor*, in: dies., KWG, 70. EL 1998, § 6 Rn. 57; *Szagunn/Haug/Ergenzinger*, KWG, § 6 Rn. 7; *Müller-Feyen*, in: Luz/Neus, KWG, § 6 Rn. 12.

90 BT-Drs. 13/7142.

91 Beispielhaft hierfür ist eine Verlautbarung v. 22.03.1995 zum Thema "Bankgeschäfte mit Minderjährigen".

92 *Habetha/Schwennicke*, in: Schwennicke/Auerbach, KWG, § 6 Rn. 18.

gen (Verwaltungsakte) auf der Grundlage von § 6 Abs. 3 KWG erlassen werden.[93]

Von der Anordnungskompetenz darf wiederum nur in Einzelfällen Gebrauch gemacht werden, sodass sich diese nie an die gesamte Kreditwirtschaft richten kann und Maßnahmen im Sinne des Absatzes 2 nicht auf § 6 Abs. 3 KWG gestützt werden dürfen. Es handelt sich dabei gerade nicht um eine allgemeine Rechtssetzungskompetenz. Darüber hinaus berührt die Anordnungskompetenz nicht die speziellen Eingriffsbefugnisse und geht diesen auch nicht vor. Vor Einführung des Absatzes 3 gab es im KWG keine Handhabe zum Erlass von Anordnungen zur Beseitigung von Missständen in Bereichen der internen Kontrollverfahren, Ausgestaltung der Innenrevision sowie bei Auslagerung von Geschäftsbereichen auf andere Unternehmen. Die BaFin war allein auf informelle Maßnahmen nach Absatz 2 beschränkt, die – wie bereits dargestellt – nur schwer durchzusetzen waren.[94] Die Anordnungskompetenz ist für die BaFin insoweit von Vorteil, als sie schneller und flexibler auf Missstände im Kreditwesen reagieren und ihre Auffassung im Wege einer Anordnung gegenüber den Kreditinstituten durchsetzen kann.[95]

Darüber hinaus kann die BaFin bereits bei Vorliegen einer Gefährdung von Vermögenswerten tätig werden. Allerdings ist ein Eingreifen nur auf die in Absatz 3 genannten Bereiche (Gefährdung der Sicherheit der dem Institut anvertrauten Vermögenswerte oder Beeinträchtigung der ordnungsgemäßen Durchführung der Bankgeschäfte oder Finanzdienstleistungen) beschränkt. Sämtliche Maßnahmen müssen dem Gebot der Verhältnismäßigkeit entsprechen. Solange aber die Voraussetzungen von § 6 Abs. 3 KWG nicht vorliegen, muss die BaFin sich den in Absatz 2 genannten Maßnahmen bedienen.

c) Berücksichtigungsgebot

Die BaFin ist gemäß § 6 Abs. 4 KWG verpflichtet, die Auswirkungen ihrer Entscheidungen auf die Stabilität des Finanzsystems eines oder mehrerer Mitgliedstaaten des Europäischen Wirtschaftsraumes zu berücksichtigen.

---

93 Die Anordnungskompetenz aus § 6 Abs. 3 Alt. 2 KWG wurde mit der sechsten KWG-Novelle zur Umsetzung von EG-Richtlinien zur Harmonisierung bank- und wertpapieraufsichtsrechtlicher Vorschriften eingeführt, BT-Drs. 13/714.

94 *Habetha/Schwennicke*, in: Schwennicke/Auerbach, KWG, § 6 Rn. 22.

95 *F. Schäfer*, in: Boos/Fischer/Schulte-Mattler, KWG, § 6 Rn. 58.

Der Absatz 4 soll der weitgehend verflochtenen Kreditwirtschaft in der Europäischen Union Rechnung tragen, da insbesondere große Kreditinstitute über Tochterunternehmen und Zweigniederlassungen in anderen Mitgliedstaaten verfügen und sich ihre Tätigkeiten über die nationalen Grenzen hinaus erstrecken.[96] Das Übergriffsrisiko auf andere Finanzmärkte und Volkswirtschaften ist angesichts der grenzüberschreitend tätigen Kreditinstitute weitaus höher.

d) Zulassung und Versagung von Erlaubnissen

Zu den wichtigsten Instrumentarien der BaFin gehören die Erteilung[97] und Versagung[98] von Zulassungen zum Betrieb eines Kreditinstituts im Inland. Ein Institut, das Geschäfte nach § 1 Abs. 1 und 1a KWG[99] betreiben will, bedarf der schriftlichen Erlaubnis der BaFin, unabhängig davon, ob der Antragsteller die Eigenschaft als Kredit- oder Finanzdienstleistungsinstitut erfüllt. Die Pflicht zur Einholung entsteht, sobald der Antragsteller mit der Tätigkeit beginnt oder seine zuvor erlaubnisfreie Tätigkeit nach Art und Umfang den Tätigkeiten in § 1 Abs. 1 und 1a KWG entspricht.[100] Solange die erforderliche Erlaubnis nicht vorliegt, kann der Antragsteller die gewünschte Tätigkeit nicht aufnehmen. Dogmatisch handelt es sich hierbei um ein präventives Verbot mit Erlaubnisvorbehalt. Die Aufnahme einer kreditwirtschaftlichen Tätigkeit ist zwar per se nicht unerwünscht, durch eine Erlaubniserteilung soll aber sichergestellt werden, dass Unternehmen personell und sachlich die materiell-rechtlichen Anforderungen des KWG erfüllen und über die nötige Eigenkapitalausstattung verfügen.[101]

Der Antragsteller hat bei Vorliegen der Voraussetzungen einen Anspruch auf die Erlaubnis, die ihm nur wegen eines Versagungsgrundes nach § 33 Abs. 1 KWG nicht erteilt werden darf. Der Grund für eine Erlaubnispflicht liegt in der Schlüsselfunktion der Kreditwirtschaft als Geldgeber und -anlagemöglichkeit, da Störungen in diesem Bereich sich

96 BT-Drs. 17/1720, S. 34 f.

97 § 32 KWG.

98 § 33 KWG.

99 Kreditinstitute sind Unternehmen, die Bankgeschäfte gewerbsmäßig oder in einem Umfang betreiben, der einen in kaufmännischer Weise eingerichteten Geschäftsbetrieb erfordert.

100 *R. Fischer/Müller*, in: Boos/Fischer/Schulte-Mattler, KWG, § 32 Rn. 6.

101 BT-Drs. 3/1114, S. 26.

schnell auf die gesamte Volkswirtschaft auswirken und zu irreparablen Schäden führen können[102]

e) Erlöschen und Aufhebung der Erlaubnis

Eine nach dem KWG erteilte Erlaubnis zur Aufnahme von Geschäftstätigkeiten kann entweder gemäß § 35 Abs. 1 S. 1 KWG erlöschen oder nach § 35 Abs. 2 KWG aufgehoben werden. § 35 Abs. 1 S. 1 KWG normiert, dass eine bereits erteilte Erlaubnis erlischt, wenn von dieser binnen eines Jahres nach ihrer Erteilung kein Gebrauch gemacht worden ist. Ein Gebrauchmachen durch den Erlaubnisinhaber liegt dabei vor, sobald die zuvor erlaubten Bank- oder Finanzdienstleistungsgeschäfte innerhalb der Jahresfrist aufgenommen worden sind.[103] Anknüpfungspunkt für das Erlöschen ist nicht etwa eine drohende oder bestehende Gefahr für die Kreditwirtschaft oder Anleger. Vielmehr soll das automatische Erlöschen nicht genutzter Erlaubnisse die Aufsichtsarbeit der BaFin über die tatsächlich tätigen Kreditinstitute nicht erschweren und auf diese Weise zur Effektivität der Aufsicht selbst beitragen.[104]

Der Katalog des § 35 Abs. 2 KWG enthält eine abschließende Aufzählung von Gründen, die zur Aufhebung einer Erlaubnis berechtigen. Die Norm bestimmt ausdrücklich, dass dieses aufsichtsrechtliche Instrument ergänzend zu den allgemeinen Vorschriften des Verwaltungsverfahrensgesetztes (§§ 48, 49 VwVfG) herangezogen werden kann. Denkbar sind somit zwei Fälle der Aufhebung. So kann eine ehemals rechtswidrig erteilte Erlaubnis zurückgenommen oder eine einmal rechtmäßig erteilte Erlaubnis widerrufen werden. Das Aufhebungsverfahren nach dem KWG weist eine Besonderheit gegenüber den allgemeinen Vorschriften des Verwaltungsverfahrensgesetzes auf, da es nicht an die Jahresfrist der §§ 48 Abs. 4 S. 1, 49 Abs. 2 S. 2 VwVfG geknüpft ist. Die BaFin kann eine Erlaubnis auch dann aufheben, wenn seit der Kenntniserlangung von den zur Aufhebung berechtigenden Gründen mehr als ein Jahr vergangen ist. Diese Regelung wurde mit der Dritten KWG-Novelle[105] vom 14.05.1984 eingeführt. Die

---

102 *R. Fischer/Müller*, in: Boos/Fischer/Schulte-Mattler, KWG, § 32 Rn. 5; siehe Abschnitt B. III. 1.

103 *Samm*, in: Beck/ders./Kokemoor, KWG, 102 EL 2004, § 35 Rn. 12; *Szagunn/Haug/Ergenzinger*, KWG, § 6 Rn. 2; *R. Fischer/Müller*, in: Boos/Fischer/Schulte-Mattler, KWG, § 35 Rn. 6; *Schmitz*, in: Luz/Neus, KWG, § 35 Rn. 1.

104 BT-Drs. 3/1114, Rn. 40.

105 BT-Drs. 10/1441.

aus einer rechtswidrigen Erlaubnisentziehung möglicherweise resultierenden Schäden sollen für das betroffene Kreditinstitut und seine Anleger möglichst vermeiden werden, indem bei der Entscheidungsfindung – insbesondere vor dem Hintergrund, dass die Erlaubnisentziehung stets ein *ultima ratio* darstellt – ohne Zeitdruck gearbeitet wird.[106]

Die Entscheidung über die Rücknahme oder den Widerruf einer erteilten Erlaubnis steht im Ermessen der Aufsichtsbehörde und erfolgt unter Berücksichtigung des Verhältnismäßigkeitsgrundsatzes.[107] So ist bei Vorliegen eines Aufhebungsgrundes in besonderen Fällen auch nur eine Teilaufhebung mit dem Inhalt möglich, dass dem Erlaubnisinhaber nur bestimmte Geschäftstätigkeiten untersagt werden.[108] Wurde die Erlaubnis rechtmäßig zurückgenommen oder widerrufen, darf die betroffene juristische oder natürliche Person keine in den Anwendungsbereich des § 1 Abs. 1 und 1a KWG fallenden Geschäfte mehr betreiben.

f) Befugnisse nach § 44 KWG

Die BaFin hat ein Informationsdefizit gegenüber den von ihr beaufsichtigten Instituten. Ohne die erforderlichen Informationen ist eine Überprüfung der Institute im Hinblick auf die Anforderungen des KWG sowie die Erfüllung ihrer Aufgaben im Sinne des § 6 KWG nicht möglich. Dieses Defizit wird durch ein umfangreiches System von Anzeigepflichten und Sachverhaltsermittlungsrechten beseitigt, indem sich die BaFin einerseits passiv auf der Grundlage von laufenden Informationsrechten in regelmäßig wiederkehrenden Abständen durch die beaufsichtigten Institute und andererseits aktiv mittels Sachverhaltsermittlungsrechten in Form von Auskunfts- und Unterlagenvorlagerechten über Vorgänge im Geschäftsbetrieb in Kenntnis setzt.[109]

---

106 BT-Drs. 10/1441, S. 52.

107 *Hütz*, Die Bankenaufsicht in der BRD und in den USA, S. 242.

108 *Bähre/M. Schneider*, KWG, § 35 S. 395; *Szagunn/Haug/Ergenzinger*, KWG, § 35 Rn. 8.

109 *Braun*, in: Boos/Fischer/Schulte-Mattler, KWG, § 44 Rn. 4.

aa) Informationspflichten

Das KWG sieht für verschiedene Vorgänge der Institute innerhalb ihres Geschäftsbetriebes zahlreiche Anzeigepflichten vor. Dazu gehören u.a. Informationen über personelle, organisatorische oder finanzielle Veränderungen bei dem betroffenen Institut.[110] In speziellen Fällen muss bereits die Absicht zur Vornahme einer Maßnahme angezeigt werden (§ 24 Abs. 1 Nr. 1 KWG). Die Adressaten werden gesetzlich verpflichtet, der BaFin in regelmäßigen Abständen (monatlich, quartalsweise oder jährlich) Informationen über Einzelvorgänge zu übermitteln. Ein aktives Tätigwerden der BaFin ist hierbei nicht erforderlich. Das im KWG niedergelegte Anzeigewesen ermöglicht zudem, zeitnah Informationen über aufsichtsrelevante Sachverhalte zu erlangen.[111] Nur auf diese Weise kann die BaFin die laufende Aufsicht effektiv ausüben. Im Rahmen dessen wird sie von der Deutschen Bundesbank unterstützt, da sämtliche Anzeigepflichten im Sinne des § 24 KWG auch gegenüber der Deutschen Bundesbank bestehen. Die BaFin kann Verstöße gegen eine Anzeigepflicht in den in § 56 Abs. 2 Nr. 4 KWG genannten Fällen mit einem Bußgeld sanktionieren. Bei gravierenden Verstößen kann dies sogar eine Unzuverlässigkeit des Geschäftsleiters begründen.[112]

bb) Sachverhaltsermittlungsrechte

Neben den laufenden Anzeige-, Melde- und Auskunftspflichten kann die BaFin von einem Institut oder übergeordneten Unternehmen verlangen, Auskünfte über alle Geschäftsangelegenheiten zu erteilen und Unterlagen vorzulegen sowie Prüfungen durchführen, um aufsichtsrelevante Informationen zu bestimmten Sachverhalten zu erhalten.[113] Darüber hinaus ist sie berechtigt, an den Organversammlungen der Institute teilzunehmen und diese sogar einzuberufen.[114]

---

110 *Süßmann*, in: Schwennicke/Auerbach, KWG, § 24 Rn. 1.

111 *Braun*, in: Boos/Fischer/Schulte-Mattler, KWG, § 24 Rn. 16.

112 *Rüdenauer/Weber*, in: Luz/Neus, KWG, § 24 Rn. 24.

113 § 44 Abs. 1 KWG.

114 § 44 Abs. 5 KWG.

(1) Auskunftsrecht und Vorlage von Akten

Das Auskunfts- und Unterlagenvorlagerecht kann gemäß § 44 Abs. 1 KWG sowohl von der BaFin als auch von der Deutschen Bundesbank ausgeübt werden, um Informationen über sämtliche Geschäftsangelegenheiten eines Kreditinstituts zu erlangen. Zum Kreis der Verpflichteten gehören neben Kredit- und Finanzdienstleistungsinstituten und übergeordnete Unternehmen, die Organe und Beschäftigten der Institute. Ein Auskunftsverlangen oder die Aufforderung zur Vorlage von Unterlagen kann grundsätzlich auch anlasslos erfolgen, sodass bereits die Aufforderung zur Herausgabe von Informationen ausreichend ist. Allerdings muss das Begehren der BaFin stets dem Verhältnismäßigkeitsgrundsatz entsprechen. Im Detail bedeutet dies, dass nur tatsächlich erforderliche Auskünfte und Unterlagen verlangt werden können und der vom Kreditinstitut zu betreibende Aufwand nicht unangemessen hoch sein darf.[115]

Der Begriff der Auskunft ist angesichts der aufsichtlichen Ziele sehr weit auszulegen und umfasst in erster Linie jede Mitteilung über Tatsachen.[116] Dazu gehören auch die Abgabe von Beurteilungen und anderen subjektiven Einschätzungen, soweit diese für die Geschäftsangelegenheiten der beaufsichtigten Institute von Relevanz sind.[117] Anders als bei den Anzeigepflichten, muss das betroffene Kreditinstitut Auskünfte nur auf Verlangen der Aufsichtsbehörden erteilen; ein aktives Tätigwerden der Kreditinstitute ist hingegen nicht erforderlich.[118]

Das Unterlagenvorlagerecht der BaFin und der Deutschen Bundesbank umfasst sämtliche Unterlagen, die von aufsichtsrechtlicher Relevanz sein können. Der Begriff der Unterlage ist ebenfalls weit auszulegen und umfasst sämtliche Unterlagen, die aufsichtsrechtliche Informationen über Geschäftsvorgänge beinhalten können.[119] Die materielle Beschaffenheit der Unterlagen ist dabei nicht von Belang, sodass neben Unterlagen in Papierform, auch elektronische und magnetische Datenträger vom Begriff der Unterlage umfasst sind.[120] Die Auskunftsverpflichteten sind aber – ausgehend vom Wortlaut des § 44 Abs. 1 S. 1 KWG – nicht verpflichtet, den Auf-

---

115 *Szagunn/Haug/Ergenzinger*, KWG, § 44 Rn. 7; *Schmitz*, in: Luz/Neus, KWG, § 44 Rn. 14, 49.

116 *Braun*, in: Boos/Fischer/Schulte-Mattler, KWG, § 44 Rn. 34.

117 *Samm*, in: Beck/ders./Kokemoor, KWG, 102. EL 2004, § 44 Rn. 29 f.; kritisch *Szagunn/Haug/Ergenzinger*, KWG, § 44 Rn. 2.

118 *Schmitz*, in: Luz/Neus, KWG, § 44 Rn. 6 m.w.N.

119 *Schwennicke*; in: ders./Auerbach, KWG, § 44 Rn. 9.

120 *Samm*, in: Beck/ders./Kokemoor, KWG, 102. EL 2004, § 44 Rn. 58.

sichtsbehörden die relevanten Unterlagen auszuhändigen, vielmehr reicht es aus, diese so aufzubereiten, dass Einsicht und Untersuchung ohne Weiteres möglich sind.[121] Der Normzweck des § 44 KWG gebietet jedoch die Ablichtung der vorgelegten Unterlagen.[122] Die weite Auslegung des Unterlagenbegriffs erscheint angesichts des technischen Fortschritts und der Erfüllung der aufsichtlichen Aufgabe geboten. Die Aufsichtsbehörden sind bei Geltendmachung ihrer Rechte aus § 44 Abs. 1 S. 1 KWG an keine Formvorschriften gebunden. Das Auskunftsverlangen und die Aufforderung, Unterlagen vorzulegen, können mündlich oder schriftlich erfolgen.

(2) Prüfungen

Die Vornahme von Prüfungen nach § 44 Abs. 1 S. 2 KWG durch die BaFin stellt gegenüber dem Auskunfts- und Unterlagenvorlagerecht das eingriffsstärkere Instrument dar.[123] In erster Linie ist nur die BaFin befugt, Prüfungen bei den in § 44 Abs. 1 S. 1 KWG genannten Verpflichteten durchzuführen, nicht aber die Deutsche Bundesbank. Dieses Prüfungsrecht kann unabhängig vom Vorliegen eines besonderen Anlasses ausgeübt werden. Bis zur KWG-Novelle von 1976 konnte das damalige Bundesaufsichtsamt für Kreditwesen eine Prüfung nur vornehmen, wenn diese „erforderlich“ war. Der explizite Hinweis im Gesetz, dass eine Prüfung auch ohne Grund erfolgen kann, dient primär dem Schutz der zu überprüfenden Institute, da selbst eine anlasslose Überprüfung den Eindruck erwecken kann, dass das Institut mit aufsichtsrechtlichen oder wirtschaftlichen Problemen zu kämpfen haben könnte. Solch ein Umstand birgt stets die Gefahr eines Vertrauensverlustes in sich, der zu irreparablen Schäden bei den betroffenen Instituten führen kann.[124] Für die BaFin ist dies insoweit von Vorteil, als sie im Falle einer Überprüfung eine etwaige Erforderlichkeit nicht darlegen muss und somit keiner Begründungspflicht unterliegt (Routineprüfung).[125]

---

121 *Braun*, in: Boos/Fischer/Schulte-Mattler, KWG, § 44 Rn. 37.

122 *Schmitz*, in: Luz/Neus, KWG, § 44 Rn. 12.

123 *Samm*, in: Beck/ders./Kokemoor, KWG, 102. EL 2004, § 44 Rn. 61 f.; *Schmitz*, in: Luz/Neus, KWG, § 44 Rn. 30; siehe auch *Bödecker*, Prüfungen nach § 44 Abs. 1 KWG, S. 27 ff.

124 *Szagunn/Haug/Ergenzinger*, KWG, § 44 Rn. 14; *Braun*, in: Boos/Fischer/Schulte-Mattler, KWG, § 44 Rn. 41.

125 *Schmitz*, in: Luz/Neus, KWG, § 44 Rn. 31 mit Verweis auf *Braun*, in: Boos/Fischer/Schulte-Mattler, KWG, § 44 Rn. 37.

Die Regelmäßigkeit einer Routineüberprüfung bemisst sich nach der Größe und Bedeutung der zu überprüfenden Institute und am Umfang der risikobehafteten Geschäftstätigkeiten.[126] Neben den Routineprüfungen ist die BaFin auch berechtigt, Anlassprüfungen durchzuführen. Diese Art der Sonderprüfung kann auf verschiedene Verstöße oder Mängel gestützt werden. So können u.a. die aus den jährlichen Abschlussprüfungen oder Einlagensicherungsprüfungen herrührenden Mängel als Grundlage für eine Anlassprüfung herangezogen werden.[127] Das Prüfungsverfahren nach § 44 Abs. 1 S. 2 KWG wird mit einer Prüfungsanordnung gegenüber dem betroffenen Institut eingeleitet. Hierbei handelt es sich um einen belastenden Verwaltungsakt, der nach den allgemeinen verwaltungsrechtlichen Regeln angreifbar ist.[128]

Zum Zwecke der Sachverhaltsermittlung besteht des Weiteren die Möglichkeit, auch Prüfungen vor Ort vorzunehmen. Hierfür wird der BaFin nach § 44 Abs. 1 S. 3 KWG das Recht eingeräumt, die Geschäftsräume der Institute innerhalb der üblichen Betriebs- und Geschäftszeiten zu betreten. Das betroffene Institut muss jedoch vorher rechtzeitig über solch ein Vorhaben informiert werden.[129] Die Betroffenen haben einerseits gemäß § 44 Abs. 1 S. 4 KWG sämtliche Maßnahmen der BaFin im Sinne von § 44 Abs. 1 S. 2 und 3 KWG zu dulden und andererseits sind sie verpflichtet, zu einer ordnungsgemäßen Durchführung der Prüfungen beizutragen, indem sie beispielsweise die erforderlichen Unterlagen oder Informationen bereitstellen sowie keine Handlungen vornehmen, die die Arbeit der BaFin beeinträchtigen könnten.[130]

Die Deutsche Bundesbank hingegen hat kein originäres Prüfungsrecht. Die BaFin kann ihr aber in Einzelfällen Prüfungsaufgaben übertragen. Darüber hinaus hat sie gemäß § 4 Abs. 3 FinDAG die Möglichkeit, sich anderer Personen oder Einrichtungen zur Wahrnehmung ihrer Prüfungsaufgaben zu bedienen. Zu diesem Kreis gehören Wirtschaftsprüfer sowie die Prüfungsverbände der Sparkassen, Privatbanken und genossenschaftlichen Institute.[131]

---

126 *Braun*, in: Boos/Fischer/Schulte-Mattler, KWG, § 44 Rn. 41.

127 *Braun*, in: Boos/Fischer/Schulte-Mattler, KWG, § 44 Rn. 45.

128 Ausführlich dazu *Bödecker*, Prüfungen nach § 44 Abs. 1 KWG, S. 27 ff.

129 *Schwennicke*, in: ders./Auerbach, KWG, § 44 Rn. 16 m.w.N.

130 *Samm*, in: Beck/ders./Kokemoor, KWG, 102. EL 2004, § 44 Rn. 77; *Schmitz*, in: Luz/Neus, KWG, § 44 Rn. 34.

131 *Laars*, FinDAG[3], 2017, § 4 Rn. 5.

5. Finanzierung

Die Finanzierung der BaFin erfolgt gemäß § 13 Abs. 1 FinDAG zu 100 % durch Gebühren und Umlagen, die von den beaufsichtigten Instituten abgeführt werden müssen. Die BaFin ist finanziell unabhängig vom Bundeshaushalt und besitzt einen eigenen Haushaltsplan. Etwaige Bußgelder fließen direkt in die Bundeskasse und dienen nicht der Finanzierung.[132]

II. Deutsche Bundesbank

Im Rahmen ihrer Aufsichtstätigkeit wird die BaFin in vielerlei Hinsicht von der Deutschen Bundesbank unterstützt. Ausgangspunkt hierfür ist die in § 7 Abs. 1 KWG enthaltene Generalklausel, die beide Institutionen zur Zusammenarbeit und zum Informationsaustausch verpflichtet.[133]

1. Stellung der Deutschen Bundesbank in der Verfassung

Art. 88 S. 1 GG enthält den Verfassungsauftrag an den Bundesgesetzgeber, eine Währungs- und Notenbank zu errichten.[134] Diesem Verfassungsauftrag ist er mit dem Erlass des Gesetzes über die Deutsche Bundesbank vom 26.07.1957[135] (BBankG) nachgekommen und hat die in Art. 88 S. 1 GG enthaltene Verpflichtung in eine verfassungsrechtliche Institutsgarantie für die Deutsche Bundesbank umgewandelt.[136] Allerdings ist die Bestandsgarantie zugunsten der Deutschen Bundesbank mit Inkrafttreten des Satzes 2 in Art. 88 GG und mit Eintritt in die dritte Stufe der Wirtschafts- und Währungsunion erheblich gelockert worden.[137] Die durch den Satz 2 ein-

---

132 *H. Schäfer*, Bankenaufsichtsrecht in Deutschland, dem Vereinigten Königreich und den Vereinigten Staaten, S. 82.

133 *Becker*, DÖV 2010, 909 (910).

134 BVerwGE 41, 334 (349); *Herdegen* in: Maunz/Dürig, GG, 60. EL 2010, Art. 88 Rn. 29; *Siekmann*, in: Sachs, GG, Art. 88 Rn. 6; *Blanke*, in: von Mangoldt/Klein/Starck, GG, Bd. 3, Art. 88 Rn. 4; *Häde*, in: Bonner Kommentar, GG, 159. EL 2012, Art. 88 Rn. 98; *Stern*, Staatsrecht der Bundesrepublik Deutschland, Bd. 2, S. 472, 474.

135 BGBl. I S. 745.

136 *Herdegen*, in: Maunz/Dürig, GG, 60. EL 2010, Art. 88 Rn. 29; *Blanke*, in: von Mangoldt/Klein/Starck, GG, Bd. 3, Art. 88 Rn. 4; kritisch *Siekmann*, in: Sachs, GG, Art. 88 Rn. 6.

137 *Kämmerer*, in: von Münch/Kunig, GG, Bd. 2, Art. 88 Rn. 2.

getretene Relativierung der Bestandsgarantie ermöglicht bei einer weitergehenden Betrachtung auch die Abschaffung der nationalen Zentralbank, bei gleichzeitiger Errichtung eines „Zentralbankensystems mit zentralistischer Struktur".[138]

2. Stellung der Deutschen Bundesbank im ESZB

Die Deutsche Bundesbank ist gemäß § 1 BBankG als Zentralbank der Bundesrepublik Deutschland integraler Bestandteil des Europäischen Systems der Zentralbanken (ESZB). Mit Eintritt in die dritte Stufe der Wirtschafts- und Währungsunion am 01.01.1999 sind die Kompetenzen der teilnehmenden Mitgliedstaaten auf dem Gebiet der Währungspolitik vollständig auf das ESZB übergegangen.[139] Das ESZB besteht gemäß Art. 1 ESZB-Satzung aus der Europäischen Zentralbank und allen Zentralbanken der Mitgliedstaaten der Europäischen Union, unabhängig davon, ob diese den Euro als Währung eingeführt haben oder nicht (u.a. Dänemark[140])[141]. Das vorrangige Ziel des ESZB besteht darin, die Preisstabilität zu gewährleisten (Art. 127 Abs. 1. S. 1 AEUV i.V.m. Art. 2 ESZB-Satzung).

Die Europäische Union ist gemäß Art. 3 Abs. 1 lit. c) AEUV nunmehr für die Währungspolitik in den Eurostaaten ausschließlich zuständig. Die Verlagerung sämtlicher Kompetenzen bedeutete einen Funktions- und Kompetenzverlust der nationalen Zentralbanken auf dem Gebiet der Währungs- und Geldpolitik, der nicht durch andere Befugnisse kompensiert wurde.[142] Die nationalen Zentralbanken spielen innerhalb des ESZB hierarchisch eine untergeordnete Rolle. Ihr Handeln muss sich stets an den Leitlinien und Weisungen der Europäischen Zentralbank orientieren.[143] Die klassische Funktion der Deutschen Bundesbank als selbstständige „Währungshüterin" ist daher obsolet.

138 *Häde*, in: Bonner Kommentar, GG, 159. EL 2012, Art. 88 Rn. 101; ähnlich *Kämmerer*, in: von Münch/Kunig, GG, Bd. 2, Art. 88 Rn. 3.

139 *Geerlings*, DÖV 2003, 322 (324); *Becker*, DÖV 2010, 909.

140 Protokoll (Nr. 16) über einige Bestimmungen betreffend Dänemark, ABl. C 115 v. 09.05.2008, S. 287.

141 Im Einzelnen zu den Ausnahmeregelungen für Nicht-Euro-Staaten, *Dziechciarz*, Rechtliche Integration der nationalen Zentralbanken in das ESZB und in das Eurosystem, S. 143 ff.

142 *Häde*, in: Bonner Kommentar, GG, 159. EL 2012, Art. 88 Rn. 101; zustimmend *Kämmerer*, in: von Münch/Kunig, GG, Bd. 2, Art. 88 Rn. 3.

143 Art. 14.3 ESZB-Satzung.

3. Unabhängigkeit der Deutschen Bundesbank

Das BBankG[144] normierte bis zur Vollendung der europäischen Integration im Rahmen des Maastrichter Vertrages als einziges Regelungswerk unmittelbar die Autonomie der Deutschen Bundesbank.[145] Umstritten war seinerzeit insbesondere die Frage, ob neben den einfachgesetzlichen Regelungen auch das Verfassungsrecht, obwohl der Wortlaut von Art. 88 GG a.F. dies nicht hergab, die Unabhängigkeit der Deutschen Bundesbank garantiert.[146]

a) Einfachgesetzliche Ausgestaltung der Unabhängigkeit

Das Verhältnis der Deutschen Bundesbank zur Bundesregierung ist in § 12 BBankG geregelt. Hiernach ist sie bei der Ausübung der Befugnisse, die ihr nach dem BBankG zustehen, von Weisungen der Bundesregierung unabhängig. Die Weisungsfreiheit der Deutschen Bundesbank ist aber nur auf diejenigen Aufgaben beschränkt, die ihr nach dem BBankG zustehen. Sie gilt somit nicht für Aufgabenzuweisungen aus anderen Gesetzen, wie z.B. dem Kreditwesengesetz.[147]

b) Verfassungsrechtliche Unabhängigkeitsgarantie

Vor der endgültigen Realisierung der europäischen Integration auf dem Gebiet der Wirtschafts- und Währungspolitik und mit Inkrafttreten des Satzes 2 in Art. 88 GG wurde kontrovers die Frage diskutiert, ob bereits aus Art. 88 GG a.F. eine auf die Verfassung gestützte Unabhängigkeitsgarantie

---

144 Gesetz über die Deutsche Bundesbank i.d.F. v. 22.10.1992, BGBl. I S. 1782.

145 *Hahn/Häde*, Währungsrecht, § 12 Rn. 24.

146 *Herdegen*, in: Maunz/Dürig, GG, 60. EL 2010, Art. 88 Rn. 62.

147 *Stern*, Das Staatsrecht der Bundesrepublik Deutschland, Bd. 2, S. 499; *Hahn/Häde*, Währungsrecht, § 12 Rn. 24.

der Deutschen Bundesbank herzuleiten ist.[148] Art. 88 GG a.F. bestand seinerzeit nur aus dem heutigen Satz 1 in Art. 88 GG n.F.[149]

Der Streit um die verfassungsrechtliche Unabhängigkeit der Deutschen Bundesbank hat allerdings durch den zuletzt eingefügten Satz 2 in Art. 88 GG weitgehend an Bedeutung verloren und wird nun auf einer anderen Ebene geführt. Art. 88 S. 2 GG erlaubt die Übertragung von Aufgaben auf die Europäische Zentralbank nach den Vorgaben des Art. 23 Abs. 1 S. 3 GG, sofern diese unabhängig ist und sich primär dem Preisstabilitätsziel verpflichtet hat. Liegen diese formalen Voraussetzungen nicht vor, so darf eine Aufgabenübertragung auf die Europäische Zentralbank nicht erfolgen. Dem Grunde nach fordert die Verfassung die dauerhafte Unabhängigkeit der in das ESZB eingebundenen Institutionen und steht jeder Maßnahme Deutschlands entgegen, welche die Beseitigung dieser Autonomie zum Ziel hat.[150] Hieraus ist aber nicht zugleich eine unmittelbare verfassungsrechtliche Unabhängigkeitsgarantie der Deutschen Bundesbank herzuleiten.[151] Obwohl in Art. 88 GG nur die Europäische Zentralbank als Adressat der Unabhängigkeitsgarantie benannt ist, bezieht sich dies entgegen des Wortlautes auch auf das gesamte ESZB und die Deutsche Bundesbank als eines seiner Bestandteile. Die institutionelle Verflechtung der Europäischen Zentralbank mit dem ESZB hat zur Folge, dass die Deutsche Bundesbank gleichermaßen an der unionsrechtlich garantierten Unabhängigkeitsgarantie der Europäischen Zentralbank aus Art. 130 AEUV partizipiert.[152] Aufgrund dessen handelt es sich bei Art. 88 S. 2 GG um eine uni-

---

148 Eine verfassungsrechtlich abgesicherte Unabhängigkeit befürworteten u.a. *Samm*, Stellung der Deutschen Bundesbank im Verfassungsgefüge, S. 186; *Samm*, WM-Beilage 1984, 3 (5); *Uhlenbruck*, Die verfassungsmäßige Unabhängigkeit der Deutschen Bundesbank und ihre Grenzen, S. 29 ff.; *Herdegen*, in: Maunz/Dürig, GG, 60. EL 2010, Art. 88 Rn. 63; a.A. BVerwGE 41, 334 (354); *Stern*, in: Deutsche Bundesbank, 50 Jahre Deutsche Mark, S. 141 (181); *Kämmerer*, in: von Münch/Kunig, GG, Bd. 2, Art. 88 Rn. 13; *Siekmann*, in: Sachs, GG, Art. 88 Rn. 13; *Hahn/Häde*, Währungsrecht, § 12 Rn. 23; *Weikart*, NVwZ 1993, 834 (840). Ausführliche Darstellung der Problematik bei *Stern*, Das Staatsrecht der Bundesrepublik Deutschland, Bd. 2, S. 493 ff.; *Häde*, in: Bonner Kommentar, GG, 159. EL 2012, Art. 88 Rn. 185 ff.

149 Wortlaut von Art. 88 GG a.F. vor Einfügung des Satzes 2: „Der Bund errichtet eine Währungs- und Notenbank als Bundesbank".

150 *Häde*, in: Calliess/Ruffert, EUV/AEUV, Art. 130 AEUV, Rn. 3; *Weikart*, NVwZ 1993, 834 (840).

151 *Siekmann*, in: ders., EWU, Art. 130 AEUV Rn. 2; a.A. *Ohler*, in: Schmidt-Bleibtreu/H. Hofmann/Henneke, GG, Art. 88 Rn. 5.

152 *Kämmerer*, in: von Münch/Kunig, GG, Bd. 2, Art. 88 Rn. 30; *Manger-Nestler*, in: Pechstein/Nowak/Häde, Frankfurter Kommentar, Bd. 3, Art. 30 AEUV Rn. 3.

onsrechtlich vermittelte verfassungsrechtliche Unabhängigkeitsgarantie für die Deutsche Bundesbank.[153] Dafür spricht auch die Auffassung des verfassungsändernden Gesetzgebers, der klargestellt hat, dass mit Einführung des Art. 88 S. 2 GG gerade keine Änderung im Hinblick auf die Unabhängigkeit einhergegangen ist.[154]

Sollte die Bundesrepublik Deutschland den Beschluss fassen, aus der Europäischen Währungsunion auszutreten, so würde die damalige Rechtslage vor Eintritt in die dritte Stufe der Wirtschafts- und Währungsunion wieder aufleben und die Unabhängigkeit der Deutschen Bundesbank wäre einfachgesetzlich über § 12 BBankG abgesichert.[155]

c) Inhalt und Reichweite der Bundesbankautonomie

Die Weisungsunabhängigkeit der Deutschen Bundesbank gilt nach dem Wortlaut des § 12 BBankG zunächst nur gegenüber der Regierung und den ihr nachgeordneten Behörden.[156] Inwieweit sich diese Autonomie auf andere Institutionen als die Bundesregierung erstreckt, ist § 12 BBankG nicht ausdrücklich zu entnehmen. Die Deutsche Bundesbank ist als bundesunmittelbare juristische Person des öffentlichen Rechts (§ 2 S. 1 BBankG) Bestandteil der Exekutive und somit gemäß Art. 20 Abs. 3 GG an das Gesetz gebunden. Sie kann sich gegenüber dem Gesetzgeber nicht auf ihre Autonomie berufen, sodass es diesem keinesfalls verwehrt ist, Regelungen im Hinblick auf die Deutsche Bundesbank zu erlassen.[157] Allerdings findet der gesetzgeberische Spielraum seine Grenzen in den Vorgaben des Art. 88 GG und dem einschlägigen Unionsrecht. Unzulässig sind zunächst solche Regelungen des Gesetzgebers, welche die institutionelle Garantie der

---

153 *Häde*, in: Bonner Kommentar, GG, 159. EL 2012, Art. 88 Rn. 216, 257; *Kämmerer*, in: von Münch/Kunig, GG, Bd. 2, Art. 88 Rn. 30; *Blanke*, in: von Mangoldt/Klein/Starck, GG, Bd. 3, Art. 88 Rn. 59; *Siekmann*, in: Sachs, GG, Art. 88 Rn. 69; *Umbach/Dollinger*, in: Umbach/Clemens, GG, Bd. 2, Art. 88 Rn. 21; a.A. *Herdegen*, in: Maunz/Dürig, GG, 60. EL 2010, Art. 88 Rn. 64, der in Art. 88 S. 2 GG eine „*zusätzliche* verfassungsrechtliche Basis für die Unabhängigkeitsgewähr der Bundesbank" sieht.

154 So die Beschlussempfehlung des Sonderausschusses „Europäische Union (Vertrag von Maastricht)", BT-Drs. 12/3896, S. 22; siehe auch *Häde*, in: Bonner Kommentar, GG, 159. EL 2012, Art. 88 Rn. 254.

155 *Häde*, EuZW 1992, 171 (177 f.); *Hahn/Häde*, Währungsrecht, § 12 Rn. 27.

156 *Stern*, Das Staatsrecht der Bundesrepublik Deutschland, Bd. 2, S. 499.

157 *Blanke*, in: von Mangoldt/Klein/Starck, GG, Bd. 3, Art. 88 Rn. 36; siehe auch *Stern*, Das Staatsrecht der Bundesrepublik Deutschland, Bd. 2, S. 506.

Deutschen Bundesbank in Art. 88 S. 1 GG berühren. Entsprechend gilt dies auch für Vorschriften, die darauf abzielen, die in Art. 88 S. 2 GG unionsrechtlich vermittelte Unabhängigkeitsgarantie zu beseitigen.[158] Ein derartiges Vorgehen würde im Übrigen gegen Art. 130 AEUV verstoßen, der u.a. die nationalen Zentralbanken dazu anhält, keine Weisungen seitens der Regierungen oder sonstigen Organen entgegen zu nehmen. Dieselben Erwägungen gelten auch im Hinblick auf das Verhältnis der Deutschen Bundesbank gegenüber den nationalen Gerichten. Sie ist trotz ihrer einzigartigen und übergeordneten Stellung im Staatsgefüge angehalten, Gerichtsurteile – wie jedes andere Exekutivorgan auch – zu respektieren und zu befolgen.[159]

d) Weisungsfreiheit und Demokratieprinzip

Das Demokratieprinzip verlangt für jede Form staatlichen Handelns, also das Innehaben und Ausüben von Staatsgewalt, eine ununterbrochene Legitimationskette, die sich auf das Volk zurückführen lässt.[160] Mit der Gewährung von Unabhängigkeit entstehen zwangsläufig ministerialfreie Räume, die zu Friktionen mit dem deutschen Demokratieverständnis führen können. Ein ministerialfreier Raum besteht immer dort, wo Exekutivbehörden im Rahmen ihrer Aufgabenwahrnehmung vollständige oder teilweise Unabhängigkeit gegenüber der „Exekutivspitze“ genießen.[161] Dazu gehören auch die Entscheidungen der Deutschen Bundesbank als Institution des Staates. Sie genießt im Rahmen der ihr zugewiesenen geldpolitischen Aufgaben eine verfassungs- und unionsrechtlich verankerte Unabhängigkeit.

Da dieser Umstand eine Ausnahme vom Demokratieprinzip darstellt, bedarf es hierfür einer besonderen verfassungsrechtlich anerkannten Rechtfertigung.[162] Diese muss zweifelsohne aus den Aufgaben der Deutschen Bundesbank gefolgert werden, zu denen in erster Linie die Wahrung der Geldwertstabilität gehört. Bei der Währungspolitik handelt es sich um eine sensible Materie, die vor jeglichem Einfluss anderer Organe oder par-

---

158 *Blanke*, in: von Mangoldt/Klein/Starck, GG, Bd. 3, Art. 88 Rn. 36.

159 *Stern*, Das Staatsrecht der Bundesrepublik Deutschland, Bd. 2, S. 499.

160 BVerfGE 47, 253 (275); 93, 37 (67); *H. Hofmann*, in: Schmidt-Bleibtreu/ders./Henneke, GG Art. 20 Rn. 42; ausführlich dazu *Jestaedt*, Demokratieprinzip und Kondominialverwaltung, S. 265 ff.

161 *Sodan*, NJW 1999, 1521; *Gaitanides*, Das Recht der Europäischen Zentralbank, S. 216.

162 *Sodan*, Kollegiale Funktionsträger als Verfassungsproblem, S. 407 f.

tikularen Interessen geschützt werden muss. Zwar gibt es keine zwingende Verknüpfung zwischen weisungsfreier Zentralbank und funktionierender Geldpolitik, da nicht ohne Weiteres von der Aufgabe der Geldwertstabilität auf den Status der Zentralbank geschlossen werden darf bzw. eine unabhängige Zentralbank ihre Aufgaben nicht unbedingt besser erfüllen muss.[163] Die Vergangenheit hat hingegen gezeigt, dass Staaten in Krisenzeiten stets dazu geneigt waren, ihre „Geldschöpfungsmacht" zu missbrauchen, um ausufernde Staatsaufgaben zu kompensieren.[164] Insbesondere bestehe eine Korrelation zwischen unabhängiger Zentralbank und der Höhe der Inflationsrate eines Landes.[165]

Dieser Auffassung ist auch das Bundesverfassungsgericht in seinem Maastricht-Urteil gefolgt und hebt die Bedeutung einer unabhängigen Zentralbank für die Wahrung der Geldwertstabilität besonders hervor. Seiner Auffassung nach berühre zwar eine unabhängige Zentralbank das Gebot demokratischer Legitimation, allerdings sei dies angesichts ihrer bedeutenden Aufgaben auf dem Gebiet der Währungspolitik eine „noch" zulässige Modifikation des Demokratieprinzips.[166] Der weisungsfreie Status bzw. die fehlende parlamentarische Verantwortlichkeit der Deutschen Bundesbank ist daher unschädlich, soweit sie dem Schutz der Währungspolitik vor partikularen, dem Allgemeinwohl widersprechenden Interessen dient.[167]

> *„Diese Modifikation des Demokratieprinzips im Dienste der Sicherung des in eine Währung gesetzten Einlösungsvertrauens ist vertretbar, weil es der – in der deutschen Rechtsordnung erprobten und, auch aus wissenschaftlicher Sicht, bewährten – Besonderheit Rechnung trägt, daß eine unabhängige Zentralbank den Geldwert und damit die allgemeine ökonomische Grundlage für die staatliche Haushaltspolitik und für private Planungen und Dispositionen bei der Wahrnehmung wirtschaftlicher Freiheitsrechte eher sichert als Hoheitsorgane, die ihrerseits in ihren Handlungsmöglichkeiten und*

---

163 *Stern*, Das Staatsrecht der Bundesrepublik Deutschland, Bd. 2, S. 496 f.

164 *Siekmann*, IMFS Working Paper 1/2006, S. 5; mit Verweis auf *Ehrlicher*, in: Festschrift für Voigt, S. 387 (390 f.).

165 *Görgens/Ruckriegel/Seitz*, Europäische Geldpolitik, S. 92 m.w.N.; *Caesar*, Der Handlungsspielraum von Notenbanken, S. 517; *Heller*, in: Festschrift für Polak, S. 269 (278 f.); *Endler*, Europäische Zentralbank und Preisstabilität, S. 214 ff.

166 BVerfGE 89, 155 (208).

167 BVerfGE 89, 155 (208).

Handlungsmitteln wesentlich von Geldmenge und Geldwert abhängen und auf die kurzfristige Zustimmung politischer Kräfte angewiesen sind.“[168]

Für die Unabhängigkeit der Deutschen Bundesbank streitet weiterhin die Tatsache, dass sie trotz überwiegender Wahrnehmung der laufenden Überwachung im Sinne des KWG, über keine nennenswerten gewerbepolizeilichen Eingriffsbefugnisse verfügt, die einerseits in Widerspruch zu ihrem Status stehen könnten und andererseits die strikte Einhaltung des Demokratiegebotes nicht erforderlich machen, da sich ihre Weisungsfreiheit funktionell nur auf die Geldpolitik erstreckt.

4. Aufsichtskompetenzen

Die Zusammenarbeit zwischen der Deutschen Bundesbank und BaFin umfasst gemäß § 7 Abs. 1 S. 2 KWG insbesondere die laufende Überwachung der Institute. Die Zuständigkeit hierfür obliegt alleine der Deutschen Bundesbank.

a) Sinn und Zweck der institutionellen Zusammenarbeit

Während die Deutsche Bundesbank als Bestandteil des ESZB primär der Währungs- und Geldpolitik verpflichtet ist, beschränkt sich der Tätigkeitsbereich der BaFin allein auf die Bankenaufsicht. Für eine institutionelle Zusammenarbeit zwischen BaFin und Deutscher Bundesbank sprechen indes viele Gründe. Bei genauerer Betrachtung zeigt sich, dass die Tätigkeit der Deutschen Bundesbank und die der BaFin viele Berührungspunkte aufweisen.[169] Bereits im Expertenbericht zur Strukturreform der Deutschen Bundesbank unter Leitung des damaligen Bundesbankpräsidenten *Karl Otto Pöhl* im Jahr 2000 wurde die Schnittmenge zwischen Geldpolitik einerseits und Bankenaufsicht andererseits, insbesondere vor dem Hintergrund der globalen Entwicklungen des Finanzmarktes, hervorgehoben.[170]

168 BVerfGE 89, 155 (208 f.).

169 BVerfGE 14, 197 (216).

170 *Pöhl et al.*, Bericht zur Strukturreform der Deutschen Bundesbank, S. 8; siehe auch *Heun*, Rechtsgutachten zur verfassungsrechtlichen Zulässigkeit verschiedener Organisationsmodelle zur Umgestaltung der Bankenaufsicht, S. 7 ff. – Gegenstand der Diskussion waren mehrere Modelle zur Eingliederung des damaligen Bundesaufsichtamtes für Kreditwesen in die Deutsche Bundesbank.

So können Maßnahmen oder Entscheidungen auf dem Gebiet der Aufsicht, wie z.B. erhöhte Anforderungen an die Eigenkapitalausstattung der Institute, auch währungspolitische Folgen haben und *vice versa*.[171] Demgegenüber kann das Ziel der Währungssicherung nur erreicht werden, sofern ein funktionierender Bankenapparat vorliegt.[172] Maßgeblich für die Zusammenarbeit zwischen der Deutschen Bundesbank und BaFin sind aber auch die dabei eintretenden Synergieeffekte. Während die BaFin als bundesunmittelbare, rechtsfähige Anstalt des öffentlichen Rechts aufgrund der verfassungsrechtlichen Vorgaben über keinen eigenen Unter- und Mittelbau verfügen darf, kann die Deutsche Bundesbank auf ein bundesweites Netz von Hauptverwaltungen und diesen nachgeordneten Filialen zurückgreifen.[173] Auf diese Weise ist eine Beaufsichtigung vor Ort möglich und der fehlende behördliche Unter- und Mittelbau der BaFin wird ersetzt, weil diese nur auf eine zentrale Aufsicht beschränkt ist.

Die Kreditinstitute sind in vielerlei Hinsicht nicht gegenüber der zentral agierenden BaFin, sondern vielmehr gegenüber der Deutschen Bundesbank zur Unterrichtung und Information verpflichtet.[174] Die Deutsche Bundesbank erlangt auf diese Weise umfangreiches Datenmaterial, bestehend aus Kreditanzeigen, Monatsausweisen und Bilanzen, welche sie ohnehin einer Bewertung unterziehen muss.[175] Ergibt sich aus der Überprüfung dieser Materialien, dass sich ein Institut in einer Krisensituation befindet, so unterrichtet sie die BaFin. Die dadurch bezweckte Verwaltungsökonomie erscheint insofern für die BaFin von Vorteil, als sie sich durch die „Vorarbeit" der Deutschen Bundesbank selektive Arbeit erspart und ihr Augenmerk gezielt auf besonders anfällige Kreditinstitute richten kann.[176] Die Deutsche Bundesbank fungiert somit gleichsam als Filter, welcher nur aufsichtsrechtlich bedeutsame Fälle an die BaFin weiterleitet.[177] Umgekehrt verfügt auch die BaFin über Informationen, die für die Deutsche Bundes-

---

171 BVerfGE 14, 197 (216 f.); siehe auch *Lindemann*, in: Boos/Fischer/Schulte-Mattler, KWG, § 7 Rn. 4; *Becker*, DÖV 2010, 909 (911).

172 BVerfGE 14, 197 (218).

173 *Lindemann*, in: Boos/Fischer/Schulte-Mattler, KWG, § 7 Rn. 5; *Becker*, DÖV 2010, 909 (911), Übersicht über die Filialen der Deutschen Bundesbank, abrufbar unter: https://www.bundesbank.de/de/bundesbank/hauptverwaltungen-filialen/filialen, zuletzt aufgerufen am 25.11.2018.

174 *Becker*, DÖV 2010, 909 (911) m.w.N.

175 BVerfGE 14, 197 (216); *Lindemann*, in: Boos/Fischer/Schulte-Mattler, KWG, § 7 Rn. 5.

176 *Lindemann*, in: Boos/Fischer/Schulte-Mattler, KWG, § 7 Rn. 5.

177 So die amtliche Begründung BT-Drs. 3/1114, S. 23; siehe auch *Gramlich*, in: Schmidt, Öffentliches Wirtschaftsrecht BT I, § 5 II, S. 573; *Hütz*, Die Bankenauf-

bank von Bedeutung sein können. Durch eine effiziente Informationspolitik zwischen diesen beiden Institutionen werden eine bessere Ressourcennutzung und letztlich auch eine effektivere Aufsicht über die Kreditinstitute gewährleistet.

b) Laufende Überwachung

Neben ihren Aufgaben auf dem Gebiet der Währungs- und Geldpolitik nach dem BBankG kommen der Deutschen Bundesbank im Rahmen ihrer Zusammenarbeit mit der BaFin auch Kompetenzen im Bereich der Bankenaufsicht zu. Ausgangspunkt für die Zusammenarbeit auf dem Gebiet der nationalen Bankenaufsicht ist zunächst die Generalklausel des § 7 KWG. Darüber hinaus wird die Zusammenarbeit in einer Aufsichtsrichtlinie[178] näher konkretisiert.[179] Unbeschadet weiterer gesetzlicher Regelungen, ist allein die Deutsche Bundesbank gemäß § 7 Abs. 1 S. 2 KWG für die laufende Überwachung zuständig.

Die Gegenstände der laufenden Überwachung sind in § 7 Abs. 1 S. 3 KWG normiert und betreffen u.a. die Auswertung der von den Instituten eingereichten Unterlagen, der Prüfungsberichte nach § 26 KWG und der Jahresabschlussunterlagen sowie die Durchführung und Auswertung der bankgeschäftlichen Prüfungen zur Beurteilung der angemessenen Eigenkapitalausstattung. Gemäß § 7 Abs. 2 S. 4 KWG erlässt die BaFin u.a. Allgemeinverfügungen und Verwaltungsakte einschließlich Prüfungsanordnungen nach § 44 Abs. 1 S. 2 und § 44 b Abs. 2 S. 1 KWG gegenüber den Instituten. Die Übertragung von hoheitlichen Befugnissen auf eine weisungsunabhängige Zentralbank[180] ist vor dem Hintergrund des Demokratiegebotes und ministerialfreier Räume nicht gänzlich unproblematisch.[181] Da die Unabhängigkeit der Deutschen Bundesbank in funktioneller Hinsicht nur auf ihre Aufgaben und Befugnisse nach dem BBankG beschränkt ist

---

sicht in der BRD und in den USA, S. 65; *Haug*, in: Schimansky/Bunte/Lwowski, Bankrechts-Handbuch, § 123 Rn. 98.

178 Richtlinie zur Durchführung und Qualitätssicherung der laufenden Überwachung der Kredit- und Finanzdienstleistungsinstitute durch die Deutsche Bundesbank, abrufbar unter: https://www.bafin.de/SharedDocs/Veroeffentlichungen/DE/Aufsichtsrecht/Richtlinie/rl_130521_aufsichtsrichtlinie.html?nn=9021442, zuletzt aufgerufen am 25.11.2018.

179 *Röhl*, in: Fehling/Ruffert, Regulierungsrecht, § 18 Rn. 97.

180 Siehe Abschnitt C. II. 3.

181 *Hagemeister*, WM 2002, 1773 (1779).

und somit nicht für Aufgabenzuweisungen aus anderen Gesetzen gilt, wie z.B. dem Kreditwesengesetz, sind die Betretungsrechte der Deutschen Bundesbank nach §§ 44, 44b, 44c KWG vor diesem Hintergrund verfassungsrechtlich unbedenklich.[182]

182 *Häde*, in: Bonner Kommentar, GG, 159. EL 2012, Art. 88 Rn. 149; vgl. *Herdegen*, WM 2000, 2121 (2123 f.).

D. Europäische Finanzaufsichtsstruktur vor Errichtung des Einheitlichen Aufsichtsmechanismus

Zusätzlich zur nationalen Aufsicht agiert auf europäischer Ebene die am 01.01.2011 errichtete Europäische Aufsichtsbehörde (EBA) mit Sitz in London. Sie übt die Aufsicht über alle in den Mitgliedstaaten der Europäischen Union ansässigen Kreditinstitute aus und soll insbesondere zur Schaffung eines einheitlichen Regelwerks für Finanzdienstleistungen *(Single Rulebook)* beitragen.

I. Hintergrund

Die Europäische Kommission hat als Reaktion auf die anhaltende Finanzmarktkrise und die dabei zu Tage getretenen Aufsichtsdefizite der nationalen Aufsichtsbehörden beschlossen, die seinerzeit hauptsächlich mitgliedstaatlich organisierte Aufsichtsstruktur grundlegend zu reformieren. Das Ergebnis dieser strukturellen Neuordnung aus dem Jahr 2011 war die Errichtung des Europäischen Systems für Finanzaufsicht (ESFS). Bis zu diesem Zeitpunkt verfügte die Europäische Union über keine selbstständigen, mit eigenen Kompetenzen ausgestatteten Aufsichtsinstitutionen.[183]

1. Entstehung des Lamfalussy-Verfahrens

Der „Aktionsplan für Finanzdienstleistungen" (*Financial Services Action Plan* – FSAP[184]) der Europäischen Kommission aus dem Jahr 1999 sieht die Errichtung eines einheitlichen Finanzdienstleistungs- und Kapitalmarktes in Europa vor.[185] Vor diesem Hintergrund beauftragte der Rat für Wirtschaft und Finanzen (ECOFIN-Rat) im Juli 2002 den Ausschuss der Weisen unter dem Vorsitz von *Baron Alexandre Lamfalussy,* Reformen für die Rechtssetzungs- und Rechtsdurchsetzungsverfahren im Kapitalmarkt- und

---

183 *Baur/Boegl*, BKR 2011, 177.

184 *Europäische Kommission*, Mitteilung v. 11.05.1999, Finanzdienstleitungen – Umsetzung des Finanzmarktrahmens – Aktionsplan KOM(1999) 232 endg.

185 *Schmolke*, NZG 2005, 912.

Wertpapieraufsichtsbereich vorzuschlagen.[186] Die Expertengruppe kam in ihrem Schlussbericht vom 15.02.2001 zu dem Ergebnis, dass das Rechtssetzungsverfahren nicht geeignet ist, kurzfristig und flexibel auf die sich schnell verändernden Marktentwicklungen zu reagieren, um entsprechende Maßnahmen gegen bevorstehende Risiken und Gefahren zu ergreifen.[187] Sie schlug im Kern ein beschleunigtes, vierstufiges Gesetzgebungsverfahren vor, das auf dem Komitologie-Modell basiert und insbesondere die „Delegation von Durchführungsbefugnissen auf die Europäische Kommission zum Zwecke der Ausübung von europäischen Rechtsvorschriften"[188] beinhaltete. In diesem Zusammenhang sollte die Europäische Kommission von Komitologieausschüssen mit besonderem Sachverstand bei der Wahrnehmung der ihr übertragenen Befugnisse unterstützt werden.[189] Sowohl der Europäische Rat als auch das Europäische Parlament stimmten den Vorschlägen zu. Am 03.02.2002 forderte der ECOFIN-Rat die Europäische Kommission sodann auf, auf der Grundlage des Expertenberichts weitere Maßnahmen auch für den Bereich der Banken- und Versicherungsaufsicht zu treffen.[190] Das beschleunigte Gesetzgebungsverfahren wird seitdem auch als „Lamfalussy-Verfahren" bezeichnet.

2. Level-3-Ausschüsse

Bis zur Errichtung des ESFS agierten allein die sog. Level-3-Ausschüsse im Bereich der europäischen Aufsicht. Hierbei handelte es sich um Expertenausschüsse, die sich aus hochrangigen Vertretern der jeweiligen nationalen Aufsichtsbehörden zusammensetzten.[191] Sie wurden im Rahmen des Lamfalussy-Verfahrens errichtet und im Juli 2001 von der Europäischen Kommission eingesetzt, um den Gesetzgebungsprozess im Finanzdienstleistungssektor zu beschleunigen. Im Einzelnen handelte es sich dabei um den CESR (Ausschuss der Europäischen Wertpapierregulierungsbehör-

---

186 Siehe hierzu das Mandat des Ausschusses der Weisen im Anhang I des *Lamfalussy-Berichts*.

187 *Schmolke*, NZG 2005, 912 f.

188 *Lamfalussy-Bericht*, Anhang 5, S. 4.

189 *Lamfalussy-Bericht*, Anhang 5, S. 4.

190 *Ruppel*, Finanzdienstleistungsaufsicht in der EU, S. 49; *Hänle*, Die neue Europäische Finanzaufsicht, S. 19.

191 *Rötting/Lang*, EuZW2012, 8 f.

den)[192], den CEIOPS (Ausschuss der Europäischen Aufsichtsbehörden für das Versicherungswesen und die betriebliche Altersversorgung)[193] und den CEBS (Ausschuss der Europäischen Bankaufsichtsbehörden)[194].

Die Ausschüsse fungierten im Kern als Beratungsgremien für die Europäische Kommission im Hinblick auf den Entwurf von Vorschlägen zum Erlass von Rechtsvorschriften.[195] Zu den weiteren Aufgaben der Ausschüsse gehörten u.a. die Sicherstellung einer kohärenten Aufsichtspraxis in den Mitgliedstaaten, die Abgabe von Empfehlungen zu Auslegungsfragen und die Ausarbeitung einheitlicher Leitlinien für nationale Verwaltungsvorschriften.[196] Sie setzten sich zusammen aus Vertretern der nationalen Aufsichtsbehörden, ohne dabei echte Entscheidungsbefugnisse wahrzunehmen oder rechtlich verbindliche Entscheidungen treffen zu können.[197] Darüber hinaus dienten die Ausschüsse als Forum für die nationalen Aufsichtsbehörden zum Zwecke des Austausches in Aufsichtsfragen und -angelegenheiten. Im Zuge der europäischen Finanzmarktaufsichtsreform wurden die Expertenausschüsse und die damit einhergehende Institutionalisierung der Level-3-Ausschüsse ab dem 01.01.2011 durch die Europäischen Aufsichtsbehörden ersetzt.[198]

3. Überblick über das Lamfalussy-Verfahren

Das Lamfalussy-Verfahren zur Beschleunigung des Gesetzgebungsverfahrens besteht aus insgesamt vier Stufen. Auf der ersten Stufe legen sich der Europäische Rat und das Europäische Parlament im Wege des ordentlichen Gesetzgebungsverfahrens nach Art. 294 AEUV auf die von der Europäischen Kommission vorgeschlagenen Richtlinien oder Verordnungen fest.

---

192 *Europäische Kommission*, Beschl. v. 23.01.2009 zur Einsetzung des Ausschusses der europäischen Wertpapierregulierungsbehörden, 2009/77/EG, ABl. 2009 L 25/18.

193 *Europäische Kommission*, Beschl. v. 23.01.2009 zur Einsetzung des Ausschusses der Europäischen Aufsichtsbehörden für das Versicherungswesen und die betriebliche Altersversorgung, 2009/79/EG, ABl. 2009 L 25/28.

194 *Europäische Kommission*, Beschl. v. 23.01.2009 zur Einsetzung des Ausschusses der europäischen Wertpapierregulierungsbehörden, 2009/78/EG, ABl. 2009 L 25/23.

195 *Wymeersch*, ZGR 2011, 443 (463); *Moloney*, CMLRev. 51 (2014), 1609 (1613).

196 *Kohtamäki*, Die Reform der Bankenaufsicht in der Europäischen Union, S. 43 f.; *Claßen/Heegemann*, ZfgK 2003, 66 (67).

197 *Baur/Boegl*, BKR 2011, 177.

198 *Mülbert*, JZ 2010, 834 (839); *Lehmann/Manger-Nestler*, EuZW 2010, 87 (88).

Diese beinhalten politische Grundentscheidungen sowie die Grundzüge des jeweiligen Rechtsaktes.[199] An dieser Stelle erfolgt auch die Übertragung von Durchführungsbefugnissen auf die Europäische Kommission, welche notwendige Voraussetzung für das weitere Vorgehen auf der nächsten Stufe darstellt.[200]

Auf der zweiten Stufe konsultiert die Europäische Kommission, je nach Aufgabenbereich, einen der vier Ausschüsse (Level-2-Ausschüsse). Dabei handelt es sich um den Europäischen Bankenausschuss (EBC)[201], den Europäischen Wertpapierausschuss (ESC)[202], den Europäischen Ausschuss für das Versicherungswesen und die betriebliche Altersversorgung (EIOPC)[203] sowie den Finanzkonglomerateausschuss (EFCC) für Fragen der Beaufsichtigung sektorübergreifend tätiger Konzerne.

Auf der dritten Stufe kamen sodann die Level-3-Ausschüsse zum Zuge, die jeweils durch einen Beschluss der Europäischen Kommission eingesetzt wurden. Ihre Aufgabe war es, unverbindliche Standards, Leitlinien oder Empfehlungen zu Auslegungsfragen für Verwaltungsvorschriften, die auf nationaler Ebene verabschiedet werden sollten, zu erarbeiten.[204] Auf diese Weise sollte eine kohärente Rechtsanwendung in den Mitgliedstaaten sichergestellt werden.[205]

Auf der vierten und ebenfalls letzten Stufe des Lamfalussy-Verfahrens überwachte die Europäische Kommission die Einhaltung der auf der ersten und zweiten Stufe erlassenen EU-Vorschriften. Bei Verstößen konnte sie ein Vertragsverletzungsverfahren einleiten, um der Befolgung Nachdruck zu verleihen.[206]

4. Reform der Aufsichtsstruktur auf Grundlage des de Larosière-Berichts

Die Neuordnung der europäischen Finanzmarktaufsicht nach 2011 ist maßgeblich auf die Vorschläge einer Expertengruppe unter dem Vorsitz von *Jacque de Larosière* zurückzuführen.[207] Diese wurde 2008 von der

199 *Lamfalussy-Bericht*, S. 29 f.; siehe auch *Schmolke*, NZG 2005, 912 (913).
200 *Hänle*, Die neue Europäische Finanzaufsicht, S. 21.
201 *Europäische Kommission*, Beschl. v. 05.11.2003, 2004/10/EG, ABl. 2004 L 3/36.
202 *Europäische Kommission*, Beschl. v. 06.06.2001, 2004/528/EG, ABl. 2001 L 191/45.
203 *Europäische Kommission*, Beschl. v. 05.11.2003, 2004/9/EG, ABl. 2004 L 3/34.
204 *Wymeersch*, ZGR 2011, 443 (451).
205 *Röhl*, in: Fehling/Ruffert, Regulierungsrecht, § 18 Rn. 118.
206 *BaFin*, Jahresbericht 2002/Teil A, S. 46.
207 *de Larosière-Bericht*, S. 31 Rn. 105.

Europäischen Kommission beauftragt, Empfehlungen für eine künftige Regulierung und Neuordnung für das damalige Aufsichtssystem in der Europäischen Union abzugeben.[208] Am 25.02.2009 legte die Expertengruppe schließlich ihren Bericht vor. Die wesentlichen Vorschläge für eine Reform der Finanzmarktaufsichtsstruktur finden sich insbesondere in Kapitel III des Berichtes wieder.[209]

a) Schwachstellen des Finanzaufsichtssystems

Die Aufsicht über alle im europäischen Raum ansässigen Institute erfolgte durch eine Vielzahl voneinander unabhängig agierenden Behörden, was uneinheitliche Aufsichtssysteme sowie eine unterschiedliche Anwendung der materiellen Unionsaufsichtsstandards zur Folge hatte. Während die Integration der Finanzmärkte in Europa immer weiter voranschritt und die Zahl der grenzüberschreitend tätigen Kreditinstitute stetig wuchs, erfolgten parallel dazu keine weitreichenden Reformen der dezentral organisierten Aufsicht in den Mitgliedstaaten.

Der de Larosière-Bericht bemängelte in erster Linie die fehlende Geschlossenheit des europäischen Regulierungsrahmens.[210] Bereits bei der Definition des „Kreditinstituts" wurden die Unterschiede in den einzelnen Aufsichtsregularien der Mitgliedstaaten deutlich. Während die einen von einem sehr weiten Begriff des Kreditinstituts ausgingen, verwendeten andere Mitgliedstaaten hingegen einen engeren Begriff, was zu unterschiedlichen Anforderungen und Praktiken bei der Aufsicht führte; insbesondere wenn es um die Frage ging, welche Institute in den Adressatenkreis der Aufsicht einbezogen werden sollten.[211] Das hierdurch geschaffene Aufsichtsgefälle konnte eine wettbewerbsverzerrende Wirkung auf den gesamten europäischen Finanzmarkt nach sich ziehen, weil bestimmte Institute – obwohl sie sich in einer vergleichbaren Situation wie andere Institute befanden – nicht gleichermaßen beaufsichtigt oder entsprechend sanktioniert wurden.[212] Hiervon umfasst ist auch der umgekehrte Fall, dass be-

---

208 *de Larosière-Bericht*, S. 3; VO (EU) Nr. 1093/2010 v. 24.10.2011 zur Errichtung einer Europäischen Aufsichtsbehörde, ABl. 2010 L 331/12.

209 *de Larosière-Bericht*, S. 43-66.

210 *de Larosière-Bericht*, S. 31 Rn. 102.

211 *de Larosière-Bericht*, S. 33 Rn. 110.

212 *Herdegen*, Bankenaufsicht im Europäischen Verbund, S. 13; vgl. *Speyer/Walter*, DB Research EU-Monitor 48/2007, S. 8.

stimmte Institute im Gegensatz zu anderen zu stark reguliert wurden bzw. die Sanktionsschwelle viel niedriger war als in anderen Mitgliedstaaten.

Weiterhin bemängelte die Expertengruppe, dass es an einer angemessenen Aufsicht auf der Makroebene fehle und der Fokus zu stark auf der Mikroebene liege. Diese Vorgehensweise der Aufsichtsbehörden führte dazu, dass makrosystemische Gefahren weitgehend unberücksichtigt blieben, falsch eingeschätzt oder gar nicht erkannt wurden.[213] Die Aufsicht auf Makro- und Mikroebene sei aber untrennbar miteinander verbunden und wirke wechselseitig aufeinander mit der Folge, dass bereits kleine Risiken auf Mikroebene ohne Weiteres auf die Makroebene übergreifen können. Daher erachtete die Expertengruppe es für besonders wichtig, die mikroprudenzielle Aufsicht um eine makroprudenzielle Dimension zu erweitern.[214]

Besonderes Augenmerk richtete die Expertengruppe auch auf die Level-3-Ausschüsse. Auch wenn diese zur Koordinierung der Aufsicht über die Finanzmärkte beigetragen hätten, waren sie gerade wegen ihrer Struktur und beschränkten Befugnisse nicht in der Lage, die Risiken des gesamten Finanzmarktes zu erfassen oder aufkommenden Krisen mit den ihnen zur Verfügung stehenden Mitteln und Instrumentarien entgegenzuwirken.[215] So fehlte den Level-3-Ausschüssen insbesondere die rechtliche Befugnis, Beschlüsse im Eilverfahren zu fassen. Sie waren nicht berechtigt, kurzfristig Entscheidungen zu treffen, um bevorstehende Gefahren für die Stabilität des Finanzmarktes abzuwehren.[216] Vielmehr waren sie davon abhängig, dass die Europäische Kommission als Letztentscheidungsinstanz im Rahmen des Lamfalussy-Verfahrens die von ihnen herausgegebenen unverbindlichen Standards, Leitlinien oder Empfehlungen umsetzte.[217] Es ist augenscheinlich, dass rein informelle Foren wie die Ausschüsse nicht gleichermaßen in der Lage sind, in Krisenzeiten komplexe und systemische Risiken zu erkennen und diese rechtzeitig einzudämmen.[218] Die dezentral organisierte Aufsicht stieß insbesondere bei grenzüberschreitenden Sachverhalten an ihre Grenzen. Die Fragmentierung des Finanzmarktes und die Vielzahl der mitgliedstaatlichen Aufsichtsregime in der Europäischen Union, die alle über unterschiedliche Schutz- und Kontrollmechanismen ver-

---

213 *de Larosière-Bericht*, S. 45 Rn. 153.

214 *de Larosière-Bericht*, S. 45 Rn. 153, S. 46-48.

215 *de Larosière-Bericht*, S. 47 Rn. 161 ff. sowie S. 53 Rn. 183.

216 *de Larosière-Bericht*, S. 47 Rn. 162.

217 *Baur/Boegl*, BKR 2011, 177.

218 *Fischer zu Cramburg*, NZG 2009, 824; *Ceyssens*, Die neue europäische Aufsichtsarchitektur im Finanzbereich, S. 3.

fügen, erschwerten die Analyse und Bekämpfung von Risiken auf dem Finanzmarkt in hohem Maße. Die Mitgliedstaaten und ihre Aufsichtsbehörden haben diese Defizite auch nicht durch eine koordinierte und über die Grenzen hinausgehende Kommunikation kompensieren können.

Als Beispiel für eine mangelhafte Kommunikation zwischen den nationalen Aufsichtsbehörden sowie eine lückenhafte Finanzmarktregulierung insgesamt lässt sich auch in diesem Zusammenhang der Fall Hypo-Real-Estate anführen, die wegen ihrer systemischen Bedeutung für den deutschen Finanzmarkt durch staatliche Garantien und Bürgschaften gestützt werden musste, da das zur Hypo-Real-Estate-Gruppe gehörende Tochterunternehmen Depfa-Bank aufgrund ihrer kurzfristigen Refinanzierungsstruktur nach dem Untergang von Lehman-Brothers nicht mehr in der Lage war, ihren Liquiditätsbedarf zu decken.[219] Während die Hypo-Real-Estate von der BaFin beaufsichtigt wurde, unterlag die Depfa-Bank dem irischen Aufsichtsrecht. Sowohl die Einzelinstitutsaufsicht als auch die Aufsicht über die Liquiditätsausstattung oblag daher allein der irischen Aufsichtsbehörde.[220]

Die BaFin war aufgrund ihrer eingeschränkten Aufsichtsbefugnisse nicht in der Lage, neben der Hypo-Real-Estate auch die zur Finanzholdinggesellschaft gehörende Depfa-Bank im Rahmen einer Einzelinstitutsaufsicht unmittelbar zu beaufsichtigen und bei der Entstehung von Gefahren rechtzeitig entsprechende Aufsichtsmaßnahmen vorzunehmen. Sie war daher auf die Hilfe und Zustimmung der irischen Behörden angewiesen, um aufsichtsrechtlich relevante Informationen über die Depfa-Bank zu erlangen. Dies erfolgte dann auf Grundlage einer konsolidierten Aufsicht, die aber wiederum nicht zur Prüfung dahingehend berechtigte, ob die Institute hinreichend mit Liquidität ausgestattet sind.[221] Dieser Umstand beschreibt charakteristisch die für nationale Aufsichtsbehörden in grenzüberschreitenden Angelegenheiten zu beschreitenden Hürden. Sie sind untereinander darauf angewiesen, dass der jeweils andere nationale Aufseher aufsichtsrelevante Informationen in grenzüberschreitenden Angelegenheiten ohne Anfrage und rechtzeitig übermittelt.[222] Bislang ist unklar, ob und inwieweit die irischen Aufsichtsbehörden berücksichtigt haben, dass die

---

219 Ausführlich dazu Bericht des 2. Untersuchungsausschusses, BT-Drs. 16/14000; siehe auch *Heun*, JZ 2010, 53; *Mülbert*, JZ 2010, 834 (843).

220 Bericht des 2. Untersuchungsausschusses, BT-Drs. 16/14000, S. 79; siehe auch *Sethe*, ZBB 2012, 357 (358).

221 Bericht des 2. Untersuchungsausschusses, BT-Drs. 16/14000, S. 79.

222 Siehe hierzu Bericht des 2. Untersuchungsausschusses, BT-Drs. 16/14000, S. 80.

Schieflage der Depfa-Bank systemische Auswirkungen auf den deutschen Finanzmarkt haben könnte.

Solche Defizite in der Finanzmarktregulierung verdeutlichen, dass die Beschränkung der unionsrechtlichen Kompetenzen allein auf die Vorgabe materiell-rechtlicher Standards ohne eine damit zusammenhängende Überwachung nicht ausreichend ist. Die Finanzmarktregulierung sowie die Durchsetzung des materiellen Aufsichtsrechts sind, abgesehen von einigen harmonisierten Bereichen oder unionsrechtlichen Vorgaben, Sache der Mitgliedstaaten. Allzu große gesetzliche Spielräume auf dem Gebiet der Bankenaufsicht sollten im Sinne eines integrierten Finanzmarktes weitestgehend aber vermieden werden.[223]

b) Kernempfehlungen der Expertengruppe

Die Expertengruppe ist angesichts der soeben geschilderten Defizite auf dem Gebiet der Finanzmarktaufsicht im Wesentlichen zu zwei Schlussfolgerungen gekommen. Gegenstand der Vorschläge waren die Errichtung eines Gremiums, ein gänzlich neues Aufsichtsnetzwerk mit verbesserten Aufsichtsstrukturen und die Errichtung von rechtlich verselbstständigten Aufsichtsbehörden.

aa) Europäischer Rat für Systemrisiken

Für die Aufsicht auf Makroebene forderte die Expertengruppe die Einrichtung eines Gremiums mit der Bezeichnung Europäischer Rat für Systemrisiken (*European Risk Council* – ESRC), das „alle für die Finanzmarktstabilität relevanten Informationen [...] zentral sammeln und analysieren sollte“[224]. Die Funktionsfähigkeit des ESRC wurde dabei unter zwei Bedingungen gestellt. Zum einen müsste hierfür der Informationsaustausch zwischen den einzelnen Aufsichtsbehörden und dem ESRC gewährleistet sein. Zum anderen war aufgrund der Defizite in der Vergangenheit ein „Frühwarnmechanismus“ erforderlich, um systemische Risiken rechtzeitig zu erkennen und entgegenzuwirken.[225] Die Einrichtung eines solchen Gremi-

---

223 *Baur/Boegl*, BKR 2011, 177 (178).

224 *de Larosière-Bericht*, Empfehlung Nr. 16, S. 52.

225 *de Larosière-Bericht*, S. 50 Rn. 180.

ums sollte die fehlende Verknüpfung zwischen der Mikro- und Makroebene herstellen.

bb) Europäisches Finanzaufsichtssystem

Die Expertengruppe hat aufgrund der schwachen Stellung der Level-3-Ausschüsse darüber hinaus die Einrichtung eines Europäischen Finanzaufsichtssystems (ESFS) vorgeschlagen, das aus den drei auf europäischer Ebene neu zu errichtenden Aufsichtsbehörden sowie allen nationalen Aufsichtsbehörden besteht.[226] Die Vorschläge zielten in erster Linie darauf ab, die aus CEBS, CEIOPS und CESR bestehenden Level-3-Ausschüsse durch selbstständige Institutionen mit weitreichenderen Kompetenzen und Instrumentarien zu ersetzen. Der Schwerpunkt ihrer Aufgaben sollte nach der Vorstellung der Expertengruppe in der Überwachung von Aufsichtsstandards sowie im stetigen Informationsaustausch mit den nationalen Aufsichtsbehörden liegen. Anders als die Level-3-Ausschüsse, sollten die neuen Europäischen Aufsichtsbehörden (ESAs) mit hoheitlichen Befugnissen ausgestattet werden, die es ihnen erlauben, gegenüber den nationalen Aufsichtsbehörden sowie Marktteilnehmern tätig zu werden. Mit der Errichtung eines Europäischen Finanzaufsichtssystems war allerdings zu keinem Zeitpunkt ein Entzug von Kernkompetenzen der nationalen Aufsichtsbehörden beabsichtigt.[227]

II. Legislativpaket zur Reform der Europäischen Finanzaufsicht

Die Europäische Kommission hat die Empfehlungen der Expertengruppe in den wesentlichen Punkten angenommen und am 15.12.2010 ein umfangreiches Legislativpaket veröffentlicht:

- Verordnung über die Finanzaufsicht der Europäischen Union auf Makroebene und zur Errichtung eines Europäischen Ausschusses für Systemrisiken (ESRB-VO)[228]

---

226 *de Larosière-Bericht*, S. 52 Rn. 183.

227 *de Larosière-Bericht*, S. 53 Rn. 184.

228 VO (EU) Nr. 1092/2010 v. 24.11.2010 über die Finanzaufsicht der Europäischen Union auf Makroebene und zur Errichtung eines Europäischen Ausschusses für Systemrisiken, ABl. 2010 L 331/1.

- Verordnung zur Betrauung der Europäischen Zentralbank mit besonderen Aufgaben bezüglich der Arbeitsweise des Europäischen Ausschusses für Systemrisiken[229]
- Verordnung zur Errichtung einer Europäischen Bankenaufsichtsbehörde (EBA-VO)[230]
- Verordnung zur Errichtung einer Europäischen Wertpapier- und Marktaufsichtsbehörde (ESMA-VO)[231]
- Verordnung zur Errichtung einer Europäischen Aufsichtsbehörde für das Versicherungswesen und die betriebliche Altersversorgung (EIOPA-VO)[232]

Das Europäische System der Finanzaufsicht hat am 01.01.2011 seine Arbeit aufgenommen.

III. Struktur des Europäischen Systems der Finanzaufsicht (ESFS)

Ergebnis dieser Reformen war das Europäische System der Finanzmarktaufsicht, das die systemweite makroprudenzielle und mikroprudenzielle Aufsicht über die seinerzeit in der Europäischen Union niedergelassenen Institute übernommen hat. Das ESFS[233] besteht zum einen aus dem Europäischen Ausschuss für Systemrisiken (ESRB) und zum anderen aus den drei Europäischen Aufsichtsbehörden (EBA, ESMA und EIOPA) sowie aus einem gemeinsamen Ausschuss, dem diese Aufsichtsbehörden angehören. Das ESFS besitzt keine eigene Rechtspersönlichkeit und bildet viel-

---

229 VO (EU) Nr. 1096/2010 v. 17.11.2010 zur Betrauung der Europäischen Zentralbank mit besonderen Aufgaben bezüglich der Arbeitsweise des Europäischen Ausschusses für Systemrisiken, ABl. 2010 L 331/162.

230 VO (EU) Nr. 1093/2010 v. 24.11.2010 zur Errichtung einer Europäischen Aufsichtsbehörde (Europäische Bankenaufsichtsbehörde), zur Änderung des Beschlusses Nr. 716/2009/EG und zur Aufhebung des Beschlusses 2009/78/EG der Kommission, ABl. 2010 L 331/12.

231 VO (EU) Nr. 1095/2010 v. 24.11.2010 zur Errichtung einer Europäischen Aufsichtsbehörde (Europäische Wertpapier- und Marktaufsichtsbehörde), zur Änderung des Beschlusses Nr. 716/2009/EG und zur Aufhebung des Beschlusses 2009/77/EG der Kommission, ABl. 2010 L 331/84.

232 VO (EU) Nr. 1094/2010 v. 24.11.2010 zur Errichtung einer Europäischen Aufsichtsbehörde (Europäische Aufsichtsbehörde für das Versicherungswesen und die betriebliche Altersversorgung), zur Änderung des Beschlusses Nr. 716/2009/EG und zur Aufhebung des Beschlusses 2009/79/EG der Kommission, ABl. 2010 L 331/48.

233 Ausführlich dazu *Schemmel*, Europäische Finanzmarktverwaltung.

mehr als eine Art „Dachkonstrukt die organisatorische Klammer über die ihr zugehörigen Einrichtungen".[234]

IV. Zwei-Säulen Modell: Makro- und mikroprudenzielle Aufsicht

Die Aufteilung der Aufsicht in zwei Ebenen ist maßgeblich auf die Empfehlungen der Expertengruppe zurückzuführen, die sich ausdrücklich für eine zusätzliche Aufsicht auf Makroebene ausgesprochen hatte. Die Bedeutung und Notwendigkeit eines Zwei-Säulen-Modells wurde im Rahmen der Finanzkrise 2007/08 besonders deutlich. Bei der Analyse von Risiken muss stets neben den Gefahren, die von einem einzelnen Institut insbesondere für Anleger ausgehen können, auch die Gefährdung des Finanzsystems insgesamt berücksichtigt werden.[235] Während die makroprudenzielle Aufsicht durch den ESRB ausgeübt wird und sich mit der Stabilität des Finanzsystems in seiner Gesamtheit befasst, erfolgt die mikroprudenzielle Aufsicht hingegen durch die neuen europäischen Finanzaufsichtsbehörden in Zusammenarbeit mit den nationalen Aufsichtsbehörden.

1. Makroprudenzielle Aufsicht: Europäischer Ausschuss für Systemrisiken (ESRB)

Die notwendige Verknüpfung von Mikro- und Makroaufsicht erscheint vor dem Hintergrund der jüngsten Finanz- und Wirtschaftskrise von grundlegender Bedeutung und ist für die Zukunft unentbehrlich.[236] Entgegen der ursprünglichen Bezeichnung durch die Expertengruppe (ESRC) wurde das Gremium durch den ECOFIN-Rat in den *Europäischen Ausschuss für Systemrisiken* umbenannt.[237] In der Bundesrepublik Deutschland ist der Ausschuss für Finanzstabilität (§ 2 FinStabG[238]) für die Systemaufsicht zustän-

234 *Lehmann/Manger-Nestler*, EuZW 2010, 87 (88).

235 *de Larosière-Bericht*, S. 43 Rn. 146; siehe auch *Kohtamäki*, Die Reform der Bankenaufsicht in der Europäischen Union, S. 12.

236 *de Larosière-Bericht*, S. 43 ff.

237 *Kohtamäki*, Die Reform der Bankenaufsicht in der Europäischen Union, S. 117 mit Verweis auf Rat der Europäischen Union, ECOFIN 434, Dokument 10862/09, S. 2.

238 Gesetz zur Überwachung der Finanzstabilität (FinStabG) v. 28.11.2012, BGBl. I S. 2369.

dig und stellt das Pendant zum ESRB auf nationaler Ebene dar.[239] Dieser wurde 2013 beim Bundesministerium für Finanzen eingerichtet und ist u.a. mit Vertretern der BaFin und der Deutschen Bundesbank besetzt. Der Ausschuss warnt vor systemischen Risiken für die Finanzmarktstabilität und gibt Empfehlungen zur Abwehr von diesen ab. Darüber hinaus übt er eine Beratungsfunktion in Bezug auf den Umgang von Warnungen und Empfehlungen aus, die der ESRB herausgegeben hat.

a) Gegenstand der makroprudenziellen Aufsicht

Bis zur Errichtung des ESFS gab es weder nationale noch europäische Institutionen, die mit der makroprudenziellen Aufsicht befasst waren.[240] Umso mehr bedarf es einer näheren Konkretisierung, was genau unter der makroprudenziellen Aufsicht zu verstehen ist. Von welcher Bedeutung eine Aufsicht auf der Makroebene zur Eindämmung von aufkommenden systemischen Krisen sein kann, hat nicht zuletzt die Expertengruppe hervorgehoben.

Gegenstand der makroprudenziellen Aufsicht sind endogene systemische Risiken, die weitreichende Konsequenzen für den gesamten europäischen Finanzraum mit sich bringen können. Gemäß Art. 2 lit. c) ESRB-VO werden Systemrisiken als eine Beeinträchtigung des Finanzsystems beschrieben, die das Potenzial haben, schwerwiegende negative Folgen für den Binnenmarkt und die Realwirtschaft mit sich zu bringen. Dabei steht nicht ein einzelnes Institut, sondern das gesamte Finanzsystem im Fokus der Aufsicht. Im Kern geht es um die frühzeitige Analyse von ungünstigen Entwicklungen auf dem europäischen Finanzmarkt mit der Tendenz, die Stabilität der Finanzmärkte nachhaltig zu gefährden. Dem systemischen Risiko ist eigen, dass es nicht aus dem Verhalten einzelner Institute resultiert, sondern vielmehr aus einem Zusammenspiel mehrerer gleichgerichteter, einander bedingender Verhaltensweisen der Finanzmarktteilnehmer.[241] Mit der Errichtung der makroprudenziellen Aufsicht wird eine

---

239 *Gurlit*, WM 2015, 1217 (1221); siehe hierzu *Boegl*, Die Bank 06/2013, 17.

240 Vgl. Erwägungsgrund Nr. 11 ESRB-VO.

241 *Wissenschaftlicher Beirat beim Bundesministerium für Wirtschaft und Technologie*, Gutachten zur „Reform von Bankenregulierung und Bankenaufsicht nach der Finanzkrise“, 3/10, S. 37: siehe auch *Kohtamäki*, Die Reform der Bankenaufsicht in der Europäischen Union, S. 19.

Lücke geschlossen, die den Aufseher in die Lage versetzt, etwaige Risiken für das Finanzsystem frühzeitig zu erkennen und effektiv zu bekämpfen.[242]

b) Organisationsstruktur

Der ESRB ist ein neuartiges Gremium, das bei der Europäischen Zentralbank angesiedelt ist.[243] Es handelt sich dabei weder um ein Organ der Europäischen Union noch um eine Aufsichtsinstitution mit eigener Rechtspersönlichkeit, sondern um ein Koordinationsforum.[244] Die fehlende Rechtspersönlichkeit bzw. die Ausgestaltung als Gremium wird mit seinen besonderen Aufgaben begründet, mit denen sich der ESRB befasst. Dieser Umstand soll sich aber keinesfalls nachteilig auf seine Arbeit auswirken. Insbesondere die „hochrangige Zusammensetzung" sowie der Ruf des Gremiums sollen ihm die erforderliche Autorität gegenüber anderen staatlichen und politischen Stellen verschaffen, da neben dem Präsidenten und dem Vizepräsidenten der Europäischen Zentralbank sowie den Präsidenten aller nationalen Zentralbanken u.a. auch die Vorsitzenden der Europäischen Aufsichtsbehörden im Verwaltungsrat vertreten sind.[245] Die organisatorische Struktur des Ausschusses richtet sich nach Art. 4 ESRB-VO. Sie besteht aus einem Verwaltungsrat, einem Lenkungssauschuss, einem Sekretariat, einem beratenden wissenschaftlichen Ausschuss und einem beratenden Fachausschuss sowie einem Vorsitzenden und dessen Stellvertreter.

c) Ziele und Aufgaben

Die Hauptaufgaben des ESRB richten sich nach Art. 3 Abs. 1 ESRB-VO. In erster Linie ist der ESRB dazu berufen, Systemrisiken für die Finanzmarkt-

242 *Speyer*, DB Research EU-Monitor 84/2011, S. 3.

243 *Baur/Boegl*, BKR 2011, 177 (180).

244 *Lehmann/Manger-Nestler*, ZBB 2011, 2 (21). Das Gremium als „Aufsichtsbehörde" zu bezeichnen ist dem Grunde nach verfehlt, da es anders als eine Aufsichtsbehörde keine verbindlichen Maßnahmen erlässt, sondern nur Warnungen und Empfehlungen ausspricht.

245 Vorschlag für eine Verordnung des Europäischen Parlamentes und des Rates über die gemeinschaftliche Finanzaufsicht auf Makroebene und zur Einsetzung eines Europäischen Ausschusses für Systemrisiken v. 23.09.09, S. 5 Pkt. 6.2, KOM(2009) 499 endg.

stabilität abzuwenden und einzudämmen.[246] Hierdurch wird gewährleistet, dass der Binnenmarkt reibungslos funktioniert und der Finanzsektor dauerhaft seinen Beitrag zum Wirtschaftswachstum leisten kann.[247] Zur Erreichung dieser Ziele steht dem Ausschuss eine Vielzahl von Befugnissen zur Verfügung.[248] Um die Stabilität des Finanzsystems überhaupt überprüfen zu können und seiner Funktion als Frühwarnsystem gerecht zu werden, muss das Informationsdefizit auf Seiten des ESRB durch die Beschaffung von Informationen und Daten beseitigt werden.[249] Hierfür kann der Ausschuss zur Erreichung der in Art. 3 Abs. 1 ESRB-VO genannten Ziele Informationen erheben und analysieren.[250] Dem Ausschuss muss aber auch der Zugang zu allen erforderlichen Informationen und Daten ermöglicht werden.[251] Die Zusammenarbeit mit anderen Institutionen ist daher für die Erfüllung der makroprudenziellen Aufsicht unerlässlich.[252]

Adressaten des Informationsbegehrens sind das ESZB, die Europäische Kommission, die nationalen Aufsichtsbehörden und die nationalen Statistikbehörden sowie den ebenfalls zum ESFS gehörenden Europäischen Aufsichtsbehörden (ESAs).[253] Für den Fall, dass diese zuvor aufgeführten Stellen die erforderlichen Informationen nicht rechtzeitig zur Verfügung stellen oder dem Informationsbegehren des Ausschusses nicht nachkommen, kann der ESRB diese gesondert auffordern, die entsprechenden Informationen bereitzustellen.[254] Liegen die angeforderten Informationen dann immer noch nicht vor, so kann sich der Ausschuss schließlich an den betreffenden Mitgliedstaat wenden.[255] Ungeklärt bleibt aber die Frage, ob dem Ausschuss noch weitergehende Rechte als die in Art. 15 Abs. 5 ESRB-VO zustehen. Denkbar ist zumindest das Szenario, dass auch der betreffende Mitgliedstaat die angeforderten Informationen nicht herausgibt.

---

246 *Papathanassiou/Zagouras*, WM 2010, 1584 (1586).

247 Art. 3 Abs. 1 S. 1 ESRB-VO; siehe auch *Kohtamäki*, Die Reform der Bankenaufsicht in der Europäischen Union, S. 129 f.

248 Art. 3 Abs. 2 ESRB-VO.

249 Siehe *Papathanassiou/Zagouras*, WM 2010, 1584 (1586).

250 Siehe Erwägungsgrund Nr. 10 ESRB-VO.

251 Art. 15 Abs. 2 ESRB-VO; siehe auch *Siekmann*, IMFS Working Paper 47/2011, S. 34.

252 *Kohtamäki*, Die Reform der Bankenaufsicht in der Europäischen Union, S. 130.

253 Art. 15 Abs. 2 ESRB-VO.

254 Art. 15 Abs. 5 S. 1 ESRB-VO.

255 Art. 15 Abs. 5 S. 2 ESRB-VO.

d) Instrumente

Hat der Ausschuss systemische Risiken für die Finanzstabilität ermittelt und diese als erheblich eingestuft, kann der Ausschuss einerseits Risikowarnungen und andererseits Empfehlungen für Abhilfemaßnahmen aussprechen; ggf. auch für Gesetzesvorhaben.[256] Hierfür erstellt der ESRB „ein System von Farbcodes, die Situationen unterschiedlicher Risikostufen zugeordnet sind"[257]. Das System soll allen Beteiligten ermöglichen, Risiken nach Art und Schwere besser einordnen zu können.

Was unter einem systemischen Risiko zu verstehen ist, ist in der ESRB-VO legaldefiniert und wird als Risiko einer Beeinträchtigung bezeichnet, die das Potential schwerwiegender negativer Folgen hat.[258] Ab welchem Zeitpunkt solch ein systemisches Risiko vorliegt, kann aber nicht pauschal bestimmt werden. Dies hängt in erster Linie nur von den zur Verfügung stehenden Informationen ab. Letztlich entscheidet aber der ESRB, inwieweit den vorliegenden Informationen eine Relevanz für die Einordung eines Risikos beigemessen werden kann oder nicht. Ihm wird auf diese Weise ermöglicht, flexibel auf bevorstehende Risiken reagieren zu können.[259]

Die Warnungen und Empfehlungen können entweder allgemein oder konkret ausgestaltet sein, indem der ESRB z.B. auf spezifische Risiken hinweist. Zu den potenziellen Adressaten von Warnungen und Empfehlungen gehören die ESAs und die nationalen Aufsichtsbehörden sowie die Europäische Union in ihrer Gesamtheit.[260] Jede von der ESRB abgegebene Warnung oder Empfehlung ist an einen zeitlichen Rahmen geknüpft. Die Adressaten sollen auf diese Weise angehalten werden, umgehend entsprechende politische Maßnahmen zur Umsetzung der Empfehlung zu treffen.[261]

e) Umsetzung

Bei der Einhaltung der vom ESRB herausgegebenen Warnungen und Empfehlungen wird nach dem *act or explain*-Mechanismus („Handeln oder

256 Art. 16 Abs. 1 ESRB-VO.
257 Erwägungsgrund Nr. 4 und 16 Abs. 4 ESRB-VO.
258 Art. 2 lit. c) ESRB-VO.
259 *Papathanassiou/Zagouras*, WM 2010, 1584 (1586).
260 Art. 16 Abs. 2 ESRB-VO.
261 Art. 16 Abs. 2 S. 3 ESRB-VO.

Rechtfertigen") verfahren.[262] Spricht der ESRB gegenüber einem der oben genannten Adressaten eine Empfehlung aus, so sind sie verpflichtet, den Rat und den ESRB über die ergriffenen Maßnahmen zu informieren. Jedes Nichthandeln muss in angemessener Weise begründet werden.[263] Kommt der ESRB zu dem Ergebnis, dass der Adressat in keiner Weise tätig geworden ist oder eine unzureichende Begründung abgegeben hat, informiert er unter Beachtung der vorgegebenen Geheimhaltungsregeln den Adressaten, den Rat und unter Umständen die auf dem Gebiet zuständige europäische Aufsichtsbehörde.[264] In besonderen Fällen kann der ESRB – in Ausnahme zum Vertraulichkeitsgrundsatz – bereits ausgesprochene Empfehlungen und Warnungen auch veröffentlichen (*name and shame*[265]). Die Veröffentlichung unterliegt aber, anders als bei der vertraulichen Unterrichtung der Adressaten, strengeren Voraussetzungen. Zum einen muss der Rat über die beabsichtigte Veröffentlichung unterrichtet werden und zum anderen bedarf es einer Zweidrittelmehrheit der abgegebenen Stimmen, um eine Warnung oder Empfehlung veröffentlichen zu können.[266] Der Adressat muss im Vorwege über die beabsichtigte Veröffentlichung informiert werden und kann selbst dazu Stellung nehmen.[267]

f) Verbindlichkeit von Warnungen und Empfehlungen

Die Errichtung einer makroprudenziellen Aufsicht auf europäischer Ebene stellt zunächst einen bedeutenden Beitrag zur Erhaltung und Funktionsfähigkeit der Finanzmarktstabilität dar. Hierfür benötigt der ESRB die notwendigen Kompetenzen sowie Instrumente zur Durchsetzung der getroffenen Entscheidungen. Die vom ESRB herausgegebenen Warnungen und Empfehlungen entfalten allerdings keine rechtliche Bindungswirkung für die Adressaten.[268] Ihm verbleibt daher nur die Möglichkeit im Rahmen des *act or explain*-Verfahrens oder der *name and shame*-Methode, seinen Warnungen und Empfehlungen mittelbare Bindungswirkung zu verleihen, um

262 Erwägungsgrund Nr. 21 ESRB-VO.
263 Art. 17 Abs. 1 S. 1 ESRB-VO.
264 Art. 17 Abs. 2 ESRB-VO.
265 Dieses Prinzip ist in Art. 18 ESRB-VO enthalten.
266 Art. 18 Abs. 1 i.V.m. Art. 10 Abs. 3 ESRB-VO.
267 Art. 18 Abs. 2 und 3 ESRB-VO.
268 Vgl. Art. 17 ESRB-VO; siehe auch Vorschlag für eine ESRB-VO, KOM(2009) 499 endg., Pkt. 6.2.1. ESRB-VOE.

die Adressaten zur Befolgung der vorgeschlagenen Maßnahmen auf dem Gebiet der Makroaufsicht zu bewegen. [269]

Für den Fall, dass die übrigen Instrumente des ESRB sich als nicht erfolgversprechend erweisen, darf letzteres nur als *ultima ratio*[270] zum Einsatz kommen.[271] Der „Prangereffekt" ist zwar ein geeignetes Mittel, um die Adressaten zur Vornahme gewünschter Maßnahmen zu bewegen, allerdings birgt die Veröffentlichung von sensiblen Informationen und Daten stets ein immenses Risiko. Es ist nicht gänzlich auszuschließen, dass solch ein Vorgehen negative Auswirkungen auf den Finanzmarkt haben kann. Auf diesen Umstand hatte die Europäische Kommission bereits in ihrem Verordnungsentwurf zur Errichtung des ESRB hingewiesen.[272] Der ESRB ist daher bei der Vorbereitung derartiger Entscheidungen zur ordnungsgemäßen und umfassenden Abwägung unter Berücksichtigung aller Umstände verpflichtet.

Im Hinblick auf die *act or explain*-Methode wird im Schrifttum bezweifelt, ob dieses Instrument allein ausreicht, um gerade in Krisenzeiten genügend politischen Druck auf die Adressaten ausüben zu können.[273] Letztlich können diese beiden Mechanismen sowie die Autorität des ESRB nur dazu beitragen, dass die Warnungen und Empfehlungen zumindest mittelbare Bindungswirkung entfalten.[274]

g) Bewertung und Ausblick

Die Idee, neben einer mikroprudenziellen auch eine makroprudenzielle Aufsicht zu errichten, ist prinzipiell zu begrüßen. Die vergangenen Krisen haben gezeigt, dass ihre Ursachen nicht immer nur im Zusammenbruch einzelner Finanz- oder Kreditinstitute liegen können, sondern auch systemische Risiken gleichermaßen zum Ausbruch von Finanz- und Wirtschaftskrisen beitragen können und nicht völlig unberücksichtigt bleiben dürfen. Obwohl der ESRB seit seiner Arbeitsaufnahme im Januar 2011 nur

---

269 Siehe *Kohtamäki*, Die Reform der Bankenaufsicht in der Europäischen Union, S. 135 mit Verweis auf *Verhelst*, Egmont Paper 44/2013, S. 28.

270 Vgl. 18 Abs. 1 ESRB-VO.

271 Vgl. *Verhelst*, Egmont Paper 44/2013, S. 28.

272 Auf dieses Problem weist die Europäische Kommission in ihrem Vorschlag für eine ESRB-VO hin, KOM(2009) 499 endg. S. 5 Pkt. 6.2.1.

273 *Hopt*, NZG 2009, 1401 (1405); *Lehmann/Manger-Nestler*, EuZW 2010, 87 (91).

274 Erwägungsgrund Nr. 21 ESRB-VO; *Kohtamäki*, Die Reform der Bankenaufsicht in der Europäischen Union, S. 135.

zurückhaltend von seinen Instrumenten Gebrauch gemacht hat, ist damit zu rechnen, dass er sich in Zukunft aufgrund seiner Bedeutung für die Stabilität des Finanzsystems zu einem unverzichtbaren Akteur innerhalb der europäischen Aufsicht entwickeln wird.[275] Notwendig ist aber ein hohes Maß an Glaubwürdigkeit, das sich der ESRB verdienen muss. Für seine Arbeit bedeutet es, dass die Warnungen und Empfehlungen einerseits nicht überzogen, andererseits evidente Risiken nicht ignoriert werden dürfen. Jede Maßnahme des ESRB muss verhältnismäßig sein und alle damit verbundenen Auswirkungen bedacht werden, auch wenn die Instrumente in keiner Weise rechtlich verbindlich sind. Damit steht und fällt die Akzeptanz des ESRB bei den Adressaten.[276] Vor dem Hintergrund der von partikularen Interessen geleiteten Aufsichtstätigkeit der nationalen Aufsichtsbehörden ist aber kritisch anzumerken, ob diese die unverbindlichen Maßnahmen des ESRB befolgen werden. Dies dürfte insbesondere in Krisenzeiten zu bezweifeln sein.

2. Mikroprudenzielle Aufsicht: Europäische Aufsichtsbehörden

Die mikroprudenzielle Aufsicht auf Unionsebene erfolgt durch die europäischen Aufsichtsbehörden. Im Einzelnen handelt es sich um die Europäische Bankenaufsichtsbehörde (EBA), die Europäische Wertpapier- und Marktaufsichtsbehörde (ESMA) und die Europäische Aufsichtsbehörde für das Versicherungswesen und die betriebliche Altersversorgung (EIOPA). Sie treten an die Stelle der durch den Lamfalussy-Prozess errichteten Level-3-Ausschüsse (CESR, CEIOPS, CEBS) und befassen sich mit allen Aufgaben und Zuständigkeiten ihrer Vorgänger auf den Gebieten der Banken-, Versicherungs- und Kapitalmarktaufsicht.[277] Die Errichtung der ESAs als Bestandteil der neuen Finanzmarktarchitektur im Rahmen des ESFS und der damit einhergehenden Institutionalisierung der Level-3-Ausschüsse war eine Reaktion auf die jüngste Finanzmarktkrise.[278] Bei deren Errichtung hat sich der Gesetzgeber einem zunehmenden Trend angeschlossen

---

275 *Speyer*, DB Research Briefing März 2012, S. 2; siehe auch Liste der bisher ausgesprochenen Empfehlungen, abrufbar unter: https://www.esrb.europa.eu/mppa/recommendations/html/index.en.html, zuletzt aufgerufen am 25.11.2018.

276 Siehe *Deutsche Bundesbank*, Monatsbericht April 2012, S. 37.

277 Erwägungsgrund Nr. 10 der EBA-VO; siehe auch *Wymeersch*, ZGR 2011, 443 (454).

278 *Lehmann/Manger-Nestler*, EuZW 2010, 87 (88); *Michel*, DÖV 2011, 728 (728); *Kämmerer*, NVwZ 2011, 1281 (1282).

und die Europäischen Aufsichtsbehörden als Agenturen *(agencies)* ausgestaltet.[279]

a) EBA als Element des ESFS

Angesichts der Diskussion über die Errichtung des Einheitlichen Aufsichtsmechanismus liegt der Fokus dieser Untersuchung nur auf der EBA und die ihr im Zuge der Reform übertragenen Aufgaben und Befugnisse. Die Verordnungen der drei Europäischen Aufsichtsbehörden sind im Hinblick auf Struktur und Inhalt ähnlich aufgebaut. Die aktuell noch in London ansässige EBA hat ihre Arbeit zum 01.01.2011 aufgenommen.

aa) Rechtsform

Die EBA ist im Gegensatz zu ihrem Vorgänger CEBS eine mit eigener Rechtspersönlichkeit ausgestattete Einrichtung des Unionsrechts, die weitestgehend unabhängig agiert und – dies ist ebenfalls ein Novum – mit eigenen Entscheidungsbefugnissen ausgestattet ist.[280]

bb) Organisationsstruktur

Die EBA verfügt insgesamt über fünf Entscheidungsorgane.[281] Das Hauptbeschlussfassungsorgan der EBA ist der Rat der Aufseher[282], der umfangreiche Aufgaben wahrnimmt.[283] Der Rat der Aufseher bestimmt die Arbeitsweise der EBA mittels Leitlinien, erlässt die in Kapitel II der EBA-VO normierten Beschlüsse, gibt Stellungnahmen ab und erteilt Ratschläge. Auf Vorschlag des Verwaltungsrates legt der Rat der Aufseher darüber hinaus jährlich das Arbeitsprogramm der EBA für das kommende Jahr fest und setzt das Parlament, den Rat der Europäischen Union sowie die Euro-

279 *Lehmann/Manger-Nestler*, EuZW 2010, 87 (88); *Michel*, DÖV 2011, 728 dort m.w.N. in Fn. 10; *Wymeersch*, ZGR 2011, 443 (453); siehe auch Generalanwalt *Jääskinen*, Schlussanträge v. 12.12.2013 – Rs. C-270/12, Rn. 27 ff.

280 Art. 1 Abs. 5 und Art. 5 Abs. 1 EBA-VO.

281 Art. 6 EBA-VO.

282 Art. 43 EBA-VO.

283 Art. 43 EBA-VO.

päische Kommission darüber in Kenntnis.[284] Der Rat setzt sich zusammen aus dem Vorsitzenden der EBA, den Leitern der jeweiligen nationalen Aufsichtsbehörden sowie jeweils einem Vertreter der Europäischen Zentralbank, des ESRB und den anderen Europäischen Aufsichtsagenturen (EIOPA und ESMA). Stimmberechtigt sind allerdings nur die Leiter der nationalen Aufsichtsbehörden.[285]

Zu den weiteren Organen der EBA gehören der Verwaltungsrat[286], der Vorsitzende der EBA[287], der Exekutivdirektor[288] und der Beschwerdeausschuss.[289] Darüber hinaus fungiert die Interessengruppe Bankensektor als Beratungsstelle für die EBA, die sich u.a. aus Wissenschaftlern, Vertretern aus der Finanzdienstleitungsbranche sowie Verbrauchervertretern zusammensetzt.[290]

cc) Ausgewählte Aufgaben

Zur Verwirklichung der in der EBA-VO verankerten Ziele wurden der EBA weitreichende Kompetenzen zum Zwecke der Harmonisierung des Unionsaufsichtsrechts übertragen. Sie erhält neben den Aufgaben, die sie als Nachfolgerin des CEBS übernommen hat, zusätzlich umfassende Befugnisse auf dem Gebiet der Finanzaufsicht. Zu ihren bedeutendsten Aufgaben gehört neben der Schaffung eines gemeinsamen Regelwerkes, die kohärente Anwendung des materiellen Unionsaufsichtsrechts durch die nationalen Aufsichtsbehörden sicherzustellen.[291] Zudem soll sie die Schaffung einer einheitlichen Aufsichtskultur vorantreiben und vorhandene Aufsichtsarbitrage eindämmen, sodass alle Teilnehmer den gleichen Wettbewerbsbedingungen unterliegen.[292] Art. 8 EBA-VO bildet die zentrale Aufgabennorm und beinhaltet in erster Linie die Festlegung hochwertiger gemeinsamer Regulierungs- und Aufsichtsstandards sowie -praktiken. Zur Erreichung dieser Ziele gibt die EBA Stellungnahmen für die Organe der Union ab und erarbeitet Leitlinien, Empfehlungen sowie Entwürfe für technische

284 Art. 43 Abs. 3 EBA-VO.
285 Art. 40 Abs. 1 lit. b) EBA-VO.
286 Art. 47 EBA-VO.
287 Art. 48 EBA-VO.
288 Art. 53 EBA-VO.
289 Art. 60 EBA-VO.
290 Art. 37 EBA-VO.
291 *Kohtamäki*, Die Reform der Bankenaufsicht in der Europäischen Union, S. 177.
292 Art. 8 Abs. 1 lit. b) i.V.m. Art. 29 EBA-VO.

Regulierungs- und Durchführungsstandards, die sich auf die in Art. 1 Abs. 2 EBA-VO genannten Gesetzgebungsakte stützen.[293]

Die bislang mangelnde Kommunikation zwischen den nationalen Aufsichtsbehörden soll nunmehr durch die Funktion der EBA als Koordinatorin verbessert und ausgebaut werden. Sie agiert insbesondere in solchen Fällen, in denen ungünstige Entwicklungen oder eine mangelnde Kommunikation zwischen den Mitgliedstaaten die Stabilität des Finanzmarktes gefährden könnte. Das Ziel liegt dabei sowohl in der Förderung des Informationsaustausches als auch in der Beilegung von Meinungsverschiedenheiten zwischen den beteiligten Akteuren.[294] Die von der Expertengruppe stark kritisierte fehlende Verknüpfung von mikro- und makroprudenzieller Aufsicht wird durch eine enge und regelmäßige Zusammenarbeit der EBA mit dem ESRB hergestellt.[295] Die EBA ist verpflichtet, dem ESRB sämtliche für seinen Aufgabenbereich notwendige Informationen ungefragt zur Verfügung zu stellen. Umgekehrt profitiert die EBA von der Zusammenarbeit insoweit, als sie auf die vom ESRB an nationale Aufsichtsbehörden gerichtete Warnungen und Empfehlungen reagieren und im Rahmen ihrer Befugnisse entsprechende Maßnahmen treffen kann.[296]

Zu den weiteren kooperativen Aufgaben der EBA mit dem ESRB gehören die Ermittlung und Messung von systemischen Risiken, die durch eine Überwachung und Bewertung von Marktentwicklungen in ihrem Zuständigkeitsbereich erfolgen.[297] Ergänzend dazu führt die EBA in Zusammenarbeit mit dem ESRB unionsweite Stresstests durch.[298] Hierbei unterrichtet sie die anderen ESAs und den ESRB sowie die Organe der Europäischen Union[299] über aufkeimende Risiken und Schwachstellen und gibt eine Einschätzung über etwaige Folgen für die betroffenen Institute ab.

dd) Ausgewählte Instrumente

Die EBA verfügt im Gegensatz zum CEBS über umfangreichere Befugnisse. Zu den bedeutendsten gehören der Erlass von unverbindlichen Leitlini-

293 Art. 8 Abs. 1 lit. a) EBA-VO.
294 Art. 31 lit. a und c) EBA-VO.
295 Art. 36 EBA-VO.
296 Art. 36 Abs. 5 EBA-VO.
297 Art. 23 EBA-VO i.V.m. Art. 8 Abs. 1 lit. f) EBA-VO; *Kohtamäki*, Die Reform der Bankenaufsicht in der Europäischen Union, S. 174.
298 Art. 32 Abs. 2 EBA-VO.
299 Europäisches Parlament, Rat und Kommission.

en, Empfehlungen und der Entwurf technischer Regulierungs- und Durchführungsstandards sowie einzelne Entscheidungsbefugnisse in Krisensituationen. Die verschiedenen Instrumente unterscheiden sich sowohl in ihrer rechtlichen Bindungswirkung als auch im Hinblick auf ihre Eingriffsintensität.[300]

(1) Leitlinien und Empfehlungen

Die Schaffung einer kohärenten Aufsichtspraxis innerhalb der Europäischen Union bedarf identischer, für alle Mitgliedstaaten und den jeweils zuständigen Aufsichtsbehörden geltende Anforderungen. Zur Erreichung dieses Zieles ist die EBA berechtigt, Leitlinien und Empfehlungen für die zuständigen Behörden und die Kreditinstitute zu erarbeiten, um eine kohärente Anwendung des Unionsrechts sicherzustellen.[301] Sowohl die Leitlinien als auch die Empfehlungen[302] der EBA sind wie im Fall des ESRB unverbindlich. Auch hier wird nach der *act or explain*-Methode verfahren.[303] Die Adressaten von unverbindlichen Leitlinien und Empfehlungen sind lediglich verpflichtet, die EBA innerhalb von zwei Monaten über die Nichtbefolgung von Maßnahmen unter Angabe von Gründen zu unterrichten. Dies bedeutet jedoch nicht, dass die Instrumente der EBA in keinerlei Hinsicht verbindliche Wirkungen entfalten können.

Befolgt ein Adressat die von der EBA erlassenen Leitlinien oder Empfehlungen nicht, so verbleibt ihr noch die Möglichkeit, das Nichthandeln einer nationalen Aufsichtsbehörde oder Instituts publik zu machen.[304] Diese Art der Vorgehensweise dient der Erzeugung politischen Drucks, um den unverbindlichen Instrumenten der EBA zumindest eine mittelbare oder faktische Bindungswirkung zu verleihen.[305] Dabei sollen sowohl die Autorität der EBA als auch die dadurch geschaffene Prangerwirkung die betroffene nationale Aufsichtsbehörde zur Befolgung der erlassenen Leitli-

300 *Lehmann/Manger-Nestler*, EuZW 2010, 87 (90).

301 Art. 8 Abs. 1 lit. a) EBA-VO.

302 Vgl. zur Empfehlung im Sinne des Art. 288 Abs. 5 AEUV, welche ebenfalls keine rechtliche Bindungswirkung entfaltet.

303 Vgl. Art. 16 Abs. 2 EBA-VO.

304 Art. 16 Abs. 3 EBA-VO.

305 Siehe dazu *Kohtamäki*, Die Reform der Bankenaufsicht in der Europäischen Union, S. 183; *Lehmann/Manger-Nestler*, EuZW 2010, 87 (90); *Baur/Boegl*, BKR 2011, 177 (183); *Michel*, DÖV 2011, 728 (732).

nien und Empfehlungen bewegen.[306] Darüber hinaus informiert die EBA das Europäische Parlament, den Rat und die Europäische Kommission über die herausgegebenen Leitlinien und Empfehlungen und benennt jene nationalen Aufsichtsbehörden, die diesen nicht nachgekommen sind.[307] Obwohl die Leitlinien und Empfehlungen keinerlei rechtliche Bindungswirkung entfalten, so ist dennoch davon auszugehen, dass diese aufgrund ihrer möglichen faktischen Folgen grundsätzlich geeignet sind, eine kohärente und wirksame Aufsichtspraxis in der Europäischen Union zu gewährleisten.[308]

(2) Entwurf technischer Regulierungs- und Durchführungsstandards

Neben der Möglichkeit, Leitlinien und Empfehlungen zu erlassen, hat die EBA auch die Handhabe, technische Regulierungs- und Durchführungsstandards zu entwerfen.[309] Bereits die Level-3-Ausschüsse verfügten über derartige Instrumente, welche allerdings ebenfalls keine verbindliche Wirkung entfalten konnten und somit relativ selten Beachtung fanden.[310] Während die technischen Regulierungsstandards delegierte Rechtsakte im Sinne des Art. 290 AEUV sind, handelt es sich bei den Durchführungsstandards hingegen um Durchführungsakte im Sinne des Art. 291 AEUV, die von der Europäischen Kommission in einem entsprechenden Verfahren in Form von Beschlüssen und Verordnungen erlassen werden und daher auch unmittelbar anwendbar sind (tertiäres Unionsrecht).[311]

Die technischen Regulierungsstandards beinhalten keine strategischen oder politischen Entscheidungen. Ihr Inhalt reicht auch nur so weit, wie Gesetzgebungsakte, auf denen sie beruhen, es bestimmen.[312] Die technischen Durchführungsstandards unterscheiden sich von den Regulierungsstandards dahingehend, dass ihr Inhalt dazu dient, die Bedingungen für die Anwendung anderer Rechtsakte festzulegen.[313]

---

306 *Lehmann/Manger-Nestler*, ZBB 2011, 2 (3).

307 Art. 16 Abs. 4 EBA-VO.

308 Siehe *Schemmel*, Europäische Finanzmarktverwaltung, S. 109 f. m.w.N.

309 Art. 10 und 15 EBA-VO.

310 *Lehmann/Manger-Nestler*, EuZW 2010, 87 (90); *Ceyssens*, Die neue europäische Aufsichtsarchitektur im Finanzbereich, S. 8.

311 *Kohtamäki*, Die Reform der Bankenaufsicht in der Europäischen Union, S. 179; zur Abgrenzung dieser beiden Begrifflichkeiten *Streinz*; Europarecht, Rn. 560 ff.

312 Art. 10 Abs. 1 UAbs. 2 und Art. 15 Abs. 1 EBA-VO.

313 Art. 15 Abs. 1 EBA-VO.

In beiden Fällen beginnt das Verfahren damit, dass die EBA der Europäischen Kommission den Entwurf eines technischen Standards vorlegt, der dann von der Europäischen Kommission sowohl an das Europäische Parlament als auch an den Rat weitergeleitet wird.[314] Vorab wird von der EBA eine öffentliche Anhörung zu den jeweiligen Entwürfen technischer Standards durchgeführt, um potenzielle Kosten und Nutzen zu analysieren.[315] Auch die in Art. 37 EBA-VO genannte Interessengruppe Bankensektor wird von der EBA aufgefordert, Stellung zu bestimmten technischen Standards zu nehmen. Auf diese Weise wird den in Art. 37 Abs. 2 EBA-VO genannten Gruppierungen eine Beteiligung ermöglicht. Die Europäische Kommission muss binnen drei Monaten darüber entscheiden, ob sie den Entwurf des technischen Standards billigt. Entweder genehmigt sie den Entwurf unverändert oder mit Änderungen. Allerdings ist sie verpflichtet, die Ablehnung des Entwurfs sowie etwaige Änderungsvorschläge zu begründen.[316] Sie unterliegt somit nur eingeschränkten Abänderungsrechten und darf den Inhalt eines Entwurfs nicht ändern, ohne sich vorher mit der EBA abgestimmt zu haben.[317] Die dabei zugrunde liegende Erwägung ist jene, dass die EBA – anders als die Europäische Kommission – im näheren Kontakt zu den Finanzmärkten und seinen Akteuren steht und über die entsprechende Expertise verfügt.[318] Letztere darf grundsätzlich nie aus eigener Initiative tätig werden und einen technischen Standard mittels eines delegierten Rechts- oder Durchführungsrechtsaktes annehmen, es sei denn, die EBA hat es unterlassen, einen Entwurf innerhalb der in einem Gesetzgebungsakt vorgegebenen Frist vorzulegen.[319]

Die Regulierungsstandards unterscheiden sich von den Durchführungsakten auch im Hinblick auf die Beteiligungsrechte der Unionsorgane. Im Fall der technischen Regulierungsstandards kann das Europäische Parlament oder der Rat Einwände gegen diese erheben und somit deren Inkrafttreten verhindern.[320] Verzichten beide auf ihr Vetorecht, wird der technische Regulierungsstandard im Amtsblatt der Europäischen Union veröf-

314 Art. 10 Abs. 1 UAbs. 3 und Art. 15 Abs. 1 UAbs. 3 EBA-VO.

315 Art. 10 Abs. 1 UAbs. 3 EBA-VO.

316 Art. 10 Abs. 1 UAbs. 6 und Art. 15 Abs. 1 UAbs. 5 EBA-VO.

317 Art. 10 Abs. 1 UAbs. 8 EBA-VO; *Schmitz-Lippert*, BaFin Journal 12/2010, 10, (12); *Kohtamäki*, Die Reform der Bankenaufsicht in der Europäischen Union, S. 182.

318 Erwägungsgrund Nr. 23 EBA-VO.

319 Art. 10 Abs. 2, 3 und Art. 15 Abs. 2, 3 EBA-VO; siehe auch *Lehmann/Manger-Nestler*, ZBB 2011, 2 (12).

320 Art. 13 Abs. 3 EBA-VO.

fentlicht und tritt zu dem darin genannten Zeitpunkt in Kraft.[321] Bezüglich der technischen Durchführungsstandards steht dem Europäischen Parlament und dem Rat kein Vetorecht zu. Sowohl die Regulierungs- als auch Durchführungsstandards werden im Sinne des Art. 10 Abs. 4 und Art. 15 Abs. 4 EBA-VO in Gestalt der Verordnung oder des Beschlusses erlassen. Entsprechend ihrer Rechtsnatur sind sie in allen Mitgliedstaaten unmittelbar anwendbar, sodass eine Umsetzung durch nationales Recht nicht mehr erforderlich ist.

Das Rechtssetzsetzungsverfahren durch die EBA als unabhängige Europäische Agentur ist insoweit bedenklich, als die Rolle der Europäischen Kommission lediglich auf Abänderungsrechte beschränkt ist. Sie agiert gewissermaßen als „quasi-rechtssetzende“[322] Behörde, obwohl sie nicht demokratisch legitimiert ist.[323] Dieser Umstand ist jedoch unschädlich, da Art. 290 und 291 AEUV richtigerweise nur die Europäische Kommission zum Erlass delegierter Rechts- und Durchführungsakte berechtigt.[324] Gleichwohl die EBA die geistige Urheberin der Rechtsakte ist, verbleibt das Legislativ- bzw. Letztentscheidungsrecht allein bei der Kommission.[325] Nur sie trägt im Außenverhältnis die Verantwortung für die erlassenen Rechtsakte.[326]

(3) Befugnisse im Einzelfall

Neben der Schaffung einer gemeinsamen Aufsichtspraxis mit einheitlichen Standards, die für alle nationalen Aufsichtsbehörden und Marktteilnehmer gleichermaßen gelten, muss in der Folge auch die ordnungsgemäße Anwendung des Unionsrechts einschließlich der technischen Regulierungs- und Durchführungsstandards durch eine effektive Überwachung sichergestellt werden. Zur Erreichung dieser Ziele hat die EBA die Befugnis, in drei Fällen letztverbindliche Maßnahmen in Form von Beschlüssen zu ergreifen.[327] Dieses Recht wird bei der Verletzung von Unionsrecht, in

321 Art. 13 Abs. 2 EBA-VO.

322 *Deutsche Bundesbank*, Monatsbericht September 2011, S. 96.

323 *Siekmann*, IMFS Working Paper 47/2011, S. 80; *Deutsche Bundesbank*, Monatsbericht September 2011, S. 94.

324 *Kohtamäki*, Die Reform der Bankenaufsicht in der Europäischen Union, S. 180.

325 So auch *Kohtamäki*, Die Reform der Bankenaufsicht in der Europäischen Union, S. 177 f.

326 *Wymeersch*, ZGR 2011, 443 (465); *Walla*, BKR 2012, 265 (267).

327 *Lehmann/Manger-Nestler*, ZBB 2011, 2 (14).

Krisenfällen und bei Meinungsverschiedenheiten zwischen den nationalen Aufsichtsbehörden aktiviert.[328] Die Übertragung von Eingriffsbefugnissen auf die EBA mit solch weitreichenden Durchgriffsbefugnissen zeigt, dass sich bereits zu diesem Zeitpunkt eine Ansiedlung von aufsichtsrechtlichen Kompetenzen auf Unionsebene abzeichnete.

(a) Verletzung von Unionsrecht

Die EBA ist befugt, die Einhaltung des Unionsrechts zu überwachen und eine Verletzung dessen näher zu untersuchen und gegebenenfalls Empfehlungen abzugeben. Eine Verletzung des Unionsrechts im Sinne des Art. 17 Abs. 1 EBA-VO liegt vor, wenn eine nationale Aufsichtsbehörde für sie geltendes Unionsrecht, einschließlich der technischen Regulierungs- und Durchführungsstandards, nicht oder nicht ordnungsgemäß angewendet hat. Der EBA stehen in diesem Zusammenhang verschiedene Maßnahmen mit unterschiedlicher Eingriffsintensität zur Verfügung.[329]

Die Wahrnehmung der Befugnisse erfolgt dabei in einem dreistufigen Verfahren.[330] Auf der ersten Stufe, die gleichfalls die geringste Eingriffsintensität darstellt, kann die EBA Nachforschungen im Hinblick auf eine vermeintliche Verletzung oder Nichtanwendung des Unionsrechts durch eine nationale Aufsichtsbehörde anstellen.[331] Die Initiative zur Untersuchung kann zum einen von Amts wegen erfolgen oder aber auch durch andere Stellen, wie die Europäische Kommission, das Europäische Parlament, den Rat oder durch die Interessengruppe Bankensektor.[332] Nach Abschluss und als Resultat ihrer Untersuchung wird die EBA bei Bedarf eine Empfehlung an die nationale Aufsichtsbehörde richten und ihr darlegen, welche Maßnahmen zur Einhaltung des Unionsrechts erforderlich sind.[333] Ab diesem Zeitpunkt hat die betroffene nationale Aufsichtsbehörde die Möglichkeit gegenüber der EBA darzulegen, welche Maßnahmen sie bereits ergriffen hat oder beabsichtigt zu ergreifen, um die Einhaltung des Unionsrechts zu gewährleisten.[334]

---

328 Art. 17-19 EBA-VO.

329 Art. 17 Abs. 1 EBA-VO; *Lehmann/Manger-Nestler*, EuZW 2010, 87 (90).

330 Erwägungsgrund Nr. 28 EBA-VO.

331 Art. 17 Abs. 2 EBA-VO.

332 Art. 17 Abs. 2 EBA-VO.

333 Art. 17 Abs. 3 EBA-VO; siehe auch *Schmitz-Lippert*, BaFin Journal 12/2010, 10 (13).

334 Art. 17 Abs. 3 EBA-VO.

Sofern die nationale Aufsichtsbehörde auch einen Monat nach Eingang der Empfehlung den Vorgaben zur Beseitigung einer Unionsrechtsverletzung nicht nachgekommen ist, wird die Europäische Kommission in das Verfahren eingeschaltet, indem sie eine förmliche Stellungnahme an die nationale Aufsichtsbehörde richtet und diese darin auffordert, die für die Einhaltung des Unionsrechts erforderlichen Maßnahmen zu ergreifen (2. Stufe).[335] Kommt die nationale Aufsichtsbehörde auch dem Inhalt der förmlichen Stellungnahme nicht nach, so kann die EBA als „dritte und letzte Option“[336] die nationale Aufsichtsbehörde übergehen und unmittelbar einen Beschluss an ein einzelnes Finanzinstitut richten und dieses zur Vornahme entsprechender Maßnahmen verpflichten (3. Stufe).[337] Allerdings soll die EBA nach dem Willen des Verordnungsgebers von dieser Befugnis nur in Ausnahmefällen Gebrauch machen dürfen, um die nationale Souveränität der Mitgliedstaaten nicht übermäßig einzuschränken.[338]

Die Europäische Kommission kann die förmliche Stellungnahme auch zum Gegenstand eines Vertragsverletzungsverfahrens im Sinne des Art. 258 AEUV gegen den betroffenen Mitgliedstaat machen.[339] Die Entscheidungsbefugnisse der EBA sind jedoch insoweit eingeschränkt, als dass jeder Beschluss der EBA mit der förmlichen Stellungnahme der Europäischen Kommission im Einklang stehen muss.[340] Neben dem Erlass von verbindlichen Beschlüssen, hat sie darüber hinaus noch die Möglichkeit, politischen Druck auszuüben, indem sie in ihrem Jahresbericht jene nationalen Aufsichtsbehörden und Kreditinstitute auflistet, die den förmlichen Stellungnahmen der Europäischen Kommission und den Beschlüssen der EBA nicht Folge geleistet haben.[341]

(b) Maßnahmen im Krisenfall

Ähnlich wie bei der Verletzung von Unionsrecht, kann die EBA in einem gestuften Verfahren bei Maßnahmen im Krisenfall von weitreichenden Befugnissen Gebrauch machen. Ein Krisenfall im Sinne des Art. 18 EBA-VO

335 Art. 17 Abs. 4 EBA-VO.

336 Erwägungsgrund Nr. 29 EBA-VO.

337 Art. 17 Abs. 6 EBA-VO; so *Michel*, DÖV 2011, 728 (733).

338 Erwägungsgrund Nr. 29 EBA-VO; *Baur/Boegl*, BKR 2011, 177 (183).

339 Art. 17 Abs. 6 EBA-VO.

340 Art. 17 Abs. 6 UAbs. 2 EBA-VO.

341 Art. 17 Abs. 8 i.V.m. Art. 43 Abs. 5 EBA-VO; *Kohtamäki*, Die Reform der Bankenaufsicht in der Europäischen Union, S. 188.

ist eine „ungünstige Entwicklung, die das ordnungsgemäße Funktionieren und die Integrität von Finanzmärkten oder die Stabilität des Finanzsystems in der Union als Ganzes oder in Teilen ernsthaft gefährden kann“[342]. Allerdings entscheidet – trotz naheliegender Vermutung – weder die Europäische Kommission noch die EBA über das Vorliegen einer Krisensituation, sondern der Rat der Europäischen Union.[343] Diese Kompetenzverteilung ist wiederum dem Schutz der mitgliedstaatlichen Souveränität geschuldet.[344] Die Beschlussfassung des Rates erfolgt in Abstimmung mit der Europäischen Kommission und dem ESRB, während eine Abstimmung mit der EBA nicht zwingend ist. Letztere kann ihre Auffassung vom Vorliegen einer Krisensituation in die Beschlussfassung des Rates dadurch einfließen lassen, indem sie eine vertrauliche Empfehlung an den Rat richtet und gegebenenfalls eine Lagebeurteilung abgibt.[345] Der Rat unterrichtet sowohl die Europäische Kommission als auch das Europäische Parlament über das Vorliegen eines Krisenfalles.[346]

Hat der Rat einen Krisenfall mittels eines Beschlusses festgestellt, so kann die EBA auf Grundlage dessen von verschiedenen Befugnissen Gebrauch machen und ist zur Vornahme weiterer Maßnahmen gegenüber den nationalen Aufsichtsbehörden berechtigt.[347] Die Befugnisse unterscheiden sich im Hinblick auf Inhalt und Eingriffsintensität. Zunächst einmal kann die EBA eine unterstützende Rolle einnehmen, indem sie im Falle ungünstiger Entwicklungen auf der Grundlage des Beschlusses die von den nationalen Aufsichtsbehörden ergriffenen Maßnahmen aktiv erleichtert und soweit erforderlich ggf. koordiniert.[348] Zu diesem Zweck erhält die EBA alle relevanten Informationen und wird zu allen Zusammentreffen der bei den nationalen Aufsichtsbehörden zuständigen Personen eingeladen.[349] Verlangt die Situation aufgrund „außergewöhnlicher Umstände“ jedoch ein koordiniertes Vorgehen der nationalen Aufsichtsbehörden, um das Funktionieren der Finanzmärkte oder die Finanzstabilität nicht weiter zu gefährden, kann die EBA Einzelfallbeschlüsse an die nationalen Auf-

342 Art. 18 Abs. 1 EBA-VO.

343 Im VO-Entwurf zur Errichtung der EBA lag diese Kompetenz noch bei der Kommission.

344 *Baur/Boegl*, BKR 2011, 177 (183); ausführlich dazu auch *Kohtamäki*, Die Reform der Bankenaufsicht in der Europäischen Union, S. 189 ff.

345 Art. 18 Abs. 2 UAbs. 2 EBA-VO.

346 Art. 18 Abs. 2 UAbs. 3 EBA-VO.

347 Art. 18 Abs. 2 EBA-VO; *Wymeersch*, ZGR 2011, 443 (467).

348 Art. 18 Abs. 1 EBA-VO.

349 Art. 18 Abs. 1 UAbs. 2 EBA-VO.

sichtsbehörden richten und diese zur Einleitung bestimmter Maßnahmen verpflichten.[350]

Wenn die soeben genannten Befugnisse auf den ersten zwei Stufen nicht erfolgversprechend sind bzw. die nationale Aufsichtsbehörde den Inhalt des an sie gerichteten Beschlusses nicht innerhalb der darin festgesetzten Frist umsetzt, steht der EBA ein unmittelbares Durchgriffsrecht auf einzelne Kreditinstitute in den betroffenen Mitgliedstaaten zu und fungiert somit als „quasi nationale Aufsichtsbehörde". Der Einzelfallbeschluss soll die Kreditinstitute zu Maßnahmen zwingen, die erforderlich sind, um die in Art. 1 Abs. 2 EBA-VO genannten Pflichten zu erfüllen, einschließlich der Einstellung jeder Tätigkeit.[351] Der Durchgriff auf einzelne Kreditinstitute bedeutet einen unmittelbaren und intensiven Eingriff in die Tätigkeit der nationalen Aufsichtsbehörden und ist daher nur unter strengen Voraussetzungen zulässig.[352] Der Anwendungsbereich für das Durchgriffsrecht ist jedoch nur eröffnet, wenn die in Art. 1 Abs. 2 EBA-VO genannten Gesetzgebungsakte, einschließlich der auf dieser Grundlage erlassenen technischen Regulierungs- und Durchführungsstandards, unmittelbar auf die Kreditinstitute anwendbar sind. Des Weiteren muss die nationale Aufsichtsbehörde durch ihr Verhalten oder Unterlassen dieses Unionsrecht nicht oder in fehlerhafter Weise angewendet haben. Ein sofortiges Einschreiten durch die EBA muss zudem geboten sein, „um das ordnungsgemäße Funktionieren und die Integrität der Finanzmärkte oder die Stabilität des Finanzsystems in der Union"[353] zu gewährleisten.[354] Liegen die Voraussetzungen einer Ersatzvornahme nach Art. 18 Abs. 4 EBA-VO vor, so kann die EBA u.a. die Ausübung bestimmter Geschäftstätigkeiten oder -modelle (z.B. Handel mit gefährlichen Finanzprodukten) durch die Kreditinstitute vorübergehend oder dauerhaft untersagen.[355] Eine Beteiligung der Europäischen Kommission an Beschlüssen in Krisenfällen ist aus Gründen der Eilbedürftigkeit nicht vorgesehen.[356]

Sämtliche Entscheidungen der EBA, gleich welcher Art, dürfen dabei nie in die haushaltspolitische Zuständigkeit der Mitgliedstaaten eingreifen. Diese sog. „Schutzklausel" im Sinne von Art. 38 Abs. 1 und 3 EBA-VO

---

350 Art. 18 Abs. 3 EBA-VO.

351 Art. 18 Abs. 4 EBA-VO.

352 Art. 18 Abs. 4 S. 2 EBA-VO; *Lehmann/Manger-Nestler*, ZBB 2011, 2 (15).

353 Art. 18 Abs. 4 EBA-VO.

354 *Baur/Boegl*, BKR 2011, 177 (184); *Michel*, DÖV 2011, 728 (733); *Lehmann/Manger-Nestler*, ZBB 2011, 2 (15).

355 *Kämmerer*, NVwZ 2011, 1281 (1285); *Lehmann/Manger-Nestler*, ZBB 2011, 2 (15).

356 Kritisch *Michel*, DÖV 2011, 728 (732); *Baur/Boegl*, BKR 2011, 177 (184).

dient der Wahrung der mitgliedstaatlichen Haushaltsautonomie.[357] Ist ein Mitgliedstaat der Auffassung, dass ein Beschluss der EBA im Sinne von Art. 18 Abs. 3 EBA-VO seine haushaltspolitischen Kompetenzen berührt, so kann er dies dem Rat binnen einer entsprechenden Frist mitteilen und auf diese Weise eine Aussetzung des Beschlusses erwirken.[358] Der betroffene Mitgliedstaat muss die Gründe für seinen Widerspruch hinreichend darlegen. Im Ergebnis entscheidet der Rat, ob ein Beschluss der EBA aufrechterhalten bleibt oder aufgrund haushaltspolitischer Auswirkungen aufzuheben ist.[359] Kommt der Rat auch im weiteren Verlauf des Verfahrens endgültig zu dem Ergebnis, dass der Beschluss der EBA keine haushaltspolitischen Auswirkungen hat und somit nicht aufzuheben ist, verbleibt dem Mitgliedstaat zunächst nur noch die Möglichkeit, den Rat mit entsprechender Begründung erneut zu ersuchen, die Angelegenheit zu überprüfen.[360] Dem betroffenen Mitgliedstaat steht es darüber hinaus frei, Rechtsschutz nach Art. 60 und 61 EBA-VO zu ersuchen.

Auch hier zeigt sich wieder, dass der Gesetzgeber zurückhaltend mit der Übertragung von Eingriffsbefugnissen auf die EBA vorgegangen ist, um die Kompetenzen der nationalen Aufsichtsbehörden nicht übermäßig einzuschränken. Die Wahrnehmung von Befugnissen im Krisenfall durch die EBA ist allerdings nicht ohne Weiteres möglich und nur in Ausnahmefällen zulässig. Selbst dann ist die Beteiligung anderer Behörden erforderlich und letztendlich entscheidet nicht die EBA über die Durchsetzung, sondern der Rat. Zum einen ist die Feststellung eines Krisenfalles durch den Rat mehr als unwahrscheinlich und zum anderen erscheint die Durchsetzung dieser Befugnisse angesichts der strengen Voraussetzungen sehr schwierig.

(4) Befugnisse im Streitfall

Zu den weiteren Befugnissen der EBA gehört die Beilegung von Meinungsverschiedenheiten zwischen zwei oder mehreren nationalen Aufsichtsbehörden in grenzüberschreitenden Angelegenheiten.[361] Gegenstand

357 *Wymeersch*, ZGR 2011, 443 (468); *Siekmann*, IMFS Working Paper 47/2011, S. 45; *Kohtamäki*, Die Reform der Bankenaufsicht in der Europäischen Union, S. 190; siehe auch Erwägungsgrund Nr. 50 EBA-VO.

358 Art. 38 Abs. 3 UAbs. 3 EBA-VO.

359 Art. 38 Abs. 4 EBA-VO.

360 Art. 38 Abs. 4 EBA-VO.

361 Art. 19 EBA-VO.

der Streitigkeiten kann ein Verfahren, der Inhalt einer ergriffenen Maßnahme oder das Nichttätigwerden einer nationalen Aufsichtsbehörde im Falle verbindlicher Rechtsakte der Union sein.[362] Primär geht es um Differenzen zwischen den nationalen Aufsichtsbehörden im Hinblick auf Vorschriften über die Zusammenarbeit von Herkunfts- und Aufnahmemitgliedstaat[363], die Einstufung einer Zweigniederlassung als bedeutend[364] oder über die informelle Zusammenarbeit.[365]

Das Streitbeilegungsverfahren beginnt entweder auf Antrag einer oder mehrerer nationalen Aufsichtsbehörden oder auf Initiative der EBA selbst, wenn sie einen Streitfall zwischen verschiedenen nationalen Aufsichtsbehörden festgestellt hat.[366] Die EBA wird zunächst nur als Vermittlerin zwischen den sich streitenden Aufsichtsbehörden tätig, ohne dabei verbindliche Entscheidungen zu treffen. Sie setzt den betroffenen nationalen Aufsichtsbehörden eine Frist, in der sie ihre Meinungsverschiedenheiten beilegen können.[367] Wenn diese nach Abschluss der Schlichtungsphase – also mit Ablauf der Frist – keine Einigung erzielt haben, richtet die EBA gemäß Art. 19 Abs. 3 EBA-VO einen verbindlichen Einzelfallbeschluss an die beteiligten Aufsichtsbehörden mit dem Inhalt, konkrete Maßnahmen zu ergreifen oder zu unterlassen, um eine Verletzung des Unionsrechts auszuschließen.[368] Da auch in solch einem Verfahren die von der EBA erlassenen Beschlüsse haushaltspolitische Auswirkungen haben können, steht den beteiligten Aufsichtsbehörden ein Widerspruchsrecht zu.[369] Hierdurch wird wie im Falle einer Krisensituation ein Verfahren in Gang gesetzt, welches mit einer endgültigen Entscheidung des Rates endet.

Wenn die jeweils zuständige nationale Aufsichtsbehörde einem Beschluss der EBA nicht Folge leistet, hat die EBA noch die Möglichkeit, im Einzelfall einen Beschluss an einzelne Kreditinstitute zu richten, in der diese verpflichtet werden, „die zur Einhaltung ihrer Pflichten im Rahmen

362 Art. 19 Abs. 1 EBA-VO i.V.m Erwägungsgrund Nr. 32 EBA-VO.; siehe auch *Lehmann/Manger-Nestler*, ZBB 2011, 2 (15).

363 Art. 42 RL 2006/48/EG.

364 Art. 42a RL 2006/48/EG.

365 Art. 132 RL 2006/48/EG. Mit weiteren Beispielen *Kohtamäki*, Die Reform der Bankenaufsicht in der Europäischen Union, S. 192.

366 Art. 19 Abs. 1 und UAbs. 2 EBA-VO.

367 Art. 19 Abs. 2 EBA-VO.

368 Die Beschlüsse werden gemäß Art. 19 Abs. 3. i.V.m. Art. 44 Abs. 1 UAbs. 3 EBA-VO vom Rat der Aufseher mit einfacher Mehrheit getroffen.

369 Art. 38 Abs. 1 EBA-VO.

des Unionsrechts erforderlichen Maßnahmen zu treffen" [370]. Die EBA darf von ihrem Durchgriffsrecht allerdings nur in Ausnahmefällen Gebrauch machen.[371] Eine Beteiligung der Europäischen Kommission ist weder in der Schlichtungs- noch in der Entscheidungsphase vorgesehen.[372] Zu Transparenzzwecken werden sämtliche von der EBA erzielten Ergebnisse im Rahmen der Beilegung von Meinungsverschiedenheiten in einem Bericht festgehalten, der vom EBA-Direktor dem Europäischen Parlament übermittelt wird.[373]

b) Keine echten Aufsichtsbefugnisse

Abgesehen von den Durchgriffsrechten in Ausnahmesituationen[374] verfügt die EBA über keinerlei Kompetenzen auf dem Gebiet der laufenden Aufsicht. Die nationalen Zuständigkeiten sind von der Errichtungsverordnung über die EBA unberührt geblieben.[375] Aufsichtsbefugnisse wie die Erteilung oder Entziehung von Erlaubnissen zum Betrieb eines Finanzinstitutes stehen der EBA nicht zur Verfügung und sind daher unverändert in der Zuständigkeit der nationalen Aufsichtsbehörden verblieben.[376]

c) Rechtsschutz gegen Maßnahmen der EBA

Der Adressat eines EBA-Beschlusses kann auf verschiedene Rechtsschutzmöglichkeiten zurückgreifen. Auf administrativer Ebene wurde ein gemeinsames Gremium (Beschwerdeausschuss) eingerichtet, das sich mit Beschwerden gegen Beschlüsse der EBA befasst.[377] Darüber hinaus besteht für Rechtsschutzsuchende die Möglichkeit, Beschlüsse der EBA durch das EuG überprüfen zu lassen.[378]

---

370 Art. 19 Abs. 4 EBA-VO.

371 Erwägungsgrund Nr. 32 EBA-VO; siehe Abschnitt D. IV 2. a) dd) (3) (b).

372 Kritisch *Michel*, DÖV 2011, 728 (733) mit Verweis auf *Wymeersch*, ECFR 2010, 240 (253).

373 Art. 19 Abs. 5 i.V.m. Art. 50 Abs. 2 EBA-VO.

374 Erwägungsgründe Nr. 29, 31 EBA-VO.

375 Vgl. *Deutsche Bundesbank*, Monatsbericht September 2011, S. 91.

376 Vgl. §§ 32 und 33 KWG; siehe Abschnitt C. I. 4.

377 Art. 60 EBA-VO; Erwägungsgrund Nr. 58 EBA-VO.

378 Art. 61 EBA-VO.

aa) Beschwerdeverfahren nach Art. 60 EBA-VO

Die Adressaten der nach Art. 18-19 EBA-VO erlassenen Beschlüsse[379] haben die Möglichkeit, bei einem eigens dafür eingerichteten Ausschuss Beschwerde einzulegen.[380] Der Beschwerdeausschuss ist ein gemeinsames Gremium der Europäischen Aufsichtsbehörden, das im Rahmen seiner Beschlussfassung unabhängig und weisungsfrei handelt.[381] Zum Kreis der Beschwerdeberechtigten gehört jede betroffene nationale Aufsichtsbehörde und jedes Finanzinstitut, das von einem unmittelbaren Durchgriff der EBA betroffen ist.

Gegenstand einer Beschwerde kann nur ein Beschluss der EBA im Sinne der Art. 17-19 EBA-VO oder eine sonstige verbindliche Entscheidung sein.[382] Die Beschwerdeführer haben, je nachdem ob der Beschluss bekanntgegeben oder veröffentlicht worden ist, zwei Monate Zeit, schriftlich Beschwerde einzulegen.[383] Zwar entfaltet die Beschwerde keinen Suspensiveffekt, allerdings steht es im Ermessen der EBA, den Vollzug des angefochtenen Beschlusses auszusetzen, sofern die jeweiligen Umstände es erfordern.[384] Eine begriffliche Konkretisierung der besonderen „Umstände" nimmt die EBA-VO nicht vor.[385] Die Beteiligten des Beschwerdeverfahrens werden durch die EBA in das Verfahren eingebunden, indem sie ihnen die Möglichkeit zur Abgabe einer Stellungnahme gibt.[386] Darüber hinaus können die Verfahrensbeteiligten mündliche Erklärungen abgeben.[387] Der Beschwerdeausschuss hat zwei Möglichkeiten die streitgegenständliche Beschwerde zu bescheiden, indem er den Beschluss entweder bestätigt oder zurück an die EBA verweist.[388] Der Rat der Aufseher kann anschließend auf dieser Grundlage einen geänderten Beschluss erlassen.[389] Die Hauptaufgabe des Beschwerdeausschusses liegt somit darin, auf Initiative der Beschwerdeberechtigten die Entscheidungen der EBA zu überprüfen. Er ist

---

379 Siehe Abschnitt D. IV 2. a) dd) (4).
380 Art. 60 Abs. 1 EBA-VO.
381 Art. 58 Abs. 1 und Art. 59 Abs. 1 EBA-VO; siehe auch Erwägungsgrund Nr. 58 EBA-VO.
382 Art. 60 Abs. 1 EBA-VO; *Kohtamäki*, Die Reform der Bankenaufsicht in der Europäischen Union, S. 200.
383 Art. 60 Abs. 2 EBA-VO.
384 Art. 60 Abs. 3 EBA-VO.
385 Kritisch *Lehmann/Manger-Nestler*, ZBB 2011, 2 (18 f.).
386 Art. 60 Abs. 4 S. 2 EBA-VO.
387 Art. 60 Abs. 4 S. 3 EBA-VO.
388 Art. 60 Abs. 5 S. 1 EBA-VO.
389 Art. 60 Abs. 5 S. 2 EBA-VO.

jedoch nicht befugt, einen Beschluss der EBA inhaltlich zu ändern. Zu Transparenzzwecken werden sämtliche Beschlüsse des Beschwerdeausschusses einschließlich der Begründung veröffentlicht.[390]

bb) Nichtigkeits- oder Untätigkeitsklage vor dem EuG

Mit Inkrafttreten des Vertrages von Lissabon, sind auch Handlungen von Einrichtungen oder sonstigen Stellen, z.B. von Unionsagenturen, einer gerichtlichen Überprüfung zugänglich.[391] Der Rechtsschutz gegen die Maßnahmen der EBA wird durch die Möglichkeit einer Nichtigkeits- oder Untätigkeitsklage vor dem EuG erweitert. Die Nichtigkeitsklage im Sinne des Art. 263 AEUV ist nach einem erfolglosen Beschwerdeverfahren vor dem Beschwerdeausschuss der EBA und in solchen Fällen, in denen ein Rechtsbehelf beim Beschwerdeausschuss nicht möglich ist, statthaft.[392] Klagebefugt sind alle Mitgliedstaaten, die Organe der Europäischen Union sowie jede natürliche oder juristische Person.[393] Für den Fall, dass eine juristische oder natürliche Person eine Nichtigkeitsklage anstrebt, stellt das Beschwerdeverfahren eine zwingende Sachurteilsvoraussetzung dar.[394]

Als tauglicher Klagegegenstand kommt nur die Entscheidung des Beschwerdeausschusses in Betracht, nicht aber der Beschluss der EBA.[395] Die EBA-VO stellt somit „besondere Bedingungen und Einzelheiten für die Erhebung von Klagen von natürlichen oder juristischen Personen" im Sinne von Art. 263 Abs. 5 AEUV auf.[396] Die Mitgliedstaaten und die Organe der Europäischen Union sind hingegen nicht berechtigt, Beschwerde gegen Beschlüsse der EBA beim Beschwerdeausschuss zu erheben. Sie können daher mit der Nichtigkeitsklage unmittelbar gegen Maßnahmen der EBA vorgehen.[397] Darüber hinaus kann eine Untätigkeitsklage nach Art. 265 AEUV angestrengt werden, wenn die EBA trotz entsprechender Verpflich-

390 Art. 60 Abs. 7 EBA-VO; *Kohtamäki*, Die Reform der Bankenaufsicht in der Europäischen Union, S. 201.

391 Art. 263 Abs. 1 S. 2 AEUV.

392 Art. 61 Abs. 1 EBA-VO.

393 Art. 61 Abs. 2 EBA-VO.

394 Art. 60 Abs. 1 EBA-VO.

395 Siehe *Manger-Nestler*, ZfgK 2012, 528 (531), die einen Vergleich zum nationalen Widerspruchsverfahren im Sinne der §§ 68 ff. VwGO zieht.

396 *Lehmann/Manger-Nestler*, ZBB 2011, 2 (19).

397 Art. 61 Abs. 2 EBA-VO; *Kohtamäki*, Die Reform der Bankenaufsicht in der Europäischen Union, S. 201.

tung nicht gegen die Unionsrechtsverletzung durch einen Mitgliedstaat vorgeht.[398] Die Befugnis zur Klageerhebung steht in diesem Zusammenhang nur den Organen der Europäischen Union sowie allen anderen Mitgliedstaaten zu.[399]

V. *Aufsichtskompetenzen der Europäischen Zentralbank vor Errichtung des Einheitlichen Aufsichtsmechanismus*

Die Europäische Zentralbank verfügt neben ihren währungspolitischen Zuständigkeiten auch über Befugnisse auf dem Gebiet der Finanzmarktaufsicht, die sowohl in der ESZB-Satzung als auch im AEUV verankert sind. Die Rolle der Europäischen Zentralbank hinsichtlich der Aufsicht über Kreditinstitute beschränkte sich vor Errichtung des Einheitlichen Aufsichtsmechanismus lediglich auf unterstützende Funktionen gegenüber den nationalen Aufsichtsbehörden. Insbesondere besaß sie keine gewerbepolizeilichen Befugnisse im Bereich der direkten Bankenaufsicht.[400]

1. Anhörungs- und Stellungnahmerechte

Art. 127 Abs. 4 AEUV gewährt der Europäischen Zentralbank im Rahmen der europäischen und mitgliedstaatlichen Rechtssetzung zwei verschiedene Arten von Mitwirkungsrechten. Zunächst besteht ein Anhörungsrecht zu allen Entwürfen und Vorschlägen von Rechtsakten der Europäischen Union und Rechtsvorschriften der Mitgliedstaaten, wenn ein Rechtsakt oder eine Rechtsvorschrift ihre in Art. 127 AEUV genannten Aufgaben oder Zuständigkeitsbereiche berührt.[401] Dazu gehören insbesondere die in Art. 127 Abs. 2, 5 und 6 AEUV genannten Aufgaben sowie jene, die von der ESZB-Satzung noch näher konkretisiert werden.[402] Auf diese Weise wird gewährleistet, dass die Europäische Zentralbank rechtzeitig von Vorhaben der Europäischen Union und der Mitgliedstaaten Kenntnis erlangt und ihr Sachverstand im Rahmen der unionalen und nationalen Rechtssetzung Berücksichtigung findet.

---

398 Art. 61 Abs. 3 EBA-VO.
399 Art. 265 Abs. 1 AEUV.
400 *Kohtamäki*, Die Reform der Bankenaufsicht in der Europäischen Union, S. 84.
401 EuGH, Urt. v. 10.07.2003, Rs. C-11/00, Slg. 2003, I-7145, Rn. 110 f.
402 Siehe u.a. Art. 127 Abs. 2, 5 und 6 AEUV sowie Art. 3, 4 und 25 ESZB-Satzung.

Obwohl die Aufsicht über die Kreditinstitute nicht zu den Kernzuständigkeiten der Europäischen Zentralbank gehört, ist eine Anhörungspflicht für geplante Maßnahmen in Bezug auf die Aufsicht über Kreditinstitute zu bejahen, da diese zum einen im Zusammenhang mit der Währungspolitik steht und zum anderen sich das Anhörungsrecht im Kapitel über die Währungspolitik befindet.[403] Darüber hinaus ist die Europäische Zentralbank aus eigener Initiative heraus berechtigt, gegenüber den Organen, Einrichtungen oder sonstigen Stellen der Union und den nationalen Aufsichtsbehörden ihre Auffassung zu einschlägigen Rechtsakten mittels einer Stellungnahme darzulegen.[404] Dieses Recht ist aber ebenfalls nur auf solche Angelegenheiten beschränkt, die ihren Zuständigkeitsbereich berühren.

2. Makro- und mikroprudenzielle Aufsichtskompetenzen

Die Einbeziehung der Europäischen Zentralbank in die europäische Finanzaufsicht erfolgt auf der Grundlage von Art. 127 Abs. 5 AEUV und Art. 3.3 ESZB-Satzung, wonach sie die nationalen Aufsichtsbehörden bei der Durchführung der Aufsicht und Sicherstellung der Stabilität des Finanzsystems unterstützt. Die Europäische Zentralbank verfügt in diesem Zusammenhang über keine vergleichbaren Aufsichtskompetenzen wie die nationalen Aufsichtsbehörden. Sie kann aber gemäß Art. 25.1 ESZB-Satzung die Organe der Europäischen Union und die nationalen Aufsichtsbehörden in Aufsichtsfragen beraten oder von diesen konsultiert werden. Es handelt sich hierbei, anders als das Anhörungsrecht nach Art. 127 Abs. 4 AEUV, nicht um ein obligatorisches Recht, das durch betroffene Zuständigkeiten der Europäischen Zentralbank aktiviert wird und zwingend zu berücksichtigen ist.[405]

Die Europäische Zentralbank war vor der Reform der europäischen Finanzaufsicht im Jahr 2011 im CEBS vertreten und verfügt nun auch über einen Vertreter im Rat der Aufseher der EBA.[406] Allerdings ist dieser nicht stimmberechtigt, sodass die Europäische Zentralbank keinen Einfluss auf die Entscheidungen und Tätigkeit der EBA auf dem Gebiet der europä-

---

403 EuGH, Urt. v. 10.07.2003, Rs. C-11/00, Slg. 2003, I-7145, Rn. 110; *Häde*, in: Calliess/Ruffert, EUV/AEUV, Art. 127 AEUV Rn. 44; *Richter*, Eine zentrale europäische Bankenaufsichtsbehörde?, S. 98 f.; *Kohtamäki*, Die Reform der Bankenaufsicht in der Europäischen Union, S. 84 f.

404 Art. 127 Abs. 4 UAbs. 2 AEUV und Art. 4 lit. b) ESZB-Satzung.

405 Vgl. *Richter*, Eine zentrale europäische Bankenaufsichtsbehörde?, S. 97 f.

406 Art. 40 Abs. 1 lit. d) EBA-VO.

ischen Bankenaufsicht nehmen kann. Es handelt sich dabei um eine schlichte Beobachterfunktion ohne Eingriffs- und Weisungsrechte. Mit der Errichtung des ESRB erfolgte eine weitere Einbeziehung der Europäischen Zentralbank in die makroprudenzielle Aufsicht auf europäischer Ebene.[407] Sie stellt das Sekretariat für den ESRB und unterstützt dieses analytisch, statistisch, administrativ und logistisch.[408] Darüber hinaus sind der Präsident und Vizepräsident stimmberechtigte Mitglieder des ESRB-Verwaltungsrates.[409] Das Mandat der ESRB beschränkt sich aber nur auf die Ermittlung von systemischen Risiken; Eingriffsbefugnisse umfasste es hingegen nicht.

Die Europäische Zentralbank war somit vor Errichtung des Einheitlichen Aufsichtsmechanismus nicht in der Lage, Weisungs- und Eingriffsrechte unmittelbar gegenüber einzelnen Kreditinstituten auf der Grundlage eines eigenen Aufsichtsregimes durchzusetzen. Wie eingangs dargestellt, beschränken sich ihre Mitwirkungsrechte vielmehr auf den Bereich der Regulierung und weniger auf den der Überwachung. Trotz der voranschreitenden Europäisierung des Finanzaufsichtsrechts sind der Europäischen Zentralbank keine echten Aufsichtskompetenzen übertragen worden. Die primäre Verantwortung für die Aufsicht lag allein bei den nationalen Aufsichtsbehörden.

---

407 Siehe Abschnitt D. IV. 1.

408 Art. 2 der VO (EU) Nr. 1096/2010 zur Betrauung der Europäischen Zentralbank mit besonderen Aufgaben bezüglich der Arbeitsweise des Europäischen Ausschusses für Systemrisiken, ABl. 2010 L 331/162.

409 Art. 6 Abs. lit. a) ESRB-VO.

E. Der Einheitliche Aufsichtsmechanismus (Single Supervisory Mechanism)

Am 29.10.2013 wurde nach langen Verhandlungen die Verordnung zur Übertragung besonderer Aufgaben im Zusammenhang mit der Aufsicht über Kreditinstitute auf die Europäische Zentralbank (SSM-VO) [410] im Amtsblatt der Europäischen Union veröffentlicht. Durch die verzögerte Zustimmung des Europäischen Parlaments konnte der ambitionierte Zeitplan der Europäischen Kommission und des Rates, den Rechtsrahmen für die Errichtung eines Einheitlichen Aufsichtsmechanismus schon zu Beginn des Jahres 2013 fertigzustellen, nicht eingehalten werden. Mit dem Einheitlichen Aufsichtsmechanismus unter der Leitung der Europäischen Zentralbank existiert zum ersten Mal in der europäischen Geschichte der Bankenaufsicht eine Institution, die mit genuinen Aufsichtsbefugnissen und Kompetenzen ausgestattet ist und unmittelbar gegenüber Aufsichtsbehörden und Kreditinstituten Entscheidungen treffen und durchsetzen kann. Die Aufsicht auf Unionsebene erlangt mit dem Einheitlichen Aufsichtsmechanismus eine neue Qualität, da erstmals umfangreiche Kompetenzen der Mitgliedstaaten auf dem Gebiet der Bankenaufsicht auf eine Einrichtung der Union übertragen worden sind. Mit der Errichtung des Einheitlichen Aufsichtsmechanismus gehen zudem keine institutionellen Veränderungen an den bestehenden Aufsichtsstrukturen im Rahmen des ESFS einher. So bleibt die EBA als Aufsichtsbehörde bestehen und ihre Kompetenzen werden durch den Einheitlichen Aufsichtsmechanismus weder ersetzt noch auf die Europäische Zentralbank übertragen. Die Aufsichtsbefugnisse der Europäischen Zentralbank im Sinne des Art. 127 Abs. 5 AEUV bleiben ebenfalls unberührt.

I. Hintergrund

Spätestens mit dem Ausbruch der weltweiten Finanzkrise im Jahr 2007 und der sich daran anschließenden Wirtschaftskrise wurden massive

---

410 VO (EU) Nr. 1024/2013 v. 15.10.2013 zur Übertragung besonderer Aufgaben im Zusammenhang mit der Aufsicht über Kreditinstitute auf die Europäische Zentralbank, ABl. 2013 L 287/63 (SSM-VO).

Schwächen der institutionellen Aufsichtsstruktur in der Europäischen Union offenbart.[411] Neben den bereits genannten Schwachstellen des ESFS treten weitere Gründe für ein zentralisiertes Aufsichtssystem, das die kohärente Anwendung unionsrechtlicher Aufsichtsstandards durch die nationalen Aufsichtsbehörden sicherstellt. Zunächst gilt es die Frage zu klären, inwieweit eine einheitliche europäische Aufsicht generell aus Gründen der Finanzmarktstabilität erforderlich ist.

1. Vermeidung von Systemwettbewerb und Regulierungsarbitrage

Soweit die Ausgestaltung der Aufsichtssysteme und die Regulierung von bankaufsichtlichen Tätigkeiten in den Zuständigkeitsbereich der Mitgliedstaaten fallen und die Rechtsangleichung auf eine Mindestharmonisierung beschränkt ist, kann hieraus die positive Konsequenz des sogenannten Systemwettbewerbs oder auch Wettbewerb der Rechtsordnungen gezogen werden.[412] Daher stellt sich die Frage, inwieweit ein Systemwettbewerb, der die optimale Lösung hervorbringen kann, für die Verwirklichung des europäischen Binnenmarkts von Vorteil ist oder nicht ein einheitliches Aufsichtsregime für Kreditinstitute erforderlich ist, das die Stabilität und Funktionsfähigkeit des Finanzmarktes dauerhaft gewährleistet. Der Systemwettbewerb zeichnet sich dadurch aus, dass die Aufsichtssysteme der Mitgliedstaaten, bei gleichzeitiger Festlegung auf einige harmonisierte Bereiche, grundsätzlich erhalten bleiben. Die harmonisierungsfreien Materien hingegen können von den Mitgliedstaaten bewusst genutzt werden, um gegenüber den Systemen anderer Mitgliedstaaten abweichende Vorschriften zu erlassen.[413] Dadurch soll ein Wettbewerb unter den Rechtsordnungen mit dem Ziel stattfinden, dass sich unter allen konkurrierenden Systemen im Sinne einer natürlichen Auslese das Effizienteste herausbildet.[414]

In volkswirtschaftlicher Hinsicht ergeben sich aus der Vereinheitlichung von aufsichtsrechtlichen Standards sowohl für die Mitgliedstaaten als auch für die Akteure des Finanzmarktes eine Vielzahl von Vorteilen. So sind die Mitgliedstaaten angesichts der liberalen Volkswirtschaft gezwungen, eine bestmögliche Nutzung der Produktionsfaktoren zu ermöglichen. Denn eine zu hohe Belastung – insbesondere des Faktors Kapital – birgt die Ge-

411 *Deutsche Bundesbank*, Monatsbericht Juli 2013, S. 16.
412 *Glatzl*, Geldpolitik und Bankenaufsicht im Konflikt, S. 170 ff. m.w.N.
413 *Kohtamäki*, Die Reform der Bankenaufsicht in der Europäischen Union, S. 63.
414 *Glatzl*, Geldpolitik und Bankenaufsicht im Konflikt, S. 171.

fahr in sich, dass die Produktionsfaktoren in weniger regulierte Finanzmärkte abwandern, die eine effizientere Nutzung gewährleisten[415] Der Systemwettbewerb bewirkt letztlich, dass die Mitgliedstaaten ihre Aufsichtsregime nur so weit mit Beschränkungen belegen, wie es für die Finanzmarktstabilität erforderlich und erträglich ist.[416] Allerdings spielt in diesem Zusammenhang auch das Verhalten Finanzmarktakteure eine entscheidende Rolle.[417] Denn je weniger ein Finanzmarkt reguliert ist, desto größer ist der Anreiz der Kreditinstitute sich dort niederzulassen, da zum einen die Belastung für den Faktor Kapital geringer ist und die Institute zum anderen weitgehend unbeaufsichtigt ihren Geschäftstätigkeiten innerhalb dieser Regulierungslücken nachgehen können.[418] Regulierungsfreie Räume sind insbesondere geeignet, die Innovationstätigkeit der Akteure im Hinblick auf neue und unbekannte Finanzprodukte voranzutreiben, ohne dass eine Risikoprüfung durch die Aufsichtsbehörde erfolgt.

Die Beibehaltung des Systemwettbewerbs wird jedoch ohne die Existenz einheitlicher Aufsichtsstandards stets von der Gefahr eines *race to the bottom* flankiert mit der Folge, dass die Mitgliedstaaten ihr Schutzniveau stetig in der Absicht absenken, um sich wettbewerbspolitische Vorteile gegenüber anderen Mitgliedstaaten zu verschaffen.[419] Ziel ist es dabei, die Mindestharmonisierung bewusst auszunutzen, um möglichst viele regulierungsfreie Räume zu schaffen. Indem nun auch andere Mitgliedstaaten diesem Trend folgen und ihr Schutzniveau absenken, um die Abwanderung von Produktionsfaktoren in weniger streng regulierte Finanzmärkte zu verhindern, entsteht eine Deregulierungsspirale, die im ungünstigsten Fall dazu führt, dass der Regulierungsgrad der Mitgliedstaaten gegen Null tendiert und der Finanzmarkt faktisch keiner staatlichen Aufsicht mehr unterliegt.[420]

Die Deregulierungsspirale stellt daher trotz der positiven Auswirkungen des Systemwettbewerbs langfristig eine Gefahr für die Stabilität und Funktionsfähigkeit des Finanzmarktes dar.[421] Von untergeordneter Bedeutung ist dabei insbesondere, dass zumindest aus Sicht der nationalen Aufsichts-

---

415 *Glatzl*, Geldpolitik und Bankenaufsicht im Konflikt, S. 172.

416 *Kohtamäki*, Die Reform der Bankenaufsicht in der Europäischen Union, S. 63.

417 *Kohtamäki*, Die Reform der Bankenaufsicht in der Europäischen Union, S. 64.

418 *Sanio*, Die Fortentwicklung der Bankenaufsicht, Rede v. 28.05.2009 auf der Fachtagung Corporate Governance bei Banken, KPMG Audit Committee Institute.

419 Vgl. *Sethe/Lehmann*, in: Tietje, Internationales Wirtschaftsrecht, § 13 Rn. 7.

420 *Glatzl*, Geldpolitik und Bankenaufsicht im Konflikt, S. 175.

421 *Siekmann*, IMFS Working Paper 47/2011, S. 56.

behörden durch die Vereinheitlichung der Aufsichtsvorschriften die Entstehung von effektiven Aufsichtssystemen verhindert wird.[422] Die Vergangenheit hat aber gezeigt, dass eine nachlässige Aufsichtspraxis der Mitgliedstaaten mit kurzfristigen Wettbewerbsvorteilen, langfristigen Folgekosten für die Gesellschaft und den Staat gegenübersteht.[423] Die Regulierung muss angesichts des gemeinsamen Binnenmarktes durch einheitliche Maßnahmen der Mitgliedstaaten erfolgen, um die Unterschiede in den rein dezentral ausgerichteten Aufsichtsmechanismen zu vermeiden, die letztlich eine Ursache von Regulierungsarbitrage sind.[424]

Da das materielle Aufsichtsrecht weiterhin harmonisierungsfreie Bereiche enthält, wird auch nach Errichtung des Einheitlichen Aufsichtsmechanismus weiterhin ein Wettbewerb der Rechtsordnungen stattfinden. Die Eigenkapitalanforderungsverordnung (CRR) und -richtlinie (CRD IV) bieten nach wie vor Raum für mitgliedstaatliche Sonderregelungen und Ermessensspielräume hinsichtlich der Umsetzung der unionsrechtlichen Vorgaben, die es ihnen erlauben, zwischen verschiedenen Optionen auszuwählen oder gar erst keinen Gebrauch davon zu machen. Die unterschiedliche Art und Weise der Umsetzung führt daher zu einer Heterogenität innerhalb der Union, die die Entwicklung eines *level-playing-fields* erschwert. Dennoch ist die Errichtung eines Einheitlichen Aufsichtsmechanismus, insbesondere im Fall der Europäischen Union, eine geeignete Maßnahme sowohl den Wettbewerb der Rechtsordnungen als auch die Regulierungsarbitrage sowie der damit verbundenen Auswirkungen zunächst für den Euroraum einzudämmen.[425] Dies erscheint insbesondere vor dem Hintergrund des hohen Integrationsgrades der Finanzmärkte geboten. Sämtliche Regulierungslücken müssen daher im Sinne eines integrierten und soliden Finanzsystems ausfindig gemacht und beseitigt werden.[426]

---

422 *Neyer/Vieten*, DICE Working Paper 45/2013, S. 13, die befürchten, dass auf diese Weise die Entstehung des „beste[n] Aufsichtssystem[s]“ verhindert wird.

423 *Glatzl*, Geldpolitik und Bankenaufsicht im Konflikt, S. 176.

424 Siehe *Hartmann-Wendels*, Orientierungen zur Wirtschafts- und Gesellschaftspolitik 4/2012, S. 2.

425 *Neyer/Vieten*, DICE Working Paper 45/2013, S. 13; *Glatzl*, Geldpolitik und Bankenaufsicht im Konflikt, S. 176.

426 *Wymeersch*, ECGI-Law Working Paper 2005, S. 6; *Lehmann/Manger-Nestler*, ZBB 2014, 2 (8).

2. Dezentralisierte Aufsicht

Die Notwendigkeit einer unionsweiten Aufsicht über alle Institute ergibt sich ferner aus der vorangeschrittenen Integration des europäischen Finanzmarktes. Die national und dezentral organisierten Aufsichtsbehörden waren trotz des hohen Verflechtungsgrades nach wie vor für die operative Aufsicht und die Durchsetzung des materiellen Aufsichtsrechts gegenüber den im Inland niedergelassenen Instituten zuständig, obwohl die Anzahl grenzüberschreitend tätiger Unternehmen bis zum Ausbruch der Finanz- und Wirtschaftskrise in erheblichem Maße zugenommen hatte.[427] Die Europäische Union verfügte im Gegensatz zu den Mitgliedstaaten über eine relativ unbedeutende Anzahl an Kompetenzen auf dem Gebiet der Aufsicht über Kreditinstitute.[428] Die Aufsichtspraxis war trotz einiger unionsrechtlich harmonisierter Bereiche durch eine unterschiedliche Anwendung der unionsrechtlichen Aufsichtsstandards gekennzeichnet, die zu einer Ungleichbehandlung an sich identischer Sachverhalte führen konnte.[429] Das Tätigkeitsfeld der nationalen Aufsichtsbehörden war dementsprechend nur auf ihren Mitgliedstaat begrenzt, sodass lediglich die dort vorgenommenen Aktivitäten der Kreditinstitute überwacht werden konnten, während Risiken für andere Mitgliedstaaten weitgehend unberücksichtigt blieben.[430] Die nationalen Aufsichtsbehörden waren somit nicht in der Lage, den gesamten Finanzmarkt zu erfassen.[431]

Die Beibehaltung der nationalen Aufsichtszuständigkeiten wäre zwar denkbar, allerdings ist hierfür sowohl eine Ausweitung der kooperativen Tätigkeiten als auch ein verstärkter Informationsaustausch zwischen den nationalen Aufsichtsbehörden erforderlich.[432] Die jüngste Finanz- und Wirtschaftskrise hat gezeigt, dass eine allein auf Abstimmung basierende Zusammenarbeit der Mitgliedstaaten und eine Vereinheitlichung materiell-rechtlicher Standards nicht ausreichend sind.[433] Insbesondere war die frühzeitige Entdeckung und Bekämpfung von grenzüberschreitenden Risiken nicht möglich, da diese bislang aufgrund mangelhafter Kommunikati-

---

427 *Frach*, Finanzmarktregulierung in Deutschland, S. 25; *Sethe/Lehmann*, in: Tietje, Internationales Wirtschaftsrecht, § 13 Rn. 8.

428 *Pernice/Wendel et. al.*, Die Krise demokratisch überwinden, S. 56.

429 *Binder*, ZBB 2013, 298 (300).

430 Vgl. *Lehmann/Manger-Nestler*, ZBB 2014, 2 (8).

431 *Neyer/Vieten*, DICE Working Paper 45/2013, S. 12.

432 *van Roosebeke*, Orientierungen zur Wirtschafts- und Gesellschaftspolitik 2012, 10 (11).

433 *Lehmann/Manger-Nestler*, ZBB 2014, 2 (8); Erwägungsgrund Nr. 5 SSM-VO.

on der Aufsichtsbehörden falsch eingeschätzt oder nicht erkannt wurden.[434] Die Vereinheitlichung von materiell-rechtlichen Aufsichtsvorschriften muss zum Zwecke der kohärenten Anwendung zwangsläufig auch mit einer Überwachung derselben einhergehen. Andernfalls besteht die Gefahr, dass die Mitgliedstaaten eine unterschiedliche Interpretation der unionsrechtlichen Aufsichtsstandards vornehmen.[435]

In diesem Zusammenhang kann durch die Errichtung einer einheitlichen europäischen Aufsicht das mit der Beibehaltung mitgliedstaatlicher Zuständigkeiten auf dem Gebiet der Bankenaufsicht einhergehende Phänomen der *home bias* verhindert werden. Diesem liegt die Annahme zugrunde, dass nationale Aufsichtsbehörden in Krisenzeiten wichtige und aus europäischer Sicht für die Finanzmarktstabilität an sich erforderliche Aufsichtsmaßnahmen zum Wohle ihrer heimischen Volks- und Finanzwirtschaft nicht rechtzeitig vornehmen oder gar unterlassen.[436] Dabei werden negative Auswirkungen der eigenen Aufsichtspraxis auf andere Mitgliedstaaten bewusst in Kauf genommen (externe Effekte).[437] Während eine national ausgerichtete Aufsichtsstruktur stets die Gefahr einer Beeinflussung der Aufsichtspraxis durch nationale Interessen zum Schutze des heimischen Finanzmarktes in sich birgt, kann eine europäische Aufsichtsinstitution losgelöst von mitgliedstaatlichen Interessen agieren und ihre Entscheidungen im Sinne der Finanzmarktstabilität sowie einer effektiven und transparenten Aufsicht in der Europäischen Union treffen.[438] Ein grenzüberschreitend gültiges Aufsichtssystem legt für alle von ihm beaufsichtigten Subjekte angesichts einheitlicher Standards die gleichen Maßstäbe an, ohne dabei Ausnahmen aufgrund wirtschaftspolitischer Zwänge zuzulassen.[439]

---

434 *Kohtamäki*, Die Reform der Bankenaufsicht in der Europäischen Union, S. 20.

435 Vgl. *Ruthig*, ZHR 2014, 443 (446).

436 *Baur/Ganguli*, jurisPR-BKR 11/2013 Anm. 1; *Sacarcelik*, BKR 2013, 353 (359 f.); *Lehmann/Manger-Nestler*, ZBB 2014, 2 (8); siehe auch *Ferran/Babis*, Cambridge Legal Studies Research Paper 10/2013, S. 11; *Thiele*, GewArch 2015, 111 (114); *Roth*, Die indirekte Bankenaufsicht durch die EZB, S. 57 f.

437 *Neyer/Vieten*, DICE Working Paper 45/2013, S. 12; *Pernice/Wendel et. al.*, Die Krise demokratisch überwinden, S. 56.

438 *Glatzl*, Geldpolitik und Bankenaufsicht im Konflikt, S. 247; *Deutsche Bundesbank*, Monatsbericht Juli 2013, S. 16; *Sachverständigenrat*, Jahresgutachten 2012/13, Rn. 299; siehe auch *Tröger*, ZBB 2013, 373 (377); siehe auch *Jörgens*, Die koordinierte Aufsicht über europaweit tätige Bankengruppen, S. 118.

439 Siehe dazu *Sachverständigenrat*, Jahresgutachten 2012/13, Rn. 301, der auf empirische Untersuchungen hinweist, wonach nationale Aufsichtsbehörden wirt-

3. Rückkopplung von Bankenrettung und Staatsverschuldung

Primäres und erklärtes Ziel des Einheitlichen Aufsichtsmechanismus ist die Durchbrechung des Teufelskreises zwischen Bankenrettung und Belastung der Staatsfinanzen.[440] Dabei sollen die Aufsichtsdefizite der vergangenen Jahre mittels eines grenzüberschreitenden Aufsichtssystems beseitigt und damit zusammenhängende Bankenrettungen durch öffentliche Steuergelder künftig vermieden werden.[441] Infolge der weltweiten Finanz- und Wirtschaftskrise ist die Zahl jener Kreditinstitute gestiegen, die auf staatliche Unterstützungsmaßnahmen angewiesen waren.[442] Die enge Verbindung zwischen Bankinsolvenzen und Staatshaushalten hat maßgeblich dazu beigetragen, dass die jüngste Finanzkrise sich weiterhin verschärft und zu einer Staatsschuldenkrise entwickelt hat, wie insbesondere die Beispiele Irland und Spanien belegen.[443] Diese Entwicklung hat sich gleichzeitig als immenses Risiko für die Stabilität des Finanzmarktes herausgestellt.[444]

Als Folge der *Subprime*-Krise in den Vereinigten Staaten sahen sich viele Regierungen der europäischen Mitgliedstaaten gezwungen, in ihrem Hoheitsgebiet niedergelassene Kreditinstitute mit staatlichen Hilfsmaßnahmen vor einer drohenden Insolvenz zu bewahren, um auf diese Weise die Finanzmarktstabilität insgesamt zu gewährleisten.[445] Bei den betroffenen Instituten handelte es sich in der Regel um besonders bedeutende oder systemrelevante Institute, an deren Fortbestehen im Sinne des *too big to fail*-Grundsatzes mit Blick auf die heimische Volkswirtschaft ein übergeordnetes Interesse bestand.[446] Dahinter steht die Befürchtung der nationalen Re-

---

schaftspolitischem Druck weniger gut widerstehen können als überregional agierende Aufsichtsbehörden (*Financial Repression*).

440 Gipfelerklärung der Mitglieder des Euro-Währungsgebietes v. 29.06.2012, MEMO/12/656; *Europäischer Rat*, Schlussfolgerungen v. 13./14.10.2012, EUCO 205/12, S. 3; *Peters*, WM 2014, 396 (401).

441 *Lehmann/Manger-Nestler*, ZBB 2014, 2 (5) mit Verweis auf *Binder*, ZBB 2013, 297 (299 f.); *Tröger*, ZBB 2013, 373 (394 f.).

442 Einen Überblick gibt *Heun*, JZ 2010, 53 f.

443 *Sachverständigenrat*, Jahresgutachten 2012/13, Rn. 301; *Lautenschläger*, Ifo-Schnelldienst 2013, 3; *Lastra*, Fordham Int. Law Journal 2013, 1190 (1192); *Selmayr*, in: Müller-Graff, Europäisches Wirtschaftsordnungsrecht, § 23 Rn. 271; vgl. *Peters*, WM 2014, 396 (398).

444 *Weidmann*, Stabilitätskultur im Lichte der Staatsschuldenkrise, Leo-Brandt-Vortrag an der Nordrhein-Westfälischen Akademie der Wissenschaften und der Künste v. 08.10.2012.

445 Zum Ablauf der Finanzkrise siehe *Heun*, JZ 2010, 53 (59).

446 *Tolksdorf*, IMB Working Paper 57/2010, S. 6.

gierungen, dass die Insolvenz eines als *too big to fail* eingestuften Kreditinstituts weitaus größere Systemrisiken für den Finanzmarkt und langfristige Folgeschäden für die gesamte Volkswirtschaft zur Folge haben kann.[447]

Staatliche Maßnahmen in Bezug auf Bankenrettungen führen aber gleichzeitig zu einer Belastung und Verschlechterung der öffentlichen Haushaltssituation, die unter Umständen durch weitere Verschuldungen kompensiert werden muss. [448] Aufgrund der verschlechterten fiskalischen Situation ist auch eine neue Bewertung der staatlichen Bonität erforderlich, die wegen unerwarteter Rettungsmaßnahmen und weiterer Verschuldungen regelmäßig negativ ausfallen wird. Dieser Umstand kann sich in zweierlei Hinsicht auswirken. Zum einen gerät der Staat aufgrund seiner schwächeren Bonität in Refinanzierungsschwierigkeiten, da mit steigendem Schuldenstand ein Wertverlust von Staatsanleihen einhergeht und diese auf dem Anleihenmarkt entsprechend an Attraktivität einbüßen.[449] In diesem Zusammenhang kommt zum anderen nun auch die Rückkopplung zwischen dem Bankensystem und öffentlichen Finanzen in drastischer Weise zum Ausdruck.[450] Die fiskalische Situation eines Staates wirkt sich umso mehr auf die Bilanzen eines Kreditinstituts aus, je höher der Anteil der gehaltenen Staatspapiere eines Kreditinstituts ist.[451] Je höher der Anteil an Kreditinstituten ist, die von der schwachen Haushaltssituation und Wertverlusten am Staatsanleihenmarkt betroffen sind, umso weitreichender können die Konsequenzen für den gesamten Finanzmarkt sein.[452] Solange eine wechselseitige Abhängigkeit zwischen Staaten und Kreditinstituten besteht, ist es nicht ausgeschlossen, dass Finanzkrisen sich zu Staatsschuldenkrisen entwickeln und *vice versa*.[453] Dieser Kreislauf soll mit der Errichtung des Einheitlichen Aufsichtsmechanismus durchbrochen

---

447 *Lener/Rulli*, Law and Economics Yearly Review 2/2013, 99 (150).

448 *Deutsche Bundesbank*, Monatsbericht Juli 2013, S. 16; zur Rückkopplung zwischen Bankbilanzen und Staatsanleihen; siehe u.a. *Weidmann*, Stabilitätskultur im Lichte der Staatsschuldenkrise, Leo-Brandt-Vortrag an der Nordrhein-Westfälischen Akademie der Wissenschaften und der Künste v. 08.10.2012; *Europäische Zentralbank*, Monatsbericht Juli 2012, S. 53 ff.

449 *Lautenschläger*, Ifo-Schnelldienst 2013, 3.

450 *Deutsche Bundesbank*, Monatsbericht Juli 2013, S. 16.

451 *Weidmann*, Stabilitätskultur im Lichte der Staatsschuldenkrise, Leo-Brandt-Vortrag an der Nordrhein-Westfälischen Akademie der Wissenschaften und der Künste v. 08.10.2012; siehe auch *Ohler*, Bankenaufsicht und Geldpolitik in der Währungsunion, § 5 Rn. 15; *Deutsche Bundesbank*, Monatsbericht Oktober 2014, S. 46; vgl. *Kaufhold*, ZG 2017, 18 (21).

452 *Europäische Zentralbank*, Monatsbericht Juli 2012, S. 54.

453 *Kaufhold*, ZG 2017, 18 (21).

werden. Nach Errichtung des Einheitlichen Aufsichtsmechanismus soll die Refinanzierung von Kreditinstituten direkt durch den Europäischen Stabilitätsmechanismus (ESM) erfolgen. Auf diese Weise wird einerseits eine unmittelbare Belastung der öffentlichen Haushalte vermieden und andererseits ist die Auflösung von schädlichen Verbindungen zwischen dem ohnehin angespannten Staatsanleihemarkt und dem instabilen Bankensystem möglich.[454]

II. *Gesetzgebungsgeschichte*

1. Bankenunion

Der Präsident des Europäischen Rates *Hermann Van Rompuy* hat vor dem Hintergrund der jüngsten Finanz- und Wirtschaftskrise am 26.06.2012 einen Bericht vorgelegt[455], der einen „Fahrplan" für eine neue Architektur der europäischen Wirtschafts- und Währungsunion und den maßgeblichen Grundstein für die Idee einer Bankenunion innerhalb der Europäischen Union beinhaltete.[456] Die Verwirklichung dieser Architektur basiert auf vier Bausteinen, zu denen u.a. ein integrierter Finanzrahmen gehört, der Zuständigkeiten auf dem Gebiet der Aufsicht auf die europäische Ebene verlagert und im Wesentlichen die Stabilität des europäischen Finanzsystems sowie eine Reduktion der Kosten zur Finanzierung von Bankinsolvenzen zum Ziel hat.[457] Gleichwohl zu diesem Zeitpunkt noch nicht explizit die Rede von einer „Bankenunion" war, sind die Begriffe Fahrplan und Bankenunion synonym zu verstehen. Die Idee der Bankenunion selbst basiert wiederum auf drei Säulen. Neben dem Einheitlichen Aufsichtsmechanismus als Schlüsselelement der Bankenunion, bilden eine gemeinsame Einlagensicherung sowie ein grenzüberschreitender Abwicklungsmechanismus die weiteren Säulen der Bankenunion. Trotz des ehrgeizigen Plans

---

454 Erwägungsgrund Nr. 9 und 12 SSM-VO; *Europäischer Rat*, Schlussfolgerungen der Tagung v. 18/19.10.2012, EUCO 205/12, S. 3 f.; *Europäische Zentralbank*, Monatsbericht Juli 2012, S. 68; siehe auch *Lehmann/Manger-Nestler*, ZBB 2014, 2 (5).

455 *Van Rompuy*, Auf dem Weg zu einer echten Wirtschafts- und Währungsunion, Bericht v. 26.06.2012, S. 3, abrufbar unter: http://www.consilium.europa.eu/uedocs/cms_data/docs/pressdata/de/ec/134206.pdf, zuletzt aufgerufen am 25.11.2018.

456 Siehe *Neyer/Vieten*, DICE Working Paper 45/2013, S. 5.

457 *Van Rompuy*, Auf dem Weg zu einer echten Wirtschafts- und Währungsunion, Bericht v. 26.06.2012, S. 3; *Moloney*, CMLRev. 51 (2014), 1609 (1629).

der Kommission, den Rechtsrahmen für die neue Aufsichtsstruktur Ende 2012 aufzustellen, konnte der Einheitliche Aufsichtsmechanismus seine Arbeit nicht wie geplant im Herbst 2013 aufnehmen, sondern erst im November 2014.

2. Gipfelerklärung vom 29.06.2012

Der Grundstein sowohl für die Bankenunion als auch für den Einheitlichen Aufsichtsmechanismus als Bestandteil dessen wurde auf dem Euro-Gipfeltreffen vom 29.06.2012 gelegt. Dem Konzept des Präsidenten *Herman Van Rompuy* folgend, bekräftigten die Staats- und Regierungschefs der Eurozone den Wunsch nach einem Einheitlichen Aufsichtsmechanismus unter Einbeziehung der Europäischen Zentralbank zur Bewältigung der jüngsten Krise.[458] Gleichzeitig wurde der Rat der Europäischen Union gebeten, den Vorschlag der Europäischen Kommission für einen Einheitlichen Aufsichtsmechanismus auf Grundlage von Art. 127 Abs. 6 AEUV zu prüfen. Bereits zu diesem Zeitpunkt stand fest, dass die Europäische Zentralbank eine Schlüsselfunktion in der zukünftigen europäischen Aufsicht ausüben würde. Darüber hinaus war die Errichtung des Einheitlichen Aufsichtsmechanismus notwendige Voraussetzung für eine direkte Rekapitalisierung von Kreditinstituten durch den ESM. Auf diese Weise sollte eine unmittelbare Belastung der mitgliedstaatlichen Haushalte vermieden werden, um eine schnellere Rekapitalisierung von Kreditinstituten zu ermöglichen sowie die Stabilisierung der Finanzmärkte effektiver zu gewährleisten.[459] Die nunmehr seit 40 Jahren andauernde Integration des europäischen Bankensektors erreichte mit dem Vorschlag der Europäischen Kommission zur Errichtung eines Einheitlichen Aufsichtsmechanismus unter Einbeziehung der Europäischen Zentralbank ihren Höhepunkt.[460]

3. Legislativpaket der Europäischen Kommission vom 12.09.2012

Die Europäische Kommission kam der Aufforderung der Staats- und Regierungschefs nach und legte am 12.09.2012 einen Verordnungsentwurf

458 Gipfelerklärung der Mitglieder des Euro-Währungsgebietes v. 29.06.2012, MEMO/12/656.

459 *Deutsche Bundesbank*, Monatsbericht Juli 2013, S. 17.

460 *Kohtamäki*, Die Reform der Bankenaufsicht in der Europäischen Union, S. 1.

zur Errichtung eines einheitlichen Aufsichtsmechanismus auf europäischer Ebene vor. Das vorgeschlagene Legislativpaket umfasste im Einzelnen zwei Verordnungsentwürfe sowie eine Mitteilung. Das Herzstück bildete zunächst ein Entwurf für eine Verordnung, die die Übertragung von umfassenden Aufsichtsaufgaben auf die Europäische Zentralbank beinhaltete (SSM-VOE).[461] Nach dem ursprünglichen Willen der Europäischen Kommission sollte die Europäische Zentralbank die Aufsicht über alle in der Eurozone ansässigen Kreditinstitute ausüben und die Rolle einer zentralen Aufsichtsbehörde auf Unionsebene einnehmen. Der zweite Verordnungsentwurf passte die Abstimmungsmodalitäten der EBA an die neuen Aufsichtsstrukturen an, da die Europäische Zentralbank nunmehr als „Aufsichtsbehörde“ Adressat von EBA-Entscheidungen sein kann (EBA-ÄnderungsVO).[462] Die Mitteilung enthielt weitere Informationen im Hinblick auf die zu errichtende Bankenunion.[463]

4. Stellungnahme der Europäischen Zentralbank

Bevor etwaige Aufgaben im Zusammenhang mit der Aufsicht über Kreditinstitute auf die Europäische Zentralbank übertragen werden konnten, musste diese gemäß Art. 127 Abs. 6 AEUV vom Rat der Europäischen Union angehört werden. Die Europäische Zentralbank hat am 27.11.2012 eine Stellungnahme[464] sowohl zum SSM-VOE als auch zum EBA-Änderungs-VOE abgegeben. Der Vorstoß der Europäischen Kommission und des Ra-

461 Vorschlag für eine Verordnung zur Übertragung besonderer Aufgaben im Zusammenhang mit der Aufsicht über Kreditinstitute auf die Europäische Zentralbank v. 12.09.2012, COM(2012) 511 final.

462 Vorschlag für eine Verordnung zur Änderung der Verordnung (EU) Nr. 1093/2010 zur Errichtung einer Europäischen Aufsichtsbehörde hinsichtlich ihrer Wechselwirkungen mit der Verordnung (EU) Nr. .../... des Rates zur Übertragung besonderer Aufgaben im Zusammenhang mit der Aufsicht über Kreditinstitute auf die Europäische Zentralbank v. 12.09.2012, COM(2012) 512 final.

463 *Europäische Kommission*, Mitteilung v. 12.09.2012 an das Europäische Parlament und den Rat, Fahrplan für eine Bankenunion, COM(2012) 510 final.

464 *Europäische Zentralbank*, Stellungnahme v. 27.11.2012 zu einem Vorschlag für eine VO des Rates zur Übertragung besonderer Aufgaben im Zusammenhang mit der Aufsicht über Kreditinstitute auf die Europäische Zentralbank und zu einem Vorschlag für eine Verordnung des Europäischen Parlaments und des Rates zur Änderung der VO (EU) Nr. 1093/2010 zur Errichtung einer Europäischen Aufsichtsbehörde (EBA), ABl. 2013 C 30/6.

tes zur Errichtung eines Einheitlichen Aufsichtsmechanismus wurde von der Europäischen Zentralbank im Wesentlichen begrüßt.

Die Europäische Zentralbank bekräftigte zunächst, dass ein einheitlicher Aufsichtsmechanismus zwingend notwendig sei, um die Kopplung zwischen übermäßiger Staatsverschuldung und Bankenkrisen zu beseitigen sowie einheitliche Standards für den Finanzmarkt im Euroraum zu etablieren.[465] Auch die von der Europäischen Kommission herangezogene Rechtsgrundlage gemäß Art. 127 Abs. 6 AEUV zur Errichtung des Einheitlichen Aufsichtsmechanismus begegne trotz der vielen Kritik im Vorfeld ebenfalls keinen gravierenden Bedenken.[466] Art. 127 Abs. 6 AEUV sei geeignet, Aufsichtsbefugnisse ohne ein langwieriges Gesetzgebungsverfahren zu übertragen, um die aktuellen Probleme sowohl in der Finanzwelt als auch der Aufsichtsstrukturen zu beheben.

Die Trennung der geldpolitischen und aufsichtlichen Befugnisse war für die Europäische Zentralbank von äußerst besonderer Bedeutung. Sie verlangte eine organisatorische Struktur, die einerseits solch eine Trennung gewährleistet, andererseits aber von den mit der Aufgabenübertragung einhergehenden Synergieeffekten profitiert. Die ihr neu übertragenen Aufsichtsaufgaben sollten aber in keiner Weise ihre genuinen geldpolitischen Zuständigkeiten beeinflussen.[467] Es sei nicht gänzlich auszuschließen – so auch von der Europäischen Zentralbank befürchtet –, dass eine nicht ordnungsgemäße Aufgabenausübung im Rahmen ihrer Aufsichtstätigkeit zu einem Reputationsverlust auf Seiten der Europäischen Zentralbank führen könne.[468] Ferner wurde vorgeschlagen, dass neben den Vertretern der nationalen Aufsichtsbehörden jeweils Mitglieder der nationalen Zentralbanken als Beobachter im entsprechenden Aufsichtsgremium vertreten sind und – sofern es gesetzlich vorgesehen ist – sollten diese in Ergänzung zu den nationalen Aufsichtsbehörden Aufsichtstätigkeiten ausüben.[469]

Da die Europäische Zentralbank bis zur Errichtung des Einheitlichen Aufsichtsmechanismus über keine echten Aufsichts- und Durchgriffsbefugnisse verfügte und ihre Rolle auf dem Gebiet der Institutsaufsicht lediglich eine unterstützende war, fehlte es ihr dementsprechend an Mitarbeitern

---

465 *Europäische Zentralbank*, Stellungnahme zum SSM-VOE, Rn. 1.1.

466 Vgl. *Lastra*, Fordham Int. Law Journal 2013, 1190 (1198), die von der Auffassung der Europäischen Zentralbank nicht überrascht ist.

467 *Europäische Zentralbank*, Stellungnahme zum SSM-VOE, Rn. 1.6.

468 *Europäische Zentralbank*, Stellungnahme zum SSM-VOE, Rn. 1.4.

469 *Europäische Zentralbank*, Stellungnahme zum SSM-VOE, Rn. 1.8.

mit der erforderlichen Expertise in diesem Bereich.[470] Daher verlangte sie bei der Wahrnehmung ihrer Aufsichtsaufgaben, auch auf den Sachverstand der nationalen Aufsichtsbehörden zurückgreifen zu können. Weitere Einzelheiten im Hinblick auf die Zusammenarbeit der Europäischen Zentralbank mit den nationalen Aufsichtsbehörden sollten in einer von der Europäischen Zentralbank zu erlassenden Rahmenverordnung geregelt werden.[471] Die Europäische Zentralbank begrüßte insbesondere den Vorschlag der Europäischen Kommission, alle im Euroraum ansässigen Kreditinstitute beaufsichtigen zu dürfen. Die Beaufsichtigung nicht systemrelevanter Kreditinstitute sollte nach dem Wunsch der Europäischen Zentralbank hingegen im Rahmen einer Zusammenarbeit mit den nationalen Aufsichtsbehörden erfolgen.[472]

Schließlich plädierte die Europäische Zentralbank auch für eine Haftungsbegrenzung der Aufsichtsbehörden. Eine Haftung dürfe allenfalls dann eintreten, wenn ein vorsätzliches oder grob fahrlässiges Verhalten vorliege. Niedrige Haftungsschwellen stellen nach Auffassung der Europäischen Zentralbank ein Risiko für die Arbeit der Aufseher dar, da diese insbesondere bei schwierigen und komplexen Entscheidungen davon abgehalten werden könnten, erforderliche Maßnahmen zu treffen, da ihnen ansonsten eine Überprüfung durch die Gerichte drohe.[473]

5. Standpunkt von ECOFIN-Rat und Europäischem Rat

Der ECOFIN-Rat legte sich auf seinem Treffen vom 12.12.2012 auf die wesentlichen Eckpunkte zur Errichtung eines Einheitlichen Aufsichtsmechanismus unter der Leitung der Europäischen Zentralbank fest und nahm umfangreiche Änderungen an den Verordnungsvorschlägen der Europä-

---

470 Wie hoch der Bedarf an Aufsehern für die neue Bankenaufsicht bei der Europäischen Zentralbank war, zeigt die Zahl der geplanten Einstellungen. Bis November 2014 sollten bis zu 1000 Personen eingestellt werden, um den Verwaltungsaufwand bewältigen zu können, *Handelsblatt*, „EZB stellt 1.000 Mitarbeiter für Bankenaufsicht ein", Online-Ausgabe v. 15.10.2013.

471 VO (EU) Nr. 468/2014 v. 16.04.2014 zur Einrichtung eines Rahmenwerks für die Zusammenarbeit zwischen der Europäischen Zentralbank und den nationalen zuständigen Behörden und den nationalen benannten Behörden innerhalb des Einheitlichen Aufsichtsmechanismus (SSM-RahmenVO), ABl. 2014 L 141/1.

472 *Europäische Zentralbank*, Stellungnahme zum SSM-VOE, Rn. 1.9.

473 *Europäische Zentralbank*, Stellungnahme zum SSM-VOE, Rn. 1.7.

ischen Kommission unter Berücksichtigung der zahlreichen Forderungen des Europäischen Parlament vor.[474]

Die bedeutendste Änderung am Verordnungsentwurf betraf den Kreis der zu überwachenden Kreditinstitute. Während der Verordnungsvorschlag noch vorsah, dass die Europäische Zentralbank automatisch und ausnahmslos alle Kreditinstitute im europäischen Währungsraum überwacht, haben sich die Vertreter im ECOFIN-Rat darauf verständigt, dass nur für die Volkswirtschaft eines Mitgliedstaates bedeutende oder besonders große Kreditinstitute ausschließlich von der Europäischen Zentralbank beaufsichtigt werden sollten sowie jene Institute, die Staatshilfen in Anspruch nehmen.[475] Die Aufsicht über alle anderen Kreditinstitute sollte hingegen in der Zuständigkeit der nationalen Aufsichtsbehörden verleiben, wobei die Europäische Zentralbank aber auch in diesem Zusammenhang noch in die Aufsicht einbezogen werden sollte.[476] Dieser Kompromiss ist insbesondere auf die Kritik von deutscher Seite zurückzuführen.[477]

Darüber hinaus wurden Änderungen im Hinblick auf die viel diskutierte und geforderte strikte Trennung von Aufsicht und Geldpolitik vorgenommen und um weitere Vorschriften ergänzt. Diesbezüglich sollte ein Aufsichtsgremium (*Supervisory Board*) eingerichtet werden, welches die alleinige Zuständigkeit für Aufsichtsentscheidungen hat.[478] Das Aufsichtsgremium sollte dem Rat der Europäischen Zentralbank (EZB-Rat) ihre Aufsichtsentscheidungen als Entwurf zur Annahme vorlegen. In diesem Zusammenhang wurde die Zusammenstellung des Aufsichtsgremiums dahingehend geändert, dass kein Mitglied des EZB-Rates Bestandteil dessen sein darf. Gleiches galt für die Errichtung einer Schlichtungsstelle, die sich mit Meinungsverschiedenheiten im Hinblick auf Einwände des EZB-Rates gegen einen Beschlussentwurf des Aufsichtsgremiums befasst. Diese Maßnahmen waren zu begrüßen, weil sie der Trennung der beiden Aufgabenbereiche Geldpolitik und Aufsicht dienten.

---

474 *Rat der Europäischen Union*, Pressemitteilung v. 13.12.2012, 17739/12; zu den einzelnen Forderungen des Europäischen Parlaments, Ausschuss für Wirtschaft und Währung, Berichterstatterin Marianne Thyssen, C7-0314/2012, abrufbar unter: http://www.europarl.europa.eu/sides/getDoc.do?pubRef=-//EP//NONSGML+REPORT+A7-2012-0392+0+DOC+PDF+V0//DE, zuletzt aufgerufen am 25.11.2018.

475 Art. 6 Abs. 4 lit. a) SSM-VO.

476 Art. 6 Abs. 5 lit. a) SSM-VO.

477 *Dammann*, Georgetown Journal of Int. Law 4/2014, 1057 (1083 f.).

478 Art. 19 Thyssen-Bericht.

Die Einrichtung eines internen administrativen Überprüfungsausschusses war gegenüber dem Verordnungsvorschlag der Europäischen Kommission hingegen ein Novum. Dieser sollte natürlichen und juristischen Personen ermöglichen, Beschwerde gegen sämtliche Beschlüsse der Europäischen Zentralbank im Rahmen des Einheitlichen Aufsichtsmechanismus einzulegen und zum Gegenstand einer gerichtlichen Überprüfung zu machen.[479] Des Weiteren wurden die Vorschriften über die Zusammenarbeit des Einheitlichen Aufsichtsmechanismus mit teilnehmenden Mitgliedstaaten (Nicht-Eurostaaten) konkretisiert. Die Zusammenarbeit sollte nunmehr nicht nur einseitig durch die Europäische Zentralbank beendet werden können, sondern auch auf Ersuchen des teilnehmenden Mitgliedstaates.

Der Europäische Rat begrüßte die Vorschläge des ECOFIN-Rates und forderte den Gesetzgeber auf, sich zügig auf die Vorschläge zur Errichtung des Einheitlichen Aufsichtsmechanismus zu einigen.[480] Der Europäische Rat wollte insbesondere sichergestellt wissen, dass die Europäische Zentralbank ihre neuen Aufsichtsaufgaben strikt von ihren währungspolitischen Aufgaben trennt und potenzielle Zielkonflikte mit der Preisstabilität vermeidet.[481] Im Anschluss an die Einigung im ECOFIN-Rat ging der Beschluss an die Europäische Kommission, dem Europäischen Parlament und dem EU-Ministerrat zur weiteren Verhandlung im Trilog zu.

6. Verhandlungen im Trilog

Während der Vertrag von Lissabon[482] noch eine formelle Zustimmung des Europäischen Parlaments für das besondere Legislativverfahren im Sinne des Art. 127 Abs. 6 AEUV verlangte, beschränkt der Vertrag über die Arbeitsweise der Europäischen Union die Beteiligung des Parlaments nunmehr nur auf eine Anhörung. Lediglich für die EBA-ÄnderungsVO, welche auf der Grundlage von Art. 114 AEUV erlassen wurde, war die Zustimmung des Europäischen Parlaments nach wie vor erforderlich. Diesen Umstand hat sich das Parlament zu Nutze gemacht, indem es schon vor Auf-

479 Art. 24 SSM-VO.

480 *Europäischer Rat*, Schlussfolgerungen der Tagung v. 13./14.12.2012, EUCO 205/12, S. 3.

481 *Deutsche Bundesbank*, Monatsbericht Juli 2013, S. 17.

482 ex-Art. 105 Abs. 6 EGV: „Der Rat kann […] nach Zustimmung des Europäischen Parlaments der Europäischen Zentralbank besondere Aufgaben […] übertragen".

nahme der Trilog-Verhandlungen signalisierte, dass sie ihre Zustimmung zur Änderung der EBA-VO nur erteilt, wenn Zugeständnisse seitens des Rates und der Europäischen Kommission im Hinblick auf die gewünschten Änderungen an der SSM-VOE gemacht werden sollten[483]:

> „*Commissioner Barnier has based his proposal on Article 127 (6) of the Treaty. For the European Parliament, this means we can only give advice instead of deciding together with the Council. If we are serious about the need for more democratic accountability, Parliament needs to have co-decision powers for this proposal. This can be achieved, without changing the legal basis, if the Barnier proposal is included in a single package together with the legislative proposal regarding the European banking authority, a dossier for which Parliament has co-decision powers.*"[484]

Im Verlauf des Trilog-Prozesses zwischen der irischen Ratspräsidentschaft, der Europäischen Kommission und dem Europäischen Parlament wurde insbesondere dem Wunsch des Europäischen Parlaments nach einer Rechenschaftspflicht der Europäischen Zentralbank gegenüber dem Europäischen Parlament entsprochen.[485] Am 19.03.2013 wurden die Verhandlungen im Trilog mit einer grundsätzlichen Einigung über die inhaltliche Ausgestaltung des Einheitlichen Aufsichtsmechanismus beendet.

7. Nationales Gesetzgebungsverfahren

Die Übertragung von Hoheitsrechten auf die Europäische Union musste nach Art. 23 Abs. 1 S. 2 GG durch ein formelles Bundesgesetz erfolgen, das die Zustimmung des Deutschen Bundesrates erfordert. Mit der SSM-VO wurden weitreichende Aufsichtsbefugnisse, die bislang allein den deutschen Aufsichtsbehörden oblagen, nun auf die Europäische Zentralbank als europäische Institution übertragen. Die Beaufsichtigung von Kreditinstituten ist unstreitig als Ausübung hoheitlicher Gewalt anzusehen, sodass ihre Übertragung auf die Europäische Zentralbank den Anforderungen von Art. 23 Abs. 1 S. 2 GG entsprechen musste. Die SSM-VO konnte demzufolge nur in Kraft treten, wenn ein Bundesgesetz vorlag, das dem deut-

---

483 *Deutsche Bundesbank*, Monatsbericht Juli 2013 S. 17 f.

484 *Thyssen*, Pressemitteilung v. 12.09.2012, abrufbar unter: http://www.eppgroup.eu/press-release/European-banking-supervision-to-break-vicious-cycle?qt-rss_feed_group_level=1&qt-social_box=2, zuletzt aufgerufen am 25.11.2018.

485 *Europäische Kommission*, Mitteilung v. 19.03.3012, MEMO/13/251.

schen Vertreter im Rat die Zustimmung zum SSM-VOE erlaubte.[486] Aus deutscher Sicht wurden die Voraussetzungen für eine förmliche Zustimmung des deutschen Vertreters im Rat der Europäischen Union zum Verordnungsentwurf durch einen Gesetzentwurf der Regierungsfraktion von CDU/CSU und FDP[487] geschaffen, dem der Bundestag am 13.06.2013 und der Bundesrat am 05.07.2013 zustimmten.[488]

8. Zustimmung des Europäischen Parlaments

Nach der vorläufigen Einigung im Trilog hat das Europäische Parlament am 12.09.2013 den SSM-VOE der Europäischen Kommission mit zahlreichen Änderungen gebilligt und die Vorschläge weitgehend begrüßt.[489] Darüber hinaus haben sich der EZB-Präsident Mario Draghi und der Präsident des Europäischen Parlaments Martin Schulz in einer gemeinsamen Erklärung darauf verständigt, formell eine interinstitutionelle Vereinbarung abzuschließen, die die Rechenschaftspflichten der Europäischen Zentralbank gegenüber dem Europäischen Parlament im Rahmen des Einheitlichen Aufsichtsmechanismus näher konkretisiert.[490] Das interinstitutio-

---

486 *Brandi/Giesler*, BB 2012, 2646 (2650); a.A *Mayer/Kollmeyer*, DVBl. 2013, 1158 (1159 ff.), die ein Zustimmungsgesetz zum SSM-Vorschlag für nicht erforderlich erachten, da dies zu einer doppelten Übertragung von Hoheitsrechten führe. Dieser Auffassung folgend, hat die Bundesrepublik Deutschland mit den Zustimmungsgesetzen zu den Verträgen von Maastricht und Lissabon bereits in die Übertragung von Aufgaben auf die Europäische Zentralbank auf der Grundlage von Art. 127 Abs. 6 AEUV eingewilligt. Ein Zustimmungsgesetz auf der Grundlage von Art. 23 Abs. 1 S. 2 GG wäre demzufolge entbehrlich; in diese Richtung auch *Wolfers/Voland*, BKR 2014, 177 (181).

487 Gesetzentwurf der Bundesregierung v. 14.05.2013 für ein Gesetz zum Vorschlag für eine Verordnung des Rates zur Übertragung besonderer Aufgaben im Zusammenhang mit der Aufsicht über Kreditinstitute auf die Europäische Zentralbank, BT-Drs. 17/13470.

488 Gesetz zum Vorschlag für eine Verordnung des Rates zur Übertragung besonderer Aufgaben im Zusammenhang mit der Aufsicht über Kreditinstitute auf die Europäische Zentralbank v. 25.06.2013, BGBl. 2013 Teil II Nr. 20, S. 1050.

489 *Europäisches Parlament*, Legislative Entschließung v. 12.09.2013 zu dem Verordnungsentwurf des Rates zur Übertragung besonderer Aufgaben im Zusammenhang mit der Aufsicht über Kreditinstitute auf die EZB, P7_TA(2013)0372.

490 Das Abkommen ist am 07.11.2013 in Kraft getreten und abrufbar unter: http://www.europarl.europa.eu/sides/getDoc.do?type=TA&reference=P7-TA-2013-0404&language=DE#BKMD-1, zuletzt aufgerufen am 25.11.2018.

nelle Abkommen enthält u.a. Berichtspflichten der Europäischen Zentralbank sowie Informationsrechte des Europäischen Parlaments.

Die Rechtstexte wurden nach formeller Zustimmung des Rates am 29.10.2013 im Amtsblatt der Europäischen Union veröffentlicht. Das Legislativpaket umfasst zwei Verordnungen. Während erstere die Übertragung besonderer Aufgaben im Zusammenhang mit der Aufsicht über Kreditinstitute auf die Europäische Zentralbank vorsieht, beinhaltet die andere Verordnung Änderungen an der EBA-VO hinsichtlich der Übertragung besonderer Aufgaben auf die Europäische Zentralbank gemäß der SSM-VO.

III. Charakterisierung des Einheitlichen Aufsichtsmechanismus

Mit der Errichtung des Einheitlichen Aufsichtsmechanismus ist keine nach außen rechtlich verselbstständigte europäische Aufsichtsbehörde geschaffen worden.[491] Gleichwohl die Europäische Zentralbank als Spitze des Einheitlichen Aufsichtsmechanismus sämtliche Aufsichtsentscheidungen trifft und die Verantwortung für eine wirksame und effektive Funktionsweise der Aufsicht trägt, ist sie bei der Wahrnehmung der ihr durch die SSM-VO übertragenen Aufgaben sowie deren Vollzug maßgeblich auf die Mitwirkung der nationalen Aufsichtsbehörden angewiesen (Art. 6 Abs. 1 SSM-VO).[492] Die nationalen Aufsichtsbehörden stellen zwar integrale Bestandteile des Einheitlichen Aufsichtsmechanismus dar, jedoch sind sie nicht in der Lage – zumindest im Rahmen ausschließlicher Zuständigkeiten der Europäischen Zentralbank – autonom zu handeln, da sie stets an die Weisungen und Leitlinien der Europäischen Zentralbank gebunden sind. Soweit die Europäische Zentralbank von ihrem Durchgriffsrecht Gebrauch macht, wird die nationale Aufsichtsbehörde für diesen Einzelfall aus ihrer Position verdrängt.[493]

Der Einheitliche Aufsichtsmechanismus in Gestalt der Europäischen Zentralbank und der nationalen Aufsichtsbehörden weist viele Charakteristika eines Verwaltungsverbundes auf und erinnert an bestehende Ver-

491 Vgl. *Gurlit*, ZHR 2013, 862 (882); *Neumann*, EuZW-Beilage 2014, 9 (10); *Moloney*, CMLRev. 51 (2014), 1609 (1629); *Ter Kuile/Wissink/Bovenschen*, CMLRev. 52 (2015), 155 (174).

492 Siehe auch *Ohler*, Bankenaufsicht und Geldpolitik in der Währungsunion, § 5 Rn. 65.

493 *Wymeersch*, ECGI-Law Working Paper 240/2014, S. 23.

bundlösungen wie das ESZB, das ESFS oder das System zur einheitlichen Anwendung des europäischen Wettbewerbsrechts[494].[495] Hier wie dort nehmen europäische Behörden mit den jeweils zuständigen Behörden der Mitgliedstaaten Aufgaben innerhalb der Europäischen Union wahr. Charakteristisch hierfür ist u.a. die Pflicht der Europäischen Zentralbank und der nationalen Aufsichtsbehörden zur loyalen Zusammenarbeit und zum Informationsaustausch. So sind die nationalen Aufsichtsbehörden gemäß Art. 6 Abs. 2 UAbs. 2 SSM-VO verpflichtet, der Europäischen Zentralbank alle Informationen zu Verfügung zur stellen, die sie zur Wahrnehmung der ihr durch die SSM-VO übertragenen Aufgaben benötigt. Darüber hinaus arbeitet die Europäische Zentralbank bei der Wahrnehmung von Aufsichts- und Untersuchungsbefugnissen in Form von gemeinsamen Aufsichtsteams (*Joint Supervisory Teams* – JST) mit den nationalen Aufsichtsbehörden zusammen.[496] Auch das Aufsichtsgremium (*Supervisory Board*) als zentrales Entscheidungsgremium des Einheitlichen Aufsichtsmechanismus ist sowohl mit Vertretern der Europäischen Zentralbank als auch mit Vertretern der nationalen Aufsichtsbehörden besetzt.[497] Die nationalen Aufsichtsbehörden sind selbst im Rahmen der ausschließlichen Aufsichtszuständigkeiten der Europäischen Zentralbank noch mittelbar in die Aufsicht einbezogen, indem sie z.B. Beschlussentwürfe für die Europäische Zentralbank ausarbeiten.[498] Den nationalen Aufsichtsbehörden kommt demzufolge innerhalb des Einheitlichen Aufsichtsmechanismus eine tragende Rolle zu, da sie in jeder Hinsicht – sei es unmittelbar oder unterstützend – in die Aufsicht auf Unionsebene einbezogen werden.[499]

Der arbeitsteiligen Vorgehensweise zwischen der Europäischen Zentralbank und den nationalen Aufsichtsbehörden kommt gerade zu Beginn eine enorme Bedeutung zu. Die Europäische Zentralbank ist mangels Ressourcen und Kenntnisse hinsichtlich der zu beaufsichtigenden Kreditinstitute auf das *know-how* der nationalen Behörden angewiesen.

---

494 VO (EG) Nr. 1/2003 v. 16.12.2002 zur Durchführung der in den Artikeln 81 und 82 des Vertrags niedergelegten Wettbewerbsregeln, ABl. 2003 L 1/1.

495 *Gurlit*, ZHR 2013, 862 (878); *Geber*, EuZW 2013, 298 (299); *Sacarcelik*, BKR 2013, 353 (345); *Peuker*, JZ 2014, 764 (766); *Lehmann/Manger-Nestler*, ZBB 2014, 2 (10); *Ruthig*, ZHR 2014, 443 (472); siehe Abschnitt D. III.

496 Art. 9 Abs. 1 SSM-VO.

497 Art. 26 Abs. 1 SSM-VO.

498 Vgl. Art. 14 SSM-VO.

499 Vgl. *Berger*, WM 2015, 501 (502).

IV. Organisationsstruktur des Einheitlichen Aufsichtsmechanismus

Gemäß Art. 129 AEUV zählen der EZB-Rat und das Direktorium zu den Beschlussorganen der Europäischen Zentralbank. Da die Errichtung neuer Organe mit eigenen Letztentscheidungsrechten innerhalb der Europäischen Zentralbank ohne eine Änderung des AEUV nicht möglich ist, musste sich die organisatorische Ausgestaltung des Einheitlichen Aufsichtsmechanismus in die bestehenden Strukturen der Europäischen Zentralbank einfügen. [500]

1. Aufsichtsgremium

a) Allgemeines

Das Aufsichtsgremium (*Supervisory Board*) ist ausschließlich zuständig für die Planung und Ausführung der auf die Europäische Zentralbank übertragenen Aufsichtsaufgaben und stellt sicher, dass diese ordnungsgemäß wahrgenommen werden.[501] Es handelt sich dabei um ein internes Gremium, das nicht mit Letztentscheidungsrechten ausgestattet ist und dementsprechend auch keine verbindlichen Beschlüsse oder sonstige Entscheidungen mit Außenwirkung treffen kann. Das Aufsichtsgremium übt im Wesentlichen vorbereitende Tätigkeiten aus, indem es dem EZB-Rat fertige Beschlussentwürfe zur endgültigen Verabschiedung vorlegt.[502] Da das Aufsichtsgremium kein mit dem EZB-Rat vergleichbares Organ darstellt, ist letzterer auch weiterhin für die Beschlussfassung und -ausführung zuständig. Im ursprünglichen Kommissionsentwurf war der EZB-Rat noch berechtigt, einzelne Aufsichtsaufgaben an das Aufsichtsgremium zu delegieren, wobei ihm ein Kontrollrecht und eine Verantwortungspflicht für die ordnungsgemäße Wahrnehmung der delegierten Aufsichtsaufgaben verleiben sollte.[503] Dieses Vorhaben konnte jedoch nicht durchgesetzt werden.

---

500 *Ter Kuile/Wissink/Bovenschen*, CMLRev. 52 (2015), 155 (175).
501 Art. 26 Abs. 1 SSM-VO.
502 Art. 26 Abs. 8 S. 1 SSM-VO.
503 Art. 19 Abs. 3 VOE.

b) Zusammensetzung

Nach dem Willen der Europäischen Kommission sollte das Aufsichtsgremium aus vier Vertretern der Europäischen Zentralbank und jeweils einem Vertreter der nationalen Aufsichtsbehörden sowie einem Vorsitzenden aus den Reihen des EZB-Direktoriums und einem stellvertretenden Vorsitzenden aus dem EZB-Rat bestehen.[504] Diese Zusammensetzung war mehrmals Gegenstand von Diskussionen und wurde im Laufe des Gesetzgebungsverfahrens grundlegend verändert. Insbesondere die Beteiligung von Vertretern aus dem EZB-Rat wurde stark kritisiert, da hierdurch die Trennung von Geldpolitik und Aufsicht nicht zweifelsfrei gewährleistet sei.[505] Zur Vermeidung potenzieller Interessenkonflikte sieht die SSM-VO eine Beteiligung von Vertretern des EZB-Rates im Aufsichtsgremium nicht mehr vor.[506]

Das Aufsichtsgremium setzt sich nunmehr gemäß Art. 26 Abs. 3 SSM-VO aus drei ernannten Vorsitzenden und stellvertretenden Vorsitzenden, vier gemäß Art. 26 Abs. 5 SSM-VO vom EZB-Rat ernannten Vertretern der Europäischen Zentralbank sowie jeweils einem Vertreter der nationalen Aufsichtsbehörden aller teilnehmenden Mitgliedstaaten zusammen, die im Interesse der Union als Ganzes handeln sollen.[507] Der Vorsitzende wird von der Europäischen Zentralbank auf der Grundlage eines transparenten Auswahlverfahrens „aus dem Kreis der in Banken- und Finanzfragen anerkannten und erfahrenen Persönlichkeiten […] ausgewählt“[508]. Voraussetzung hierfür ist allerdings, dass die ausgewählte Person kein Mitglied des EZB-Rates ist. Der oder die Vorsitzende wird für eine nicht verlängerbare Amtszeit von fünf Jahren ernannt.[509] Der Vorschlag der Europäischen Zentralbank wird dem Europäischen Parlament nach Anhörung des Aufsichtsgremiums zur Billigung übermittelt. Eine Beteiligung von Rat und Parlament im Hinblick auf Vorschläge einzelner Vertreter war zu Beginn des Gesetzgebungsverfahrens noch nicht vorgesehen. Ein Mitspracherecht wurde dem Rat und dem Parlament erst im Rahmen des Gesetzgebungsverfahrens durch den ECOFIN-Rat eingeräumt. Auf diese Weise wird eine Kontrolle durch ein demokratisch legitimiertes Organ

504 Art. 19 SSM-VOE.

505 *Eriksson*, Einheitlicher Europäischer Bankenaufsichtsmechanismus, S. 24.

506 Vgl. *Tröger*, ZBB 2013, 373 (387).

507 Art. 26 Abs. 1 SSM-VO.

508 Art. 26 Abs. 3 S. 3 SSM-VO.

509 Danièle Nouy ist seit dem 01.01.2014 Vorsitzende des Aufsichtsgremiums.

gewährleistet. Sobald das Parlament den Vorschlag der Europäischen Zentralbank gebilligt hat, erlässt es einen Durchführungsbeschluss zur Ernennung des Vorsitzenden sowie seines Stellvertreters.[510]

c) Beschlussverfahren

Die wohl bedeutendste Verfahrensvorschrift innerhalb der SSM-VO stellt Art. 26 Abs. 8 SSM-VO dar, wonach allein das Aufsichtsgremium für die Vorbereitung von Beschlussentwürfen zuständig ist und diese dem EZB-Rat als einzigen Adressaten zur Billigung übermittelt. Das Aufsichtsgremium trifft seine Entscheidungen mit einfacher Mehrheit seiner Mitglieder, wobei jedes Mitglied über die gleichen Stimmrechte verfügt.[511] Bei Stimmengleichheit ist die Stimme des Vorsitzenden ausschlaggebend.[512] Da Art. 26 Abs. 6 SSM-VO zwischen den Mitgliedstaaten der Eurozone und dem Einheitlichen Aufsichtsmechanismus sukzessive beigetretenen Mitgliedstaaten nicht differenziert, sind ihre in das Aufsichtsgremium entsandten Vertreter der nationalen Aufsichtsbehörden hinsichtlich ihres Stimmgewichtes vollkommen gleichberechtigt. Die Relevanz der Finanzmärkte für die Europäische Union spielt in diesem Zusammenhang keine Rolle.[513]

Im Stadium der Beschlussanfertigung findet eine Beteiligung des EZB-Rates nicht statt. Wenn das Aufsichtsgremium einen Beschlussentwurf erarbeitet hat, wird dieser neben dem EZB-Rat, gemäß Art. 28 Abs. 8 S. 2 SSM-VO gleichzeitig auch den betroffenen nationalen Aufsichtsbehörden der teilnehmenden Mitgliedstaaten übermittelt. Letzteres geschieht nur zu rein informatorischen Zwecken, etwaige Verfahrensrechte der nationalen Aufsichtsbehörden sind damit nicht verbunden.[514] Die Annahme eines Beschlussentwurfes durch den EZB-Rat erfolgt nach dem *non-objection*-Verfahren. Der EZB-Rat hat nach Zugang des Beschlussentwurfs für eine Dauer von höchstens zehn Tagen Zeit, diesen zu billigen oder zu widersprechen; ein Schweigen der Europäischen Zentralbank gilt ebenfalls als Zustimmung.[515] Gleichwohl der EZB-Rat durch den Inhalt eines Beschluss-

510 Art. 26 Abs. 3 SSM-VO.
511 Art. 26 Abs. 6 S. 1 SSM-VO.
512 Art. 26 Abs. 6 S. 2 SSM-VO.
513 *Wymeersch*, ECGI-Law Working Paper 240/2014, S. 50.
514 *Ohler*, Bankenaufsicht und Geldpolitik in der Währungsunion, § 5 Rn. 50.
515 Art. 26 Abs. 8 S. 3 SSM-VO; kritisch *Wymeersch*, ECGI-Law Working Paper 240/2014, S. 53.

entwurfs nicht rechtlich verpflichtet werden kann, ist dieser nicht berechtigt, Änderungen an den Beschlussentwürfen des Aufsichtsgremiums vorzunehmen oder nach Belieben zu gestalten; ihm steht nur ein Vetorecht in Form eines Widerspruchs zu.[516] Der Widerspruch des EZB-Rates muss schriftlich begründet sowie neben aufsichtsrechtlichen, insbesondere mit geldpolitischen Erwägungen untermauert sein.

Ungeklärt ist allerdings die Frage nach dem Ausgang des Verfahrens für den Fall einer ablehnenden Entscheidung des EZB-Rates und wie der abgelehnte Beschlussentwurf zu behandeln ist. Zum einen besteht die Möglichkeit, die Schlichtungsstelle mit der Angelegenheit zu betrauen, um etwaige Meinungsverschiedenheiten zwischen EZB-Rat und Aufsichtsgremium zu beseitigen.[517] Für den Fall, dass die Schlichtungsstelle nicht angerufen wird, ist es dem Aufsichtsgremium nicht verwehrt, einen neuen Beschlussentwurf anzufertigen, der ggf. den Bedenken des EZB-Rates Rechnung trägt.[518] Der Beschlussentwurf erlangt erst rechtliche Wirksamkeit, wenn der EZB-Rat keinen Widerspruch erhebt und diesen billigt. Er ist somit der zentrale Akteur im Hinblick auf den Erlass aufsichtsrechtlicher Maßnahmen, während sich die Rolle des Aufsichtsgremiums allein auf die inhaltliche Ausfüllung der Entscheidung beschränkt. Sobald ein Beschluss vom EZB-Rat angenommen worden ist, hat das Aufsichtsgremium keine Möglichkeit mehr, diesen zu ändern.

Die Europäische Zentralbank hat zur Klarstellung der wechselseitigen Beziehungen zwischen EZB-Rat und Aufsichtsgremium und zur Anpassung an die neue interne Struktur der Europäischen Zentralbank die Geschäftsordnung der Europäischen Zentralbank[519] mit Beschluss[520] vom 22.01.2014 geändert.

---

516 Vgl. *Kämmerer/Starski*, ZG 2013, 318 (332); *Ruthig*, ZHR 2014, 443 (471); *Tröger*, ZBB 2013, 373 (387).

517 Art. 25 Abs. 5 SSM-VO.

518 So auch *Ohler*, Bankenaufsicht und Geldpolitik in der Währungsunion, § 5 Rn. 48.

519 *Europäische Zentralbank*, Beschl. v. 10.02.2004 zur Verabschiedung der Geschäftsordnung der Europäischen Zentralbank, EZB/2004/2, ABl. 2004 L 080/33.

520 *Europäische Zentralbank*, Beschl. v. 22.01.2014 zur Änderung des Beschlusses EZB/2004/2 zur Verabschiedung der Geschäftsordnung der Europäischen Zentralbank, EZB/2014/1, ABl. 2014 L 95/56.

d) Vereinbarkeit mit Art. 129 AEUV

Mit der Errichtung des Aufsichtsgremiums stellt sich die Frage nach der Vereinbarkeit mit der gegenwärtigen organisatorischen Ausgestaltung der Europäischen Zentralbank. Art. 127 Abs. 6 AEUV erlaubt ausdrücklich nur die Übertragung von besonderen Aufgaben im Zusammenhang mit der Aufsicht über Kreditinstitute. Da nicht ersichtlich ist, ob hiermit gleichzeitig auch die Befugnis des Gesetzgebers einhergeht, den für eine Wahrnehmung von Aufsichtsaufgaben notwendigen institutionellen Rahmen zu schaffen, muss sich die Ausübung der Bankenaufsicht in den bestehenden organisatorischen Rahmen von Art. 129 Abs. 1 AEUV einfügen.[521]

Durch die Errichtung des Aufsichtsgremiums ergeben sich für die Europäische Zentralbank in institutioneller Hinsicht keine Veränderungen, da sowohl das Direktorium als auch der EZB-Rat im Außenverhältnis als Beschlussorgane bestehen bleiben. Die Errichtung eines weiteren internen Gremiums ist daher auch unbedenklich, da sich die Rolle des Aufsichtsgremiums nur auf den Entwurf von Beschlüssen im Innenverhältnis beschränkt, die erst durch die Zustimmung des EZB-Rates als Letztentscheidungsinstanz rechtliche Wirksamkeit erlangen. Dem steht auch nicht entgegen, dass der EZB-Rat nicht die Befugnis hat, Entwürfe des Aufsichtsgremiums inhaltlich zu modifizieren oder gar eigene Aufsichtsentscheidungen zu treffen. Solange keine Letztentscheidungskompetenzen auf das Aufsichtsgremium übertragen werden, bestehen weder primär- noch satzungsrechtliche Bedenken (Art. 129 AEUV und Art. 8-12 ESZB-Satzung).[522]

2. Lenkungsausschuss und Sekretariat

Das Aufsichtsgremium wird durch einen Lenkungsausschuss (*Steering Comittee*) bei der Vorbereitung seiner Beschlussentwürfe einschließlich der

521 Kritisch *Ferran/Babis*, Cambridge Legal Studies Research Paper 10/2013, S. 14; *Kämmerer/Starski*, ZG 2013, 318 (324), die die Errichtung eines Aufsichtsgremiums mit derartigen Befugnissen auch nicht vom Selbstorganisationsrecht der Europäischen Zentralbank im Sinne von Art. 9 der EZB-Geschäftsordnung als nicht umfasst ansehen, da dieser nur zur Einrichtung von Ausschüssen berechtigt. Siehe auch *Ruthig*, ZHR 2014, 443 (471).

522 *Ferran/Babis*, Cambridge Legal Studies Research Paper 10/2013, S. 14 f.; *Lackhoff*, JIBLR 2014, 13 (26); *Ceyssens*, NJW 2013, 3704 (3707); im Ergebnis zustimmend *Kämmerer/Starski*, ZG 2013, 318 (331 f.); a.A. *Dinov*, EuR 2013, 593 (604).

Vorbereitung der Sitzungen unterstützt.[523] Dieser ist gemäß Art. 26 Abs. 10 SSM-VO vom Aufsichtsgremium selbst aus den Reihen seiner Mitglieder in kleinerer Zusammensetzung zu besetzen. Es handelt sich hierbei letztlich nur um ein verkleinertes Abbild des Aufsichtsgremiums.[524] Allerdings verfügt der Lenkungsausschuss über keinerlei Beschlussfassungsbefugnisse, sodass es sich um ein reines Hilfsgremium handelt, das die Tätigkeit des Aufsichtsgremiums erleichtern soll.[525] Die von der SSM-VO vorgesehene Mitgliederanzahl von zehn Personen wurde durch die nunmehr erlassene Geschäftsordnung des Aufsichtsgremiums auf acht Mitglieder begrenzt.[526] Der Lenkungsausschuss setzt sich zusammen aus dem Vorsitzenden und einem stellvertretenden Vorsitzenden des Aufsichtsgremiums, einem Vertreter der Europäischen Zentralbank sowie fünf Vertretern der nationalen Aufsichtsbehörden.[527] Die übrigen fünf von den nationalen Aufsichtsbehörden zu besetzenden Positionen werden fortlaufend auf der Grundlage eines von der Geschäftsordnung vorgegebenen Rotationssystems zugeteilt.[528] Hiernach werden die nationalen Aufsichtsbehörden der teilnehmenden Mitgliedstaaten entsprechend der Größe ihres Bankensystems in vier Gruppen eingeteilt, wobei jede Gruppe mindestens ein Mitglied in den Lenkungsausschuss entsendet, dessen Amtsdauer ein Jahr beträgt.[529] Die Rotation der Mitglieder innerhalb der Gruppe erfolgt alphabetisch nach dem Namen der Mitgliedstaaten.[530] So befindet sich in der ersten Gruppe neben Deutschland noch Frankreich, die beide jeweils über einen Sitz im Lenkungsausschuss verfügen.[531] Das Aufsichtsgremium wird gemäß Art. 26 Abs. 9 SSM-VO von einem Sekretariat auf Vollzeitbasis unterstützt, welches ebenfalls Sitzungen vorbereitet.

---

523 Art. 10 GO-Aufsichtsgremium.

524 *Boegl*, Die Bank 09/2013, 19 (23).

525 Art. 10 UAbs. 2 SSM-VO.

526 Geschäfts- und Verfahrensordnung des Aufsichtsgremiums der Europäischen Zentralbank v. 21.06.2014, ABl. 2014 L 182/56 (GO-Aufsichtsgremium).

527 Art. 11 Abs. 1 GO-Aufsichtsgremium.

528 Art. 11 Abs. 3 GO-Aufsichtsgremium.

529 Art. 11 Abs. 4 GO-Aufsichtsgremium.

530 Art. 11 Abs. 3 S. 3 GO-Aufsichtsgremiums; siehe auch *Ohler*, Bankenaufsicht und Geldpolitik in der Währungsunion, § 4 Rn. 42.

531 Die aktuelle Gruppenverteilung befindet sich im Anhang der Geschäftsordnung des Aufsichtsgremiums.

3. Schlichtungsstelle

Bei Meinungsverschiedenheiten zwischen dem EZB-Rat und den Aufsichtsbehörden der teilnehmenden Mitgliedstaaten über Einwände des EZB-Rates gegen einen Beschlussentwurf des Aufsichtsgremiums wird in Zukunft eine eigens dafür geschaffene Schlichtungsstelle (*Mediation Panel*) tätig.[532] Das Gremium besteht aus einem Vertreter je teilnehmendem Mitgliedstaat, das von jedem Mitgliedstaat unter den Mitgliedern des EZB-Rates und des Aufsichtsgremiums ausgewählt wird. Jedes Mitglied der Schlichtungsstelle verfügt über eine Stimme und Beschlüsse werden mit einfacher Mehrheit verabschiedet.[533]

Erhebt der EZB-Rat Widerspruch gegen einen Beschlussentwurf des Aufsichtsgremiums, so haben alle nationalen Aufsichtsbehörden der teilnehmenden Mitgliedstaaten, die der Eurozone angehören, die Möglichkeit, das Aufsichtsgremium innerhalb von fünf Arbeitstagen nach Zugang des Widerspruchs zur Einleitung eines Schlichtungsverfahrens zu ersuchen, wenn sie die Auffassung des EZB-Rates hinsichtlich des in Rede stehenden Beschlussentwurfes nicht teilen.[534] Im Anschluss übermittelt das Aufsichtsgremium innerhalb von 20 Arbeitstagen den Schlichtungsantrag samt Beschlussentwurf und Widerspruch des EZB-Rates an dessen Sekretariat. Die Schlichtungsstelle erarbeitet eine schriftliche und mit einer Begründung versehene Stellungnahme, die dann dem Aufsichtsgremium und dem EZB-Rat innerhalb von 20 Arbeitstagen vorgelegt wird. Die Stellungnahme der Schlichtungsstelle entfaltet aber gemäß Art. 10 Abs. 3 GO-Schlichtungsstelle keine rechtliche Verbindlichkeit gegenüber dem Aufsichtsgremium, gleichwohl Art. 25 Abs. 5 S. 3 SSM-VO von einer Beschlussfassung durch die Schlichtungsstelle spricht. Das Aufsichtsgremium kann die Erwägungen der Schlichtungsstelle bei der Ausarbeitung eines neuen Beschlussentwurfes aber in ihre Entscheidung einfließen lassen und legt diesen dem EZB-Rat erneut zur Entscheidung vor.[535]

Der Sinn und Zweck einer Schlichtungsstelle kann sich jedoch nur dann vollständig entfalten, wenn sowohl das Aufsichtsgremium als auch der EZB-Rat im Schlichtungsverfahren zur Vornahme oder Unterlassung

---

532 Art. 25 Abs. 5 SSM-VO.

533 Art. 25 Abs. 5 S. 3 SSM-VO; VO (EU) Nr. 673/2014 v. 02.06.2014 über die Einrichtung einer Schlichtungsstelle und zur Festlegung ihrer Geschäftsordnung, ABl. 2014 L 179/72 (GO-Schlichtungsstelle).

534 Art. 8 Abs. 1 GO-Schlichtungsstelle.

535 Art. 11 Abs. 1 GO-Schlichtungsstelle.

von Maßnahmen rechtlich verpflichtet werden können.[536] Daher handelt es sich um ein bloßes Mediationsforum für alle Beteiligten der Meinungsverschiedenheit, dessen Entscheidungen ohne Weiteres von den Beteiligten unberücksichtigt gelassen werden können. Ihre Aufgabe ist es demzufolge weniger, eine neue Entscheidung herbeizuführen, sondern dafür zu sorgen, dass Meinungsverschiedenheiten zwischen den Beteiligten in angemessener Weise und letztlich im Sinne der Europäischen Union beigelegt werden.[537]

4. Generaldirektionen

Die Europäische Zentralbank hat – wie im Bereich der Geldpolitik auch – Generaldirektionen (*Directorates General*) eingerichtet, die jeweils für die Wahrnehmung bestimmter Aufsichtsaufgaben innerhalb des Einheitlichen Aufsichtsmechanismus zuständig sind.[538] Während sich die Generaldirektionen Mikroprudenzielle Aufsicht I und II mit der direkten Aufsicht über bedeutende Institute befassen, ist die Generaldirektion Mikroprudenzielle Aufsicht III für die Aufsicht über weniger bedeutende Kreditinstitute zuständig. Die primäre Aufgabe der Europäischen Zentralbank, für eine einheitliche und funktionsfähige Arbeitsweise des Einheitlichen Aufsichtsmechanismus zu sorgen, wird durch die letztgenannte Direktion wahrgenommen. Zu diesem Zweck überwacht sie laufend die Aufsichtstätigkeit der nationalen Aufsichtsbehörden im Rahmen der indirekten Aufsicht über weniger bedeutende Kreditinstitute und fungiert als Ansprechpartner für die nationalen Aufsichtsbehörden, sofern es um Angelegenheiten in Bezug auf den Einheitlichen Aufsichtsmechanismus geht. Sie stellt sicher, dass die Aufsichtspraxis der nationalen Aufsichtsbehörden den hohen Aufsichtsstandards entspricht und die einschlägigen Aufsichtsanforderungen an alle Kreditinstitute eingehalten und durchgesetzt werden.[539] Zu ihren weiteren Aufgaben gehört die Wahrnehmung der sektor- und institutsspezifischen Aufsicht (z.B. Sparkassen und Genossenschaftsbanken). Die vierte Generaldirektion nimmt eine Querschnitts- und eine Expertenfunktion ein. Sie verfügt über Spezialwissen und unterstützt in Gestalt ihrer spezialisierten Fachabteilungen die gemeinsamen Aufsichtsteams und die nationalen Auf-

---

536 Vgl. *Ohler*, Bankenaufsicht und Geldpolitik in der Währungsunion, § 5 Rn. 58.

537 Erwägungsgrund Nr. 73 SSM-VO.

538 *Europäische Zentralbank*, Leitfaden zur Bankenaufsicht, September 2014, S. 15.

539 *Europäische Zentralbank*, Leitfaden zur Bankenaufsicht, September 2014, S. 44.

sichtsbehörden bei der laufenden Aufsicht über alle bedeutenden und weniger bedeutenden Institute.[540] Darüber hinaus entscheidet sie, ob die Europäische Zentralbank im Einzelfall die Aufsicht über ein weniger bedeutendes Institut übernehmen soll und nimmt zusätzlich in Zusammenarbeit mit der Generaldirektion Mikroprudenzielle Aufsicht IV an Vor-Ort-Prüfungen bei weniger bedeutenden Kreditinstituten teil.[541]

5. Gemeinsame Aufsichtsteams

Die Europäische Zentralbank ist bei der Wahrnehmung der ihr durch die SSM-VO übertragenen Aufgaben auf die Zusammenarbeit mit den nationalen Aufsichtsbehörden angewiesen, da diese neben den personellen Ressourcen auch über umfangreiche aufsichtsrechtlich relevante Informationen in Bezug auf die künftig zu beaufsichtigenden Institute verfügen. Die laufende Beaufsichtigung für jedes einzelne systemrelevante Kreditinstitut oder Gruppe wird daher künftig durch gemeinsame und durch die Europäische Zentralbank eingesetzte Aufsichtsteams (*Joint Supervisory Teams* – JST) erfolgen, die sich gemäß Art. 3 Abs. 1 SSM-RahmenVO aus Mitarbeitern der Europäischen Zentralbank und nationalen Aufsichtsbehörden zusammensetzen. Sie sind den Generaldirektionen untergeordnet und nehmen eine zentrale Rolle im Rahmen der operativen Aufsicht ein. Gleichwohl die SSM-VO die Einrichtung derartiger Arbeitsgruppen nicht vorsieht, kann ihre Errichtung auf Art. 6 Abs. 1 S. 2 SSM-VO gestützt werden. Hiernach muss die Europäische Zentralbank dafür Sorge tragen, dass der Einheitliche Aufsichtsmechanismus wirksam und einheitlich funktioniert. Indem die nationalen Aufsichtsbehörden ihre Mitarbeiter in die gemeinsamen Aufsichtsteams entsenden, erfüllen sie letztlich ihre allgemeine Unterstützungspflicht gegenüber der Europäischen Zentralbank.

Für die Zusammensetzung der Aufsichtsteams ist allein die Europäische Zentralbank zuständig, wobei den nationalen Aufsichtsbehörden überlassen wird, welche Mitarbeiter sie für die Aufsichtsteams benennen und freistellen.[542] Jedes Aufsichtsteam verfügt über einen von der Europäischen

540 *Europäische Zentralbank*, Leitfaden zur Bankenaufsicht, September 2014, S. 16. Die Fachabteilungen heißen im Einzelnen Risikoanalyse, aufsichtliche Grundsatzfragen, Aufsichtsplanung, zentrale Vor-Ort-Prüfungen, interne Modelle, Durchsetzung und Sanktionen, Zulassungsverfahren, Krisenmanagement, aufsichtliche Qualitätssicherung und Methodik sowie Entwicklung von Standards.

541 *Europäische Zentralbank*, Leitfaden zur Bankenaufsicht, September 2014, S. 44 f.

542 Art. 4 SSM-RahmenVO.

Zentralbank benannten JST-Koordinator sowie Subkoordinatoren in Person eines Mitarbeiters der nationalen Aufsichtsbehörden, die zusammen das sog. *Core*-JST bilden.[543] Die Abstimmung und Koordination innerhalb eines Aufsichtsteams obliegt allein dem JST-Koordinator, der zu diesem Zweck gegenüber den Mitgliedern seiner Gruppe Weisungen erteilen kann und von den Subkoordinatoren unterstützt wird.[544] Die Aufgaben und Pflichten der Mitarbeiter der nationalen Aufsichtsbehörden bleiben aber hiervon unberührt, da die Weisungsbefugnis sich nur auf die Aufgaben in Bezug auf den Einheitlichen Aufsichtsmechanismus beziehen darf.[545]

Die Aufsichtsteams sind keine rechtlich verselbstständigten Verwaltungseinheiten; vielmehr fungieren diese als verlängerter Arm der Europäischen Zentralbank. Sie sind nicht in der Lage, im Außenverhältnis wirksame Beschlüsse zu fassen. Dies obliegt weiterhin nur dem EZB-Rat. Zu den bedeutendsten Aufgaben der gemeinsamen Aufsichtsteams gehört u.a. die Vorbereitung des jährlichen Prüfungsprogramms, die aufsichtliche Überprüfung und Bewertung der bedeutenden Kreditinstitute im Rahmen der laufenden Aufsicht oder die Vorbereitung von Beschlussentwürfen im Entscheidungsverfahren sowie deren Umsetzung nach Billigung durch den EZB-Rat.[546] Bislang wurden 117 gemeinsame Aufsichtsteams bei der Europäischen Zentralbank errichtet, die seit dem 04.11.2014 mit der laufenden Aufsicht befasst sind.[547]

6. Trennung von Geldpolitik und Aufsicht

Die Europäische Zentralbank ist gemäß Art. 127 Abs. 1 AEUV in erster Linie zur Erhaltung der Geldwertstabilität in der Eurozone und darüber hinaus u.a. zur Festlegung und Ausrichtung der Geldpolitik in der Europäischen Union verpflichtet. Mit der Errichtung des Einheitlichen Aufsichtsmechanismus werden der Europäischen Zentralbank umfassende Aufsichtsaufgaben übertragen, die sich nach Art und Umfang deutlich von ihren bisherigen Aufgaben unterscheiden.[548] Da der EZB-Rat auch in Aufsichtsfragen die Letztentscheidungskompetenz hat, liegt die Zuständigkeit

543 *Deutsche Bundesbank*, Monatsbericht September 2014, S. 53.
544 Art. 6 Abs. 1 S. 1 SSM-RahmenVO.
545 Art. 6 Abs. 1 S. 2 SSM-RahmenVO.
546 Art. 3 Abs. 2 SSM-RahmenVO.
547 *Europäische Zentralbank*, SSM-Quartalsbericht 3/2014, S. 2.
548 Vgl. Art. 127 Abs. 4 und 5 AEUV.

sowohl für die Geldpolitik als auch für die Aufsicht über Kreditinstitute bei ein und demselben Organ.

Bei der Geldpolitik und der Aufsicht handelt es sich um zwei Aufgabenbereiche, die sich insbesondere durch ihre Eingriffsintensität und parlamentarische Kontrolle unterscheiden können. Während die Europäische Zentralbank ihre geldpolitischen Aufgaben und Befugnisse aufgrund der Gefahr politischer Beeinflussung in vollständiger Unabhängigkeit wahrnehmen soll (Art. 130 AEUV)[549], handelt es sich bei der Ausübung von Aufsichtsbefugnissen um klassisches Gefahrenabwehrrecht, das mit Eingriffen in subjektive Rechte Dritter verbunden ist.[550]

Dieser Abschnitt geht auf potenzielle Zielkonflikte zwischen den gelpolitischen und aufsichtlichen Mandaten der Europäischen Zentralbank ein sowie auf die von der SSM-VO vorgesehenen Mechanismen, um etwaigen Konflikten vorzubeugen.

a) Potenzielle Interessenkonflikte zwischen geldpolitischen und aufsichtlichen Aufgaben

Die Gefahr potenzieller Zielkonflikte zwischen geldpolitischen und aufsichtlichen Aufgaben war bereits in den Verhandlungen zu dem Vertrag von Maastricht ein viel diskutierter Aspekt, der u.a. auch zu dem heutigen Anwendungsbereich von Art. 127 Abs. 6 AEUV führte.[551] Die Konzentration von Aufsichtsaufgaben bei der Europäischen Zentralbank birgt zumindest theoretisch die Gefahr, dass die gleichzeitige Wahrnehmung geldpolitischer und aufsichtlicher Aufgaben zu Interessenkonflikten führen bzw. sich nachteilig auf die effektive Ausübung beider Aufgaben auswirken kann. In der Theorie sind verschiedene Konstellationen denkbar, die zu Zielkonflikten führen könnten, da geldpolitische Entscheidungen auch

549 Nach der Rechtsprechung des EuGH „soll [Art. 130 AEUV] die Europäische Zentralbank im Wesentlichen vor jedem politischen Druck bewahren, damit sie die für ihre Aufgaben gesetzten Ziele durch die unabhängige Ausübung der spezifischen Befugnisse, über die sie zu diesen Zwecken nach dem EG-Vertrag und der Satzung des ESZB verfügt, wirksam verfolgen kann“, EuGH, Urt. v. 10.07.2003, Rs. C-11/00 Slg. 2003, I-7147, Rn. 134 f.

550 *Lehmann/Manger*-Nestler, ZBB 2014, 2 (9).

551 Siehe *Wymeersch*, ECGI-Law Working Paper 240/2014, S. 24 m.w.N.

immer Auswirkungen auf die von der Europäischen Zentralbank beaufsichtigten Kreditinstitute haben können und *vice versa*.[552]

Ausgangspunkt des ersten denkbaren Konfliktszenarios ist eine zunächst währungspolitisch gebotene Leitzinserhöhung durch die Zentralbank. Diese führt in der Regel zu höheren Refinanzierungskosten bei den Instituten und erschwert in der Folge die Kreditbeschaffung.[553] Dieser Umstand könnte vor allem jene Kreditinstitute in finanzielle Schwierigkeiten bringen, die mit einer dünnen Liquiditätsdecke ausgestattet sind.[554] Aus Sicht der Zentralbank besteht nun die Herausforderung darin, sich im Rahmen der Leitzinserhöhung nicht von den Gegebenheiten des Finanzmarktes bzw. der finanziellen Situation der Kreditinstitute beeinflussen zu lassen. Sie muss in der Lage sein, eine Leitzinserhöhung zur Erreichung der geldpolitischen Ziele auch dann vorzunehmen, selbst wenn die Existenz von Kreditinstituten hierdurch gefährdet sein könnte.[555]

Des Weiteren besteht die Gefahr, dass die Geldpolitik zur Wahrung aufsichtlicher Ziele instrumentalisiert und somit letztlich auch die Unabhängigkeit der Zentralbank ausgehöhlt wird.[556] Kommt die Zentralbank zu dem Ergebnis, dass der Bankensektor unter Liquiditätsschwierigkeiten leidet und die von ihr beaufsichtigten Institute die Anforderungen an die Eigenkapitalausstattung nicht erfüllen, könnte sie diesen finanziellen Engpass durch die Bereitstellung von Krediten entgegenwirken und auf diese Weise aufsichtsrechtliche Missstände verdecken.[557] Insbesondere könnte die Zentralbank in ihrer Funktion als Aufseherin dazu neigen, von auf-

---

552 *de Larosière-Bericht*, S. 49 Rn. 171; *Heller*, in: Festschrift für Polak, S. 269 ff.; *Di Noia/Di Giorgio*, International Finance Vol. 2, 3/1999, 361 (368 ff.); *Goodhart/Schoenmaker*, Oxford Economic Paper 47/1995, 539 (545 ff.); *Ioannidou*, Journal of Financial Intermediation, 14/2005, 58 ff., der Interessenkonflikte zwischen geldpolitischen und aufsichtlichen Funktionen am Beispiel der US-amerikanischen Bankenaufseher FED, FDIC und OCC untersucht.

553 *Goodhart/Schoenmaker*, Oxford Economic Paper 47/1995, 539 (546); *Di Noia/Di Giorgio*, International Finance Vol. 2, 3/1999, 361 (368); *Neyer/Vieten*, DICE Working Paper 45/2013, S. 18; *Frankfurter Allgemeine Zeitung*, Interview mit dem Vorstandsmitglied der Deutschen Bundesbank Andreas Dombret, Druckausgabe v. 03.11.2016, der einen Interessenkonflikt für nicht ausgeschlossen hält, weil für die Preisstabilität ein niedriger Zins besser wäre, aber aus Sicht der Bankenaufseher ein höherer.

554 *Smits*, The European Central Bank, S. 324; *Lehmann/Manger-Nestler*, ZBB 2014, 2 (9).

555 *Heller*, in: Festschrift für Polak, S. 269 (276).

556 *Sachverständigenrat*, Jahresgutachten 2012/13, Rn. 304; *Kern*, E.L.R. 40 (2015), 154 (171).

557 *Ohler*, Bankenaufsicht und Geldpolitik in der Währungsunion, § 5 Rn. 54.

sichtsrechtlich gebotenen Maßnahmen, wie die Abwicklung eines notleidenden Kreditinstituts, abzusehen, da dies gleichzeitig zu Verlustrisiken für die Zentralbank als Gläubigerin des betroffenen Instituts führen und im Falle eines systemrelevanten Kreditinstituts die Finanzmarktstabilität gefährden könnte.[558]

Schließlich ist ein Interessenkonflikt in Zeiten des konjunkturellen Abschwungs nicht ausgeschlossen, wenn die Zentralbank aus geldpolitischen Gründen von aufsichtsrechtlich gebotenen Maßnahmen absieht. Verschlechtert sich infolge des Abschwungs die finanzielle Situation der Banken, kann eine Erhöhung des vorgehaltenen Kapitals notwendig erscheinen, um einerseits die finanzielle Lage der Kreditinstitute zu stabilisieren und andererseits das Ziel der Finanzmarktstabilität sicherzustellen.[559] Aus geldpolitischer Sicht kann eine Eigenkapitalerhöhung jedoch zu einer Einschränkung der geldpolitischen Transmissionsmechanismen[560] führen, weil die Kreditinstitute durch die Vorgabe von Eigenkapitalpuffern in der Kreditvergabe beschränkt werden.[561] Daher besteht die Gefahr, dass eine aufsichtsrechtlich erforderliche Eigenkapitalerhöhung unterbleibt, da eine gedrosselte Kreditvergabe aus wirtschaftspolitischen Gründen unerwünscht ist. [562]

b) Mechanismen zur Bewältigung von Konflikten

Der Kommissionsentwurf zur Errichtung des Einheitlichen Aufsichtsmechanismus erweckt zunächst der Eindruck, dass zu keinem Zeitpunkt ernsthaft befürchtet wurde, die Europäische Zentralbank könnte durch die Wahrnehmung von Aufsichtsaufgaben in einen Interessenkonflikt geraten.

---

558 *Ioannidou*, Journal of Financial Intermediation, 14/2005, 58 (63); *Heller*, in: Festschrift für Polak, S. 269 (276); *Di Noia/Di Giorgio*, International Finance Vol. 2, 3/1999, 361 (369); so auch *Goodhart/Schoenmaker*, Oxford Economic Papers 47/1995, 539 (546), die es aber als äußerst schwierig erachten entweder die Existenz oder das Ausmaß unterbliebener Zinserhöhungen nachzuweisen; a.A. *Cœuré*, IMFS Working Paper, 2/2013, 15 (18), der die Auffassung in der Literatur für nicht schlüssig hält.

559 *Heller*, in: Festschrift für Polak, S. 269 (276); *Ioannidou*, Journal of Financial Intermediation, 14/2005, 58 (63).

560 Der Transmissionsmechanismus beschreibt, wie sich geldpolitische Maßnahmen auf die Wirtschaft und das Preisniveau auswirken.

561 *Neyer/Vieten*, DICE Working Paper 45/2013, S. 19 m.w.N.

562 *Peters*, WM 2014, 396 (399); *Ohler*, Bankenaufsicht und Geldpolitik in der Währungsunion, § 5 Rn. 54 f.

Der Verordnungsentwurf legte der Europäischen Zentralbank seinerzeit lediglich die Verpflichtung auf, ihre aufsichtlichen Tätigkeiten strikt von der Geldpolitik zu trennen.[563] Wie die Trennung dieser Aufgabenbereiche konkret zu erfolgen hat, schrieb der Entwurf hingegen nicht vor.[564] Weitergehende Mechanismen, die eine Trennung von Geldpolitik und Aufsicht gewährleisten sollen, wurden erst in der Sitzung des Rates vom 12.12.2012 in den Verordnungstext eingefügt, um die geldpolitischen und aufsichtlichen Aufgaben funktionell und personell bis in die Leitungsebene hinein voneinander zu trennen.[565]

Ausgangspunkt im Hinblick auf die ergriffenen Maßnahmen zur Trennung der Aufgabenbereiche Geldpolitik und Aufsicht ist Art. 25 Abs. 2 SSM-VO. Hiernach ist die Europäische Zentralbank verpflichtet, die ihr durch die SSM-VO übertragenen Aufsichtsaufgaben strikt von ihren geldpolitischen Aufgaben und sonstigen Funktionen zu trennen und dafür Sorge zu tragen, dass eine gegenseitige Beeinflussung ausgeschlossen ist. Im Ergebnis wird die interne Organisation der Europäischen Zentralbank in zwei Stränge aufgeteilt, ohne dabei institutionelle Änderungen an der Europäischen Zentralbank vorzunehmen.

aa) Errichtung von Aufsichtsgremium und Schlichtungsstelle

Das Aufsichtsgremium stellt das bedeutendste Gremium im Hinblick auf die Trennung von Geldpolitik und Aufsicht dar. Auf diese Weise wird trotz fehlender Letztentscheidungskompetenz des Aufsichtsgremiums sichergestellt, dass der für die Geldpolitik zuständige EZB-Rat nicht an der Entstehung von aufsichtlichen Entscheidungen in Form von Beschlussentwürfen beteiligt ist. Der EZB-Rat ist weder befugt, die Beschlussentwürfe des Aufsichtsgremiums inhaltlich zu verändern noch aus eigener Initiative heraus,

---

563 Art. 18 Abs. 2 SSM-VOE verlangte lediglich, dass die Europäische Zentralbank die ihr durch die Verordnung übertragenen Aufgaben getrennt von ihren Aufgaben im Bereich der Geldpolitik und von sonstigen Aufgaben wahrnimmt. Die der Europäischen Zentralbank durch diese Verordnung übertragenen Aufgaben dürfen ihre Aufgaben im Bereich der Geldpolitik und sonstige Aufgaben nicht beeinträchtigen.

564 Vgl. *Ohler*, Bankenaufsicht und Geldpolitik in der Währungsunion, § 5 Rn. 55.

565 Art. 18 Abs. 2 und 3 SSM-VOE, das Ratsdokument ist abrufbar unter: http://register.consilium.europa.eu/doc/srv?l=DE&t=PDF&gc=true&sc=false&f=ST%2017812%202012%20INIT, zuletzt aufgerufen am 25.11.2018; *Binder*, ZBB 2013, 289 (309 f.).

aufsichtliche Maßnahmen zu ergreifen.[566] Sämtliche vom EZB-Rat erlassenen Beschlüsse müssen auf einem Beschlussentwurf des Aufsichtsgremiums basieren.

Die Schlichtungsstelle ist, wie das Aufsichtsgremium auch, kein Organ mit echter Beschlussfähigkeit im Sinne von Art. 129 Abs. 1 AEUV. Die Einrichtung einer Schlichtungsstelle mag auf den ersten Blick erforderlich erscheinen, um etwaige Zielkonflikte zwischen Geldpolitik und Aufsicht zu vermeiden. Allerdings handelt es sich dabei nur um einen Kompromiss, der letzten Endes zulasten einer wirksamen und effektiven Aufsicht geht, da hier – neben EZB-Rat und Aufsichtsgremium – eine weitere Instanz in den Entscheidungsfindungsprozess eingeschaltet wird und dieses mitunter unnötig verzögert.[567] Hinzu kommt, dass weder das Aufsichtsgremium noch der EZB-Rat an die Beschlüsse der Schlichtungsstelle gebunden sind. Ihre Errichtung kann daher nicht darüber hinwegtäuschen, dass der EZB-Rat auch in Aufsichtsfragen nach wie vor die Letztentscheidungskompetenz besitzt, sodass eine hinreichende Trennung von Geldpolitik und Aufsicht nicht gewährleistet ist.[568]

bb) Personelle Trennung

Die Trennung von Geldpolitik und Aufsicht soll des Weiteren durch eine personelle Trennung gewährleistet werden. Jedes mit Aufsichtsaufgaben betraute EZB-Personal darf sich in keiner Weise mit anderen, der Europäischen Zentralbank übertragenen Aufgaben befassen oder in anderer Weise damit in Kontakt geraten. Sämtliche Sitzungen und Tagesordnungen müssen strikt separiert voneinander abgehalten werden, um eine Vermengung der aufsichtlichen und geldpolitischen Funktionen zu vermeiden. Im Laufe des Gesetzgebungsverfahrens stand auch die Idee im Raum, die beiden Aufgabenbereiche geographisch zu trennen. Dieses Vorhaben geht auf einen Kompromiss der Bundesrepublik Deutschland zurück, um die seinerzeit stockenden Verhandlungen über den Einheitlichen Aufsichtsmechanismus weiter voranzutreiben und insbesondere Frankreich entgegenzukommen. Dahinter stand der Gedanke, die Aufsicht in Paris anzusie-

566 Vgl. *Ruthig*, ZHR 2014, 443 (471).

567 Siehe *Sachverständigenrat*, Jahresgutachten 2013/14, Rn. 296; *Neyer/Vieten*, DICE Working Paper 45/2013, S. 21 mit Verweis auf *Lautenschläger*, ifo Schnelldienst 2013, 3 ff.

568 *Buch/Körner/Weigert*, IWH Online 5/2013, S. 7.

deln, während die geldpolitischen Aufgaben der Europäischen Zentralbank weiterhin von Frankfurt am Main aus wahrgenommen werden sollten.[569] Durch eine „Chinesische Mauer" sollte eine striktere Trennung der Aufsicht von der Geldpolitik gewährleistet werden, um jegliche Berührungspunkte beider Aufgabenbereiche zu unterbinden.[570]

Sowohl im EZB-Rat als auch im Aufsichtsgremium sind Mitglieder der nationalen Aufsichtsbehörden vertreten. Der Gesetzgeber hat in diesem Zusammenhang nicht hinreichend berücksichtigt, dass in elf von 17 Eurostaaten die Aufsicht über Kreditinstitute durch die Zentralbanken erfolgt.[571] Je nach Aufgabenverteilung zwischen Währungsbank und Aufsichtsbehörde, kann es daher zu Konstellationen kommen, bei denen in beiden Gremien dieselben Vertreter der nationalen Zentralbanken sitzen. Insbesondere ist nicht auszuschließen, dass das Aufsichtsgremium von Präsidenten der mitgliedstaatlichen Zentralbanken dominiert wird, die gleichzeitig auch im EZB-Rat vertreten sind (Art. 283 Abs. 1 AEUV).[572] Hinzu kommt, dass der stellvertretende Vorsitzende des Aufsichtsgremiums gemäß Art. 26 Abs. 3 SSM-VO aus den Mitgliedern des Direktoriums der Europäischen Zentralbank gewählt wird. Somit gewährleistet schon die personelle Zusammensetzung des Aufsichtsgremiums keine hinreichende Trennung von Aufsicht und Geldpolitik und steht in Widerspruch zu den Vorgaben des Art. 19 Abs. 1 SSM-VO.

Auch die Schlichtungsstelle ist wider Erwarten nicht mit neutralen, am Entscheidungsfindungsprozess unbeteiligten Personen besetzt. Vielmehr besteht diese aus Mitgliedern, die auch im Aufsichtsgremium und im EZB-Rat vertreten sind.[573] Dieses Ergebnis ist insoweit nicht zufriedenstellend, als die Beteiligten der Meinungsverschiedenheit gleichzeitig Mitglieder der Schlichtungsstelle sind. Inwieweit andere Resultate in der Praxis aufgrund dieser Personenidentität erzielt werden können, bleibt abzuwarten.[574]

---

569 *Spiegel-Online*, „Schäuble will Bankenaufsicht nach Paris abgeben", Ausgabe v. 09.12.2012.

570 Kritisch *Kämmerer*, NVwZ 2013, 830 (832); siehe auch *Gurlit*, EuZW-Beilage 2014, 14 (15), die eine chinesische Mauer als illusorisch einstuft.

571 *Verhelst*, Egmont Paper 58/2013, S. 28.

572 Kritisch *Kämmerer/Starski*, ZG 2013, 318 (322); *Ruthig*, ZHR 2014, 443 (471 f.).

573 *Sacarcelik*, BKR 2013, 353 (355).

574 Siehe auch *Lehmann/Manger-Nestler*, ZBB 2014, 2 (11).

c) Bewertung

Gleichwohl dem Unionsgesetzgeber bei der Ausgestaltung der Entscheidungsstrukturen bis zu einem gewissen Grad die Hände gebunden waren, weil sich sämtliche Maßnahmen zur Trennung von Geldpolitik und Aufsicht in den organisatorischen Rahmen der Europäischen Zentralbank gemäß Art. 129 Abs. 1 AEUV einfügen müssen, sind die nunmehr getroffenen Vorkehrungen im Hinblick auf das Aufsichtsgremium im Grundsatz zu begrüßen. Solange der EZB-Rat aber als Beschlussorgan die Letztentscheidungskompetenz auch in Aufsichtsangelegenheiten besitzt, ist eine hinreichende Trennung von Aufsicht und Geldpolitik nicht möglich.[575] Hieran ändert auch die jedenfalls organisatorische Trennung der Sitzungen des EZB-Rates nach geldpolitischen und aufsichtlichen Tagesordnungen nichts. Dass Kenntnisse aus dem jeweils anderen Bereich bei der Entscheidungsfindung unberücksichtigt bleiben, wird kaum möglich sein.[576]

Damit geht insbesondere die Frage einher, wie die Europäische Zentralbank ihre geldpolitischen und aufsichtlichen Ziele vor dem Hintergrund von Art. 127 Abs. 1 AEUV im Konfliktfall gewichten wird. Die Wahrung der Preisstabilität gehört zur vorrangigen Aufgabe der Europäischen Zentralbank. Andere Ziele, wie das der Finanzstabilität in Art. 127 Abs. 5 AEUV oder die in der SSM-VO verbürgten Ziele sind dem Primat der Preisstabilität nachgeordnet.[577] Eine Gleichrangigkeit zwischen geldpolitischen und sonstigen Zielen der Europäischen Zentralbank ist dem Primärvertrag nicht zu entnehmen. Die primärrechtlich vorgegebene Rangfolge der Ziele führt dazu, dass Interessenkonflikte zwischen Geldpolitik und Aufsicht dem Grunde nach immer zulasten letzteren aufgelöst werden müssen; ansonsten würde die Europäische Zentralbank entgegen der Zielvorgabe von Art. 127 Abs. 1 AEUV handeln.[578] Zwar ließ der europäische Verfassungsgeber die Möglichkeit offen, der Europäischen Zentralbank nachträglich im Wege des besonderen Gesetzgebungsverfahrens Aufsichts-

575 *Sachverständigenrat*, Jahresgutachten 2013/14, Rn. 269; *Eriksson*, Einheitlicher Europäischer Bankenaufsichtsmechanismus, S. 44; *Peters*, WM 2014, 396 (400); a.A. *Selmayr*, in: Müller-Graff, Europäisches Wirtschaftsordnungsrecht, § 23 Rn. 274.

576 *Thiele*, GewArch 2015, 157 (160).

577 *Gaitanides*, Das Recht der Europäischen Zentralbank, S. 223; *Ohler*, Bankenaufsicht und Geldpolitik in der Währungsunion, § 5 Rn. 53.

578 *Herdegen*, WM 2012, 1889 (1894); *Waldhoff/Dieterich*, EWS 2013, 72 (77); *Manger-Nestler/Böttner*, EuR 2014, 621 (631).

kompetenzen zu übertragen.[579] Allerdings ist damit nicht ohne Weiteres der Willen zu entnehmen, dass bei Eintritt dieses Ereignisses auch eine Änderung in Bezug auf die Rangfolge der Ziele eintreten soll.[580] Das Preisstabilitätsziel ist trotz der Übertragung von Aufsichtsaufgaben nach wie vor das vorrangige Ziel der Europäischen Zentralbank. Vor diesem Hintergrund sollten beide Aufgabenbereiche zur Gewährleistung einer effektiven und wirksamen Aufsicht nicht nur personell, sondern auch institutionell voneinander getrennt werden, um etwaige Konflikte zwischen den geldpolitischen und aufsichtlichen Funktionen der Europäischen Zentralbank zu vermeiden. Dieses Vorhaben ist aber nur im Wege einer Vertragsänderung nach Art. 48 EUV zu realisieren.

V. Geltungsbereich des aufsichtsrechtlichen Mandats

Mit der Errichtung des Einheitlichen Aufsichtsmechanismus geht eine Vielzahl von nationalen Aufsichtskompetenzen auf die Europäische Zentralbank über. Allerdings sind diese im Hinblick auf die übertragenen Aufgaben in dreierlei Hinsicht begrenzt. Der persönliche Anwendungsbereich der SSM-VO eröffnet der Europäischen Zentralbank nur die Aufsicht über Kreditinstitute im unionsrechtlichen Sinne mit der Folge, dass ein erheblicher Teil des europäischen Finanzmarktes nicht unter das Aufsichtsregime des Einheitlichen Aufsichtsmechanismus fällt. Zudem werden nur solche Kreditinstitute unmittelbar beaufsichtigt, die als bedeutend im Sinne der SSM-RahmenVO eingestuft werden. In geographischer Hinsicht sind nur Kreditinstitute aus teilnehmenden Mitgliedstaaten im Sinne von Art. 2 S. 1 Ziff. 1 SSM-VO von der Aufsicht durch die Europäische Zentralbank erfasst. Hierzu gehören neben den Eurostaaten, alle Nicht-Eurostaaten, die eine enge Zusammenarbeit mit der Europäischen Zentralbank nach Maßgabe des Art. 7 SSM-VO eingegangen sind.

---

579 *Kämmerer/Starski*, ZG 2013, 318 (325).
580 *Dammann*, Georgetown Journal of Int. Law 4/2014, 1057 (1077).

1. Persönlicher Anwendungsbereich

a) Kreditinstitute im unionsrechtlichen Sinne

Der Anwendungsbereich der SSM-VO erstreckt sich in personeller Hinsicht nur auf die Aufsicht über Kreditinstitute im unionsrechtlichen Sinne und betrifft daher u.a. nicht den Bereich der Versicherungs- und Wertpapieraufsicht. Für die Beaufsichtigung durch die Europäische Zentralbank ist allein der unionsrechtliche Begriff maßgeblich; die rechtliche Einordnung auf nationaler Ebene ist dabei nicht von Belang.

Die Einstufung als Kreditinstitut bestimmt sich nach den in der europäischen Verordnung über Aufsichtsanforderungen an Kreditinstitute und Wertpapierfirmen enthaltenen Begriffsbestimmungen.[581] Der unionsrechtliche Begriff des Kreditinstituts ist deutlich enger gefasst als jener nach dem deutschen KWG und setzt gemäß Art. 4 Abs. 1 Nr. 1 CRR kumulativ voraus, dass die Tätigkeit der Unternehmen zum einen darin bestehen muss, Einlagen oder andere rückzahlbare Gelder entgegenzunehmen und zum anderen Kredite für eigene Rechnung zu gewähren. Liegt eine dieser Voraussetzungen nicht vor, handelt es sich nicht um ein Kreditinstitut im unionsrechtlichen Sinne mit der Folge, dass der persönliche Anwendungsbereich der SSM-VO nicht eröffnet ist.[582] Im Hinblick auf Sparkassen und Genossenschaftsbanken nimmt die SSM-VO die nach dem KWG vorgenommene Differenzierung zwischen öffentlichen und privatrechtlich organisierten Unternehmen ebenfalls nicht vor; diese gelten nach dem unionsrechtlichen Begriffsverständnis trotz der deutschen Besonderheiten als Kreditinstitute im Sinne des Unionsrechts. Eine Ausnahme gilt hingegen gemäß Art. 2 Abs. 5 Nr. 6 CRR für die Kreditanstalt für Wiederaufbau.

Unternehmen, die zwar nach dem nationalen Begriffsverständnis, nicht aber nach Unionsrecht als Kreditinstitut eingestuft werden, verbleiben demzufolge weiterhin unter der Aufsicht der nationalen Aufsichtsbehörden.[583] Zu diesen Unternehmenstypen gehören u.a. Versicherungsunternehmen, Hedge- und Pensionsfonds und Institute nach dem Pfandbriefgesetz sowie die in Art. 1 Abs. 2 SSM-VO ausdrücklich ausgeschlossenen zentralen Gegenparteien aus dem Bereich des Wertpapier- und Derivategeschäfts.[584] Diese Differenzierung führt mitunter zu merkwürdigen Auf-

---

581 Art. 4 Abs. 1 Nr. 1 CRR.
582 *Lackhoff*, JIBLR 2013, 454 (456).
583 *Deutsche Bundesbank*, Monatsbericht Juli 2013, S. 18.
584 *Verhelst*, Egmont Paper 58/2013, S. 15.

sichtskonstellationen und gilt selbst dann, wenn ein Institut sowohl Tätigkeiten eines Kreditinstituts im unionsrechtlichen Sinne als auch solche ausübt, die z.B. dem Versicherungssektor zuzuordnen sind. Letztere fallen in den Zuständigkeitsbereich der nationalen Aufsichtsbehörden, da es sich nicht um Tätigkeiten handelt, die ein Kreditinstitut im unionsrechtlichen Sinne ausübt.[585]

Der limitierte Anwendungsbereich der SSM-VO ist auf die Vorgaben des Primärrechts zurückzuführen, da Art. 127 Abs. 6 AEUV eine Aufsicht über Versicherungsunternehmen durch die Europäische Zentralbank explizit ausschließt. Die Wahrnehmung der Aufsicht durch die Europäische Zentralbank geht daher gleichzeitig zulasten einer flexiblen und weitreichenden sowie alle Bereiche und Akteure des Finanzmarktes umfassenden Aufsicht einher, da eine Zentralbank nur eine sektorenspezifische Aufsicht ausüben kann.[586]

b) Keine Aufsicht über sonstige Finanzmarktakteure

Der Status quo des Einheitlichen Aufsichtsmechanismus ist vor dem Hintergrund der jüngsten Finanz- und Wirtschaftskrise kritisch zu betrachten und steht in direktem Widerspruch zu dem Konzept der Allfinanzaufsicht, das seit der Jahrtausendwende mit der Errichtung der BaFin u.a. auch in Deutschland verfolgt wird.[587] Der Unionsgesetzgeber nutzt die Vorteile einer Allfinanzaufsicht nicht aus und missachtet die Tatsache, dass Risiken sowohl für die Finanzmarktstabilität als auch für die gesamte Volkswirtschaft nicht nur aus dem klassischen Bankensektor herrühren können.[588] Mit der Fokussierung allein auf den Bankensektor möchte der Gesetzgeber zunächst das Spannungsverhältnis zwischen Staatsverschuldung und Bankinsolvenzen auflösen, welches gleichzeitig das vorrangige Ziel der SSM-VO darstellt.

Der beschränkte persönliche Anwendungsbereich der SSM-VO auf Kreditinstitute im unionsrechtlichen Sinne führt dazu, dass ein erheblicher

585 *Lackhoff*, JIBLR 2013, 454 (456); *Verhelst*, Egmont Paper 58/2013, S. 15.

586 *Lehmann/Manger-Nestler*, ZBB 2014, 2 (13).

587 *Lehmann/Manger-Nestler*, ZBB 2014, 2 (13). Das Aufsichtssystem in Großbritannien verfolgt anders als das der Vereinigten Staaten einen ganzheitlicheren, d.h. mehrere Finanzsektoren einbeziehenden Ansatz.

588 *Ferran/Babis*, Cambridge Legal Studies Research Paper Series 10/2013, S. 5; *Tröger*, ZBB 2013, 373 (380); siehe auch *Selmayr*, in: von der Groeben/Schwarze/Hatje, AEUV/EUV[7], Art. 127 AEUV Rn. 62.

Teil der Finanzmarktteilnehmer und mit diesen verknüpften spezifischen Charakteristiken und Risiken von der europäischen Aufsicht ausgeklammert werden.[589] Neben Kreditinstituten und Versicherungsunternehmen, sind insbesondere Hedge Fonds, Private Equity Fonds sowie Immobilienfonds nunmehr auf dem Finanzmarkt tätig.[590] Letztere konzentrieren sich überwiegend auf die Verwaltung und Vermehrung des Kapitals ihrer Investoren.[591] Die unterschiedlichen Branchen wachsen jedoch immer weiter zusammen, da sie auf denselben Märkten konkurrieren und überwiegend identische Finanzprodukte anbieten. Diese Entwicklung hat in erster Linie mit der Entstehung von Allfinanzkonzernen zu tun, in denen sich Unternehmen verschiedener Branchen, wie Kreditinstitute und Versicherungen, zusammenschließen. [592] Da die Bedeutung von Nichtbanken auf dem Finanzmarkt immer größer wird und auch von ihnen erhebliche Gefahren und Risiken ausgehen können, sollte auch die Aufsicht auf Unionsebene diesen Umständen Rechnung tragen und einen einheitlicheren Ansatz im Hinblick auf die zu beaufsichtigenden Institute verfolgen.[593]

2. Räumlicher Anwendungsbereich

Der räumliche Anwendungsbereich der SSM-VO erstreckt sich gemäß Art. 4 Abs. 1 i.V.m. Art. 6 Abs. 4 SSM-VO nur auf jene Kreditinstitute, die in einem der Europäischen Wirtschafts- und Währungsunion zugehörigen Mitgliedstaat niedergelassen sind (teilnehmende Mitgliedstaaten). Die Europäische Zentralbank beaufsichtigt darüber hinaus auch Kreditinstitute, die zwar in einem nicht teilnehmenden Mitgliedstaat ansässig sind, aber in der Eurozone Zweigstellen errichten oder grenzüberschreitende Dienstleistungen erbringen.[594] Kreditinstitute, die außerhalb der Eurozone niedergelassen sind, werden vorbehaltlich einer freiwilligen Teilnahme weiterhin von den dort zuständigen nationalen Aufsichtsbehörden ohne jegliche Beteiligung der Europäischen Zentralbank beaufsichtigt (nicht teilnehmende Mitgliedstaaten).

---

589 *Binder*, ZBB 2013, 289 (302) mit Verweis auf *U. Schneider*, EuZW 2013, 452 (454).

590 *Frach*, Finanzmarktregulierung in Deutschland, S. 24; *Verhelst*, Egmont Paper 58/2013, S. 15; siehe auch *Thiele*, Finanzaufsicht, S. 144 ff.

591 *Frach*, Finanzmarktregulierung in Deutschland, S. 24.

592 *Röhl*, in: Fehling/Ruffert, Regulierungsrecht, § 18 Rn. 13.

593 Vgl. *Wymeersch*, ECGI-Law Working Paper 240/2014, S. 27 f.

594 Art. 4 Abs. 2 SSM-VO.

Die damit einhergehende Spaltung der europäischen Aufsicht ist bedingt durch die interne Organisation der Europäischen Zentralbank, da der EZB-Rat als letztverantwortliches Gremium nach Art. 132 Abs. 1 i.V.m. 139 Abs. 2 lit. e) AEUV nur aus den Mitgliedern der Eurozone besteht.[595] Mitgliedstaaten, die den Euro als Währung noch nicht eingeführt haben, sind nicht vertreten und verfügen daher weder über einen Sitz noch über Stimmrechte.[596] Dies hat zur Folge, dass Beschlüsse der Europäischen Zentralbank sowie sonstige Rechtsakte in den Mitgliedstaaten außerhalb der Eurozone keine rechtliche Verbindlichkeit entfalten können. Um eine Fragmentierung der Bankenaufsicht innerhalb der Europäischen Union zu vermeiden, besteht für nicht teilnehmende Mitgliedstaaten gemäß Art. 7 Abs. 1 SSM-VO die Möglichkeit, trotz der fest abgesteckten Zuständigkeiten des EZB-Rates, in Form eines *opt-in* am Einheitlichen Aufsichtsmechanismus teilzunehmen. Auf diese Weise kann der Einheitliche Aufsichtsmechanismus seine Aufgaben auch über die Grenzen der Eurozone hinaus wahrnehmen.

Die Europäische Zentralbank geht zu diesem Zweck mit diesen Mitgliedstaaten eine enge Zusammenarbeit ein. Hierbei handelt es sich um eine „quasi-vertragliche"[597] Vereinbarung zwischen der Europäischen Zentralbank und dem teilnehmenden Mitgliedstaat, die es der Europäischen Zentralbank erlaubt, von ihren Befugnissen nach Art. 4 Abs. 1 und 2 sowie Art. 5 SSM-VO zumindest gegenüber den nationalen Aufsichtsbehörden Gebrauch zu machen und über diese mittelbar auf die dort niedergelassenen Institute einzuwirken.

a) Voraussetzungen der engen Zusammenarbeit

Die enge Zusammenarbeit von Mitgliedstaaten außerhalb des europäischen Währungsraumes mit der Europäischen Zentralbank ist an mehrere Voraussetzungen geknüpft. Zunächst teilt der nicht teilnehmende Mitgliedstaat der Europäischen Kommission, der Europäischen Zentralbank, der EBA und den übrigen Mitgliedstaaten sein Ersuchen mit, sich auf freiwilliger Basis im Sinne einer einseitigen Verpflichtungserklärung dem Ein-

---

595 Art. 283 Abs. 1 AEUV und Art. 10 Abs. 1 ESZB-Satzung.

596 Vgl. *Selmayr*, in: von der Groeben/Schwarze/Hatje, AEUV/EUV[7], Art. 127 AEUV Rn. 56.

597 *Ohler*, Bankenaufsicht und Geldpolitik in der Währungsunion, § 5 Rn. 109.

heitlichen Aufsichtsmechanismus zu unterwerfen und eine enge Zusammenarbeit im Rahmen der Art. 4 - 6 SSM-VO einzugehen.[598]

Mit der Erklärung im Sinne von Art. 3 EZB-Beschluss Nr. 2014/5[599] verpflichtet sich der nicht teilnehmende Mitgliedstaat zum einen dafür Sorge zu tragen, dass seine nationale Aufsichtsbehörde mit Beginn der engen Zusammenarbeit, den Leitlinien und Aufforderungen der Europäischen Zentralbank nachkommen wird.[600] Zum anderen muss der nicht teilnehmende Mitgliedstaat sicherstellen, dass sämtliche Informationen über die dort ansässigen Kreditinstitute, die die Europäische Zentralbank für eine umfassende Bewertung benötigt, vorgelegt werden.[601] Dieser Vorgang ist erforderlich, da die Europäische Zentralbank über keinerlei Weisungs- und Informationsrechte gegenüber den nicht teilnehmenden Mitgliedstaaten verfügt und insoweit einem Informationsdefizit unterliegt. Schließlich muss der nicht teilnehmende Mitgliedstaat gewährleisten, dass die notwendigen Rechtsgrundlagen für das Tätigwerden ihrer Aufsichtsbehörde auf nationaler Ebene geschaffen werden, damit diese in der Lage ist, die von der Europäischen Zentralbank verlangten Maßnahmen umsetzen zu können.

Liegen die Voraussetzungen für eine enge Zusammenarbeit vor, erlässt die Europäische Zentralbank einen an den ersuchenden Mitgliedstaat gerichteten Beschluss, mit dem die enge Zusammenarbeit mit der dort zuständigen Aufsichtsbehörde eingeleitet wird.[602] Anders als im Fall der Eurostaaten, gehen im Rahmen der engen Zusammenarbeit keinerlei Aufsichtskompetenzen auf die Europäische Zentralbank über; diese verbleiben nach wie vor bei der nationalen Aufsichtsbehörde des bislang nicht teilnehmenden Mitgliedstaates. Da die Europäische Zentralbank gemäß Art. 139 Abs. 2 lit. e) AEUV keine Rechtsakte gegenüber außerhalb der Eurozone niedergelassen Instituten erlassen kann, ist sie im Rahmen der en-

598 Art. 7 Abs. 2 SSM-VO; *Ohler*, Bankenaufsicht und Geldpolitik in der Währungsunion, § 5 Rn. 109.

599 *Europäische Zentralbank*, Beschl. v. 31.01.2014 über die enge Zusammenarbeit mit den nationalen zuständigen Behörden teilnehmender Mitgliedstaaten, deren Währung nicht der Euro ist (EZB/2014/5), ABl. EU L 198/7. Der Beschluss enthält sowohl ein Mustersuchen als auch eine Musterbestätigung über die Erfüllung der in Art. 7 Abs. 2 lit. c) SSM-VO enthaltenen Anforderungen, den sich die nicht teilnehmenden Mitgliedstaaten zur Eingehung einer engen Zusammenarbeit mit der Europäischen Zentralbank bedienen können.

600 Art. 7 Abs. 2 lit. b) SSM-VO.

601 Art. 7 Abs. 2 lit. b) SSM-VO.

602 Art. 5 Abs. 1 EZB-Beschluss Nr. 5/2014.

gen Zusammenarbeit nur auf eine mittelbare Aufsicht beschränkt.[603] Zu diesem Zweck erteilt sie der Aufsichtsbehörde des nunmehr teilnehmenden Mitgliedstaates Anweisungen, um die in Art. 4 Abs. 1, 2 und Art. 5 SSM-VO genannten Aufgaben wahrnehmen zu können.[604] Fordert die Europäische Zentralbank den teilnehmenden Mitgliedstaat in enger Zusammenarbeit auf, in Bezug auf ein Kreditinstitut bestimmte Maßnahmen innerhalb eines vorgegebenen Zeitrahmens zu treffen, wird im Anschluss ein Verfahren in Gang gesetzt, das viele Parallelen zum Verfahren der EBA aufweist.[605] Hierbei ist aber stets zwischen der Maßnahme der Europäischen Zentralbank einerseits und den Rechtsakten der nationalen Aufsichtsbehörde andererseits zu differenzieren. Die indirekte Aufsicht der Europäischen Zentralbank beschränkt sich nur auf jene Institute, die die Kriterien der Systemrelevanz im Sinne von Art. 6 Abs. 4 SSM-VO erfüllen. Die weniger bedeutenden Kreditinstitute werden hingegen weiterhin allein von der nationalen Aufsichtsbehörde nach dem dort geltenden innerstaatlichen Recht beaufsichtigt.

b) Aussetzung oder Beendigung der engen Zusammenarbeit

Die Europäische Zentralbank kann die enge Zusammenarbeit mit freiwillig teilnehmenden Mitgliedstaaten im Falle nicht funktionierender Zusammenarbeit entweder vorübergehend aussetzen oder dauerhaft beenden, wobei letzteres nur als *ultima ratio* in Betracht kommt. Erfüllt der teilnehmende Mitgliedstaat die in Art. 7 Abs. 2 li. a) - c) SSM-VO genannten Bedingungen nicht mehr, spricht die Europäische Zentralbank ihm gegenüber eine Verwarnung aus. Nimmt der Adressat keine Korrekturmaßnahmen vor, so kann die Europäische Zentralbank nach Ablauf von 15 Tagen die enge Zusammenarbeit mit dem teilnehmenden Mitgliedstaat aussetzen oder beenden.[606] Sowohl die Beendigung als auch die Aussetzung der engen Zusammenarbeit werden in Form eines Beschlusses im Amtsblatt der Europäischen Union veröffentlicht.[607]

---

603 Art. 108 Abs. 1 SSM-RahmenVO; *Ohler*, Bankenaufsicht und Geldpolitik in der Währungsunion, § 5 Rn. 28.

604 Art. 7 Abs. 4 SSM-VO; siehe auch *Brandi/Gieseler*, BB 2012, 2646 (2648).

605 Siehe Abschnitt D. IV. 2. a) dd) (1).

606 Art. 7 Abs. 5 UAbs. 2 SSM-VO.

607 Art. 7 Abs. 5 UAbs. 3 SSM-VO.

Die enge Zusammenarbeit mit der Europäischen Zentralbank kann darüber hinaus auf Initiative des teilnehmenden Mitgliedstaates auf zwei Wegen beendet, aber nicht ausgesetzt werden. Der teilnehmende Mitgliedstaat kann erstmalig nach Ablauf von drei Jahren seit Beginn der engen Zusammenarbeit, die Europäische Zentralbank zwecks Beendigung der Zusammenarbeit jederzeit unter Angabe von Gründen ersuchen.[608] Die Europäische Zentralbank leitet daraufhin den Erlass eines Beschlusses zur Beendigung der engen Zusammenarbeit ein. Der Beschluss muss den Zeitpunkt benennen, ab dem er gelten soll. Allerdings darf der Zeitraum nicht länger als drei Monate betragen, wobei die aufsichtlichen Folgen für die Kreditinstitute berücksichtigt werden sollen. Die Europäische Zentralbank kann dem Ersuchen des teilnehmenden Mitgliedstaates, aus dem Einheitlichen Aufsichtsmechanismus ausscheiden zu wollen, mangels Ablehnungsgründe in der SSM-VO nicht widersprechen. Lediglich der Zeitpunkt des Ausscheidens liegt im Ermessen der Europäischen Zentralbank. So ist davon auszugehen, dass ein teilnehmender Mitgliedstaat, dessen Währung nicht der Euro ist, spätestens mit Ablauf der Dreimonatsfrist aus dem Einheitlichen Aufsichtsmechanismus ausscheidet.

Die enge Zusammenarbeit kann darüber hinaus ausgesetzt oder beendet werden, wenn ein teilnehmender Mitgliedstaat einem Widerspruch des EZB-Rates gegen einen Beschlussentwurf des Aufsichtsgremiums nicht zustimmt.[609] Im Rahmen ihrer Beschlussfassung berücksichtigt die Europäische Zentralbank unter anderem inwieweit sich die Aussetzung oder Beendigung der Zusammenarbeit auf die künftige Funktionsweise des Einheitlichen Aufsichtsmechanismus auswirkt. Schließlich kann der teilnehmende Mitgliedstaat eine Beendigung der engen Zusammenarbeit auch innerhalb der Dreijahresfrist erreichen, indem dieser einen Beschlussentwurf des Aufsichtsgremiums mit entsprechender Begründung ablehnt. Das Aufsichtsgremium hat im Anschluss fünf Tage Zeit, über die Entscheidung des betroffenen Mitgliedstaates unter Zugrundelegung der angegebenen Gründe zu entscheiden. Wird eine Einigung nicht erzielt, beendet die Europäische Zentralbank auf Ersuchen des betroffenen Mitgliedstaates die enge Zusammenarbeit umgehend.[610] Der teilnehmende Mitgliedstaat erreicht auf diese Weise, dass er an den daraufhin ergehenden Beschluss nicht mehr gebunden ist.

608 Art. 7 Abs. 6 SSM-VO.
609 Art. 7 Abs. 7 SSM-VO.
610 Art. 7 Abs. 8 SSM-VO.

Die Verordnung regelt mithin die Frage, ab welchem Zeitpunkt ein teilnehmender Mitgliedstaat sich wieder freiwillig der Aufsicht durch die Europäische Zentralbank unterwerfen kann, nachdem die enge Zusammenarbeit zuvor beendet worden war. Gemäß Art. 7 Abs. 9 SSM-VO wird der ehemals teilnehmende Mitgliedstaat für einen Zeitraum von drei Jahren für eine erneute Teilnahme am Einheitlichen Aufsichtsmechanismus gesperrt. Unklar ist hierbei, die Aufnahme einer engen Zusammenarbeit durch die Europäische Zentralbank innerhalb der Sperrfrist initiiert werden kann. Problematisch ist dies insbesondere in Fällen systemischer Krisen, die auch von ehemals teilnehmenden Mitgliedstaaten ausgehen können.

c) Bewertung und Ausblick

Obwohl sich die Zuständigkeit der Europäischen Zentralbank von vornherein nur auf die Mitgliedstaaten der Eurozone beschränkt, ist ein *opt-in* für Nicht-Eurostaaten im Hinblick auf das Primärrecht unproblematisch, da Art. 127 Abs. 6 AEUV in Art. 139 Abs. 2 lit. c) AEUV nicht erwähnt wird. Die Möglichkeit der nicht teilnehmenden Mitgliedstaaten, sich freiwillig dem Einheitlichen Aufsichtsmechanismus zu unterwerfen, ist grundsätzlich zu begrüßen, da deren Aufsichtsbehörden ansonsten in keiner Weise einer Aufsicht durch die Europäische Zentralbank unterlägen.

Das Nebeneinander von verschiedenen Aufsichtsmechanismen vergrößert aber die Unterschiede zwischen den einzelnen Aufsichtssystemen in der Europäischen Union und widerspricht letztlich der Idee des einheitlichen Binnenmarktes.[611] Wie bereits angekündigt, werden u.a. Schweden und die Tschechische Republik[612] die Möglichkeit einer engen Zusammenarbeit mit der Europäischen Zentralbank nicht nutzen. Aber auch sonst hat noch kein anderer Staat sein Interesse an einer engen Zusammenarbeit bekundet bzw. hiervon Gebrauch gemacht.[613] Es bleibt daher einerseits abzuwarten, wie attraktiv das *opt-in* sein wird und andererseits wie sich Verstöße von teilnehmenden Mitgliedstaaten gegen das Aufsichtsregime des Einheitlichen Aufsichtsmechanismus auswirken. Im letzteren Fall müssen diese ohnehin keine bedeutenden Sanktions- oder Durchgriffsbefugnisse

611 *Siekmann*, in: ders., EWU, Art. 119 AEUV Rn. 84.

612 *Schuster*, EuZW-Beilage 2014, 3; *Gurlit*, EuZW-Beilage 2014, 14; *Selmayr*, in: Müller-Graff, Europäisches Wirtschaftsordnungsrecht, § 23 Rn. 275.

613 *Kaufhold*, ZG 2017, 18 (25).

der Europäischen Zentralbank befürchten. Ihnen drohen im *worst case*-Szenario nur der Ausschluss aus dem Einheitlichen Aufsichtsmechanismus, aber keine darüberhinausgehenden Konsequenzen. Dies dürfte die Befolgung von Anweisungen der Europäischen Zentralbank noch weniger attraktiv machen.

Die teilnehmenden Mitgliedstaaten können den Beschlüssen des EZB-Rates – je nachdem wie sie mit den eigenen Vorstellungen übereinstimmen – widersprechen, um nachteilige Entscheidungen für Kreditinstitute im eigenen Land zu entgehen. Die Möglichkeit, sich nach Belieben den Beschlüssen des Aufsichtsgremiums zu entziehen, birgt insbesondere die Gefahr, dass ihre Interessen bei der Entscheidungsfindung durch das Aufsichtsgremium überproportional ins Gewicht fallen, da ansonsten ihr Ausstieg aus dem Einheitlichen Aufsichtsmechanismus droht. Dieser Umstand widerspricht einer effektiven und durchsetzungsstarken Aufsicht auf europäischer Ebene und kann keineswegs eine dauerhafte Lösung für die Zukunft darstellen.[614] Auch wenn die Teilnahme am Einheitlichen Aufsichtsmechanismus auf freiwilliger Basis erfolgt, sind dennoch echte Sanktionsbefugnisse notwendig, um die Einhaltung der materiell-rechtlichen Unionsaufsichtsstandards im gesamten europäischen Raum zu gewährleisten. Denkbar wäre insoweit die Verlängerung der Frist von mindestens drei Jahren oder höhere Hürden für einen Austritt aus dem Einheitlichen Aufsichtsmechanismus.

VI. Kompetenzverteilung zwischen Europäischer Zentralbank und Aufsichtsbehörden

1. Ausschließliche Aufsichtszuständigkeit der Europäischen Zentralbank

a) Allgemeines

Die Europäische Zentralbank beaufsichtigt – anders als im Verordnungsentwurf der Europäischen Kommission – nicht automatisch und ausnahmslos alle im europäischen Währungsraum niedergelassenen Kreditinstitute im Sinne einer vollständig zentralisierten Aufsicht unmittelbar und ausschließlich, sondern nur jene, die von der Europäischen Zentralbank

614 *Buch/Körner/Weigert*, IWH Online 5/2013, S. 8; siehe auch *Tröger*, ZBB 2013, 373 (391 f.).

als bedeutend eingestuft werden.[615] Die Beschränkung des aufsichtsrechtlichen Mandats auf systemrelevante Institute ist im Wesentlichen auf einen Kompromiss zwischen dem Unionsgesetzgeber und der deutschen Bundesregierung zurückzuführen, welche sich gegen eine umfassende Aufsicht durch die Europäische Zentralbank ausgesprochen hat. Diese Kompetenzverteilung beruht auf der Erwägung, dass von kleineren und für den Finanzmarkt eher unbedeutenden Kreditinstituten grundsätzlich keine signifikanten Gefahren im Falle ihrer Illiquidität ausgehen.[616] Nicht zuletzt stieße die Überwachung von rund 4.000 der Eurozone angehörenden Kreditinstitute ausschließlich durch die Europäische Zentralbank auf erhebliche praktische Schwierigkeiten und ginge zu Lasten einer effektiven Aufsicht auf Unionsebene.

b) Beschränkung auf bedeutende Kreditinstitute

Die Frage nach der Kompetenzverteilung zwischen der Europäischen Zentralbank und den nationalen Aufsichtsbehörden orientiert sich nach der Abgrenzungsregel von Art. 6 Abs. 4 i.V.m. Art. 4 Abs. 1 SSM-VO. Hiernach erhält die Europäische Zentralbank in Bezug auf die Aufgaben nach Art. 4 SSM-VO – mit Ausnahme von Art. 4 Abs. 1 lit. a) und c) SSM-VO – nur dann die ausschließliche Aufsichtszuständigkeit über alle in den teilnehmenden Mitgliedstaaten niedergelassenen Kreditinstitute, wenn es sich bei den Aufsichtssubjekten um „bedeutende“ bzw. „systemrelevante“ Kreditinstitute im Sinne von Art. 6 Abs. 4 SSM-VO handelt. Für die in Art. 4 Abs. 1 lit. a) und c) SSM-VO aufgeführten Befugnisse ist sie hingegen ohne Rücksicht auf die Bedeutung des Kreditinstituts stets ausschließlich zuständig. Soweit der Zuständigkeitsbereich der Europäischen Zentralbank eröffnet ist, sind die nationalen Aufsichtsbehörden nicht mehr in der Lage, unmittelbar Aufsichtsmaßnahmen auf der Grundlage des nationalen Rechts zu erlassen. Sie sind in diesen Fällen nur noch mittelbar in Gestalt von vorbereitenden oder unterstützenden Maßnahmen in die Aufsicht einbezogen.[617]

---

615 Liste der als signifikant eingestuften Institute vom 01.07.2018, abrufbar unter: https://www.bankingsupervision.europa.eu/ecb/pub/pdf/ssm.list_of_supervised_entities_201807.en.pdf, zuletzt aufgerufen am 25.11.2018. Am letzten Stichtag, dem 01.07.2018 wurden auf konsolidierter Basis 119 Bankengruppen als bedeutend eingestuft.

616 Kritisch *Wymeersch*, ECGI-Law Working Paper 240/2014, S. 28.

617 Art. 6 Abs. 3 SSM-VO.

Die Europäische Zentralbank ist im Rahmen ihrer ausschließlichen Zuständigkeit die nach außen hin handelnde Behörde und kann rechtlich verbindliche Aufsichtsbeschlüsse und sonstige Maßnahmen unmittelbar gegenüber den von ihr beaufsichtigten Instituten ergreifen. Das hierdurch geschaffene Rechtsverhältnis gilt unmittelbar und allein zwischen der Europäischen Zentralbank und dem beaufsichtigten Institut.[618] Alle übrigen – nicht bedeutenden – Kreditinstitute verbleiben weiterhin unter der Aufsicht der nationalen Behörde und werden allein nach nationalem Recht im Rahmen der unionsrechtlichen Vorgaben beaufsichtigt.

c) Signifikanzkriterien

Für die Zuständigkeitsverteilung zwischen der Europäischen Zentralbank und den nationalen Aufsichtsbehörden ist das Kriterium der Systemrelevanz maßgeblich, das eine exakte Grenzziehung im Hinblick auf die zu überwachenden Institute ermöglicht. Die Einstufung als bedeutendes Kreditinstitut richtet sich dabei nach vorgegebenen Parametern und wird für jedes beaufsichtigte Institut isoliert vorgenommen. Gehören ein oder mehrere Institute zu einer beaufsichtigten Gruppe, erfolgt die Einstufung als bedeutend auf der obersten Konsolidierungsebene.[619] Dies hat zur Folge, dass selbst weniger bedeutende Tochterunternehmen oder -gesellschaften auch dann unter die direkte Aufsicht der Europäischen Zentralbank fallen, wenn nur das Mutterunternehmen die Signifikanzkriterien erfüllt.[620] Haben aber nur die Tochtergesellschaften, nicht aber das Mutterunternehmen ihren Sitz in einem teilnehmenden Mitgliedstaat, so beaufsichtigt die Europäische Zentralbank nur diese auf Einzelbasis, vorausgesetzt sie erfüllen die Aufsichtskriterien.[621]

aa) Größe

Die Europäische Zentralbank beaufsichtigt zunächst ausschließlich und unmittelbar sämtliche Institute oder Gruppen, deren Aktiva 30 Mrd. Euro

618 *Ohler*, Bankenaufsicht und Geldpolitik in der Währungsunion, § 5 Rn. 141.
619 Art. 40 Abs. 1 SSM-VO; *Tröger*, ZBB 2013, 373 (380).
620 *Tröger*, ZBB 2013, 373 (380).
621 *Lackhoff*, JIBLR 2013, 454 (458).

übersteigen[622]. Die SSM-RahmenVO bezeichnet diese Grenze als „Größenschwellenwert".[623] Das Größenkriterium soll sicherstellen, dass die größten und bedeutendsten Kreditinstitute einer Aufsicht durch die Europäischen Zentralbank unterliegen und in Zukunft nur einer Aufsichtsbehörde gegenüberstehen. Von den finanzkräftigsten Instituten gehen im Falle von Finanzmarktkrisen größere Gefahren aus, da das Anlagevolumen bei diesen ungleich höher ist als bei kleineren bedeutenden Instituten. Gleiches gilt für ihre grenzüberschreitenden Aktivitäten.

bb) Relevanz für die Wirtschaft

Ein Kreditinstitut oder Bankengruppe wird ferner von der Europäischen Zentralbank beaufsichtigt, wenn diese eine Relevanz sowohl für die Wirtschaft der Europäischen Union als auch eines teilnehmenden Mitgliedstaates aufweist.[624] Die Verwirklichung dieses Kriteriums wird vermutet, wenn das Verhältnis der gesamten Aktivposten zum Bruttoinlandsprodukt des teilnehmenden Mitgliedstaates mehr als 20 % beträgt. Der Gesamtwert der Aktiva darf dabei nicht weniger als fünf Mrd. Euro betragen.[625] Die Aktiva werden nach bilanziellen Gesichtspunkten ermittelt, während sich das Bruttoinlandsprodukt gemäß Art. 56 SSM-RahmenVO nach den von Eurostaat veröffentlichten Angaben orientiert.[626] Hierbei sind Überschneidungen mit dem Kriterium des Größenschwellenwerts möglich, da in der Regel die größten Kreditinstitute zugleich eine Relevanz für die europäische oder heimische Wirtschaft des jeweiligen Mitgliedstaates darstellen.

Bei der Einstufung eines Kreditinstituts aufgrund seiner Relevanz berücksichtigt die Europäische Zentralbank mehrere Faktoren, die zwar nebeneinander aber nicht kumulativ vorliegen müssen. Von Bedeutung ist zunächst die Relevanz des Kreditinstituts für spezifische Wirtschaftsbereiche, wie z.B. Industrie und Handel. Maßgeblich ist auch die Verflechtung des Institutes mit der Wirtschaft der Europäischen Union als Ganzes oder eines einzelnen teilnehmenden Mitgliedstaates. Je umfangreicher das Unternehmen mit anderen ausländischen Finanzmärkten verknüpft ist, desto

---

622 Art. 6 Abs. 4 UAbs. 2 lit. i) SSM-VO i.V.m. Art. 39 Abs. 3 lit. a) SSM-RahmenVO.
623 Art. 50 Abs. 2 SSM-RahmenVO.
624 Art. 6 Abs. 4 UAbs. 1 lit. ii) SSM-VO.
625 Art. 6 Abs. 4 UAbs. 2 lit. ii) SSM-VO i.V.m. Art. 39 Abs. 3 lit. b) SSM-RahmenVO; *Tröger*, ZBB 2013, 373 (381).
626 *Ohler*, Bankenaufsicht und Geldpolitik in der Währungsunion, § 5 Rn. 145.

größer ist auch seine Bedeutung für die Europäische Union. Relevant ist auch die Frage nach der Substituierbarkeit des betroffenen Kreditinstituts sowohl als Marktteilnehmer als auch als Dienstleister. Es ist davon auszugehen, dass die Bedeutung eines Kreditinstituts mit der Größe seines Kundenstammes steigt bzw. mit dem dort angelegten Kapital. Schließlich kann auch „die unternehmensbezogene, strukturelle und operative Komplexität“[627] eines Kreditinstituts eine Aufsicht durch die Europäische Zentralbank rechtfertigen.

Erfüllt ein Institut aus Sicht der Europäischen Zentralbank nicht das Kriterium der Relevanz, kann es unabhängig hiervon dennoch als bedeutend eingestuft werden, wenn die nationale Aufsichtsbehörde eines teilnehmenden Mitgliedstaates der Auffassung ist, dass ein von ihr beaufsichtigtes Institut in Bezug auf die eigene Wirtschaft als bedeutend einzustufen ist. Die Europäische Zentralbank unterzieht die Einschätzung der nationalen Aufsichtsbehörde einer eigenen Bewertung, einschließlich einer bilanziellen Überprüfung und teilt ihre Entscheidung mittels eines Beschlusses mit. Das Verfahren zur Feststellung der Bedeutung eines aus Sicht der SSM-VO weniger bedeutenden Institutes richtet sich nach Art. 58 Abs. 2 und 3 i.V.m. Art. 57 SSM-RahmenVO.

cc) Umfang der grenzüberschreitenden Tätigkeiten

Ein weiteres Kriterium bemisst die Bedeutung oder Systemrelevanz einer Kreditinstitutsgruppe anhand ihrer grenzüberschreitenden Tätigkeiten innerhalb der Europäischen Union. Mit grenzüberschreitenden Tätigkeiten sind die Beziehungen zwischen einer Konzernmutter und ihren in anderen teilnehmenden Mitgliedstaaten ansässigen Tochtergesellschaften zu verstehen. Maßgeblich ist somit nicht die Vernetzung oder die Geschäftsbeziehung eines Kreditinstituts mit anderen, im europäischen Währungsraum niedergelassenen Instituten. Die Ansteckungsgefahren sind bei weit vernetzten Konzernen wesentlich höher als bei rein national agierenden Kreditinstituten.[628]

Eine Beaufsichtigung durch die Europäische Zentralbank setzt hiernach voraus, dass die Konzernmutter der beaufsichtigten Gruppe in einem teilnehmenden Mitgliedstaat niedergelassen ist und in mehr als einem teilnehmenden Mitgliedstaat Tochterunternehmen errichtet hat. Darüber hi-

627 Art. 57 Abs. 1 lit. d) SSM-RahmenVO.
628 *Wymeersch*, ECGI-Law Working Paper 240/2014, S. 30.

naus müssen die grenzüberschreitenden Forderungen und Verbindlichkeiten die in Art. 59 Abs. 2 SSM-RahmenVO festgelegten Werte erreichen. Dies ist der Fall, wenn der Gesamtwert der Aktiva fünf Mrd. Euro übersteigt und der Anteil ihrer grenzüberschreitenden Aktiva in dem Verhältnis zu ihren Gesamtaktiva nicht weniger als 20 % beträgt. Gleiches gilt für die Passiva.[629] Ein Kreditinstitut, das lediglich über Zweigstellen oder Niederlassungen, nicht aber über rechtlich verselbstständigte Tochtergesellschaften verfügt, erfüllt das Kriterium der grenzüberschreitenden Tätigkeiten im Sinne des Art. 6 Abs. 4 UAbs. 1 lit. iii) SSM-VO hingegen nicht.

dd) Finanzierungshilfen

Ein Kreditinstitut ist im Sinne der SSM-VO und SSM-RahmenVO auch dann als bedeutend einzustufen, wenn für dieses öffentliche finanzielle Stützungsmaßnahmen beantragt oder entgegengenommen worden sind.[630] Es handelt sich dabei um Finanzhilfen durch den Europäischen Stabilitätsmechanismus (*European Stability Mechanism* – ESM).[631] Zwar erwähnt die SSM-VO auch Finanzierungshilfen durch die befristet errichtete Europäische Finanzstabilisierungsfazilität (*European Financial Stability Facility* – EFSF), allerdings wird diese für den Einheitlichen Aufsichtsmechanismus in Zukunft ohne Bedeutung sein, da die EFSF Mitte 2013 durch den ESM abgelöst worden ist.[632] In der zeitlich später erlassenen SSM-RahmenVO findet die EFSF schon keine Erwähnung mehr.

Die Aufsicht durch die Europäische Zentralbank beginnt ab dem Tag, an dem durch das ESM-Mitglied öffentliche finanzielle Unterstützungen aus dem ESM für das betroffene Institut beantragt wurden.[633] Erhält ein Tochterunternehmen, nicht aber der Mutterkonzern, finanzielle Unterstützungen, die zu einer Beaufsichtigung durch die Europäische Zentralbank führt, so hat dies gleichzeitig Auswirkungen auf die Gruppe, zu der das Tochterunternehmen gehört. Mit der Beantragung von öffentlichen finanziellen Mitteln für das Tochterunternehmen werden alle anderen Unter-

---

629 Art. 59 Abs. 2 lit. a) und b) SSM-RahmenVO.

630 Art. 6 Abs. 4 UAbs. 4 SSM-VO i.V.m. Art. 61 Abs. 1 SSM-RahmenVO.

631 Vertrag zur Einrichtung des Europäischen Stabilitätsmechanismus (ESM) v. 25.03.2011, abrufbar unter: http://europa.eu/rapid/press-release_DOC-12-3_de.htm, zuletzt aufgerufen am 25.11.2018.

632 *Piecha*, EuZW 2012, 532 (534); *Bark/Gilles*, EuZW 2013, 367 (367).

633 Art. 63 Abs. 1 SSM-RahmenVO.

nehmen, die ebenfalls Teil der beaufsichtigten Gruppe sind, ebenfalls als bedeutend eingestuft.[634]

Die Inanspruchnahme von rein nationalen Hilfsmaßnahmen, mit Ausnahme von indirekten Hilfsmaßnahmen durch den ESM, führt in keinem Fall zu einer Einstufung als bedeutendes Kreditinstitut im Sinne der SSM-VO und einer damit einhergehenden Beaufsichtigung durch die Europäische Zentralbank. In Bezug auf diese weniger bedeutenden Kreditinstitute, die nationale Hilfsmaßnahmen in Anspruch nehmen, kooperiert die Europäische Zentralbank eng mit den nationalen Aufsichtsbehörden.[635]

ee) Die drei größten Institute

Schließlich wird die Europäische Zentralbank unabhängig von den soeben dargestellten Kriterien die drei größten Kreditinstitute eines teilnehmenden Mitgliedstaates beaufsichtigen.[636] Dieses Kriterium ermöglicht ihr ein Mindestmaß an Präsenz in jedem teilnehmenden Mitgliedstaat, auch wenn der Finanzmarkt und die dort ansässigen Kreditinstitute keine merkliche Relevanz für den gesamten Finanzmarkt des europäischen Währungsraums aufweisen.[637] Auf diese Weise werden Aufsichtslücken in der Eurozone verringert. Die SSM-VO selbst gibt nicht vor, wie die drei größten Kreditinstitute zu bestimmen sind, da Art. 6 Abs. 4 UAbs. 5 SSM-VO diesbezüglich keine konkreten Voraussetzungen nennt. Dies richtet sich vielmehr nach der SSM-RahmenVO. Gemäß Art. 65 Abs. 2 SSM-RahmenVO werden die drei größten Institute eines teilnehmenden Mitgliedstaates anhand des Größenkriteriums im Sinne der Art. 50-55 SSM-RahmenVO ermittelt.

d) Verfahren zur Einstufung eines Kreditinstituts als bedeutend

Die Einordnung eines Kreditinstituts als bedeutend und die damit einhergehende Unterwerfung unter die Aufsicht der Europäischen Zentralbank wird nicht unmittelbar von der SSM-VO entschieden. Die Konkretisierung

634 Art. 64 SSM-RahmenVO.

635 *Wymeersch*, ECGI-Law Working Paper 240/2014, S. 30.

636 Art. 6 Abs. 4 UAbs. 5 SSM-VO.

637 So auch *Wymeersch*, ECGI-Law Working Paper 240/2014, S. 31.

der oben dargestellten abstrakten Kriterien und das Verfahren zur Signifikanzeinstufung eines Kreditinstituts sind in der SSM-RahmenVO enthalten. Für die aufsichtliche Praxis wird daher in erster Linie die SSM-RahmenVO von Bedeutung sein.[638]

Die Europäische Zentralbank wird gemäß Art. 43 Abs. 1 SSM-RahmenVO mindestens jährlich prüfen, ob ein bedeutendes Kreditinstitut weiterhin die Kriterien des Art. 6 Abs. 4 SSM-VO erfüllt und dadurch seinen Status beibehält.[639] Die nationalen Aufsichtsbehörden prüfen hingegen im gleichen Turnus, ob die von ihr beaufsichtigten Kreditinstitute weiterhin als weniger bedeutende Institute einzustufen sind und in nationaler Aufsichtszuständigkeit verbleiben.[640] Die von der Europäischen Zentralbank als bedeutend eingestuften Kreditinstitute oder Kreditinstitutsgruppen müssen mindestens einen Monat vor dem Tag, an dem die Europäische Zentralbank die Aufsicht von der nationalen Aufsichtsbehörde übernimmt, über diesen Wechsel informiert werden. Im Fall der Entgegennahme von direkten staatlichen Hilfsmaßnahmen durch den ESM beträgt diese Frist mindestens eine Woche. Die national zuständigen Aufsichtsbehörden werden ebenfalls über diese Vorgänge in Kenntnis gesetzt.

Die Entscheidung der Europäischen Zentralbank ergeht als Beschluss, der zuvor vom Aufsichtsgremium gemäß Art. 26 Abs. 8 SSM-VO vorbereitet und dem EZB-Rat zur Entscheidung vorgelegt wurde. Vor Erlass des Beschlusses haben sowohl das betroffene Institut als auch die nationale Aufsichtsbehörde Gelegenheit, sich schriftlich über die bevorstehende Entscheidung in Bezug auf die Einstufung als bedeutendes Kreditinstitut zu äußern.[641] Hat die Europäische Zentralbank ein Kreditinstitut oder -gruppe als bedeutend eingestuft, verliert die an sich zuständige nationale Aufsichtsbehörde ihre Aufsichtskompetenz im Hinblick auf die in Art. 4 SSM-VO aufgeführten Befugnisse. Deren Übergang muss spätestens zwölf Monate nach dem Tag, an dem die Europäische Zentralbank das Kreditinstitut oder -gruppe über die Einstufung unterrichtet hat, erfolgen.[642]

Die Beendigung der Aufsicht durch die Europäische Zentralbank erfolgt ebenfalls in Form eines Beschlusses, der mindestens einen Monat vor Ablauf der Aufsicht erlassen und die zugrunde liegenden Gründe für die Be-

638 *Ruthig*, ZHR 2014, 443 (476).
639 Art. 43 Abs. 2 SSM-RahmenVO.
640 Art. 43 Abs. 2 SSM-RahmenVO.
641 Art. 44 Abs. 4 und 5 SSM-RahmenVO.
642 Art. 45 Abs. 4 SSM-RahmenVO.

endigung enthalten muss.[643] Von Bedeutung ist dabei insbesondere, dass das beaufsichtigte Kreditinstitut in drei aufeinander folgenden Kalenderjahren keines der für eine Einstufung als bedeutendes Kreditinstitut erforderlichen Kriterien aus Art. 6 Abs. 4 SSM-VO (Größe, Relevanz und Bedeutung der grenzüberschreitenden Tätigkeiten) erfüllt hat.[644] Beruht die Einstufung als bedeutendes Kreditinstitut oder -gruppe auf den Erhalt direkter finanzieller Mittel durch den ESM, so ist die Aufsicht durch die Europäische Zentralbank beendet, wenn die finanziellen Hilfsmaßnahmen entweder erst gar nicht angenommen, vollständig zurückgezahlt oder beendet wurden.[645] Ein Beschluss zur Beendigung der direkten Aufsicht durch die Europäische Zentralbank darf in dem zuletzt genannten Fall allerdings erst nach Ablauf von drei Kalenderjahren nach der Rückzahlung oder Beendigung gefasst werden.[646] Diese Regelung soll sicherstellen, dass das betroffene Institut auch ohne die Entgegennahme von finanziellen Mitteln oder in der Zeit danach, die aufsichtsrechtlichen Vorschriften einhält und eine erneute direkte Aufsicht durch die Europäische Zentralbank nicht mehr erforderlich ist.

e) Besondere Umstände im Sinne von Art. 6 Abs. 4 SSM-VO

Die Europäische Zentralbank kann im Einzelfall davon absehen, ein Kreditinstitut – obwohl es die Signifikanzkriterien erfüllt – als bedeutend einzustufen, wenn „besondere Umstände" im Sinne von Art. 6 Abs. 4 UAbs. 2 SSM-VO vorliegen. Der Begriff der „besonderen Umstände" wird von Art. 70 Abs. 1 SSM-RahmenVO dahingehend konkretisiert, dass bei dem jeweils betroffenen Institut spezifische und tatsächliche Umstände vorliegen müssen, aufgrund derer seine Einstufung als bedeutend unter Berücksichtigung der Ziele und Grundsätze der SSM-VO und insbesondere des Erfordernisses der Sicherstellung der kohärenten Anwendung hoher Aufsichtsstandards unangemessen[647] ist.

643 Art. 46 Abs. 1 SSM-RahmenVO.
644 Art. 47 Abs. 1 SSM-RahmenVO.
645 Art. 47 Abs. 2 SSM-RahmenVO.
646 Art. 47 Abs. 3 SSM-RahmenVO.
647 Siehe *Würdemann*, BKR 2017, 421 (431), der zutreffend auf eine sprachliche Ungenauigkeit der deutschen Textfassung hinsichtlich des Begriffs „unangemessen" hinweist. Die englische Textfassung verwendet den Begriff „inappropriate", der im deutschen Sprachgebrauch hingegen überwiegend mit „ungeeignet" übersetzt wird.

Der EuG hat im Fall der *Landeskreditbank Baden-Württemberg* entschieden, dass sich der Prüfungsmaßstab der Angemessenheit im Rahmen des Art. 70 Abs. 1 SSM-RahmenVO allein in der Frage erschöpfe, ob die Aufsicht durch eine nationale Behörde im Vergleich zur Aufsicht durch die Europäische Zentralbank besser geeignet ist, um die mit der SSM-VO verfolgten Ziele zu erreichen.[648] Erstere komme aber nicht bereits dann in Betracht, wenn diese lediglich genauso geeignet ist wie die direkte Aufsicht durch die Europäischen Zentralbank. [649] Bei der Prüfung der „besonderen Umstände" sei angesichts des Wortlauts des Art. 70 Abs. 1 SSM-VO auch keine Erforderlichkeitsprüfung dahingehend vorzunehmen, ob das Vorliegen institutsspezifischer Besonderheiten, wie z.B. ein niedriges Risikoprofil, eine Aufsicht durch die Europäische Zentralbank rechtfertigt oder nicht etwa eine Beaufsichtigung durch die nationale Behörde ausreichend ist.[650] Will ein Kreditinstitut in der Praxis demzufolge als unbedeutendes Institut eingestuft werden, muss es nach Auffassung des EuG darlegen, dass eine Beaufsichtigung durch die nationale Aufsichtsbehörde besser geeignet ist als die Aufsicht durch die Europäische Zentralbank.[651]

Der EuG unterlässt es jedoch unter Hinweis auf den weiten Beurteilungsspielraum der Europäischen Zentralbank und die Darlegungslast der Klägerin, eine tatbestandliche Konkretisierung des unbestimmten Rechtsbegriffs „besondere Umstände" vorzunehmen.[652] Die Unionsgerichte sind anders als im deutschen Verwaltungsprozessrechts und des dort geltenden Amtsermittlungsgrundsatzes nicht verpflichtet, den Sachverhalt von Amts

---

648 EuG, Urt. v. 16.05.2017, T-122/15, Rn. 42 ff. Hintergrund ist eine von der Landeskreditbank Baden-Württemberg erhobene Nichtigkeitsklage im Sinne des Art. 263 AEUV gegen einen Beschluss der Europäischen Zentralbank, mit dem das Institut zuvor als bedeutend eingestuft worden war. Nach erfolgloser Einschaltung des administrativen Überprüfungsausschusses und Bestätigung des ursprünglichen Beschlusses durch einen neuen Beschluss, erhob sie Nichtigkeitsklage. Zur Begründung der Klage trug die Landeskreditbank im Wesentlichen vor, dass eine unmittelbare Beaufsichtigung durch die Europäische Zentralbank angesichts ihres niedrigen Risikoprofils nicht angemessen und eine Beaufsichtigung durch die nationale Aufsichtsbehörde daher ausreichend sei. Siehe dazu auch *Witte*, EuR 2017, 648 ff.; *Tröger*, EuZW 2017, 461 (472 ff.); *Würdemann*, BKR 2017, 421 (431 ff.); *Roth*, Die indirekte Bankenaufsicht durch die EZB, S. 81 f.

649 EuG, Urt. v. 16.05.2017, T-122/15, Rn. 46; siehe dazu auch *Roth*, Die indirekte Bankenaufsicht durch die EZB, S. 81 f.; *Witte*, EuR 2017, 648 ff.; *Tröger*, EuZW 2017, 461 (472 ff.); *Würdemann*, BKR 2017, 421 (431 ff.).

650 EuG, Urt. v. 16.05.2017, T-122/15, Rn. 44; *Witte*, EuR 2017, 648 (650).

651 *Hanten/Bracht*, ZBB 2017, 236 (239).

652 *Kämmerer*, ZBB 2017, 317 (323).

wegen zu erforschen. Das Unionsgericht kann den Vortrag einer Partei mangels Substantiierung ohne weitere Aufklärungsmaßnahmen zurückweisen. Nach Auffassung des EuG hat die klagende Landesbank nicht dargelegt, weshalb eine Aufsicht durch die Europäische Zentralbank weniger geeignet sei als die nationale Aufsicht, sodass sie sich selbst nicht mit der Frage auseinandersetzen musste, ob Anhaltspunkte dafür vorliegen, dass die BaFin im der Fall der klagenden Landesbank die geeignetere Aufsichtsbehörde wäre.[653]

Da der EuG von einer ausschließlichen Zuständigkeit der Europäischen Zentralbank im Rahmen des Einheitlichen Aufsichtsmechanismus ausgeht, scheidet nach seiner Ansicht auch eine Heranziehung des Subsidiaritätsgrundsatzes gemäß Art. 5 Abs. 3 EUV zum Zwecke einer Prüfung von Art. 70 Abs. 1 SSM-RahmenVO mit höherrangigem Recht aus.[654] Der EuG wählt damit als Anknüpfungspunkt für die Subsidiaritätsprüfung die sekundärrechtlich begründeten und ihrer Auffassung nach ausschließlichen Kompetenzen der Europäischen Zentralbank innerhalb der SSM-VO ab und stellt diese im Ergebnis den primärrechtlich begründeten ausschließlichen Kompetenzen der Europäischen Union gleich.[655] Hinsichtlich des Verhältnismäßigkeitsgrundsatzes im Sinne des Art. 5 Abs. 4 EUV hebt das Gericht die durch die SSM-VO vorgegebenen Kriterien hervor, anhand derer die Bedeutung eines Kreditinstitutes bestimmt werden kann.[656] Eine parallel dazu erfolgende Erforderlichkeitsprüfung im Einzelfall, ob trotz der Anwendung der Kriterien in Art. 6 Abs. 4 SSM-VO ein bedeutendes Institut ausnahmsweise nicht doch der direkten Aufsicht durch die nationalen Behörden unterliegen sollte, weil diese besser in der Lage wäre, die Ziele der SSM-VO zu erreichen, würde nach Lesart des Gerichts das Gleichgewicht in der SSM-VO in Frage stellen.[657]

---

653 *Würdemann*, BKR 2017, 421 (433 f.); *Hanten/Bracht*, ZBB 2017, 236 (243).

654 EuG, Urt. v. 16.05.2017, T-122/15, Rn. 65.

655 *Witte*, EuR 2017, 648 (654 f.); *Würdemann*, BKR 2017, 421 (433 f.).

656 EuG, Urt. v. 16.05.2017, T-122/15, Rn. 75 f.)

657 Da die klagende Landesbank die Unvereinbarkeit von Art. 70 SSM-RahmenVO mit höherrangigem Recht und insbesondere mit Art. 6 Abs. 4 SSM-VO nicht gerügt hat, konnte der EuG diese Vorschrift seiner Entscheidung zugrunde legen, ohne zunächst eine inzidente Rechtmäßigkeitsprüfung vornehmen zu müssen, *Witte*, EuR 2017, 648 (651).

2. Indirekte Zuständigkeit für weniger bedeutende Kreditinstitute

In Bezug auf weniger bedeutende Kreditinstitute, die die oben dargestellten Kriterien nicht erfüllen, ist – mit Ausnahme von Art. 4 Abs. 1 lit. a) und c) SSM-VO – nicht die Europäische Zentralbank, sondern die nationale Aufsichtsbehörde ausschließlich zuständig. Sie wendet weiterhin das nationale Aufsichtsrecht im Rahmen der unionsrechtlichen Vorgaben an und erlässt auf dieser Grundlage verbindliche Maßnahmen gegenüber nicht systemrelevanten Kreditinstituten. Gleichwohl die nationalen Aufsichtsbehörden in Bezug auf weniger bedeutende Kreditinstitute ausschließlich zuständig sind, kann die Europäische Zentralbank aufgrund ihrer Primärverantwortung für eine einheitliche und wirksame Funktionsweise des Einheitlichen Aufsichtsmechanismus im Rahmen des Art. 6 Abs. 5 SSM-VO die Aufsichtstätigkeit der nationalen Behörden maßgeblich steuern. Diese Möglichkeit der Einwirkung gewährleistet, dass auch außerhalb des Anwendungsbereichs der SSM-VO, die kohärente Anwendung der unionsrechtlichen Aufsichtsstandards gewährleistet ist.[658] Zu diesem Zweck wird sie gemäß Art. 6 Abs. 5 lit. a) SSM-VO Verordnungen, Leitlinien oder allgemeine Weisungen an die nationalen Aufsichtsbehörden richten, die diese im Rahmen ihrer Aufsicht auf mitgliedstaatlicher Ebene beachten müssen. Auf diese Weise wird die Aufsicht sowohl auf Unionsebene als auch auf nationaler Ebene durch die Europäische Zentralbank koordiniert.

Der EuG hat in seinem ersten Urteil zum Einheitlichen Aufsichtsmechanismus überraschend ausgeführt, dass die Beaufsichtigung weniger bedeutender Institute durch die nationale Aufsichtsbehörde nur ein untergeordneter Charakter zukomme. Denn die in Art. 6 SSM-VO enthaltene Aufgabenverteilung biete den nationalen Aufsichtsbehörden lediglich die Möglichkeit, die im Rahmen des Einheitlichen Aufsichtsmechanismus ausschließlich der Europäischen Zentralbank übertragenen Aufsichtsaufgaben in Art. 4 Abs. 1 SSM-VO in einem dezentralisierten Rahmen umsetzen zu können. Eine Verteilung der Kompetenzen zwischen der Europäischen Zentralbank und den nationalen Behörden hinsichtlich der Ausübung der in Art. 4 Abs. 1 SSM-VO genannten Befugnisse sei damit aber nicht einhergegangen, weil es sich bei der Wahrnehmung der Aufsicht über weniger bedeutende Institute und der in Art. 4 Abs. 1 lit. b) und d) - i) SSM-VO genannten Befugnisse gerade nicht um die autonome Ausübung einer innerstaatlichen Zuständigkeit handele.[659] Das vom EuG zugrunde gelegte Ver-

---

658 *Ohler*, Bankenaufsicht und Geldpolitik in der Währungsunion, § 5 Rn. 153.
659 EuG, Urt. v. 16.05.2017, T-122/15, Rn. 54 f. und 72.

ständnis von der Kompetenzverteilungsregel ist insoweit nachvollziehbar, als Art. 4 Abs. 1 SSM-VO die der Europäischen Zentralbank übertragenen Aufgaben zunächst pauschal als ausschließliche Befugnisse bezeichnet.[660] Allerdings darf die Europäische Zentralbank die dort genannten Befugnisse nur mit Blick auf die eingangs dargestellte Verteilungsregel des Art. 6 Abs. 4 SSM-VO wahrnehmen. Das Zusammenspiel von Art. 4 Abs. 1 und Art. 6 Abs. 4 SSM-VO ist vielmehr dahingehend zu verstehen, dass sämtliche Kompetenzen in Bezug auf weniger bedeutende Institute entgegen des Wortlauts des Art. 4 Abs. 1 SSM-VO von vorneherein von der Kompetenzzuweisung an die Europäische Zentralbank ausgenommen sind.[661]

3. Verbleibende Kompetenzen der nationalen Aufsichtsbehörden

Die nationalen Aufsichtsbehörden sind, wie eingangs geschildert, weiterhin für die Beaufsichtigung von weniger bedeutenden Kreditinstituten zuständig. Sie nehmen sämtliche Kompetenzen wahr, die der Europäischen Zentralbank auf der Grundlage der SSM-VO nicht übertragen worden sind. Dazu zählen insbesondere Befugnisse hinsichtlich der Durchführung der täglichen Überprüfung von Kreditinstituten, die Wahrnehmung der Funktionen der nationalen Aufsichtsbehörden in Bezug auf Kreditinstitute hinsichtlich der Märkte für Finanzinstrumente und die Bekämpfung des Missbrauchs des Finanzsystems für Geldwäsche und Terrorismusfinanzierung sowie des Verbraucherschutzes.[662] Allerdings sind die nationalen Aufsichtsbehörden verpflichtet, ihre Aufsichtspraxis an sämtliche von der Europäischen Zentralbank erlassenen Leitlinien und allgemeinen Weisungen anzupassen, um auch in diesen Bereichen einen hohen Grad an Harmonisierung zu erreichen und dauerhaft zu gewährleisten.[663]

VII. Ausgewählte Aufsichtsaufgaben und -instrumente

Die Errichtung des Einheitlichen Aufsichtsmechanismus hat zum Ziel, die einheitliche Anwendung der aufsichtsrechtlichen Vorschriften durch die

660 So *Roth*, Die indirekte Bankenaufsicht durch die EZB, S. 68.
661 *Witte*, EuR 2017, 648 (652 f.); *Roth*, Die indirekte Bankenaufsicht durch die EZB, S. 68 f.
662 Erwägungsgrund Nr. 28 SSM-VO.
663 *Wymeersch*, ECGI-Law Working Paper 240/2014, S. 39.

nationalen Aufsichtsbehörden sicherzustellen und damit verbundene Aufsichtsarbitrage aufgrund unterschiedlicher Interpretation der unionsrechtlichen Vorschriften zu vermeiden sowie einen Beitrag zur Finanzmarktstabilität zu leisten.[664] Insbesondere sollen Gefahren für das Finanzsystem frühzeitig erkannt und durch entsprechende Aufsichtsmaßnahmen eingedämmt werden.[665]

Die Europäische Zentralbank kann gemäß Art. 4 Abs. 1 SSM-VO auf ein umfangreiches Spektrum an Aufsichtsbefugnissen und -instrumentarien zurückgreifen. Dabei handelt es sich um einen abschließenden Befugniskatalog, der auch nicht durch eine Analogie zugunsten der Europäischen Zentralbank erweitert werden kann.[666] Neben den Befugnissen, die ihr unmittelbar gemäß Art. 4 Abs. 1 SSM-VO übertragen worden sind, kann die Europäische Zentralbank im Rahmen des Einheitlichen Aufsichtsmechanismus gemäß Art. 9 Abs. 1 UAbs. 2 SSM-VO auf sämtliche Befugnisse zurückgreifen, die auch den nationalen Aufsichtsbehörden nach dem einschlägigen Unionsrecht zur Verfügung stehen.[667] Soweit es zur Erreichung der Ziele der SSM-VO erforderlich ist, kann sie die nationalen Aufsichtsbehörden anweisen, von ihren Befugnissen nach nationalem Recht Gebrauch zu machen, die der Europäischen Zentralbank durch die SSM-VO nicht übertragen worden sind.[668]

Der Aufgaben- und Befugniskatalog der Europäischen Zentralbank im Rahmen des Einheitlichen Aufsichtsmechanismus umfasst – ähnlich wie das Aufsichtskonzept des KWG – sowohl präventive als auch repressive Aufsichtsinstrumente.[669] Dazu gehören zum einen verschiedene Sachverhaltsermittlungsrechte und zum anderen Durchgriffsrechte, um die unionsrechtlichen Aufsichtsstandards durchsetzen zu können. Die neuen Aufsichtsbefugnisse der Europäischen Zentralbank weisen im Gegensatz zu den Kompetenzen der EBA eine andere Rechtsqualität auf, da diese grundsätzlich nur auf den Erlass von *soft-law* beschränkt ist und lediglich in Ausnahmefällen unmittelbar gegenüber den nationalen Aufsichtsbehörden und Instituten tätig werden kann.[670]

---

664 Art. 1 SSM-VO; siehe auch *Ceyssens*, NJW 2013, 3704 (3705 f.).
665 *Sacarcelik*, BKR 2013, 353.
666 *Schuster*, EuZW-Beilage 2014, 3 (6).
667 Hierzu *Lackhoff*, JIBLR 2014, 13 (14).
668 Art. 9 Abs. 1 UAbs. 3 SSM-VO.
669 Siehe auch *Lehmann/Manger-Nestler*, ZBB 2014, 2 (17).
670 *Lehmann/Manger-Nestler*, ZBB 2014, 2 (17); siehe Abschnitt D. IV. 2. a) dd) (1).

1. Allgemeine Aufsichtsbefugnisse

Die Übertragung von präventiven Aufsichtsbefugnissen erscheint vor dem Hintergrund geboten, dass die Europäische Zentralbank ihre Aufsichtstätigkeit mit einem Informationsdefizit beginnt und in der Anfangsphase nicht über die notwendigen personellen und strukturellen Ressourcen verfügt. Die Instrumente der präventiven Aufsicht dienen der Sicherstellung von unionsrechtlichen Vorgaben sowie der Vorbeugung von Gefahren. In diesem Zusammenhang ist die Europäische Zentralbank insbesondere auf die Zusammenarbeit mit den nationalen Aufsichtsbehörden angewiesen, da diese bereits umfangreiche und aufsichtsrelevante Informationen über die jeweiligen Finanzmärkte sowie Marktteilnehmer besitzen.[671] Eine effektive Wahrnehmung der Aufsichtsaufgaben kann nur auf der Grundlage von ausreichenden Informationen über die Tätigkeiten und Geschäftsabläufe der Kreditinstitute erfolgen.

Zu diesem Zweck kann die Europäische Zentralbank von allen juristischen und natürlichen Personen sowohl Informationen verlangen als auch Untersuchungen durchführen, deren Ergebnisse sie zur Wahrnehmung ihrer Aufsichtsaufgaben benötigt. Zum potenziellen Adressatenkreis gehören im Einzelnen alle in den teilnehmenden Mitgliedstaaten niedergelassenen Kreditinstitute, Finanzholdinggesellschaften, gemischte Finanzholding- und Holdinggesellschaften sowie Personen, die diesen Unternehmen angehören und sonstige Dritte, die Aufgaben und Funktionen für diese ausüben, unabhängig davon, ob sie in einem teilnehmenden Mitgliedstaat der Union niedergelassen sind.[672] Die Entscheidung der Europäischen Zentralbank, Informationen einzuholen oder Untersuchungen durchzuführen, ergeht als verbindlicher Beschluss nach Maßgabe des Art. 26 SSM-VO gegenüber dem Informationsträger.[673] Verstöße hiergegen werden nach Art. 18 Abs. 7 SSM-VO sanktioniert.

a) Informationsrecht

Die Europäische Zentralbank ist gemäß Art. 10 SSM-VO berechtigt, sämtliche aufsichtsrechtlich relevanten Informationen zu verlangen, die sie zur ordnungsgemäßen Wahrnehmung der ihr durch die SSM-VO übertrage-

---

671 *Binder*, ZBB 2013, 289 (302).
672 Art. 10 Abs. 1 lit. a) - f) SSM-VO; siehe auch *Lackhoff*, JIBLR 2014, 13 (22).
673 Art. 10 Abs. 2 und Art. 11 Abs. 2 SSM-VO.

nen Aufgaben benötigt sowie jene Informationen, die in regelmäßig wiederkehrenden Abständen zu aufsichtlichen und statistischen Zwecken zur Verfügung gestellt werden müssen.[674] Gleichwohl die Reichweite des Informationsrechts nicht definiert ist und die Europäische Zentralbank einen Beurteilungsspielraum hinsichtlich der zu erhebenden Information hat, darf sich das Informationsersuchen nicht auf sachfremde Gegenstände beziehen und muss stets einen sachlich inhaltlichen Bezug zum Aufgabenkreis der Europäischen Zentralbank nach Art. 4 und 5 SSM-VO aufweisen.[675] Das Informationsrecht kann unabhängig von der Einstufung als „bedeutend" gegenüber allen in den teilnehmenden Mitgliedstaaten ansässigen Kreditinstituten geltend gemacht werden.[676] Die laufende Informationserhebung und die Aufforderung zur Erteilung von Informationen im Einzelfall erfolgen durch die klassischen Handlungsformen wie Beschlüsse und Verordnungen.

b) Allgemeine Untersuchungen

Die Untersuchungsbefugnisse der Europäischen Zentralbank werden durch ein allgemeines Untersuchungsrecht gemäß Art. 11 SSM-VO erweitert. Die Europäische Zentralbank ist über Art. 10 SSM-VO hinaus berechtigt, die Vorlage von Unterlagen zu verlangen, die Prüfung von Büchern und Aufzeichnungen vorzunehmen sowie Kopien und Auszüge von diesen anzufertigen, wenn die auf der Grundlage von Art. 10 SSM-VO erlangten Informationen nicht ausreichen. Zu den potenziellen Adressaten gehören die in Art. 10 Abs. 1 lit. a) - f) SSM-VO genannten Personen, sofern diese in einem teilnehmenden Mitgliedstaat niedergelassen sind. Der Beschluss zur Einleitung einer Untersuchung muss in formeller Hinsicht gemäß Art. 142 SSM-RahmenVO insbesondere die Rechtsgrundlage des Beschlusses sowie den Zweck der allgemeinen Untersuchung benennen. Darüber hinaus besteht die Möglichkeit, Mitarbeiter oder sonstige Personen mündlich oder schriftlich zu befragen. Das allgemeine Untersuchungsrecht berechtigt die Europäische Zentralbank zum einen zur aktiven Vornahme von Maßnahmen und zum anderen damit einhergehend, die Verpflichtung der Adres-

674 Art. 140 SSM-RahmenVO.

675 *Ohler*, Bankenaufsicht und Geldpolitik in der Währungsunion, § 5 Rn. 220.

676 Art. 6 Abs. 5 lit. d) SSM-VO; Art. 10 Abs. 1 lit a) - f) SSM-VO.

saten, diese Maßnahmen zu dulden. Hier sind Parallelen zum Aufsichtskonzept der BaFin erkennbar, das identische Prüfungsrechte vorsieht.[677]

Wird die Europäische Zentralbank bei der Durchführung ihrer Untersuchungsmaßnahmen nach Art. 10 und 11 SSM-VO von Personen behindert, so ist sie mangels eines eigenen Verwaltungsvollstreckungsrechts auf die Amtshilfe der zuständigen nationalen Aufsichtsbehörde angewiesen, um die eingeräumten Untersuchungsrechte wahrnehmen zu können.[678]

c) Vor-Ort-Prüfungen

Neben dem allgemeinen Untersuchungsrecht ist die Europäische Zentralbank gemäß Art. 12 SSM-VO auch in der Lage, Grundstücke und Räumlichkeiten der oben genannten juristischen Personen zu betreten und von ihren Befugnissen nach Art. 11 SSM-VO Gebrauch zu machen. Vor Beginn einer Vor-Ort-Prüfung muss gegenüber den betroffenen Personen ein Beschluss erlassen werden, der den Gegenstand und den Zweck der Prüfung benennt.[679] Die betroffenen Personen müssen über geplante Prüfungen in ihren Geschäftsräumen hingegen nicht in Kenntnis gesetzt werden, wenn die ordnungsgemäße Durchführung einer Prüfung dies erfordert.[680] In diesem Fall sind Verfahrenshandlungen, wie die Anhörung und die vorherige Bekanntgabe des Durchsuchungsbeschlusses gegenüber den betroffenen Personen, entbehrlich.[681] Dies befreit die Europäische Zentralbank aber nicht von der Pflicht, unmittelbar vor Beginn der Vor-Ort-Prüfung einen entsprechenden Beschluss vorzulegen. Dabei ist es ihr überlassen, die Prüfung mit eigenem Personal durchzuführen oder sich Dritten, wie Angestellte der nationalen Aufsichtsbehörden, Rechtsanwälte oder Wirtschaftsprüfer zu bedienen.[682] Sowohl die Angestellten der nationalen Aufsichtsbehörden als auch sonstige von ihr bevollmächtigte Dritte können unter der leitenden Aufsicht der Europäischen Zentralbank an den Vor-Ort-Prüfungen teilnehmen und von den in Art. 11 Abs. 1 SSM-VO genannten Befugnissen Gebrauch machen. Die Untersuchungen werden hierzu durch eigens von der Europäischen Zentralbank eingerichtete und zusammenge-

677 Siehe Abschnitt C. I. 4. f).
678 Art. 11 Abs. 2 UAbs. 2 SSM-VO.
679 Art. 143 Abs. 2 SSM-RahmenVO.
680 Art. 12 Abs. 1 S. 2 SSM-VO.
681 Siehe *Ohler*, Bankenaufsicht und Geldpolitik in der Währungsunion, § 5 Rn. 226.
682 Art. 12 Abs. 2 SSM-VO; *Lackhoff*, JIBLR 2014, 13 (23).

setzte Vor-Ort-Prüfungsteams durchgeführt, die sich aus Mitarbeitern der Europäischen Zentralbank und den nationalen Aufsichtsbehörden zusammensetzen.[683] Da die Europäische Zentralbank die Verantwortung für die Durchführung der Prüfung trägt, sind ihr auch alle in diesem Zusammenhang ergriffenen Maßnahmen zuzurechnen, unabhängig davon in welcher Person diese vorgenommen worden sind.[684]

d) Gerichtliche Genehmigung

Die Europäische Zentralbank ist im Rahmen einer Vor-Ort-Prüfung zur Einholung einer gerichtlichen Genehmigung verpflichtet, sofern das nationale Recht der Mitgliedstaaten, in dem die Vor-Ort-Prüfung stattfinden soll, dies erfordert.[685] Im Hinblick auf Prüfungen bei den in Deutschland ansässigen Kreditinstituten wäre eine richterliche Anordnung gemäß § 44c Abs. 3 KWG notwendig, außer bei Gefahr im Verzug.[686] In diesem Zusammenhang kann es jedoch zu rechtlich merkwürdigen Konstellationen und Zuständigkeitsverteilungen im Hinblick auf die Überprüfung solcher Beschlüsse durch nationale Gerichte kommen. Zieht die Europäische Zentralbank in Erwägung, eine Vor-Ort-Prüfung durchzuführen, so prüft das nationale Gericht, ob die Entscheidung der Europäischen Zentralbank nicht willkürlich und unverhältnismäßig ist.[687] Zur Prüfung der Verhältnismäßigkeit kann das nationale Gericht um detaillierte Erläuterungen u.a. im Hinblick auf den Verstoß gegen die in Art. 4 Abs. 3 UAbs. 2 SSM-VO genannten Rechtsakte sowie die Schwere des Verstoßes durch das betroffene Institut verlangen.[688] Ihr ist es aber untersagt, sowohl die Notwendigkeit der im Beschluss enthaltenen Maßnahmen in Frage zu stellen als auch die Herausgabe von Informationen aus den Akten der Europäischen Zentralbank zu verlangen.[689] Die Überprüfung von Rechtsakten der

---

683 Art. 144 SSM-RahmenVO.

684 *Ohler*, Bankenaufsicht und Geldpolitik in der Währungsunion, § 5 Rn. 227.

685 Art. 13 Abs. 2 SSM-VO. Diese Vorgehensweise entspricht weitgehend dem Verfahren der Europäischen Kommission bei wettbewerbsrechtlichen Verstößen, Art. 20 Abs. 8 VO zur Durchführung der in den Artikeln 81 und 82 des Vertrags niedergelegten Wettbewerbsregeln.

686 Vgl. § 44c Abs. 3 KWG, wonach Durchsuchungen von Geschäftsräumen, außer bei Gefahr im Verzug, durch den Richter anzuordnen sind.

687 Art. 13 Abs. 2 S. 1 SSM-VO.

688 Art. 13 Abs. 2 S. 2 SSM-VO.

689 Art. 13 Abs. 2 S. 3 SSM-VO.

Europäischen Zentralbank auf ihre Rechtmäßigkeit hin, obliegt nach wie vor nur den Unionsgerichten.[690] Im Ergebnis prüft das Unionsgericht das „Ob“ des EZB-Beschlusses, während sich die Prüfungskompetenz der national zuständigen Gerichte nur auf das „Wie“ einer im Beschluss enthaltenen Maßnahme beschränkt.[691]

2. Besondere Aufsichtsbefugnisse

Die nachfolgenden Befugnisse werden unabhängig von der Bedeutung eines Kreditinstituts ausschließlich von der Europäischen Zentralbank wahrgenommen. Diese Kompetenzen sind gleichzeitig auch dem Zugriff der nationalen Aufsichtsbehörden entzogen.[692]

a) Erteilung der Zulassung

Die Erteilung von Zulassungen zur Aufnahme der Tätigkeit eines Kreditinstituts erfolgt zukünftig gemäß Art. 4 Abs. 1 lit. a) SSM-VO ausschließlich durch die Europäische Zentralbank, ohne dabei eine Abgrenzung zwischen bedeutenden und weniger bedeutenden Kreditinstituten im Sinne von Art. 6 Abs. 4 SSM-VO vorzunehmen.

Das neue Zulassungsverfahren des Einheitlichen Aufsichtsmechanismus basiert auf einem zweistufigen Verfahren. Auf der ersten Stufe werden zunächst allein die nationalen Aufsichtsbehörden tätig. Der Antrag eines Kreditinstituts auf Zulassung zur Aufnahme seiner Tätigkeit muss bei den nationalen Aufsichtsbehörden des Mitgliedstaates, in dem das Institut seinen Sitz haben soll, gestellt werden.[693] Der Maßstab für die Erteilung einer Zulassung ist das geltende nationale Aufsichtsrecht der Mitgliedstaaten im Rahmen der unionsrechtlichen Vorgaben.[694] Für in der Bundesrepublik Deutschland niedergelassene Kreditinstitute richtet sich das Verfahren allein nach dem KWG und des deutschen Verwaltungsverfahrensgesetzes, sofern die SSM-VO und SSM-RahmenVO keine abweichenden Vorschriften enthalten. Die BaFin prüft dabei insbesondere, ob das antragstellende Kre-

---

690 Art. 13 Abs. 2 S. 4 SSM-VO; kritisch *Lehmann/Manger-Nestler*, ZBB 2014, 2 (17).

691 *Lackhoff*, JIBLR 2014, 13 (23).

692 Siehe auch *Wymeersch*, ECGI-Law Working Paper 240/2014, S. 45.

693 Art. 14 Abs. 1 SSM-VO.

694 Art. 74 SSM-RahmenVO.

ditinstitut die Voraussetzungen der §§ 32, 33 KWG und des harmonisierten Bankenaufsichtsrechts nach CRR und CRD-IV sowie anderer nationaler Rechtvorschriften, wie die des Geldwäschegesetzes, erfüllt.[695] Kommt die nationale Aufsichtsbehörde bereits auf der ersten Stufe zu dem Ergebnis, dass die nach nationalem Recht erforderlichen Zulassungsvoraussetzungen nicht vorliegen, lehnt sie den Antrag des betroffenen Instituts nach Art. 14 Abs. 3 SSM-VO ab. Die abschließende Ablehnungsentscheidung der BaFin stellt einen belastenden Verwaltungsakt im Sinne des § 35 S. 1 VwVfG dar, der dem Adressaten gemäß Art. 14 Abs. 4 SSM-VO bzw. nach § 41 Abs. 1 VwVfG durch die BaFin bekanntzugeben ist. Parallel hierzu ist der Europäischen Zentralbank eine Kopie der Entscheidung zu übermitteln.[696]

Hat die nationale Aufsichtsbehörde den Antrag auf Zulassung zur Aufnahme der Tätigkeit eines Kreditinstitut hingegen positiv beschieden, so richtet sie innerhalb einer nach nationalem Recht vorgegebenen Frist einen Beschlussentwurf an die Europäische Zentralbank mit dem Vorschlag, dem antragenden Institut eine Zulassung zu erteilen.[697] Die nationale Aufsichtsbehörde kann den Beschlussentwurf gemäß Art. 76 Abs. 3 SSM-VO auch mit Nebenbestimmungen versehen, wobei allein sie die Einhaltung der Beschränkungen zu überwachen hätte. Die bloße Übermittlung des Beschlussentwurfs an die Europäische Zentralbank stellt – anders als im Fall der ablehnenden Entscheidung – trotz „Bekanntgabe" gegenüber dem antragenden Institut keinen Verwaltungsakt dar. Es handelt sich hierbei um schlichtes Verwaltungshandeln, weil die nationale Aufsichtsbehörde gegenüber dem Antragsteller keine verbindliche Entscheidung über das Vorliegen der Zulassungsvoraussetzungen trifft; dies ist allein der Europäischen Zentralbank vorbehalten.[698]

Die Europäische Zentralbank entscheidet nach Erhalt des Beschlussentwurfs sodann auf der zweiten Stufe über den Antrag nach dem *non-objection*-Verfahren auf der Grundlage des einschlägigen Unionsrechts.[699] Nach Zugang des Beschlussentwurfs wird eine Frist von zehn Arbeitstagen in Gang gesetzt, innerhalb derer die Europäische Zentralbank die Möglichkeit hat, dem Beschlussentwurf der nationalen Aufsichtsbehörde ausdrücklich zu widersprechen. Verstreicht die Frist, ohne dass sie widersprochen

695 *Berger*, WM 2015, 501 (503).
696 Art. 75 SSM-RahmenVO.
697 Art. 14 Abs. 2 S. 2 SSM-VO i.V.m. Art. 76 SSM-RahmenVO.
698 *Berger*, WM 2015, 501 (504).
699 Art. 77 Abs. 1 SSM-RahmenVO; *Deutsche Bundesbank*, Monatsbericht Juli 2013, S. 23.

hat, gilt der Beschluss als von der Europäischen Zentralbank angenommen (Fiktion). Insoweit entfaltet das Schweigen der Europäischen Zentralbank rechtliche Wirkung.[700] Die Europäische Zentralbank dürfte aber auch in der Lage sein, schon vor Ablauf der Frist einen Beschlussentwurf der nationalen Aufsichtsbehörde aktiv anzunehmen, gleichwohl dies nicht gesetzlich geregelt ist.

Erfüllt der Antragsteller hingegen die unions- und innerstaatlichen Anforderungen, erfolgt die Zulassung durch einen Beschluss der Europäischen Zentralbank.[701] Andernfalls lehnt sie den Beschlussentwurf der nationalen Behörde ab, wobei sich die Gründe hierfür nur aus dem Unionsrecht nicht aber aus dem nationalen Recht ergeben dürfen.[702] Der Beschluss über die Zulassung ist unbeschadet der Arbeitsteilung mit der nationalen Aufsichtsbehörde nur der Europäischen Zentralbank zuzurechnen, weil es sich hierbei um einen Unionsrechtsakt im Sinne des Art. 288 Abs. 1 AEUV handelt.[703] Sowohl der Beschlussentwurf der nationalen Aufsichtsbehörde als auch der Zulassungsbeschluss der Europäischen Zentralbank werden dem Antragsteller von der nationalen Aufsichtsbehörde mitgeteilt.[704]

b) Entzug der Zulassung

Anders als die Zulassungsvoraussetzungen sind die zum Entzug der Zulassung führenden Gründe in Art. 18 lit. a) - f) CRD IV abschließend geregelt. Hiernach ist einem Kreditinstitut die Zulassung zu entziehen, wenn es innerhalb von zwölf Monaten keinen Gebrauch von der Zulassung gemacht oder auf sie verzichtet hat. Die Zulassung ist auch dann zu entziehen, wenn das Unternehmen im Zeitpunkt der Erteilung falsche Angaben gemacht oder die Zulassung auf sonstige Weise unrechtmäßig erlangt hat. Schließlich liegt eine Entzugspflicht auch dann vor, wenn das Institut die Zulassungsbedingungen nicht mehr erfüllt.[705]

---

700 Art. 14 Abs. 3 SSM-VO; *Berger*, WM 2015, 501 (504); kritisch hingegen *Gurlit*, ZHR 2013, 862 (886), die aus Gründen der Rechtssicherheit einen ausdrücklichen Beschluss für die Erteilung einer Zulassung verlangt.

701 Art. 78 Abs. 4 SSM-RahmenVO.

702 *Ohler*, Bankenaufsicht und Geldpolitik in der Währungsunion, § 5 Rn. 212.

703 Vgl. *Deutsche Bundesbank*, Monatsbericht Juli 2013, S. 23.

704 Art. 14 Abs. 4 SSM-VO.

705 Siehe dazu auch *Ohler*, Bankenaufsicht und Geldpolitik in der Währungsunion, § 5 Rn. 213.

Das Verfahren zum Entzug der Zulassung ist ebenfalls zweistufig aufgebaut und richtet sich nach Art. 14 Abs. 5 SSM-VO i.V.m. Art. 80 ff. SSM-RahmenVO. Kommt eine nationale Aufsichtsbehörde zu dem Ergebnis, dass ein Kreditinstitut die nach dem einschlägigen europäischen und nationalen Recht erforderlichen Zulassungsbedingungen nicht mehr erfüllt, übermittelt sie der Europäischen Zentralbank einen Beschlussentwurf mit dem Vorschlag, dem betroffenen Institut die Zulassung zu entziehen. Die Europäische Zentralbank ist vor Erlass eines entsprechenden Beschlusses verpflichtet, das betroffene Institut anzuhören.[706] Nach Abschluss des Verfahrens erlässt sie einen Beschluss unter umfassender Berücksichtigung der von der nationalen Aufsichtsbehörde angeführten Begründung.[707]

Neben der nationalen Aufsichtsbehörde ist auch die Europäische Zentralbank in der Lage, aus eigener Initiative ein Lizenzentzugsverfahren gegenüber einem Kreditinstitut einzuleiten, wenn sie Kenntnis von Umständen erlangt, die einen Entzug rechtfertigen.[708] Allerdings ist die Europäische Zentralbank dabei nicht zu einem Alleingang berechtigt, sondern muss sich nach Anhörung des betroffenen Kreditinstituts mit der für dieses Institut zuständigen nationalen Aufsichtsbehörde abstimmen.[709] Das Abstimmungsverfahren dient dem gegenseitigen Informationsaustausch zwischen der Europäischen Zentralbank und der nationalen Aufsichtsbehörde und soll letzteren die Möglichkeit einräumen, entsprechende Korrektur- oder Abwicklungsmaßnahmen vorzunehmen. Dies gilt allerdings nur im Rahmen der indirekten Zuständigkeit mit der Folge, dass im Falle bedeutender Institute, allein die Europäische Zentralbank für etwaige Korrekturmaßnahmen im Sinne von Art. 16 Abs. 2 SSM-VO zuständig ist.[710] Darüber hinaus muss sich der Grund für einen Entzug neben dem nationalen Aufsichtsrecht zwingend auch aus dem Unionsrecht ergeben, da ansonsten allein die nationale Aufsichtsbehörde für den Entzug zuständig wäre. Der Europäischen Zentralbank bleibt es aber unbenommen auf der Grundlage von Art. 9 Abs. 1 UAbs. 3 SSM-VO, eine nationale Aufsichtsbehörde anzuweisen, einem Kreditinstitut die Zulassung zu entziehen. Das darauffolgende Verfahren vollzieht sich dann allein nach nationalem Recht.

---

706 Art. 81 Abs. 2 SSM-RahmenVO i.V.m. Art. 31 SSM-RahmenVO.
707 Art. 14 Abs. 5 UAbs. 2 SSM-VO.
708 Art. 82 Abs. 1 SSM-RahmenVO.
709 Art. 82 Abs. 2 SSM-RahmenVO.
710 *Ohler*, Bankenaufsicht und Geldpolitik in der Währungsunion, § 5 Rn. 214.

Betrifft die Erlaubnisentziehung ein nicht signifikantes Institut, kann die national zuständige Abwicklungsbehörde die Europäische Zentralbank ersuchen, den Entzug der Erlaubnis zunächst auszusetzen, wenn sie der Auffassung ist, dass „die angemessene Durchführung der für eine Abwicklung oder die Aufrechterhaltung der Finanzmarktstabilität erforderlichen Maßnahmen durch den Entzug der Zulassung beeinträchtigt würde".[711] Über die Dauer der Aussetzung treffen die Europäische Zentralbank und die nationale Abwicklungsbehörde eine gesonderte Vereinbarung, da die SSM-VO diesbezüglich keine Vorschriften im Hinblick auf einzuhaltende Fristen enthält. Die Europäische Zentralbank beobachtet jedoch in der Folge die von der nationalen Aufsichtsbehörde zur Aufrechterhaltung der Finanzmarktstabilität getroffenen Vorkehrungen und prüft nach Ablauf der vereinbarten Frist, ob sie im Falle unangemessener Maßnahmen den unmittelbaren Entzug der Erlaubnis durch Beschluss anordnet oder den Entzug im Wege einer erneuten Fristverlängerung hinauszögert. Weder aus der SSM-VO noch aus der RahmenVO geht ausdrücklich hervor, was unter Vorkehrungen zur Aufrechterhaltung der Finanzmarktstabilität zu verstehen ist. Damit können letztlich nur Abwicklungs- und Sanierungsmaßnahmen gemeint sein.[712]

c) Beurteilung des Erwerbs von qualifizierten Beteiligungen

Die Beurteilung des Erwerbs qualifizierter Beteiligungen erfolgt wie auch schon bei der Erteilung und dem Entzug von Zulassungen auf der Grundlage eines zweistufigen Verfahrens, welches gemäß Art. 85 - 87 SSM-RahmenVO näher konkretisiert wird. Eine qualifizierte Beteiligung ist das direkte oder indirekte Halten von mindestens zehn Prozent des Kapitals oder der Stimmrechte eines Unternehmens oder wenn eine andere Möglichkeit der maßgeblichen Einflussnahme auf die Geschäftsführung dieses Unternehmens besteht. Die Anzeige über den Erwerb qualifizierter Beteiligungen und die damit einhergehende Prüfung durch die nationale Aufsichtsbehörde soll sicherstellen, dass ein Kreditinstitut auch nach Erwerb einer

711 Art. 14 Abs. 6 SSM-VO. In der Bundesrepublik Deutschland ist die Bundesanstalt für Finanzmarktstabilisierung (FMSA) seit dem 01.01.2015 die zuständige Abwicklungsbehörde. Die gesetzliche Grundlage hierfür bildet das Sanierungs- und Abwicklungsgesetz (SAG) als Teil der deutschen Umsetzung der europäischen "Bank Recovery and Resolution Directive" (BRRD).

712 *Ohler*, Bankenaufsicht und Geldpolitik in der Währungsunion, § 5 Rn. 216.

derartigen Beteiligung die an sie gestellten aufsichtsrechtlichen Anforderungen erfüllt.[713]

Der Erwerb von qualifizierten Beteiligungen musste schon vor Errichtung des Einheitlichen Aufsichtsmechanismus vorab gegenüber den national zuständigen Aufsichtsbehörden notifiziert werden. Dies erfolgt nunmehr für alle in den teilnehmenden Mitgliedstaaten niedergelassenen Kreditinstitute kooperativ zwischen der Europäischen Zentralbank und den nationalen Aufsichtsbehörden.[714] Beabsichtigt ein Kreditinstitut den Erwerb einer qualifizierten Beteiligung an einem Kreditinstitut, das in einem teilnehmenden Mitgliedstaat ansässig ist, so muss dies auf der ersten Stufe gegenüber der für dieses Institut zuständigen nationalen Aufsichtsbehörde angezeigt werden.[715] Die nationale Aufsichtsbehörde prüft sodann das Vorliegen einer qualifizierten Beteiligung nach Art. 4 Abs. 1 Nr. 36 CRR sowie Art. 23 CRD IV, die die Beurteilungskriterien festlegen.

Die nationale Aufsichtsbehörde übermittelt der Europäischen Zentralbank innerhalb von 15 Arbeitstagen vor Ablauf des nach einschlägigem Unionsrecht festgelegten Prüfungszeitraums einen Beschlussentwurf, in dem der geplante Erwerb durch das Kreditinstitut zugelassen oder abgelehnt wird.[716] Nach Übermittlung an die Europäische Zentralbank prüft diese auf der Grundlage einer eigenen Bewertung, ob sie dem Inhalt des Beschlussentwurfes zustimmt oder diesen ablehnt und fasst einen eigenen Beschluss im Sinne des Art. 26 SSM-VO. Die Beurteilung der Europäischen Zentralbank erfolgt allerdings allein auf Basis des Unionsrechts (Art. 23 CRD IV). Sie ist aber als Letztentscheidungsinstanz nicht an den Beschluss der nationalen Aufsichtsbehörde gebunden.[717]

d) Überwachung der Einhaltung der Rechtsakte in Art. 4 Abs. 3 UAbs. 2 SSM-VO

Die Eigenkapitalverordnung (CRR) und -richtlinie (CRD IV) gewährleisten, dass alle in der Europäischen Union ansässigen Kreditinstitute denselben Eigenkapitalanforderungen unterliegen. Mit der Errichtung des Einheitlichen Aufsichtsmechanismus geht die Befugnis zur Überwachung die-

713 *Ohler*, Bankenaufsicht und Geldpolitik in der Währungsunion, § 5 Rn. 217.
714 Art. 4 Abs. 1 lit. c) i.V.m. Art. 6 Abs. 4 SSM-VO.
715 Art. 15 Abs. 1 SSM-VO i.V.m. Art. 22 Abs. 1 S. 1 CRD IV.
716 Art. 86 Abs. 1 und 2 SSM-VO.
717 Art. 87 SSM-RahmenVO.

ser Anforderungen auf die Europäische Zentralbank über. Es ist im Sinne einheitlicher Standards nur folgerichtig, auch die Einhaltung unionsrechtlich harmonisierter Rechtsakte von einer Einrichtung der Union überwachen zu lassen.[718]

Außerdem prüft die Europäische Zentralbank gemäß Art. 4 Abs. 1 lit. d) SSM-VO laufend, ob die Kreditinstitute die in den Rechtsakten festgelegten Anforderungen in Bezug auf Verbriefung, Beschränkung von Großkrediten und Liquidität sowie Verschuldungsgrad einhalten.[719] Die Aufsichtszuständigkeit der Europäischen Zentralbank umfasst zudem die Überwachung interner Vorgänge der Kreditinstitute dahingehend, ob die für die Geschäftsführung des Unternehmens verantwortlichen Personen den Eignungsanforderungen entsprechen oder das Unternehmen über ausreichend interne Kontrollmechanismen sowie Risikomanagementverfahren verfügt (sog. *fit and proper*-Entscheidungen). Von diesen Befugnissen darf die Europäische Zentralbank nur in Bezug auf bedeutende Kreditinstitute Gebrauch machen. Im Hinblick auf weniger bedeutende Kreditinstitute erfolgt die Wahrnehmung der oben genannten Aufgaben weiterhin durch die nationalen Aufsichtsbehörden.

e) Sanierungspläne und frühzeitiges Eingreifen

Die Europäische Zentralbank ist zudem für die Wahrnehmung von Aufgaben in Bezug auf Sanierungspläne und präventives Eingreifen zuständig, sofern die Gefahr besteht, dass ein bestimmtes Institut die Anforderungen nach geltendem Unionsrecht nicht erfüllt oder in Zukunft nicht erfüllen wird.[720] Die diesbezüglich zu ergreifenden Maßnahmen sollen zwecks struktureller Änderungen bei den Instituten getroffen werden, um Zusammenbrüche zu vermeiden und das Risiko einer Abwicklung zu verringern. Von dieser Befugnis sind allerdings nur präventive Maßnahmen umfasst, nicht aber eigenständige Abwicklungs- und Restrukturierungsbefugnisse. Letztere verbleiben gemäß Art. 4 Abs. 1 lit. i) SSM-VO ausdrücklich bei den nationalen Abwicklungsbehörden bzw. dem nunmehr errichteten einheitlichen Abwicklungsmechanismus. Die Europäische Zentralbank ist in diesem Zusammenhang zur engen Zusammenarbeit mit den Abwick-

---

718 *Lehmann/Manger-Nestler*, ZBB 2014, 2 (16).

719 Hierzu *Ohler*, Bankenaufsicht und Geldpolitik in der Währungsunion, § 5 Rn. 124 ff.

720 Art. 4 Abs. 1 lit. i) SSM-VO.

lungsbehörden verpflichtet, einschließlich der Vorbereitung von Abwicklungsplänen. Die Rechtsgrundlagen zur Wahrnehmung dieser Befugnisse ergeben sich aber nicht unmittelbar aus der SSM-VO, sondern aus dem Regelungswerk zur einheitlichen Bankenabwicklung.[721]

f) Verwaltungsgeldbußen

Zum Zwecke der effektiven Wahrnehmung ihrer Aufsichtsaufgaben ist die Europäische Zentralbank berechtigt, gemäß Art. 18 SSM-VO gegenüber den Kreditinstituten Verwaltungsgeldbußen zu verhängen, wenn diese vorsätzlich oder fahrlässig gegen Vorschriften des unmittelbar anwendbaren Unionsrechts verstoßen haben. Die Möglichkeit, Sanktionen zu verhängen, ist zu begrüßen, da sich die Aufgaben und Befugnisse der Europäischen Zentralbank im Rahmen der Aufsicht nur schwerlich durchsetzen ließen, wenn Verstöße gegen das geltende Unionsrecht folgenlos blieben.[722]

aa) Voraussetzung und Umfang

Art. 18 Abs. 1 SSM-VO setzt zunächst voraus, dass den nationalen Aufsichtsbehörden die Möglichkeit gegeben sein muss, auf der Grundlage des Unionsrechts Verwaltungsgeldbußen verhängen zu können.[723] Es handelt sich hier nicht um einen gänzlich neuen Sanktionstatbestand, da dieser nur an bereits vorhandene, unmittelbar im Unionsrecht begründete Sanktionsmöglichkeiten, wie z.B. in den Gesetzgebungsakten CRD IV und CRR anknüpft.[724] Der Umfang der zu verhängenden Verwaltungsgeldbußen richtet sich nach Art. 18 Abs. 1 SSM-VO. Die Europäische Zentralbank kann hiernach Verwaltungsgeldbußen bis zur doppelten Höhe des durch den Verstoß erzielten Gewinns oder verhinderten Verlustes verhängen; vorausgesetzt letzterer ließe sich ermitteln. Alternativ dazu ist sie auch in der Lage, bis zu zehn Prozent des jährlichen Gesamtumsatzes im Sinne des Art. 67 Abs. 2 lit. e) CRD IV als Verwaltungsgeldbuße zu verhängen.[725]

---

721 *Ohler*, Bankenaufsicht und Geldpolitik in der Währungsunion, § 5 Rn. 140.

722 Vgl. Erwägungsgrund Nr. 36 SSM-VO.

723 Art. 18 Abs. 1 SSM-VO.

724 *Deutsche Bundesbank*, Monatsbericht Oktober 2014, S. 58.

725 Art. 128 SSM-RahmenVO i.V.m. Art. 67 Abs. 2 lit. e) CRD IV: Die Mitgliedstaaten stellen sicher, dass die Verwaltungssanktionen oder andere Verwaltungsmaßnahmen, die in den in Absatz 1 genannten Fällen verhängt werden können,

In diesem Zusammenhang sind die Vorgaben aus Art. 70 lit. a) - c) CRD IV zu berücksichtigen, wonach Umstände, wie Dauer und Schwere des Verstoßes, die Finanzkraft oder der Verantwortungsgrad der für den Verstoß verantwortlichen juristischen und natürlichen Personen bei der Höhe der zu verhängenden Sanktion berücksichtigt werden müssen.[726] Schließlich müssen die von der Europäischen Zentralbank verhängten Verwaltungsgeldbußen gemäß Art. 18 Abs. 3 SSM-VO wirksam, verhältnismäßig und ihrem Zweck nach auch abschreckend sein.

Die Europäische Zentralbank veröffentlicht sämtliche Sanktionen auf ihrer Homepage unter Angabe von Art und Umfang des Verstoßes sowie gleichzeitiger Nennung des betroffenen Unternehmens. Der Beschluss muss dem betroffenen Institut jedoch zuvor bekanntgegeben worden sein.[727] Ein Beschluss über Verwaltungssanktionen wird ggf. anonymisiert veröffentlicht, sofern die Gefahr besteht, dass die Finanzmarktstabilität oder laufende strafrechtliche Ermittlungen gefährdet werden oder dem betroffenen Institut ein unverhältnismäßiger Schaden entstehen könnte.[728] Unbeachtlich ist auch, ob das betroffene Institut gegen den entsprechenden Beschluss Beschwerde beim EuG eingereicht hat. In diesem Fall macht die Europäische Zentralbank Angaben zum Stand und Ergebnis des Beschwerdeverfahrens.[729] Sämtliche Informationen müssen mindestens fünf Jahre auf der Internetseite der Europäischen Zentralbank verfügbar sein.[730]

bb) Adressaten

Die Europäische Zentralbank kann gemäß Art. 18 Abs. 1 SSM-VO nur gegenüber Kreditinstituten, Finanzholdinggesellschaften oder gemischten Finanzholdinggesellschaften Verwaltungsgeldbußen verhängen; andere juristische Personen und natürliche Personen wie z.B. Mitglieder von Leitungs-

---

mindestens Folgendes umfassen: im Falle einer juristischen Person Bußgelder von bis zu 10 % des jährlichen Gesamtnettoumsatzes einschließlich des Bruttoertrags, bestehend aus Zinserträgen und ähnlichen Erträgen, Erträgen aus Aktien, anderen Anteilsrechten und variabel verzinslichen/festverzinslichen Wertpapieren sowie Erträgen aus Provisionen und Gebühren [...] des Unternehmens im vorangegangenen Geschäftsjahr.

726 *Ohler*, Bankenaufsicht und Geldpolitik in der Währungsunion, § 5 Rn. 243.

727 Art. 132 Abs. 1 S. 1 SSM-RahmenVO.

728 Art. 18 Abs. 1 lit. a) und b) SSM-RahmenVO.

729 Art. 132 Abs. 2 SSM-RahmenVO.

730 Art. 132 Abs. 3 SSM-RahmenVO.

organen gehören hingegen nicht zum Adressatenkreis.[731] Aus Art. 18 Abs. 1 SSM-VO geht jedoch nicht eindeutig hervor, ob die Europäische Zentralbank neben den signifikanten Kreditinstituten auch weniger bedeutenden Kreditinstituten Verwaltungsgeldbußen auferlegen kann. Da es sich hierbei aber um eine ausschließliche Kompetenz der Europäischen Zentralbank handelt, ist nur sie für die Verhängung von Verwaltungsgeldbußen gegenüber bedeutenden Instituten zuständig.

Dies hat zur Folge, dass die nationalen Aufsichtsbehörden weder berechtigt sind, Verwaltungsgeldbußen gegenüber diesen Instituten zu verhängen noch selbstständig Verfahren zu initiieren, es sei denn sie werden von der Europäischen Zentralbank ausdrücklich dazu aufgefordert.[732]

In Bezug auf weniger bedeutende Institute gilt dieser Grundsatz mit Blick auf Art. 135 SSM-RahmenVO hingegen nicht. Hiernach ist die nationale Aufsichtsbehörde lediglich nachträglich verpflichtet, die Europäische Zentralbank regelmäßig über alle verhängten Verwaltungsgeldbußen gegenüber weniger bedeutenden Instituten zu unterrichten. Sowohl die Einleitung eines Verfahrens als auch die Verhängung von Verwaltungsgeldbußen bedürfen weder einer Anzeige noch einer Zustimmung der Europäischen Zentralbank.

cc) Verfahren zur Ermittlung von Verstößen

Für die Verhängung von Verwaltungsgeldbußen gilt nur das in Art. 123 ff. SSM-RahmenVO geregelte Verfahren. Zum Zwecke der Untersuchung von Verstößen gegen das Unionsrecht im Sinne von Art. 124 SSM-RahmenVO[733] richtet die Europäische Zentralbank gemäß Art. 123 SSM-VO eine unabhängige Untersuchungsstelle ein, die sämtliche Befugnisse wahrneh-

731 Erwägungsgrund Nr. 53 SSM-VO: Kein Teil dieser Verordnung sollte dahin gehend ausgelegt werden, dass er der Europäischen Zentralbank die Befugnis überträgt, Sanktionen gegen natürliche oder andere juristische Personen als Kreditinstitute, Finanzholdinggesellschaften oder gemischte Finanzholdinggesellschaften zu verhängen; dies gilt unbeschadet der Befugnis der Europäischen Zentralbank, von den nationalen zuständigen Behörden zu verlangen, dass sie Maßnahmen ergreifen, um sicherzustellen, dass geeignete Sanktionen verhängt werden.

732 *Lackhoff*, JIBLR 2014, 13 (24/Fn. 79).

733 Gemeint sind Verstöße gegen direkt anwendbares Unionsrecht im Sinne von Art. 18 Abs. 1 SSM-VO oder gegen eine Verordnung oder einen Beschluss der Europäischen Zentralbank im Sinne von Art. 18 Abs. 7 SSM-VO.

men kann, die der Europäischen Zentralbank in diesem Zusammenhang durch die SSM-VO übertragen worden sind. Hierzu zählt insbesondere der Zugang zu allen Informationen und Dokumenten, die sowohl von der Europäischen Zentralbank als auch von den nationalen Aufsichtsbehörden über das betroffene Unternehmen zuvor eingeholt worden sind.[734] Ist die Europäische Zentralbank der Auffassung, dass womöglich ein Verstoß gegen Rechtsakte im Sinne von Art. 124 SSM-RahmenVO vorliegt, so teilt sie dies der Untersuchungsstelle mit, die sich im Anschluss hieran mit der Angelegenheit näher befasst und weitere Untersuchungen vornimmt. Nachdem diese ihre Untersuchungen abgeschlossen hat, teilt sie dem betroffenen Unternehmen die Ergebnisse der Untersuchung schriftlich mit und weist es auf die Möglichkeit hin, sich schriftlich binnen einer angemessenen Frist äußern zu können.[735] Darüber hinaus besteht die Möglichkeit, an einer mündlichen, nicht öffentlichen Anhörung teilzunehmen.

Die Untersuchungsstelle arbeitet nach Abschluss der Untersuchung einen Beschlussentwurf aus, aus dem der Verstoß des betroffenen Unternehmens einschließlich der zu verhängenden Sanktion hervorgeht und übermittelt diesen an das Aufsichtsgremium.[736] Das Aufsichtsgremium überprüft den Beschlussentwurf der Untersuchungsstelle auf Grundlage der eingereichten Akten und beeinflusst das weitere Verfahren und dessen Ausgang je nach Sachlage. Das Aufsichtsgremium kann dem Entwurf der Untersuchungsstelle entweder zustimmen, ablehnen, das Verfahren wegen Mangel an Beweisen einstellen oder inhaltlich verändern.[737] Letzteres ist der Fall, wenn das Aufsichtsgremium den vorgetragenen Tatsachen der Untersuchungsstelle zwar zustimmt, aber die Höhe der Verwaltungsgeldbuße für unangemessen erachtet. Lehnt das Aufsichtsgremium die vorgetragenen Ergebnisse der Untersuchung ab, stellt es aber im selben Verfahren andere Verstöße auf Basis der vorliegenden Informationen fest, findet Art. 126 Abs. 2-4 SSM-RahmenVO Anwendung und dem betroffenen Unternehmen wird erneut Gelegenheit gegeben, sich zum nunmehr neuen Sachverhalt zu äußern.[738] Das Aufsichtsgremium arbeitet nach Abschluss der eigenen Untersuchung einen fertigen Beschlussentwurf aus, der den

734 Art. 125 Abs. 3 SSM-RahmenVO.
735 Art. 126 Abs. 1 und 2 SSM-RahmenVO.
736 Art. 127 Abs. 1 SSM-RahmenVO.
737 Art. 127 Abs. 4 - 7 SSM-RahmenVO.
738 Art. 127 Abs. 7 SSM-RahmenVO.

Verstoß durch das betroffene Unternehmen bestätigt und übermittelt diesen an den EZB-Rat.[739]

dd) Nationale Sanktionstatbestände

Für die Verhängung von Verwaltungsgeldbußen gegenüber weniger bedeutenden Instituten, die aus Verstößen gegen nationale Bußgeldtatbestände herrühren, sind weiterhin die nationalen Aufsichtsbehörden zuständig. Da die Primärverantwortung der Europäischen Zentralbank, für eine effektive und wirksame Funktionsweise des Einheitlichen Aufsichtsmechanismus zu sorgen, auch dort Bestand haben soll, wo ihr keine Kompetenzen übertragen worden sind, kann sie gemäß Art. 18 Abs. 5 SSM-VO von den nationalen Aufsichtsbehörden bei Rechtsverstößen, die sich nicht aus unmittelbar anwendbarem Unionsrecht ergeben oder der Adressat keine juristische Person ist, verlangen, entsprechende Maßnahme zu ergreifen oder Verfahren einzuleiten, um das Fehlverhalten zu sanktionieren.[740] Die Europäische Zentralbank ist auf diese Weise in der Lage, Verstöße gegen nationale Aufsichtsvorschriften zu ahnden und somit trotz fehlender Kompetenz, sogar die effektive Durchsetzung des nationalen Aufsichtsrechts zu gewährleisten. Hierbei besteht dann auch die Möglichkeit, Verwaltungsgeldbußen gegenüber natürlichen Personen zu verhängen, sofern diesen ein Verstoß gegen nationales Recht nachgewiesen werden kann.[741]

Das Verfahren richtet sich ausschließlich nach innerstaatlichem Recht, da es sich um Rechtsakte der nationalen Aufsichtsbehörden handelt, gleichwohl das Verfahren auf Weisung der Europäischen Zentralbank in Gang gesetzt worden ist. Eine gerichtliche Kontrolle erfolgt ebenfalls durch die nationale Gerichtsbarkeit.

g) Makroprudenzielle Befugnisse

Die Ausübung makroprudenzieller Befugnisse erfolgt nach wie vor in erster Linie durch die jeweils national zuständige oder benannte Behörde. Diese legt gemäß Art. 5 Abs. 1 S. 1 SSM-VO zusätzliche Eigenkapitalpuffer

---

739 Art. 127 Abs. 8 SSM-RahmenVO.

740 *Ohler*, Bankenaufsicht und Geldpolitik in der Währungsunion, § 5 Rn. 242; *S. Schneider*, EuZW-Beilage 2014, 18 (20 f.).

741 Art. 18 Abs. 5 UAbs. 2 SSM-VO.

einschließlich der Quoten für antizyklische Puffer fest und trifft sonstige Maßnahmen zur Abwendung von makroprudenziellen Risiken in den im einschlägigen Unionsrecht vorgesehenen Fällen. In Deutschland ist die BaFin gemäß § 10d ff. KWG mit der Wahrnehmung von makroprudenziellen Instrumenten betraut worden.[742] Der deutsche Gesetzgeber hat hierbei von der unionsrechtlichen Möglichkeit Gebrauch gemacht, die für die Makroaufsicht zuständige Behörde z.B. auch über den Einsatz institutsspezifischer antizyklischer Kapitalpuffer nach Art. 130 Abs. 3 CRD IV entscheiden zu lassen.[743]

Die Betrauung der Europäischen Zentralbank mit Kompetenzen zur Überwachung makroprudenzieller Risiken berührt jedoch nicht die bestehenden Kompetenzen der national zuständigen Behörden hinsichtlich der Festlegung von zusätzlichem Kapitalpuffer sowie der Überwachung systemischer Risiken.[744] Änderungen ergeben sich nur insoweit, als die zuständigen Behörden der Mitgliedstaaten sich vor der Festlegung von zusätzlichen Kapitalpuffern gemäß Art. 5 Abs. 1 S. 2 SSM-VO mit der Europäischen Zentralbank abstimmen müssen. Erhebt die Europäische Zentralbank Einwände gegen die geplanten Maßnahmen auf nationaler Ebene, so müssen diese von der nationalen Behörde berücksichtigt werden, ehe eine endgültige Entscheidung getroffen wird. Die Einwände der Europäischen Zentralbank sind aber nicht zwingend im Sinne einer rechtlichen Bindung zu beachten; ihnen muss nur hinreichend Rechnung getragen werden.

Die Europäische Zentralbank kann zudem die von den nationalen Behörden auf der Grundlage des Unionsrechts eingesetzten Instrumente verschärfen.[745] Sie ist somit im Einzelfall berechtigt, auch in Bezug auf weniger bedeutende Kreditinstitute strengere von den nationalen Behörden abweichende Anforderungen an die Eigenkapitalausstattung im Rahmen der europäischen Bankenregulierungsvorschriften gemäß CRR und CRD IV zu stellen sowie Maßnahmen zur Abwendung von systemischen Risiken anzuordnen.[746] Diese gelten dann gemäß Art. 5 Abs. 2 SSM-VO für alle in den teilnehmenden Mitgliedstaaten ansässigen Kreditinstitute.[747] Das ma-

---

742 Siehe dazu *Gurlit*, WM 2015, 1217 (1221); *Ohler*, Bankenaufsicht und Geldpolitik in der Währungsunion, § 5 Rn. 235.

743 *Gurlit*, WM 2015, 1217 (1221).

744 Art. 458 Abs. 1 CRR schreibt vor, dass die mitgliedstaatlichen Behörden zuständig sind für die Feststellung von Makroaufsichts- und Systemrisiken; *Deutsche Bundesbank*, Monatsbericht Juli 2013, S. 30.

745 *Deutsche Bundesbank*, Monatsbericht Oktober 2014, S. 62.

746 *Deutsche Bundesbank*, Monatsbericht Juli 2013, S. 30.

747 *Lehmann/Manger-Nestler*, ZBB 2014, 2 (16); *Gurlit*, WM 2015, 1217 (1221).

kroprudenzielle Interventionsrecht der Europäischen Zentralbank gewährleistet, dass die mitgliedstaatlichen Behörden alle zur Abwehr von Risiken und Gefahren erforderlichen Maßnahmen treffen.

Entscheidet sich die Europäische Zentralbank zur Ergreifung von Maßnahmen nach Art. 5 Abs. 2 SSM-VO, so bedarf dies einer vorherigen Anzeige gegenüber der national zuständigen Behörde.[748] Sie ist im Rahmen ihrer makroprudenziellen Befugnisse zur engen Zusammenarbeit mit den nationalen Behörden verpflichtet und nicht befugt, derartige Maßnahmen ohne deren Beteiligung zu ergreifen. Sofern die nationalen Behörden Einwände gegen die Entscheidung der Europäischen Zentralbank erheben, muss dies schriftlich binnen fünf Arbeitstagen gegenüber der Europäischen Zentralbank begründet werden. Diese ist vor Erlass eines Beschlusses verpflichtet, die Bedenken der nationalen Behörde hinreichend zu berücksichtigen, wobei das Letztentscheidungsrecht bei der Europäischen Zentralbank verbleibt.[749] Die Europäische Zentralbank muss gemäß Art. 5 Abs. 5 SSM-VO bei der Wahrnehmung von makroprudenziellen Befugnissen die Situation des Finanzsystems, die Wirtschaftslage und den Konjunkturzyklus des betroffenen Mitgliedstaates berücksichtigen. Sie kann entgegen dem Wortlaut von Art. 5 Abs. 2 SSM-VO, der von strengeren Anforderungen oder Maßnahmen spricht, auch dann einschreiten, wenn die nationale Behörde zuvor überhaupt nicht tätig geworden ist. Hierfür spricht auch Art. 102 SSM-RahmenVO, wonach die Europäische Zentralbank Anforderungen für Kapitalpuffer festlegen kann, auch wenn die nationale Behörde bislang keine Kapitalpufferquote festgesetzt hat.[750]

Unklar ist hingegen, ab welchem Zeitpunkt die nationale Behörde wieder berechtigt ist, die zuvor verschärften Vorschriften der Europäischen Zentralbank zu lockern und geringere Anforderungen an die Eigenkapitalausstattung zu stellen.[751] Es ist nicht auszuschließen, dass die Maßnahmen der Europäischen Zentralbank das zukünftige Vorgehen der nationalen Behörden auf dem Gebiet der Makroaufsicht beeinflussen werden. Die für die makroprudenzielle Aufsicht zuständige Behörde kann der Europäischen Zentralbank zudem aus eigener Initiative vorschlagen, im Rahmen von Art. 5 Abs. 2 SSM-VO tätig zu werden.[752]

---

748 Art. 5 Abs. 4 SSM-VO.

749 Art. 105 Abs. 2 SSM-RahmenVO.

750 *Schuster*, EuZW-Beilage, 2014, 3 (8); *Gurlit*, WM 2015, 1217 (1222).

751 *Neumann*, EuZW-Beilage 2014, 9 (12).

752 Art. 5 Abs. 3 SSM-VO.

h) Weitere Aufsichtsbefugnisse gemäß Art. 16 SSM-VO

Die Europäische Zentralbank kann darüber hinaus in Bezug auf alle systemrelevanten Institute gemäß Art. 16 SSM-VO auf einen umfangreichen Befugniskatalog zurückgreifen. Hierbei handelt es sich um eine nahezu mit Art. 104 CRD IV identische Vorschrift, die Befugnisse der nationalen Aufsichtsbehörden nach innerstaatlichem Recht normiert.[753] Die Vorschrift ist in systematischer Hinsicht so aufgebaut, dass Art. 16 Abs. 1 SSM-VO die Voraussetzungen benennt, die bei tatbestandlicher Erfüllung die Rechtsfolgen des Art. 16 Abs. 2 SSM-VO auslösen.

Erlangt die Europäische Zentralbank gemäß Art. 16 Abs. 1 lit. a) und b) SSM-VO Kenntnis davon, dass ein bedeutendes Kreditinstitut die aufsichtsrechtlichen Anforderungen der in Art. 4 Abs. 3 UAbs. 2 SSM-VO genannten Rechtsakte gegenwärtig oder in den nächsten zwölf Monaten nicht erfüllen wird, so kann sie gegenüber diesem Kreditinstitut präventive Maßnahmen zum Schutz der Finanzmarktstabilität nach Art. 16 Abs. 2 SSM-VO ergreifen.[754] Während nach Art. 16 Abs. 1 lit. a) SSM-VO bereits ein Verstoß gegen die einschlägigen Rechtsakte vorliegen muss, wird bei lit. b) dessen Eintritt lediglich innerhalb der nächsten zwölf Monate vermutet. Die Gefahrenprognose der Europäischen Zentralbank muss aber auf nachweisbaren Tatsachen beruhen, die die Auferlegung von präventiven Maßnahmen rechtfertigen; vage Vermutungen sind hingegen nicht ausreichend. Die Anforderungen an die Gefahrenprognose und dem damit einhergehenden Tatsachennachweis steigen allerdings, je intensiver der Eingriff ist.[755] Die Europäische Zentralbank kann auf der Grundlage von Art. 16 Abs. 2 SSM-VO auch dann präventive Maßnahmen ergreifen, wenn sie im Rahmen der laufenden Aufsicht zu dem Ergebnis gelangt, dass die vom bedeutenden Kreditinstitut angewandten Regelungen, Strategien, Verfahren und Mechanismen sowie seine Eigenmittelausstattung und Liquidität kein solides Risikomanagement und keine solide Risikoabdeckung gewährleisten. Hierbei handelt es sich wohl um einen Auffangtatbestand, der atypische Fälle erfassen soll.[756]

Liegen die Voraussetzungen nach Art. 16 Abs. 1 SSM-VO vor, so kann die Europäische Zentralbank ein Institut dazu verpflichten zusätzliche Eigenmittel zu halten oder bestimmte risikoreiche Geschäftszweige einzu-

753 *Ohler*, Bankenaufsicht und Geldpolitik in der Währungsunion, § 5 Rn. 229.
754 Art. 16 Abs. 2 SSM-VO.
755 *Ohler*, Bankenaufsicht und Geldpolitik in der Währungsunion, § 5 Rn. 231.
756 *Ohler*, Bankenaufsicht und Geldpolitik in der Währungsunion, § 5 Rn. 232.

schränken oder zu veräußern. Da die an Absatz 1 anknüpfenden Rechtsfolgen mitunter zu nicht unerheblichen Grundrechtseinschränkungen bei den betroffenen Kreditinstituten führen, ist die Europäische Zentralbank in diesem Zusammenhang in besonderem Maße verpflichtet, den Verhältnismäßigkeitsgrundsatz zu beachten. Die von der Europäischen Zentralbank auf der Grundlage des Art. 16 SSM-VO erlassenen Maßnahmen ergehen als Beschluss, der zuvor nach Maßgabe von Art. 26 SSM-VO durch das Aufsichtsgremium vorbereitet und dem EZB-Rat zur Billigung übermittelt worden ist.

3. Aufsichtsbefugnisse in Bezug auf weniger bedeutende Kreditinstitute

Die Europäische Zentralbank kann von den nachfolgend dargestellten Befugnissen auch in begrenztem Umfang gegenüber weniger bedeutenden Kreditinstituten Gebrauch machen, gleichwohl sie in Bezug auf diese mit Ausnahme von Art. 4 Abs. 1 lit. a) und c) SSM-VO keine ausschließlichen Aufsichtskompetenzen besitzt. Die entsprechenden Zuständigkeiten der nationalen Aufsichtsbehörden hinsichtlich nicht systemrelevanter Kreditinstitute bleiben gemäß Art. 6 Abs. 6 SSM-VO hiervon unberührt.

a) Informations- und Untersuchungsbefugnisse

Die Europäische Zentralbank ist auch in der Lage, gegenüber weniger bedeutenden Kreditinstituten in vollem Umfang von ihren Informations- und Untersuchungsrechten nach Art. 10-13 SSM-VO Gebrauch zu machen.[757] Die Beschlüsse ergehen daher auch unmittelbar gegenüber den Instituten, ohne dass eine Einbeziehung der nationalen Aufsichtsbehörden mit Ausnahme von unterstützenden Tätigkeiten notwendig wäre. Das hierdurch geschaffene Rechtsverhältnis gilt allein zwischen der Europäischen Zentralbank und dem weniger bedeutenden Kreditinstitut.

---

757 Art. 6 Abs. 5 lit. d) SSM-VO.

b) Durchgriffsrecht

Das in Art. 6 Abs. 5 lit. b) SSM-VO normierte Durchgriffsrecht der Europäischen Zentralbank auf einzelne Institute ist ebenfalls Ausfluss ihrer Verantwortung für das gesamte Aufsichtssystem im Euroraum und dient dazu, auch dort für eine wirksam und einheitlich funktionierende Kreditinstitutsaufsicht zu sorgen, wo ihr keine direkten Aufsichtskompetenzen zustehen.[758] Die Europäische Zentralbank kann auf diesem Wege auch die Aufsicht über jene Kreditinstitute an sich ziehen, für die sie nach der Kompetenzverteilungsregel in Art. 6 Abs. 4 SSM-VO nicht ausschließlich zuständig ist.[759] Der Durchgriff auf ein Institut darf jedoch nur erfolgen, wenn die „Sicherstellung der kohärenten Anwendung hoher Aufsichtsstandards es erfordert“[760]. Liegen die Voraussetzungen für einen Durchgriff auf ein weniger bedeutendes Institut vor, wird die nationale Aufsichtsbehörde aus ihrer Zuständigkeit verdrängt.[761] Die Differenzierung zwischen systemrelevanten und weniger systemrelevanten Instituten gilt somit nicht absolut. Ein Tätigwerden der Europäischen Zentralbank setzt allerdings eine vorherige Konsultation der jeweils zuständigen nationalen Aufsichtsbehörde voraus. Möglich ist aber auch, dass die Europäische Zentralbank auf Ersuchen der nationalen Aufsichtsbehörde die Aufsicht über ein einzelnes Kreditinstitut an sich zieht. Das Durchgriffsrecht umfasst die Wahrnehmung sämtlicher Befugnisse und stellt somit eine Ausnahme von der Kompetenzverteilung in Art. 6 Abs. 4 SSM-VO dar.

Macht die Europäische Zentralbank von ihrem Durchgriffsrecht Gebrauch, so muss dies stets in verhältnismäßiger Weise erfolgen. Insbesondere muss der Durchgriff erforderlich sein, da mit Art. 9 Abs. 1 UAbs. 3 SSM-VO gegebenenfalls ein milderes Mittel zur Verfügung steht. Die Europäische Zentralbank ist hiernach berechtigt, die national zuständige Aufsichtsbehörde anzuweisen, von ihren Befugnissen nach nationalem Recht Gebrauch zu machen, um die ihr durch die SSM-VO auferlegten Aufgaben wahrnehmen zu können.[762] Das Durchgriffsrecht darf zudem nicht als Umgehung der in Art. 6 Abs. 4 SSM-VO normierten Kompetenzverteilung missbraucht werden, um der Europäischen Zentralbank faktisch die Alleinaufsicht im europäischen Währungsraum zu ermöglichen. Darüber hi-

---

758 Art. 6 Abs. 1 SSM-VO.
759 Vgl. *Sachverständigenrat*, Jahresgutachten 2013/14, Rn. 296.
760 Art. 6 Abs. 5 lit. b) SSM-VO.
761 *Tröger*, ZBB 2013, 373 (382/Fn. 84).
762 Siehe auch *Tröger*, ZBB 2013, 373 (382).

naus ist unklar, wie lange die Europäische Zentralbank die nationale Aufsichtsbehörde verdrängen und ihre Funktion einnehmen darf. Sinn und Zweck des Art. 6 Abs. 5 lit. b) SSM-VO ist die Sicherstellung der aufsichtsrechtlichen Standards bzw. das Versagen der nationalen Aufsichtsbehörden. Ist dieses Ziel durch die Maßnahmen der Europäischen Zentralbank erreicht, besteht auch keine Notwendigkeit mehr für ein Tätigwerden der Europäischen Zentralbank.

Die Europäische Zentralbank ist für die in diesem Zusammenhang erforderlichen sachlichen und personellen Ressourcen selbst verantwortlich, sodass die Wahrnehmung der Durchgriffsrechte nicht durch die Mitarbeiter der nationalen Aufsichtsbehörden erfolgen darf. Letztlich bleibt abzuwarten, in welchem Umfang die Europäische Zentralbank auf der Grundlage von Art. 6 Abs. 5 lit. b) SSM-VO tätig wird. Obwohl die Aufsichtskompetenz für weniger bedeutende Institute bei den nationalen Aufsichtsbehörden liegt, sind sämtliche im Rahmen des Art. 6 Abs. 5 lit. b) SSM-VO erlassenen Maßnahmen der Europäischen Zentralbank zuzurechnen und somit als unionsrechtliche Akte einzustufen. Aus verfahrensrechtlicher Sicht ergeben sich für das weniger bedeutende Institut ebenfalls Konsequenzen, da sowohl administrativer als auch gerichtlicher Rechtsschutz nur auf Unionsebene erlangt werden können.

4. Erhebung von Aufsichtsgebühren

Der Einheitliche Aufsichtsmechanismus wird, wie die Aufsicht auf nationaler Ebene auch, durch die Erhebung von Aufsichtsgebühren finanziert. Die Rechtsgrundlagen hierfür bilden neben Art. 30 Abs. 2 SSM-VO eine ebenso von der Europäischen Zentralbank erlassene Aufsichtsgebührenverordnung[763], welche die Modalitäten der Gebührenerhebung festlegt. Die Erhebung von Aufsichtsgebühren dient primär der Deckung von Kosten, die der Europäischen Zentralbank durch die Wahrnehmung der ihr durch die SSM-VO übertragenen Aufsichtsaufgaben entstehen. Die Gebühren dürfen jedoch nicht über die tatsächlich entstandenen Ausgaben hinausgehen.[764] Die gebührenbasierte Finanzierung des Einheitlichen Aufsichtsmechanismus dient zum einen der finanziellen Unabhängigkeit der Europäischen Zentralbank, da sie auf diese Weise nicht auf den Haushalt der Uni-

---

763 VO (EU) Nr. 1163/2014 der Europäischen Zentralbank v. 22.10.2014 über Aufsichtsgebühren (EZB/2014/41), ABl. L 311/25 (SSM-AufsichtsgebührenVO).

764 Art. 30 Abs. 1 S. 3 SSM-VO.

on angewiesen ist. Zum anderen wird sichergestellt, dass der Einheitliche Aufsichtsmechanismus nicht aus dem allgemeinen Etat der Europäischen Zentralbank finanziert wird und somit auch in finanzieller Hinsicht eine Trennung der geldpolitischen und aufsichtlichen Funktionen gewährleistet ist.[765] Die Kosten der Aufsicht sind daher im Haushaltsplan der Europäischen Zentralbank gemäß Art. 29 Abs. 1 SSM-VO gesondert auszuweisen.

Zum Kreis der gebührenpflichtigen Kreditinstitute gehören alle in den teilnehmenden Mitgliedstaaten ansässigen Kreditinstitute, unabhängig davon, ob sie bedeutend oder weniger bedeutend im Sinne von Art. 6 Abs. 4 SSM-VO sind.[766] Denn die Europäische Zentralbank übt hinsichtlich der weniger bedeutenden Institute trotz der Hauptverantwortung der nationalen Aufsichtsbehörden noch eine indirekte Aufsicht aus, sodass die Erhebung von Gebühren auch gegenüber solchen Instituten gerechtfertigt ist. Allerdings fällt die Höhe der Aufsichtsgebühren bei den indirekt beaufsichtigten Instituten geringer aus als bei unmittelbar von der Europäischen Zentralbank beaufsichtigten Kreditinstituten. Gehören die Institute einer Gruppe an, so sind nicht automatisch alle Teile der Gruppe Gebührenschuldner der Europäischen Zentralbank. Die Gruppe ist verpflichtet, ein ihr zugehöriges Institut als Gebührenschuldner zu benennen, das stellvertretend für die gesamte Gruppe die Aufsichtsgebühren an die Europäische Zentralbank entrichtet.[767] Dies ist für die Europäische Zentralbank insoweit von Vorteil, als sie nur einem Gebührenschuldner gegenübersteht.

Der Gesamtbetrag der zu erhebenden Aufsichtsgebühren wird auf der Grundlage der entstandenen Aufsichtskosten ermittelt.[768] Diese setzen sich wiederum aus allen Ausgaben wie Personal- und Sachkosten zusammen, die der Europäischen Zentralbank innerhalb des Gebührenzeitraums durch die Wahrnehmung der Aufsicht entstanden sind.[769] Der dann jeweils von einem einzelnen Institut oder Gruppe zu entrichtende Gebührenanteil bemisst sich gemäß Art. 30 Abs. 3 SSM-VO nach seiner Bedeutung im Sinne von Art. 6 Abs. 4 SSM-VO sowie nach seinem Risikoprofil, einschließlich der risikogewichteten Aktiva. Die Höhe der Gebühren für

765 *Wymeersch*, ECGI-Law Working Paper 240/2014, S. 57; zur finanziellen Unabhängigkeit der Europäischen Zentralbank, *Hahn/Häde*, Währungsrecht, § 20 Rn. 104 ff.

766 Art. 30 Abs. 1 SSM-VO; Art. 1 Abs. 2 SSM-AufsichtsgebührenVO.

767 Art. 4 Abs. 2 SSM-AufsichtsgebührenVO.

768 Art. 5 Abs. 1 SSM-AufsichtsgebührenVO.

769 Art. 5 Abs. 2 SSM-AufsichtsgebührenVO; *Ohler*, Bankenaufsicht und Geldpolitik in der Währungsunion, § 5 Rn. 95.

den Aufsichtszeitraum 2018 betrug ca. 474 Mio. Euro.[770] Die Gebührenaufsichtsverordnung der Europäischen Zentralbank berührt aber nicht das Recht der nationalen Aufsichtsbehörden, Gebühren für solche Maßnahmen zu erheben, die in keinem Zusammenhang mit ihrer Aufgabenwahrnehmung im Rahmen der SSM-VO stehen.[771]

VIII. Rechtsgrundlage für die Errichtung des Einheitlichen Aufsichtsmechanismus

Mit der Errichtung des Einheitlichen Aufsichtsmechanismus und der damit einhergehenden Übertragung von weitreichenden Aufsichts- und Durchgriffsbefugnissen auf die Europäische Zentralbank ist auch ein Verlust an nationaler Souveränität der Mitgliedstaaten verbunden. Dem Grundsatz der begrenzten Einzelermächtigung zufolge, wonach die Union nur solche Bereiche regeln kann, die ihr von den Mitgliedstaaten übertragen worden sind, bedarf es einer Ermächtigungsgrundlage, die eine Übertragung von Aufsichtskompetenzen auf die Europäische Zentralbank erlaubt.[772] Der Rat stützt die SSM-VO auf Art. 127 Abs. 6 AEUV, der die Übertragung besonderer Aufsichtsaufgaben auf die Europäische Zentralbank ermöglicht. Die gewählte Rechtsgrundlage ist nicht unumstritten und wurde im Laufe des gesamten Gesetzgebungsverfahrens, insbesondere von deutscher Seite, stark kritisiert.[773] Insoweit besteht Klärungsbedarf im Hinblick auf die Reichweite der herangezogenen Rechtsgrundlage zur Übertragung von Aufsichtskompetenzen auf die Europäische Zentralbank.

---

770 Art. 2 Abs. 1 EZB-Beschl. über den Gesamtbetrag der jährlichen Aufsichtsgebühren für den Gebührenzeitraum 2018 (EZB/2018/667), ABl. 2018 L 111/3. Dabei betragen gemäß Art. 2 Abs. 2 des EZB-Beschl. EZB/2018/667) die Gebühren für die Beaufsichtigung bedeutender Kreditinstitute ca. 428 Mio. Euro, für weniger bedeutende Institute ca. 46 Mio.

771 Art. 30 Abs. 5 SSM-VO.

772 *Callies*, in: ders./Ruffert, EUV/AEUV, Art. 5 EUV Rn. 6.

773 Bundesbank-Präsident Jens Weidmann befürwortet eine „saubere" Lösung, *Handelsblatt*, „Sitz der neuen Bankenaufsicht in Paris?", Online-Ausgabe v. 09.12.2012.

1. Art. 127 Abs. 6 AEUV

a) Allgemeines

Art. 127 Abs. 6 AEUV stellt die zentrale Regelung zur Übertragung von Aufsichtsaufgaben auf die Europäische Zentralbank dar. Hiernach kann der Rat der Europäischen Union durch Sekundärrecht und ohne ein Vertragsänderungsverfahren nach Art. 48 EUV besondere Aufgaben im Zusammenhang mit der Aufsicht über Kreditinstitute und sonstige Kreditinstitute mit Ausnahme von Versicherungsunternehmen auf die Europäische Zentralbank übertragen. Die Errichtung einer Allfinanzaufsicht nach deutschem Vorbild ist somit ausgeschlossen.[774] Art. 127 Abs. 6 AEUV begründet zwar keine primärrechtliche Kompetenz der Europäischen Zentralbank zur Wahrnehmung von Aufsichtsaufgaben, kann aber für eine Aufgabenübertragung zu einem späteren Zeitpunkt herangezogen werden.[775] Der Vorteil gegenüber dem Verfahren nach Art. 48 EUV liegt in der schnelleren und flexibleren Handlungsmöglichkeit des Rates, angemessen auf Veränderungen im Kredit- und Finanzmarkt zu reagieren.[776] Ein Vertragsänderungsverfahren würde weitaus mehr Zeit in Anspruch nehmen, da dieses erst abgeschlossen ist, wenn alle Mitgliedstaaten das Ratifikationsverfahren im Sinne des Art. 48 Abs. 4 UAbs. 2 EUV beendet haben.[777] Dennoch begegnet die Heranziehung dieser Ermächtigungsgrundlage erheblichen unionsrechtlichen Bedenken.[778]

---

774 *Manger-Nestler*, in: Pechstein/Nowak/Häde, Frankfurter Kommentar, Bd. 3, Art. 127 AEUV Rn. 49.

775 *Kämmerer*, NVwZ 2013, 830 (833).

776 *Waldhoff*, in: Siekmann, EWU, Art. 127 AEUV Rn. 72; *Speyer*, DB Research EU-Monitor August 2012, S. 12; kritisch *Burghof*, Ifo-Schnelldienst 2012, 3 (8).

777 *Cremer*, in: Calliess/Ruffert, EUV/AEUV, Art. 48 EUV Rn. 6.

778 Die überwiegende Auffassung in der Literatur spricht sich gegen eine Aufgabenübertragung, wie sie die SSM-VO vorsieht, auf der Grundlage von Art. 127 Abs. 6 AEUV aus: *Häde*, in: Calliess/Ruffert, EUV/AEUV, Art. 127 AEUV Rn. 56; *Kempen*, in: Streinz, EUV/AEUV, Art. 127 AEUV Rn. 27; *Waldhoff*, in: Siekmann, EWU, Art. 127 AEUV Rn. 72 ff.; *Rodi*, in: Vedder/Heintschel von Heinegg, Europäisches Unionsrecht², Art. 127 AEUV Rn. 13; *Glatzl*, Geldpolitik und Bankenaufsicht im Konflikt, S. 257; *Manger-Nestler*, Par(s) inter pares?, S. 266; *Hahn/Häde*, Währungsrecht, § 17 Rn. 100; *Geerlings*, DÖV 2003, 322 (328); *Becker*, DÖV 2010, 909 (914); *Herdegen*, WM 2012, 1889 (1891 f.); *Kämmerer*, NVwZ 2013, 830 (832 f.); *Dinov*, EuR 2013, 593 (603 f.); *Peters*, WM 2014, 396 (401); *Kaufhold*, Systemaufsicht, S. 287 f.; *Häde*, in: Festschrift für Stober, S. 467 (471); a.A. *Smits*, in: von der Groeben/Schwarze, EUV/EGV⁶, Art. 105 EGV Rn. 7; *Selmayr*, in: Müller-Graff, Europäisches Wirtschaftsordnungsrecht, § 23 Rn. 273;

aa) Wortlautgrenze

Die Europäische Zentralbank wird künftig umfassende Aufsichtskompetenzen der Mitgliedstaaten übernehmen und eine zentrale Rolle in der Aufsicht auf Unionsebene trotz verbleibender Zuständigkeiten der nationalen Aufsichtsbehörden einnehmen. Nach dem Wortlaut des Art. 127 Abs. 6 AEUV besteht die Möglichkeit, besondere Aufgaben im Zusammenhang mit der Aufsicht über Kreditinstitute auf die Europäische Zentralbank zu übertragen. Darüberhinausgehende Informationen im Hinblick auf Art und Umfang der zu übertragenden Aufgaben sind der Vorschrift nicht zu entnehmen; entsprechendes gilt für die Satzung des ESZB. Dieser Abschnitt geht der Frage nach, ob die der Europäischen Zentralbank im Rahmen des Einheitlichen Aufsichtsmechanismus übertragenen Aufgaben die primärrechtliche Grenze von Art. 127 Abs. 6 AEUV wahren.

(1) Bloße Aufgaben- und keine Befugniszuweisung

Ausgehend von einer engen Wortlautauslegung wirft eine Aufgabenübertragung auf Grundlage des Art. 127 Abs. 6 AEUV dahingehend Zweifel auf, ob der Vertragstext nur die Übertragung von Aufgaben auf die Europäische Zentralbank vorsieht, nicht aber von Befugnissen.[779] Unklar ist daher, ob bereits das Tatbestandsmerkmal „Aufgabe“ kompetenzbegrenzend wirkt.[780] Die Europäische Zentralbank in ihrer neuen Funktion als supranationale Aufsichtsbehörde hat es zum Ziel, eine einheitliche Anwendung der materiellen Unionsaufsichtsstandards sicherzustellen.[781] Zur Wahrnehmung dieser Aufgaben sind ihr entsprechende Instrumentarien wie z.B. die Erteilung und der Entzug von Zulassungen durch die SSM-VO eingeräumt worden.

Während eine Aufgabe in der Regel ein zu erreichendes Ziel bezeichnet, ermächtigt die Befugnis hingegen zur Vornahme bestimmter Handlungen und Maßnahmen, wie den Erlass von Verwaltungsakten. Art. 127 Abs. 6 AEUV spricht von der Übertragung einer Aufgabe, die im Zusammenhang mit der Aufsicht stehen muss; die Übertragung von Befugnissen findet hin-

---

Thiele, GewArch 2015, 111 (116); *Roth*, Die indirekte Bankenaufsicht durch die EZB, S. 70; *Richter*, Eine zentrale europäische Bankenaufsichtsbehörde?, S. 104.

779 Siehe *Herdegen*, WM 2012, 1889 (1891 f.).

780 Ablehnend *Ruthig*, ZHR 2014, 443 (452).

781 Art. 1 SSM-VO.

gegen keine ausdrückliche Erwähnung. Dies ist zunächst auch unbedenklich, denn die Zuweisung einer Aufgabe muss nicht zwangsläufig mit der Zuweisung von Befugnissen einhergehen. Diese Betrachtungsweise ist in diesem Zusammenhang jedoch nicht zielführend, da eine Aufgabe nicht wahrgenommen werden kann, wenn dem Aufgabenträger nicht zugleich auch Befugnisse zur Wahrnehmung dieser Aufgaben eingeräumt werden. Andernfalls handelt es sich lediglich um eine inhaltsleere Hülle, die zunächst durch weitere Vorschriften ausgefüllt werden muss. Mit der Übertragung einer Aufgabe muss daher notwendigerweise auch die Erteilung einer Befugnis einhergehen, um diese wahrnehmen und die damit verknüpften Zielvorgaben erreichen zu können.[782]

Überträgt man diese Überlegungen – losgelöst von sonstigen kompetenzrechtlichen Bedenken – auf Art. 127 Abs. 6 AEUV, so begegnet die Übertragung von Aufsichtsbefugnissen trotz des eindeutigen Wortlauts keinen Bedenken. Die Befugnis ist gewissermaßen als Annex zu den übertragenen Aufgaben zu verstehen, sodass neben der Übertragung von Aufgaben auch die Kompetenz zur Wahrnehmung von Befugnissen umfasst sein kann, soweit dies für Aufgabenwahrnehmung erforderlich ist.[783] Anders als das deutsche Verwaltungsrecht, differenziert das Unionsrecht ohnehin nicht trennscharf zwischen den Begriffen Befugnis und Aufgabe. Es ist auch nicht ersichtlich, inwieweit die Unterscheidung dieser Begrifflichkeiten Eingang in das Unionsrecht gefunden hat, was im Ergebnis für eine weite Auslegung dieser Begrifflichkeiten spricht.[784] Die Errichtungsverordnung zum Einheitlichen Aufsichtsmechanismus differenziert ebenfalls nicht streng entlang der deutschen Terminologie. So handelt es sich beim Entzug und der Erteilung von Zulassungen rein dogmatisch um Befugnisse, tauchen aber dort bei Art. 4 SSM-VO unter der Überschrift „Der EZB übertragene Aufgaben“ auf.

---

782 *Kämmerer*, NVwZ 2013, 830 (832).

783 *Ohler*, Bankenaufsicht und Geldpolitik in der Währungsunion, § 5 Rn. 23 mit Verweis auf *Dragomir*, European Prudential Regulation and Supervision, S. 286.

784 Vgl. *Lehmann/Manger-Nestler*, ZBB 2014, 2 (6); *Thiele*, GewArch 2015, 111 (115).

(2) Übertragung von „besonderen Aufgaben im Zusammenhang"

(a) Keine vollständige Aufgabenübertragung

Zunächst einmal legt der Terminus „besondere Aufgaben" in der deutschen Textfassung nahe, dass den Mitgliedstaaten nicht sämtliche Zuständigkeiten auf dem Gebiet der Aufsicht entzogen werden dürfen, sondern nur einzelne Materien.[785] Ein Umfang an Kernaufgaben oder ein Teilbereich der Aufsicht muss den nationalen Aufsichtsbehörden nach der Aufgabenübertragung daher noch verbleiben, auch wenn die Vorschrift kein Höchstmaß an zu übertragenden Aufgaben erkennen lässt.[786] Die SSM-VO sieht diesbezüglich eine Arbeitsteilung zwischen der Europäischen Zentralbank und den nationalen Aufsichtsbehörden vor. Während die Europäische Zentralbank in erster Linie nur die in Art. 6 Abs. 4 SSM-VO genannten bedeutenden Institute beaufsichtigt, verleibt den nationalen Aufsichtsbehörden hingegen die Zuständigkeit für alle übrigen Kreditinstitute, dem Verbraucherschutz und der Bekämpfung der Geldwäsche sowie für die Beaufsichtigung von Kreditinstituten aus Drittländern, die in Mitgliedstaaten Zweigstellen errichten oder grenzübergreifend Dienstleistungen erbringen.[787] Eine vollständige Übertragung der nationalen Aufsichtskompetenzen auf die Europäische Zentralbank ist daher nicht erfolgt, sodass die Voraussetzungen – der obigen Argumentation folgend – dem Grunde nach zunächst erfüllt sind. Hiermit ist allerdings noch nicht geklärt, welche Aufgaben letztlich als „besonders" zu qualifizieren sind. Im Hinblick auf Art und Umfang der zu übertragenden Aufgaben kommt dem Europäischen Rat eine Einschätzungsprärogative zu.

(b) Ausformung des Tatbestandsmerkmals „besonders"

Damit geht die Frage einher, wie die Besonderheit einer Aufgabe zu bemessen ist bzw. welche Kriterien herangezogen werden müssen. Das Tatbestandsmerkmal „besondere Aufgabe" kann unterschiedlich verstanden werden. Art. 127 Abs. 6 AEUV könnte hiernach entweder eine „sachbezogene"

---

785 *Manger-Nestler*, Par(s) inter pares?, S. 266; *Kaufhold*, Systemaufsicht, S. 285; *Kämmerer*, NVwZ 2013, 830 (833); *Wolfers/Voland*, BKR 2014, 177 (179); *Thiele*, GewArch 2015, 111 (116).

786 *Véron*, Bruegel Policy Contribution 9/2013, S. 5.

787 Erwägungsgrund Nr. 28 SSM-VO.

oder „institutsbezogene" Aufgabenübertragung erlauben. Während sich ersteres auf die Übertragung von bestimmten Aufsichtsmaterien bezieht, umfasst letzteres z.B. die Aufsicht über einen bestimmten Kreis von Instituten, die aufgrund ihrer Systemrelevanz von besonderer Bedeutung für den Finanzmarkt sind.[788]Als Maßstab könnte zudem auch die Bedeutung der übertragenen Aufgabe innerhalb des Aufsichtssystems oder die mit der Aufgabe verbundenen Eingriffe sein. Beispielhaft hierfür ist der Entzug von Erlaubnissen. Die damit einhergehenden Eingriffe in die Rechte Privater wiegen weitaus schwerer als die Ausübung von bloßen Informations- und Auskunftsrechten.

Schließlich gibt auch eine Zusammenschau von Art. 127 Abs. 5 und 6 AEUV Hinweise darauf, inwieweit der Begriff der besonderen Aufgabe auszufüllen bzw. welche Art der Aufgabenübertragung zulässig ist. Gemäß Art. 127 Abs. 5 AEUV ist das ESZB verpflichtet, einen Beitrag zur reibungslosen Durchführung der von den zuständigen nationalen Aufsichtsbehörden ergriffenen Maßnahmen auf dem Gebiet der Kreditinstitutsaufsicht zu leisten. Die Unterstützungsfunktion wird durch Art. 25.1 ESZB-Satzung näher konkretisiert, wonach die Europäische Zentralbank die dort genannten Adressaten in Angelegenheiten des Geltungsbereichs und der Anwendung der Rechtsvorschriften der Gemeinschaft hinsichtlich der Aufsicht über die Kreditinstitute sowie die Stabilität des Finanzsystems berät und von diesen auch konsultiert werden kann. Hierbei handelt es sich allerdings nicht um selbstständige Entscheidungsbefugnisse mit großer Tragweite, sondern um rein unterstützende Aufgaben.[789] Die operative Aufsicht verbleibt dabei weiterhin in der Verantwortung der nationalen Aufsichtsbehörden.[790]

Art. 127 Abs. 6 AEUV erlaubt auch nicht nur die Übertragung von bloß unterstützenden Aufgaben, weil hierfür bereits der Absatz 5 geschaffen worden ist. Andernfalls käme dem Absatz 6 im Verhältnis zu Absatz 5 kein eigenständiger Mehrwert zu, sollte sich dieser auch nur auf begleitende oder unterstützende Funktionen beschränken.[791] Auf der Grundlage von Art. 127 Abs. 6 AEUV kann demzufolge ein Typus an Aufgaben übertragen werden, der qualitativ zwischen unterstützenden Aufgaben einerseits und

---

788 *Kämmerer*, NVwZ 2013, 830 (834).

789 *Manger-Nestler*, in: Pechstein/Nowak/Häde, Frankfurter Kommentar, Bd. 3, Art. 127 AEUV Rn. 50.

790 *Kempen*, in: Streinz, EUV/AEUV, Art. 127 AEUV Rn. 16.

791 *Wolfers/Voland*, BKR 2014, 177 (179); *Lackhoff*, JIBLR 2014, 13 (14); *Thiele*, GewArch 2015, 111 (116); a.A. *Herdegen*, WM 2012, 1889 (1891); *Kaufhold*, Systemaufsicht, S. 287 f.

echten Entscheidungsbefugnissen andererseits anzusiedeln ist. Anders als der Absatz 5 enthält der Absatz 6 eine Konkretisierung in Bezug auf die zu übertragenden Aufgaben dahingehend, dass es sich um besondere Aufsichtsaufgaben handeln muss.[792] In Betracht käme z.B. die Betrauung der Europäischen Zentralbank mit der laufenden Überwachung von Kreditinstituten, wie sie hierzulande von der Deutschen Bundesbank ausgeübt wird (§ 7 Abs. 1 S. 2 - 4 KWG).[793]

(c) Beaufsichtigung bedeutender Institute als „besondere Aufgabe“

Während im Verordnungsentwurf zur Errichtung des Einheitlichen Aufsichtsmechanismus noch die vollständige Übertragung von Aufsichtskompetenzen auf die Europäische Zentralbank beabsichtigt war, erfolgt die Aufsicht nunmehr arbeitsteilig zwischen der Europäischen Zentralbank und den nationalen Aufsichtsbehörden. Art. 127 Abs. 6 AEUV verlangt zwar nicht ausdrücklich, dass die klassischen Kernkompetenzen bei den nationalen Aufsichtsbehörden verbleiben müssen, sodass eine teilweise Übertragung von Aufsichtsaufgaben unabhängig von ihrer Qualität prima facie unproblematisch erscheint.

In der Beaufsichtigung von allein systemrelevanten Instituten könnte daher auch ein Anknüpfungspunkt für die „Besonderheit“ der übertragenen Aufgaben auf die Europäische Zentralbank gesehen werden.[794] Im europäischen Wirtschafts- und Währungsraum gibt es ca. 119 signifikante und ca. 4.000 weniger signifikante Institute.[795] Gleichwohl es sich hierbei im Verhältnis zu der Gesamtzahl um eine relativ kleine Zahl an zu beaufsichtigenden Instituten handelt, ist hervorzuheben, dass die Bilanzsumme der von der Europäischen Zentralbank beaufsichtigten Institute ca. 81 % der Gesamtbilanzsumme beträgt.[796] Somit beaufsichtigen die nationalen Aufsichtsbehörden demzufolge zwar absolut gesehen noch die Mehrheit der

---

792 So auch *Ruthig*, ZHR 2014, 443 (452).

793 *Herdegen*, WM 2012, 1889 (1892).

794 Siehe *Kämmerer*, NVwZ 2013, 830 (831).

795 Liste der als signifikant eingestuften Institute vom 01.07.2018, abrufbar unter: https://www.bankingsupervision.europa.eu/ecb/pub/pdf/ssm.list_of_supervised_entities_201807.en.pdf, zuletzt aufgerufen am 25.11.2018.

796 *Europäische Zentralbank*, Jahresbericht zur Aufsichtstätigkeit 2017, S. 85; siehe auch *IWF Staff Discussion Note*, A Banking Union for the Euro Area, S. 13; *Ohler*, Bankenaufsicht und Geldpolitik in der Währungsunion, § 5 Rn. 31; siehe auch *Tröger*, ZBB 2013; 373 (280).

Kreditinstitute, auch wenn diese – gemessen an ihrer Bilanzsumme – von geringer Bedeutung für die gesamte Kredit- und Volkswirtschaft sind. Das Ziel des Einheitlichen Aufsichtsmechanismus ist es, jene Institute zu beaufsichtigen, die aufgrund ihrer Systemrelevanz für den Finanzmarkt im Falle einer Insolvenz, erhebliche Gefahren für die Gesamtwirtschaft im Binnenmarkt mit sich bringen können. Vor diesem Hintergrund kann in der Beaufsichtigung von nur systemrelevanten Instituten noch eine „besondere" Aufgabe im Sinne des Art. 127 Abs. 6 AEUV gesehen werden, weil nur ein Teilbereich der nationalen Aufsichtskompetenzen der Europäischen Zentralbank zur ausschließlichen Wahrnehmung übertragen worden ist.

(d) Verantwortung für die gesamte Aufsicht in der Eurozone

Bei der Frage, ob es sich bei den der Europäischen Zentralbank übertragenen Aufgaben um besondere Aufgaben im Sinne des Art. 127 Abs. 6 AEUV handelt, muss die in Art. 6 Abs. 1 SSM-VO verankerte Primärverantwortung der Europäischen Zentralbank berücksichtigt werden. Hiernach ist sie verpflichtet, für eine einheitliche und wirksame Funktionsweise des Einheitlichen Aufsichtsmechanismus zu sorgen. Dies impliziert die Befugnis der Europäischen Zentralbank auch dort tätig zu werden, wo ihr durch die SSM-VO keine Kompetenzen übertragen worden sind. Hiervon sind insbesondere die ausschließlichen Aufsichtskompetenzen der nationalen Aufsichtsbehörden in Bezug auf nicht systemrelevante Kreditinstitute betroffen, die von der SSM-VO unberührt geblieben sind.

Die Europäische Zentralbank ist trotz der klaren Kompetenzverteilung jederzeit in der Lage, Verordnungen, Leitlinien oder allgemeine Weisungen gegenüber den nationalen Aufsichtsbehörden zu erlassen, um eine kohärente Aufsichtspraxis auch in solchen Bereichen sicherzustellen, in denen ihr keine Zuständigkeiten durch die SSM-VO übertragen worden sind.[797] Auf diese Weise hat sie die Möglichkeit, unmittelbar Einfluss auf die laufende Tätigkeit der nationalen Aufsichtsbehörden im Hinblick auf weniger bedeutende Kreditinstitute zu nehmen und zu steuern. Sie kann darüber hinaus auf der Grundlage von Art. 6 Abs. 5 lit. b) SSM-VO auch die Aufsicht über weniger bedeutende Kreditinstitute an sich ziehen und sämtliche einschlägigen Befugnisse unmittelbar selbst ausüben, obwohl

797 Art. 6 Abs. 5 SSM-VO.

hierfür die nationalen Aufsichtsbehörden in erster Linie zuständig sind.[798] Die SSM-VO enthält hinsichtlich des Selbsteintrittsrechts keine weiteren Voraussetzungen und Art. 6 Abs. 5 lit. b) SSM-VO ist diesbezüglich äußerst offen formuliert.

Die Europäische Zentralbank nimmt somit eine zentrale Rolle in der Aufsicht auf Unionsebene ein und ist zugleich in der Lage, die Aufsichtspraxis der nationalen Aufsichtsbehörden nachhaltig zu beeinflussen. Diese Annahme wird insbesondere unter Berücksichtigung der ausschließlichen Kompetenzen der Europäischen Zentralbank innerhalb des Einheitlichen Aufsichtsmechanismus bekräftigt. So entscheidet sie u.a. allein über die Vergabe und den Entzug von Lizenzen.[799] Den nationalen Aufsichtsbehörden kommt, soweit nicht die Beaufsichtigung von unbedeutenden Instituten betroffen ist, im Rahmen des Einheitlichen Aufsichtsmechanismus nur eine Hilfsfunktion zu, an der sich auch in Zukunft wenig ändern dürfte.[800] Der Umfang an übertragenen Befugnissen kommt daher letztlich einer faktischen Übertragung der gesamten Aufsicht gleich, sodass nicht mehr nur von der Wahrnehmung einer besonderen Aufgabe, die lediglich im Zusammenhang mit der Aufsicht ausgeübt wird, gesprochen werden kann. [801] Die in der SSM-VO enthaltene Zuständigkeitsverteilung zwischen der Europäischen Zentralbank und den nationalen Aufsichtsbehörden sowie die Übertragung von grundlegenden Aufsichtsrechten überschreitet die zulässige Grenze des Art. 127 Abs. 6 AEUV, da die Ausnahme hinsichtlich der Übertragung von lediglich besonderen Aufgaben zur Regel wird.[802]

(3) Anderssprachige Fassung des Vertragstextes

Weitere Beschränkungen für eine Übertragung von Aufsichtsaufgaben auf der Grundlage von Art. 127 Abs. 6 AEUV könnten sich mit Blick auf die englisch- und französischsprachige Fassung des AEUV ergeben. Die deutsche Fassung verwendet an zwei Stellen das Wort „besonders". Sowohl die englische als auch die französische Fassung des Vertragstextes arbeiten hingegen an den soeben genannten Stellen mit verschiedenen Begrifflichkei-

798 Art. 6 Abs. 5 lit. b) SSM-VO.
799 Art. 4 Abs. 1 lit. a) SSM-VO.
800 Art. 14 Abs. 1 SSM-VO; vgl. *Lehmann/Manger-Nestler*, ZBB 2014, 2 (6).
801 A.A. *Thiele*, GewArch 2015, 111 (116).
802 *Kämmerer/Starski*, ZG 2013, 318 (326).

ten, die auf eine unterschiedliche Bedeutung auch im deutschen Kontext hindeuten könnten:

- *„The Council, acting by means of regulations in accordance with a special legislative procedure, may unanimously, and after consulting the European Parliament and the European Central Bank, confer specific tasks upon the European Central Bank concerning policies relating to the prudential supervision of credit institutions and other financial institutions with the exception of insurance undertakings"*

- *„Le Conseil, statuant par voie de règlements conformément à une procédure législative spéciale à l'unanimité, et après consultation du Parlement européen et de la Banque centrale européenne, peut confier à la Banque centrale européenne des missions spécifiques ayant trait aux politiques en matière de contrôle prudentiel des établissements de crédit et autres établissements financiers, à l'exception des entreprises d'assurances"*

Übersetzt bedeutet *specific* neben *genau* auch *konkret* oder *bestimmt*. Legt man diese Lesart zugrunde, liegt zunächst die Vermutung nahe, dass die Qualität und Quantität der zu übertragenden Aufsichtsaufgaben nicht von Bedeutung ist. Maßgeblich ist allein, dass die auf die Europäische Zentralbank zu übertragenden Aufgaben in der entsprechenden Verordnung lediglich *genau* oder *konkret* bezeichnet werden müssen.[803] Die Übertragung der gesamten Aufsicht auf die Europäische Zentralbank ist daher unzulässig mit der Folge, dass den nationalen Aufsichtsbehörden ein Bestand an Kompetenzen verbleiben muss.[804] Dieser Argumentation folgend, begegnet die Übertragung von Aufsichtsaufgaben auf die Europäische Zentralbank im Rahmen der SSM-VO keinen Bedenken, da die Interpretation der englisch- und französischsprachigen Fassung keinen Hinweis im Hinblick auf Art und Umfang der zu übertragenden Aufgaben enthält. Es handelt sich dabei vielmehr um einen Schutzmechanismus zugunsten der Mitgliedstaaten und ihrer nationalen Aufsichtsbehörden, deren Kompetenzen auf dem Gebiet der Bankenaufsicht durch eine übermäßige Übertragung von Aufgaben nicht ausgehöhlt werden sollen.

---

803 *Ceyssens*, NJW 2013, 3704 (3706); *Ruthig*, ZHR 2014, 443 (452 f.).

804 *Manger-Nestler*, in: Pechstein/Nowak/Häde, Frankfurter Kommentar, Bd. 3, Art. 127 AEUV Rn. 52; *Guarracino*, Law And Economics Yearly Review Vol. 2/2013, 184 (204); so auch *van Roosebeke*, Orientierungen zur Wirtschafts- und Gesellschaftspolitik 2012, 10 (11).

bb) Historische Auslegung

Mit Inkrafttreten des Vertrages von Lissabon hat sich auch der Regelungsinhalt von Art. 127 Abs. 6 AEUV im Vergleich zu der Vorgängervorschrift partiell geändert. Während ex-Art. 105 Abs. 6 EGV[805] für eine etwaige Übertragung von Aufsichtsaufgaben auf die Europäische Zentralbank noch die Zustimmung des Europäischen Parlaments verlangte, muss es nach geltender Rechtslage nur noch angehört werden. Die Hürde für eine Aufgabenübertragung ist somit deutlich niedriger als zuvor. Dieser Umstand spricht ebenfalls für eine enge Auslegung mit der Folge, dass die Europäische Zentralbank aufgrund der schwachen Stellung des Europäischen Parlaments im Gesetzgebungsverfahren und des geringen demokratischen Legitimationsniveaus nicht mit echten Aufsichtskompetenzen betraut werden kann.[806] Zwar bedarf die Entscheidung über eine Übertragung von Aufsichtsaufgaben auf die Europäische Zentralbank der Einstimmigkeit im Rat, allerdings muss hinterfragt werden, ob eine derart niedrige Hürde die Übertragung solch umfangreicher Aufsichtsaufgaben rechtfertigen kann, zumal nur aus deutscher Sicht ein entsprechendes Zustimmungsgesetz vorliegt und erforderlich ist.[807]

Die Rolle der Europäischen Zentralbank im Bereich der Kreditinstitutsaufsicht war bereits im Rahmen der Verhandlungen zum Maastricht-Vertrag sehr umstritten. Während die Mehrheit der Zentralbankpräsidenten eine tragende Rolle der Europäischen Zentralbank in der Bankenaufsicht befürwortete, standen die Mitgliedstaaten dieser Forderung ablehnend gegenüber.[808] Dies war im Wesentlichen auf die verschiedenen Organisationsmodelle und dem Verständnis der Mitgliedstaaten über die Rolle der Zentralbanken in der Aufsicht zurückzuführen.[809] Bei der Mehrheit der

805 Vertrag über die Europäische Union (Vertrag von Maastricht) v. 07.02.1992, ABl. 1992 C 191.

806 *Rodi*, in: Vedder/Heintschel von Heinegg, Europäisches Unionsrecht^2, Art. 127 AEUV Rn. 13.

807 Hierzu *Mayer/Kollmeyer*, DVBl. 2013, 1158 (1159 ff.).

808 *Smits*, The European Central Bank, S. 334 ff.; *van den Berg*, The Making of the Statue of ESCB, S. 282 f.; *Kern*, E.L.R. 40 (2015), 154 (162); *Jörgens*, Die koordinierte Aufsicht über europaweit tätige Bankengruppen, S. 123; *Glatzl*, Geldpolitik und Bankenaufsicht im Konflikt, S. 249; *Häde*, in: Festschrift für Stober, S. 467 (471).

809 *Langner*, in: Siekmann, EWU, Art. 25 ESZB-Satzung Rn. 5; *Lackhoff*, JIBLR 2014, 13 (14); *Ruthig*, ZHR 2014, 443 (451).

Mitgliedstaaten[810] war die Zentralbank ausschließlich für Aufsichtsaufgaben zuständig, während in anderen Ländern die Aufsicht auf der Grundlage einer Zusammenarbeit von Zentralbank und Aufsichtsbehörde erfolgte.[811] Andere präferierten wiederum eine vollständige institutionelle Trennung von Aufsicht und Geldpolitik.[812]

Damals wie heute fußt die Diskussion um eine europäische Aufsicht unter der Leitung der Europäischen Zentralbank auf den gleichen Befürchtungen. Aus Sicht der Mitgliedstaaten sprachen insbesondere die Gefahr potenzieller Zielkonflikte zwischen geldpolitischen und aufsichtlichen Aufgaben sowie die fehlende demokratische Verantwortlichkeit der Europäischen Zentralbank gegenüber dem Parlament gegen eine Ansiedlung der Aufsicht bei der Europäischen Zentralbank.[813] Im Ergebnis verständigte man sich auf eine Ausnahmeregelung mit dem Inhalt, dass der Europäischen Zentralbank künftig auf Grundlage von ex-Art. 105 Abs. 6 EGV nur *besondere Aufgaben* im Zusammenhang mit der Aufsicht nach dem dafür vorgesehenen Verfahren übertragen werden können bzw. sollte diese Entscheidung dem Rat überlassen werden.[814] Die Begrenzung der Aufsichtssubjekte auf Kreditinstitute und sonstige Kreditinstitute und die damit einhergehende Ausklammerung von Versicherungsunternehmen ist auf die Position der Niederlanden im Zeitpunkt der Verhandlungen zurückzuführen, welche die Zentralbank nicht übermäßig mit Macht ausstatten wollte.[815] Dieser Umstand streitet auch für die Annahme, dass es nicht dem Willen der Gründungsverträge entspricht, der Europäischen Zentralbank weitreichende Aufsichtskompetenzen zu übertragen und ihr Tätigkeitsbereich sich nur auf weniger umfangreichere und unterstützende Funktionen im Rahmen der primär- und satzungsrechtlichen Vorgaben beschränken sollte.[816]

---

810 Vereinigtes Königreich, Griechenland, Spanien, Niederlande, Portugal und Irland.

811 Deutschland, Frankreich und Belgien.

812 Dänemark.

813 *Langner*, in: Siekmann, EWU, Art. 25 ESZB-Satzung Rn. 13.

814 *Glatzl*, Geldpolitik und Bankenaufsicht im Konflikt, S. 257; *Smits*, in: Festschrift für Garavelli, S. 199 (202).

815 *Smits*, The European Central Bank, S. 356, dort Fn. 145; vgl. *Kaufhold*, Systemaufsicht, S. 286.

816 BT-Drs. 17/13470, S. 10; siehe auch *Lehmann/Manger-Nestler*, ZBB 2014, 2 (5) mit Verweis auf *Häde*, in: Calliess/Ruffert, EUV/AEUV, Art. 127 AEUV Rn. 56 f.; *Waldhoff*, in: Siekmann, EWU, Art. 127 AEUV Rn. 72.

cc) Systematische Auslegung

Der Aufgabenkatalog des Art. 127 Abs. 2 AEUV untermauert darüber hinaus die Vermutung, dass die Wahrnehmung der Aufsicht nicht zu den klassischen Kernkompetenzen der Europäischen Zentralbank gehört. Dort befinden sich mehrheitlich währungspolitische Aufgaben, wie die Festlegung der Geldpolitik in der Union oder die Verwaltung der mitgliedstaatlichen Währungsreserven. Die Wahrnehmung der Aufsicht ist hingegen nicht ausdrücklich normiert. Dies ist ein weiteres Indiz dafür, dass die Europäische Zentralbank *de lege lata* nur eingeschränkt auf diesem Gebiet tätig werden kann. Die Ausstattung der Europäischen Zentralbank mit bankaufsichtlichen Kernkompetenzen und die damit einhergehende Aufwertung zu einer zentralen europäischen Aufsichtsbehörde stehen in Widerspruch zur ihrer primären Funktion als Währungs- und Notenbank. Gleichwohl sich die wenigen Kompetenzen der Europäischen Zentralbank auf dem Gebiet der Aufsicht über Kreditinstitute im 2. Kapitel des 8. Teils über die Währungspolitik befinden, knüpfen mit Ausnahme von Art. 127 Abs. 6 AEUV die übrigen Befugnisse stets an die währungspolitische Zuständigkeit der Europäischen Zentralbank an. Dies spricht ebenso dafür, die Rolle der Europäischen Zentralbank – ähnlich wie die der Deutschen Bundesbank – auf unterstützende Funktionen, wie die Entgegenahme von Informationen zu beschränken, die sie sowohl für ihre eigenen Währungsaufgaben als auch für die Aufsichtsbehörden von Bedeutung sein können.[817] Auf diese Weise wäre auch der Zusammenhang mit ihren währungs- und geldpolitischen Kompetenzen hergestellt.

dd) Bisherige Übertragungspraxis

Für eine enge Auslegung spricht schließlich auch, dass die Ermächtigungsgrundlage des Art. 127 Abs. 6 AEUV vor Errichtung des Einheitlichen Aufsichtsmechanismus bislang nur einmal herangezogen worden ist, um die Zuständigkeit der Europäischen Zentralbank für Sekretariatsaufgaben im Rahmen des ESRB zu begründen.[818] In diesem Zusammenhang wurden der Europäischen Zentralbank zwar Aufsichtsaufgaben übertragen, jedoch handelt es sich hierbei nur um unterstützende Funktionen und nicht um weitreichende Entscheidungsbefugnisse. Die Europäische Zentralbank soll

817 Vgl. *Sacarcelik*, BKR 2013, 353 (356).
818 *Ohler*, Bankenaufsicht und Geldpolitik in der Währungsunion, § 5 Rn. 19.

den ESRB lediglich „analytisch, statistisch, administrativ und logistisch unterstützen".[819] Die der Europäischen Zentralbank nunmehr im Rahmen des Einheitlichen Aufsichtsmechanismus übertragenen Befugnisse unterscheiden sich in qualitativer Hinsicht deutlich von ihren Aufgaben nach Art. 127 Abs. 5 AEUV sowie jenen, die bislang auf der Grundlage von Art. 127 Abs. 6 AEUV übertragen worden sind.[820] Die Rolle der Europäischen Zentralbank wird sich nicht mehr allein auf beratende und unterstützende Funktionen beschränken, vielmehr nimmt sie eine entscheidende Position ein und wird zum „Hauptakteur" auf dem Gebiet der Bankenaufsicht in der Eurozone.[821] Die bisherige Übertragungspraxis des Rates streitet daher ebenfalls für eine enge Auslegung von Art. 127 Abs. 6 AEUV, mithin gegen eine umfangreiche Übertragung von Aufsichtsaufgaben.

ee) Bewertung

Die Übertragung von weitreichenden Aufsichtsbefugnissen auf der Grundlage von Art. 127 Abs. 6 AEUV begegnet aus verschiedenen Gründen rechtlichen Bedenken. Art. 127 Abs. 6 AEUV stellt grundsätzlich eine geeignete Rechtsgrundlage zur Übertragung von Aufsichtsaufgaben auf die Europäische Zentralbank dar, ist aber angesichts der Fülle an übertragenen Befugnisse im Fall des Einheitlichen Aufsichtsmechanismus überdehnt worden.[822] Dies gilt umso mehr, wenn Kernkompetenzen der mitgliedstaatlichen Aufsichtsbehörden Gegenstand der Übertragung sind.[823] Der Wortlaut und die Systematik dieser Norm streiten für eine enge Auslegung und begrenzen Art und Umfang der zu übertragenden Aufgaben auf die Europäische Zentralbank. Selbst bei weiter Auslegung des Wortlauts liegt hier keine Übertragung von „lediglich" besonderen Aufgaben mehr vor, die im Zusammenhang mit der Aufsicht stehen. Dies dürfte erst recht der Fall sein, wenn es sich bei den der Europäischen Zentralbank gemäß Art. 4 Abs. 1 SSM-VO übertragenen Befugnisse ohne Rücksicht auf die Kompe-

---

819 Erwägungsgrund Nr. 2, VO (EU) Nr. 1092/2010.

820 *Waldhoff/Dieterich*, EWS 2013, 72 (75); siehe auch *Ohler*, Bankenaufsicht und Währungspolitik in der Währungsunion, § 5 Rn. 19.

821 *Hartwig*, EuZW 2012, 775 (778).

822 *Ohler*, Bankenaufsicht und Geldpolitik in der Währungsunion, § 5 Rn. 22.

823 Vgl. *Smits*, The European Central Bank, S. 358; *U. Schneider*, NVwZ 2012, 721 (722).

tenzverteilungsregel des Art. 6 Abs. 4 SSM-VO nach Ansicht des EuG um ausschließliche Kompetenzen handeln soll.[824]

Wirtschafts- und realpolitisch mag die Übertragung von zentralen Aufsichtsaufgaben auf die Europäische Zentralbank angesichts der weltweiten Finanz- und Wirtschaftskrise zweckmäßig erscheinen; insbesondere können dessen Folgen sowie Aufsichtsdefizite im europäischen Währungsraum durch die Errichtung des Einheitlichen Aufsichtsmechanismus beseitigt werden. Allerdings gehen wirtschaftspolitisch sinnvolle Erwägungen nicht immer Hand in Hand mit rechtlich einwandfreien Lösungen. Selbst der gefundene Kompromiss im Hinblick auf die Aufgabenverteilung zwischen der Europäischen Zentralbank und den nationalen Aufsichtsbehörden vermag die vorhandenen Bedenken angesichts der Bedeutung der zu beaufsichtigenden Kreditinstitute nicht zu beseitigen.

Aufgrund der bestehenden rechtlichen Bedenken im Hinblick auf die Ermächtigung in Art. 127 Abs. 6 AEUV, hat man sich im ECOFIN-Rat darauf geeinigt, ggf. Änderungen am AEUV vorzunehmen.[825] Dies ist ein weiteres Indiz dafür, dass die Übertragung von Aufsichtsaufgaben auf die Europäische Zentralbank auf einer unsicheren Rechtsgrundlage beruht.

b) Notwendigkeit einer Änderung der ESZB-Satzung

Ausgehend von dem Ergebnis, dass Art. 127 Abs. 6 AEUV keine taugliche Rechtsgrundlage für die Übertragung von Aufsichtsaufgaben im Umfang der SSM-VO darstellt, ergeben sich hieraus auch Folgen für den wortgleichen Art. 25.1 ESZB-Satzung. Die Erweiterung des Zuständigkeitskreises oder Änderung der Entscheidungsstrukturen, die von der Satzung nicht gedeckt sind, bedürfen demzufolge einer Satzungsänderung. Gleiches gilt auch für die Auferlegung von Rechenschaftspflichten der Europäischen Zentralbank gegenüber dem Europäischen Parlament und dem Rat.[826] Da die ESZB-Satzung gemäß Art. 51 EUV Bestandteil der Primärverträge ist, können etwaige Änderungen am Regelungsgehalt nur im Wege eines Vertragsänderungsverfahrens vorgenommen werden. Art. 129 Abs. 3 AEUV sieht hierfür ein vereinfachtes Vertragsänderungsverfahren vor, wovon

824 EuG, Urt. v. 16.05.2017, T-122/15, Rn. 72.
825 *Boegl*, Die Bank 09/2013, 19 (20).
826 *Herdegen*, WM 2012, 1889 (1895).

Art. 25 ESZB-Satzung aber gerade nicht umfasst ist. Diese Hürde streitet ebenfalls für eine enge Auslegung von Art. 127 Abs. 6 AEUV.[827]

2. Art. 114 AEUV

a) Voraussetzungen

Als Alternative zu Art. 127 Abs. 6 AEUV kommt die Harmonisierungskompetenz aus Art. 114 AEUV für eine Übertragung von Aufsichtsaufgaben auf die Europäische Zentralbank in Betracht. Die allgemeine Rechtsangleichungskompetenz erlaubt dem Rat der Europäischen Union und dem Europäischen Parlament, im ordentlichen Gesetzgebungsverfahren nach Art. 294 AEUV Maßnahmen zur Angleichung der mitgliedstaatlichen Rechts- und Verwaltungsvorschriften zu erlassen, die die Errichtung und das Funktionieren des Binnenmarkts zum Gegenstand haben.[828] Vorliegend ist jedoch nicht die Harmonisierung mitgliedstaatlicher Regelungen Gegenstand der SSM-VO, vielmehr wird eine bereits existierende Unionseinrichtung mit hoheitlichen Kompetenzen betraut. Inwieweit solch ein Vorhaben von Art. 114 AEUV gedeckt ist, hängt maßgeblich vom Umfang der zu übertragenden Befugnisse sowie den der SSM-VO zugrunde liegenden Motive ab.

b) EuGH-Rechtsprechung zur Errichtung europäischer Agenturen

Da der Vertrag über die Arbeitsweise der Europäischen Union keine ausdrückliche Kompetenz zur Gründung von Agenturen auf europäischer Ebene enthält, bedarf es anderer Vorschriften, auf die sich solch ein Vorhaben stützen lässt. Die Errichtung europäischer Agenturen auf der Grundlage von Art. 114 AEUV ist seit 1975 gängige Praxis.[829] Der EuGH hat erstmals im Fall der Europäischen Agentur für Netz- und Informationssicherheit (ENISA), die Tauglichkeit von Art. 114 AEUV im Hinblick auf die

827 *Waldhoff/Dieterich*, EWS 2013, 72 (78).

828 Ausführlich hierzu *Kahl*, in: Calliess/Ruffert, EUV/AEUV, Art. 114 AEUV Rn. 10 ff.; *Tietje*, in: Grabitz/Hilf/Nettesheim, Das Recht der Europäischen Union, 59. EL 2016, Art. 114 AEUV Rn. 94 ff.; *Leible/Schröder*, in: Streinz, EUV/AEUV, Art. 114 AEUV Rn. 9 ff.

829 *Wittinger*, EuR 2008, 609 (612).

Gründung europäischer Agenturen bejaht und der Errichtung primärrechtlich an sich nicht vorgesehener Institutionen Grenzen gesetzt.[830] Der EuGH stellte zunächst klar, dass nicht sämtliche auf der Grundlage von Art. 114 AEUV erlassenen Maßnahmen immer an die Mitgliedstaaten gerichtet sein müssen. In Ausnahmefällen berechtigt die Harmonisierungskompetenz auch zum Erlass solcher Maßnahmen – in diesem Fall die Schaffung von EU-Einrichtungen –, die primär nicht die Angleichung von Rechts- und Verwaltungsvorschriften zum Gegenstand haben.

Im Einklang mit der Rechtsprechung des EuGH kann eine Europäische Agentur nur unter den nachfolgend genannten Voraussetzungen errichtet werden. Erstens muss die Errichtung einer Agentur notwendig sein.[831] Darüber hinaus muss diese in der Lage sein, „zur Verwirklichung des Harmonisierungsprozesses beizutragen".[832] Die letzte und wichtigste Voraussetzung ist jedoch, dass sämtliche Aufgaben und Befugnisse „in engem Zusammenhang mit den Bereichen stehen [müssen], auf die sich die Rechtsakte zur Angleichung der Rechts- und Verwaltungsvorschriften der Mitgliedstaaten beziehen".[833] Nach der Interpretation des EuGH ist es ausreichend, wenn zwar nicht schon die Errichtung einer europäischen Agentur selbst, aber die ihr übertragenen Aufgaben und Befugnisse den Harmonisierungsprozess vorantreiben.

Auf dem Gebiet der Bankenaufsicht wurde mit der EBA bereits eine Behörde auf der Grundlage von Art. 114 AEUV errichtet. Zwar trägt die Errichtung der EBA selbst noch nicht zum Harmonisierungsprozess bei. Die ihr übertragenen Aufgaben und Befugnisse erlauben es ihr jedoch, Maßnahmen (Leitlinien und Empfehlungen sowie Entwurf technischer Regulierungs- und Durchführungsstandards) zu ergreifen, die geeignet sind, einen einheitlichen Standard in der europäischen Aufsicht herzustellen.[834] Die EBA soll primär die nationalen Aufsichtsbehörden „bei der kohärenten Auslegung und Anwendung der Unionsvorschriften" unterstützen sowie gleiche Rahmenbedingungen für alle Marktteilnehmer schaffen (*level-playing-field*) und auf diese Weise einen Beitrag zur Effektivität und Stabili-

830 EuGH, Urt. v. 02.05.2006, Rs. C-217/04, Slg. 2006, I-3789, Rn. 44; kritisch *Vetter*, DÖV 2005, 721 (729); *Ohler*, EuZW 2006, 369 (373); *Häde*, EuZW 2011, 662 (663); siehe auch Generalanwalt *Jääskinen*, Schlussanträge v. 12.12.2013 – Rs C-270/12, Rn. 30.

831 EuGH, Urt. v. 02.05.2006, Rs. C-217/04, Slg. 2006, I-3789, Rn. 44.

832 EuGH, Urt. v. 02.05.2006, Rs. C-217/04, Slg. 2006, I-3789, Rn. 44.

833 EuGH, Urt. v. 02.05.2006, Rs. C-217/04, Slg. 2006, I-3789, Rn. 45.

834 Siehe Abschnitt D. IV 2. a) dd).

tät des europäischen Finanzsystems leisten.[835] In Anlehnung an die Rechtsprechung des EuGH und bei Vorliegen der oben dargestellten Voraussetzungen begegnet die Errichtung von europäischen Agenturen auf der Grundlage von Art. 114 AEUV keinen grundlegenden Bedenken.[836]

c) Fehlende Binnenmarktharmonisierung

Der Einheitliche Aufsichtsmechanismus ist – anders als die EBA – keine nach außen hin rechtlich verselbstständigte Institution. Es handelt sich vielmehr um ein Gremium innerhalb der Europäischen Zentralbank, das sich mit der Beaufsichtigung von Kreditinstituten in der Eurozone befasst sowie vorbereitende Tätigkeiten für den EZB-Rat ausübt. In dogmatischer Hinsicht handelt es sich lediglich um eine Zuweisung von Kompetenzen zu einer bereits existenten Institution.

Anknüpfungspunkt für eine Heranziehung von Art. 114 AEUV ist in erster Linie das materielle Recht der Mitgliedstaaten, das durch eine Maßnahme oder einen Organisationsrechtsakt der Union angeglichen werden soll, um Binnenmarkthemmnisse zu beseitigen.[837] Die Errichtung des Einheitlichen Aufsichtsmechanismus dient primär aber nicht der Angleichung von mitgliedstaatlichen Verwaltungs- und Rechtsvorschriften, vielmehr soll es zur Stabilisierung des Finanzmarktes beitragen und eine einheitliche Anwendung der materiell-rechtlichen Aufsichtsstandards in der Eurozone gewährleisten. [838] Ersteres wird weiterhin von der EBA wahrgenommen, woran sich auch nach Errichtung des Einheitlichen Aufsichtsmechanismus nichts ändert.[839]

Gegen eine unionsweite Harmonisierung im Sinne von Art. 114 AEUV spricht mithin, dass der Einheitliche Aufsichtsmechanismus zunächst nur Kreditinstitute beaufsichtigen wird, die von besonderer Systemrelevanz und in der Eurozone niedergelassen sind.[840] Mitgliedstaaten, deren Währung nicht der Euro ist, können sich nur freiwillig unter die Aufsicht der

---

835 Erwägungsgrund Nr. 17 EBA-VO.

836 Kritisch *Ohler*, EuZW 2006, 369 (372) m.w.N.

837 *Kohtamäki*, Die Reform der Bankenaufsicht in der Europäischen Union, S. 160.

838 *Herdegen*, WM 2012, 1889 (1891); teilweise a.A *Waldhoff/Dieterich*, EWS 2013, 72 (76), der in der Errichtung des Einheitlichen Aufsichtsmechanismus zumindest „geplante Rechtsangleichungsbemühungen" sieht.

839 Erwägungsgrund Nr. 4 EBA-ÄnderungsVO.

840 Art. 4 Abs. 1 SSM-VO.

Europäischen Zentralbank begeben.[841] Die Aufspaltung der Aufsicht in Euro- und Nicht-Eurostaaten kann aber nicht die Harmonisierung zum Ziel haben, solange nicht alle Mitgliedstaaten automatisch und ausnahmslos demselben Aufsichtsregime unterliegen. Vielmehr widerspricht dieses Vorhaben einem vertieften und integrierten Binnen- und Finanzmarkt in der Europäischen Union.

Die Errichtung des Einheitlichen Aufsichtsmechanismus erreicht zudem eine neue Dimension im Vergleich zu den bisher auf Grundlage von Art. 114 AEUV errichteten Europäischen Agenturen. Die Europäische Zentralbank als zentrale Aufsichtsbehörde ist nun mit weitreichenden Durchgriffs- und Sanktionsbefugnissen (u.a. Erteilung und Entzug von Zulassungen) ausgestattet. Selbst bei Zugrundelegung eines weiten Verständnisses ist die Übertragung von derart weitreichenden nationalen Eingriffsbefugnissen auf die Europäische Zentralbank auf der Grundlage von Art. 114 AEUV nicht zu realisieren.[842] Eine extensive Auslegung dieser Kompetenz birgt die Gefahr einer übermäßigen Kompetenzverschiebung sowie Störung des institutionellen Gleichgewichts zwischen der Europäischen Union und den Mitgliedstaaten.[843] Aber auch unabhängig hiervon scheidet eine Errichtung auf der Grundlage von Art. 114 AEUV aus, weil bereits Art. 127 Abs. 6 AEUV als *lex speciales* die Übertragung von Aufsichtsaufgaben auf die Europäische Zentralbank abschließend regelt und die allgemeine Harmonisierungsregel des Art. 114 AEUV somit verdrängt.[844]

3. Art. 352 AEUV

Die Übertragung von besonderen Aufsichtsaufgaben könnte darüber hinaus auf Art. 352 AEUV gestützt werden. Ein Rückgriff auf die Vertragsabrundungskompetenz ist jedenfalls dann möglich, wenn ein Tätigwerden der Union im Rahmen der in den Verträgen festgelegten Politikbereiche erforderlich ist, um eines der in Art. 3 EUV verankerten Ziele verwirklichen zu können, die Verträge, die hierfür erforderlichen Kompetenzen

---

841 Art. 7 SSM-VO.

842 EuGH, Urt. v. 02.05.2006, Rs. C-217/04, Slg. 2006, I-3789, Rn. 44 f.; *Herdegen*, WM 2012, 1889 (1891); *Waldhoff/Dieterich*, EWS 2013, 72 (76); *Sacarcelik*, BKR 2013, 353 (356).

843 *Ohler*, NVwZ 2006, 369 (373); *Wittinger*, EuR 2008, 609 (614).

844 *Häde*, in: Calliess/Ruffert, EUV/AEUV, Art. 127 AEUV Rn. 54; *Kämmerer*, NVwZ 2013, 830 (835); *Eriksson*, Einheitlicher Europäischer Bankenaufsichtsmechanismus, S. 33; *Kaufhold*, Systemaufsicht, S. 288.

aber nicht vorsehen. Die Vertragsabrundungsklausel ist hingegen nicht geeignet, bestehende Kompetenzen zu erweitern oder neue zu begründen.[845] Wie im Fall von Art. 114 AEUV, ermächtigt auch Art. 352 AEUV zur Errichtung rechtlich verselbstständigter Institutionen.[846] Die Übertragung von Kompetenzen auf bereits bestehende Einrichtungen dürfte angesichts des weiten Verständnisses der Vertragsabrundungsklausel hiervon noch umfasst sein.[847]

a) Konditionale Verknüpfung mit den Zielen der Union

Die Übertragung von Aufsichtskompetenzen auf die Europäische Zentralbank muss zunächst die Verwirklichung eines im EUV verankerten Zieles zum Gegenstand haben. In Betracht kommen dabei die Ziele der Binnenmarkterrichtung bzw. -vertiefung sowie die Preisstabilität. Die Errichtung des Einheitlichen Aufsichtsmechanismus soll primär einen Beitrag zur Stabilität des Finanzsystems leisten, Aufsichtsarbitrage in der Union bekämpfen und das Spannungsverhältnis zwischen Staatsverschuldung und Bankeninsolvenzen auflösen. Sowohl der einheitliche Binnenmarkt als auch die Preisstabilität sind in Art. 3 Abs. 3 S. 1 EUV ausdrücklich als Ziele aufgeführt. Die Stabilität des Finanzsystems findet hingegen keine ausdrückliche Erwähnung.[848]

Die Übertragung von Aufsichtskompetenzen auf die Europäische Zentralbank könnte allenfalls mit den beiden soeben genannten Zielen verknüpft werden. Ganz unproblematisch ist dies indes nicht. Eine integrierte Aufsicht über die Kreditinstitute auf europäischer Ebene wäre dann als erforderliche Maßnahme zu betrachten, wenn sie zu einer Vertiefung des Binnenmarktes beitragen würde. Dies setzt voraus, dass alle Mitgliedstaaten der Europäischen Union in Zukunft denselben Aufsichtsstandards unterlägen. Der Einheitliche Aufsichtsmechanismus ist aber bedingt durch

---

845 Siehe *Rossi*, in: Calliess/Ruffert, EUV/AEUV, Art. 352 AEUV Rn. 12 f., der eine Kompetenz-Kompetenz ablehnt.

846 *Rossi*, in: Calliess/Ruffert, EUV/AEUV, Art. 352 AEUV Rn. 80; so z.B. das Europäische Markenamt (VO Nr. 337/75 v. 10.02.1975, ABl. 1975 Nr. L 39/1) oder jüngst die Europäische Agentur für Grundrechte (VO (EG) Nr. 168/2007, ABl. 2007 Nr. L 53/1).

847 Siehe *Rossi*, in: Calliess/Ruffert, EUV/AEUV, Art. 352 AEUV Rn. 80; *Waldhoff/Dieterich*, EWS 2013, 72 (76).

848 *Herdegen*, WM 2012, 1889 (1892); *Sacarcelik*, BKR 2013, 353 (356); vgl. auch *Waldhoff/Dieterich*, EWS 2013, 72 (76).

die Ansiedlung bei der Europäischen Zentralbank zunächst jedoch nur in der Lage, in der Eurozone niedergelassene Kreditinstitute zu beaufsichtigen. Mitgliedstaaten außerhalb dessen können nur durch eine gesonderte Vereinbarung eine enge Zusammenarbeit mit der Europäischen Zentralbank eingehen und sich freiwillig dem Aufsichtsregime unterwerfen. Die Unterscheidung zwischen teilnehmenden und nicht teilnehmenden Mitgliedstaaten widerspricht letztlich der Idee eines gemeinsamen Binnenmarktes und fragmentiert diesen vielmehr und entspricht nicht dem eigentlichen Regelungsgehalt von Art. 352 AEUV.[849]

Auch die Preisstabilität steht in keinem direkten Zusammenhang mit der Errichtung des Einheitlichen Aufsichtsmechanismus und dem damit verbundenen Ziel der Finanzmarktstabilität.[850] Hinzu kommt, dass der Einheitliche Aufsichtsmechanismus bei der Europäischen Zentralbank eingerichtet wird, die in erster Linie als Notenbank der Preisstabilität verpflichtet ist. Die Beeinflussung von Aufsichtsentscheidungen durch Erwägungen zugunsten der Preisstabilität ist trotz der getroffenen Vorkehrungen, wie die Errichtung eines Aufsichtsgremiums, nicht mit an Sicherheit grenzender Wahrscheinlichkeit auszuschließen. Die Wahrnehmung der Aufsicht durch die Europäische Zentralbank stellt daher grundsätzlich eine Gefahr für das Preisstabilitätsziel dar.[851] Die hinter dem Einheitlichen Aufsichtsmechanismus stehenden Motive rechtfertigen nicht die Erforderlichkeit dieser Maßnahme. Eine Kompetenzverschiebung auf Grundlage von Art. 352 AEUV, die weder der Preisstabilität dient noch zu einer Vertiefung des EU-Binnenmarktes beiträgt, begegnet rechtlichen Bedenken.

b) Fehlende Kompetenz der Union

Schließlich scheidet die Vertragsabrundungsklausel als Grundlage für die Übertragung von Aufsichtsaufgaben auf die Europäische Zentralbank deswegen schon aus, weil sie streng subsidiär gegenüber anderen Vorschriften des AEUV ist und nur herangezogen werden darf, wenn dem Unionsgesetzgeber keine spezielleren Kompetenzen zur Verfügung stehen oder die zur Erreichung der vertraglichen Ziele erforderlichen Kompetenzen fehlen.[852] Die Errichtung des Einheitlichen Aufsichtsmechanismus auf der

---

849 *Herdegen*, WM 2012, 1889 (1892); *Kämmerer*, NVwZ 2013, 830 (835).
850 *Herdegen*, WM 2012, 1889 (1892).
851 *Waldhoff/Dieterich*, EWS 2013, 72 (76).
852 *Streinz*, in: ders., EUV/EGV, Art. 352 AEUV Rn. 1 m.w.N.

Grundlage von Art. 352 AEUV wäre demzufolge nur möglich, wenn dem Unionsgesetzgeber keine speziellere Ermächtigungsgrundlage zur Verfügung stünde, die die Übertragung von Aufsichtsaufgaben auf die Europäische Zentralbank legitimiert. Dies ist jedoch angesichts der Existenz von Art. 127 Abs. 6 AEUV gerade nicht der Fall. Da diese Vorschrift *lex specialis* zu Art. 352 AEUV ist, kommt Art. 352 AEUV als Rechtsgrundlage für die Übertragung von Aufsichtsaufgaben auf die Europäische Zentralbank nicht in Betracht. Art. 127 Abs. 6 AEUV erlaubt der Europäischen Union auch ohne einen Rückgriff auf die Vertragsabrundungskompetenz die Übertragung von Aufsichtsaufgaben, sodass eine der wesentlichen Voraussetzungen, wie das Fehlen einer geschriebenen Kompetenz, nicht erfüllt ist.[853]

4. Ergebnis

Die vertragsimmanente Lösung zur Errichtung des Einheitlichen Aufsichtsmechanismus begegnet erheblichen kompetenzrechtlichen Bedenken. Sowohl Art. 127 Abs. 6 AEUV als auch die Alternativen sind nicht geeignet, weitreichende nationale Aufsichtskompetenzen auf Unionsebene zu verlagern. Die Übertragung von Aufsichtskompetenzen mag wirtschaftspolitisch durchaus sinnvoll erscheinen, um die Folgen der anhaltenden Finanz- und Wirtschaftskrise zu bewältigen und eine verbesserte Aufsichtsstruktur zu etablieren, aus juristischer Sicht bestehen jedoch erhebliche Bedenken. Daher verbleibt nur noch der Weg über eine Vertragsänderung gemäß Art. 48 EUV.[854] Auf diese Weise könnten die mit Art. 127 Abs. 6 AEUV verbundenen Unsicherheiten beseitigt und unter Umständen – sofern dies erforderlich ist – die gesamte Aufsicht auf Unionsebene konzentriert werden.[855] Gleichzeitig bestünde die Möglichkeit, eine zentrale Aufsicht für alle Mitgliedstaaten der Europäischen Union zu realisieren,

---

853 *Herdegen*, WM 2012, 1889 (1892); *Kämmerer*, NVwZ 2013, 830 (835); *Herdegen*, WM 2012, 1889, 1892; siehe auch *Witte*, Maastricht J. Eur. & Comp. Law 21/2014, 89 (92).

854 Siehe *Selmayr*, ZÖR 2013, 259 (312), der eine Änderung des Vertrages grundsätzlich für nicht erforderlich hält, solange die vom Unionsprimärrecht vorgegebene institutionelle Struktur der Europäischen Zentralbank – insbesondere das Letztentscheidungsrecht des EZB-Rates – nicht in Frage gestellt wird.

855 Vgl. *Peters*, WM 2014, 396 (399).

um eine Homogenität im gesamten europäischen Binnenmarkt herzustellen.

IX. Rechtsakte der Europäischen Zentralbank im Rahmen der Aufsicht

Die zulässigen Handlungsformen der Europäischen Zentralbank richten sich nach Art. 132 und 288 AEUV, die enumerativ aufzählen, auf welche Art und Weise die Unionsorgane agieren können. Hiernach kann die Europäische Zentralbank zur Wahrnehmung der ihr durch den AEUV übertragenen Aufgaben Beschlüsse, Verordnungen und Richtlinien erlassen sowie Empfehlungen und Stellungnahmen abgeben. Die ESZB-Satzung erweitert den Handlungskatalog in Art. 12.1 ESZB-Satzung um die Instrumente der Leitlinie und Weisung. Die Handlungsformen sind nicht explizit auf den Bereich der Geldpolitik beschränkt, sodass einer Ausweitung auf die bankaufsichtlichen Aufgaben keine Bedenken entgegenstehen.[856] Die SSM-VO erlaubt der Europäischen Zentralbank zudem die Erteilung von allgemeinen Anweisungen.

1. Maßnahmenkatalog

a) Erlass von (Aufsichts-) Beschlüssen

Der Erlass von Beschlüssen gemäß Art. 4 Abs. 3 UAbs. 2 SSM-VO stellt das zentrale Handlungsinstrument der Europäischen Zentralbank dar. Das Primärrecht unterscheidet hinsichtlich der Handlungsform des Beschlusses im Sinne von Art. 288 AEUV zwischen adressatenbezogenen und adressatenunabhängigen Beschlüssen.[857] Soweit die Europäische Zentralbank einen Aufsichtsbeschluss erlässt, liegt stets ein adressatenspezifischer Beschluss vor. Hierbei handelt es sich gemäß Art. 2 Nr. 26 SSM-RahmenVO um einen verbindlichen Rechtsakt, den die Europäische Zentralbank zur Wahrnehmung der ihr durch die SSM-VO übertragenen Aufgaben und Befugnisse erlässt und sich an beaufsichtigte Kreditinstitute oder einzelne oder mehrere Personen richtet (EZB-Aufsichtsbeschluss). Der Erlass eines

856 *Lehmann/Manger-Nestler*, ZBB 2014, 2 (17); *Lackhoff*, JIBLR 2014, 13 (17).

857 Dies ergibt sich aus einem Umkehrschluss zu Art. 288 Abs. 4 S. 2 AEUV, *Biervert*, in: Schwarze, EU-Kommentar, Art. 288 AEUV Rn. 35; siehe auch *Ohler/Schmidt-Wenzel*, in: Siekmann, EWU, Art. 132 AEUV Rn. 31.

Aufsichtsbeschlusses begründet ein Rechtsverhältnis zwischen der Europäischen Zentralbank und dem Adressaten und hat eine unmittelbare Rechtsänderung bei diesem zur Folge.[858] So wird u.a. die Erteilung einer Zulassung zum Betrieb eines Kreditinstituts in Form des Beschlusses vorgenommen. Gleiches gilt für die Verhängung von Sanktionen. Das Beschlussverfahren richtet sich dabei stets nach Art. 26 SSM-VO, wonach das Aufsichtsgremium einen Beschlussentwurf erarbeitet, der im Anschluss dem EZB-Rat zur Verabschiedung vorgelegt wird.

Die formalen Voraussetzungen für die Bekanntgabe eines Beschlusses richten sich nach § 35 SSM-RahmenVO. Ein Aufsichtsbeschluss kann dem Adressaten hiernach entweder mündlich, schriftlich oder auf elektronischem Wege bekanntgegeben werden. Handelt die Europäische Zentralbank im Wege des Beschlusses, so liegt ein Unionsrechtsakt vor, dessen Rechtmäßigkeit allein vor den Gerichten der Europäischen Union überprüft werden darf. Auf administrativer Ebene ist der interne Überprüfungsausschuss des Einheitlichen Aufsichtsmechanismus zuständig. Die Verfahrensrechte der Adressaten eines EZB-Aufsichtsbeschlusses richten sich dabei nach Art. 22 SSM-VO.

Gleichwohl Art. 4 Abs. 3 UAbs. 2 SSM-VO keine Differenzierung zwischen adressatenbezogenen und adressatenunspezifischen Beschlüssen vornimmt, stellt sich die Frage, inwieweit der Anwendungsbereich für letztere im Rahmen des Einheitlichen Aufsichtsmechanismus eröffnet ist, da diese ausschließlich allgemeine Rechtswirkung entfalten und normativer Natur sind.[859] Der adressatenunabhängige Beschluss ist hinsichtlich seiner Rechtswirkungen mit einer Verordnung vergleichbar und regelt einen eng abgegrenzten Lebenssachverhalt, ohne dabei Verpflichtungen für andere als die Organe und Einrichtungen der Union zu begründen.[860] Hierunter dürfte auch der Beschluss der Europäischen Zentralbank über die enge Zusammenarbeit mit den Aufsichtsbehörden der teilnehmenden Mitgliedstaaten, deren Währung nicht der Euro ist, fallen. Dieser adressatenunspezifische Beschluss legt über die SSM-VO und SSM-RahmenVO hinaus wei-

---

858 *Schroeder*, in: Streinz, EUV/AEUV, Art. 288 AEUV Rn. 134.

859 Ausführlich *Bast*, Grundbegriffe der Handlungsformen der EU, S. 196 ff.; siehe auch *Hahn/Häde*, Währungsrecht, § 18 Rn. 16; *Nettesheim*, in: Grabitz/Hilf/ders., Das Recht der Europäischen Union, 48. EL 2012, Art. 288 AEUV Rn. 194 ff.; *Schroeder*, in: Streinz, EUV/AEUV, Art. 288 AEUV Rn. 133; *Biervert*, in: Schwarze, EU-Kommentar, Art. 288 AEUV Rn. 35.

860 *Schroeder*, in: Streinz, EUV/AEUV, Art. 288 AEUV Rn. 134.

tere Modalitäten für die Eingehung einer engen Zusammenarbeit fest.[861] Unterschiede zum adressatenbezogenen Aufsichtsbeschluss ergeben sich insoweit, als ein in diesem Zusammenhang erlassener Beschluss gemäß Art. 7 Abs. 3 SSM-VO im Amtsblatt der Europäischen Union veröffentlicht wird und eine vorherige Anhörung gemäß Art. 22 Abs. 1 SSM-VO nicht erfordert. Der spätere auf der Grundlage von Art. 7 Abs. 2 SSM-VO i.V.m. Art. 5 Abs. 2 EZB-Beschluss EZB/2014/5 erlassene Beschluss, der den Beginn der engen Zusammenarbeit einleitet, ist hingegen wiederum adressatenspezifisch, da dieser sich nur an den betroffenen Mitgliedstaat richtet.[862]

b) Anweisung

Die Europäische Zentralbank kann im Einzelfall nunmehr auch gegenüber nationalen Aufsichtsbehörden Anweisungen erteilen.[863] Während das Instrument der Anweisung dem AEUV fremd ist und weder in Art. 132 AEUV noch in Art. 288 AEUV genannt wird, ist es in der SSM-VO hingegen an mehreren Stellen zu finden. Das Anweisungsrecht ist stets einzelfallbezogen und wird insbesondere im Rahmen der indirekten Aufsicht Anwendung finden. Die Anweisung ist aufgrund des abschließenden Instrumentenkatalogs aus Art. 288 AEUV als Beschluss einzuordnen, da nicht davon auszugehen ist, dass der europäische Gesetzgeber eine neue Handlungsform erschaffen wollte und die Europäische Zentralbank mehrheitlich auf das Instrument des Beschlusses zum Zwecke der Aufgabenwahrnehmung zurückgreifen wird.[864]

Die Europäische Zentralbank ist mangels eines umfassenden institutionellen und personellen Apparates nicht in der Lage, die ihr übertragenen Aufgaben allein wahrzunehmen und ist daher auf die Zusammenarbeit mit den nationalen Aufsichtsbehörden angewiesen. Diese sind gemäß Art. 6 Abs. 3 S. 2 SSM-VO verpflichtet, den Anweisungen der Europäischen

---

861 *Europäische Zentralbank*, Beschl. v. 31.01.2014 über die enge Zusammenarbeit mit den nationalen zuständigen Behörden teilnehmender Mitgliedstaaten, deren Währung nicht der Euro ist (EZB/2014/5), ABl. 2014 EU L 198/7.

862 Siehe *Ohler*, Bankenaufsicht und Geldpolitik in der Währungsunion, § 5 Rn. 188, der auch in diesem Fall von einem adressatenlosen Beschluss ausgeht.

863 Im Bereich der Geldpolitik kann die Europäische Zentralbank gemäß Art. 12.1. ESZB-Satzung Weisungen gegenüber den nationalen Zentralbanken erteilen.

864 *Gurlit*, ZHR 2013, 862 (883); *Deutsche Bundesbank*, Monatsbericht Juli 2013, S. 22.

Zentralbank Folge zu leisten, wenn diese ihre ausschließlichen Aufgaben gemäß Art. 4 Abs. 1 SSM-VO in Bezug auf systemrelevante Kreditinstitute wahrnimmt. Aber auch dort, wo der Europäischen Zentralbank keine Aufsichtskompetenzen durch die SSM-VO übertragen worden sind, kann sie gemäß Art. 9 Abs. 1 UAbs. 3 SSM-VO auf die nationalen Aufsichtsbehörden in Form einer Anweisung dahingehend einwirken, dass diese von ihren nationalen Befugnissen Gebrauch machen. Das Einzelfallweisungsrecht ermöglicht der Europäischen Zentralbank, die ihr übertragene Aufsichtsverantwortung für eine einheitliche und effektive Aufsicht auch außerhalb des Anwendungsbereiches der SSM-VO wahrzunehmen.[865]

Sowohl die Anweisung der Europäischen Zentralbank als auch die Ausführung durch die nationale Aufsichtsbehörde erfolgen in einem zweistufigen Verfahren. Zunächst weist die Europäische Zentralbank auf Grundlage des Unionsrechts die nationale Aufsichtsbehörde an, von ihren Befugnissen Gebrauch zu machen, weil sie z.B. die Verletzung von aufsichtsrechtlichen Vorschriften durch ein Kreditinstitut festgestellt hat („Ob“). Eine Anweisung wäre auch das richtige Handlungsinstrument, wenn die Europäische Zentralbank eine nationale Aufsichtsbehörde auffordern möchte, ein Verfahren zum Erlass von Verwaltungssanktionen einzuleiten.[866] Auf der zweiten Stufe ergreift die nationale Aufsichtsbehörde eine die Weisung ausführende Maßnahme, z.B. in Gestalt eines Verwaltungsaktes gegenüber dem Institut und unterrichtet die Europäische Zentralbank über diesen Vorgang („Wie“).[867] Die Anweisung betrifft nur das Verhältnis zwischen der Europäischen Zentralbank und der nationalen Aufsichtsbehörde, sodass ein Kreditinstitut aus der Anweisung grundsätzlich nicht unmittelbar verpflichtet oder berechtigt werden kann. Etwaige Rechtsfolgen für die Kreditinstitute ergeben sich zunächst nur aus der auf der Anweisung beruhenden Maßnahme der nationalen Aufsichtsbehörde. Die nationalen Aufsichtsbehörden haben die Anweisungen der Europäischen Zentralbank zu befolgen, gleichwohl die SSM-VO einen verbindlichen Charakter der Anweisung nicht ausdrücklich normiert.

Das Anweisungsrecht dürfte im Verhältnis zum Durchgriffsrecht aus Art. 6 Abs. 5 lit. b) SSM-VO vor dem Hintergrund des Verhältnismäßigkeitsgrundsatzes das mildere Mittel darstellen.[868] Die Europäische Zentralbank ist daher in erster Linie verpflichtet zu überprüfen, ob das Ziel zu-

865 *Deutsche Bundesbank*, Monatsbericht Oktober 2014, S. 52.

866 Art. 18 Abs. 5 SSM-VO.

867 Vgl. *Martini/Weinzierl*, NVwZ 2017, 177 (178).

868 Vgl. *Ohler*, Bankenaufsicht und Geldpolitik in der Währungsunion, § 5 Rn. 195.

nächst mit einer Anweisung erreicht werden kann, bevor sie selbst unmittelbar gegenüber einem weniger bedeutenden Kreditinstitut tätig wird.

c) Rechtsakte mit allgemeiner Geltung

Zu den Rechtsakten mit allgemeiner Geltung gehören die Verordnung, Leitlinien sowie allgemeine Weisungen. Diese sind – anders als der Beschluss – nicht unmittelbar an einen Adressaten gerichtet, sondern an alle in den Anwendungsbereich der SSM-VO fallenden nationalen Aufsichtsbehörden.[869] Die Europäische Zentralbank besitzt mit Ausnahme von Art. 4 Abs. 1 lit. a) und c) SSM-VO keine ausschließlichen Kompetenzen in Bezug auf weniger bedeutende Institute in den teilnehmenden Mitgliedstaaten, sodass diese weiterhin durch die nationalen Aufsichtsbehörden auf der Grundlage von innerstaatlichem Recht beaufsichtigt werden. Sie kann aber zum Zwecke einer einheitlichen und effektiven Aufsicht innerhalb der Eurozone gemäß Art. 6 Abs. 5 lit. a) SSM-VO Verordnungen, Leitlinien und allgemeine Weisungen an die nationalen Aufsichtsbehörden richten, die diese dann im Rahmen ihrer Aufsicht über weniger bedeutende Institute befolgen müssen.[870] Die Rechtsakte mit allgemeiner Geltung werden daher mehrheitlich im Rahmen der indirekten Aufsicht zum Tragen kommen und haben disziplinarischen Charakter.[871]

aa) Leitlinien

Zu den weiteren Handlungsinstrumenten der Europäischen Zentralbank gehört der Erlass von Leitlinien, die anders als der Beschluss und die Anweisung eine generell-abstrakte Wirkung entfalten und nur innerhalb des Einheitlichen Aufsichtsmechanismus Anwendung finden. Es handelt sich dabei um ein verwaltungsinternes Rechtsinstrument, das sich an alle oder

---

869 Vgl. *Nettesheim*, in: Grabitz/Hilf/ders., Das Recht der Europäischen Union, 48. EL 2012, Art. 288 AEUV Rn. 86. Die englische Fassung der SSM-VO differenziert nicht zwischen den Begrifflichkeiten der Weisung und Anweisung, sondern bezeichnet beide als „instructions".

870 Art. 6 Abs. 1 i.V.m. Art. 6 Abs. 5 lit. a) SSM-VO; vgl. *Deutsche Bundesbank*, Monatsbericht Oktober 2014, S. 52.

871 Vgl. *Schuster*, EuZW-Beilage 2014, 3 (6), der die Europäische Zentralbank in diesem Zusammenhang als *„supervisor of supervisors"* bezeichnet.

einzelne nationale Aufsichtsbehörden richtet.[872] Leitlinien sind in dogmatischer Hinsicht mit den Verwaltungsvorschriften der deutschen Rechtsordnung vergleichbar und dienen der „Konkretisierung gesetzlicher Spielräume“[873]. Im Bereich der Geldpolitik ist das Instrument der Leitlinie bereits ein fester Bestandteil und dient dort zur Festlegung und Durchsetzung der Währungspolitik in der Eurozone.[874] Als rein interne Handlungsform richtet sich die Leitlinie nur an die nationalen Aufsichtsbehörden, nicht aber unmittelbar an natürliche oder juristische Personen. Letztere können aufgrund der fehlenden Außenwirkung von Leitlinien daher weder verpflichtet noch berechtigt werden.[875] Gleichwohl die SSM-VO keine Aussage über die Verbindlichkeit der Leitlinie trifft, sind die nationalen Aufsichtsbehörden vor dem Hintergrund von Art. 12.1 ESZB-Satzung verpflichtet, ihre aufsichtliche Tätigkeit im Einklang mit dem Inhalt der Leitlinien auszuführen.[876]

Die Europäische Zentralbank kann mittels der Leitlinie von den nationalen Aufsichtsbehörden eine bestimmte Interpretation von Vorschriften verlangen und auf diese Weise eine einheitliche Anwendung der aufsichtsrechtlichen Regelungen dezentral gewährleisten. So können u.a. Pflichten der nationalen Aufsichtsbehörden, die ihnen durch die SSM-VO und SSM-RahmenVO auferlegt werden, durch eine Leitlinie noch weiter konkretisiert werden. Die Europäische Zentralbank könnte im Wege der Leitlinie den nationalen Aufsichtsbehörden z.B. bestimmte Mitteilungspflichten in Bezug auf weniger bedeutende Institute auferlegen. Die Durchführungsakte der nationalen Aufsichtsbehörden müssen dabei stets im Einklang mit den inhaltlichen Anforderungen der Leitlinien stehen.[877] Das Instrument der Leitlinie wird insbesondere im Rahmen der indirekten Aufsicht zur

---

872 *Hahn/Häde*, Währungsrecht, § 18 Rn. 19; *Ohler*, Bankenaufsicht und Geldpolitik in der Währungsunion, § 5 Rn. 190; *Ruthig*, ZHR 2014, 443 (468).

873 *Ohler*, in: Ruffert, Europäisches Sektorales Wirtschaftsrecht, Bd. 5, § 10 Rn. 118; *Gurlit*, ZHR 2013, 862 (875); siehe auch *von Danwitz*, Europäisches Verwaltungsrecht, S. 247; *Roth*, Die indirekte Bankenaufsicht durch die EZB, S. 118.

874 Vgl. *Europäische Zentralbank*, Monatsbericht November 1999, S. 65; siehe auch *Steven*, in: Siekmann, EWU, Art. 12 ESZB-Satzung Rn. 16.

875 *von Danwitz*, Europäisches Verwaltungsrecht, S. 247; in Bezug auf Leitlinien der EBA, *Gurlit*, ZHR 2013, 862 (876); *Ohler*, in: Ruffert, Europäisches Sektorales Wirtschaftsrecht, Bd. 5, § 10 Rn. 122; siehe auch *Hahn/Häde*, Währungsrecht, § 18 Rn. 18.

876 *Griller*, in: Grabitz/Hilf/Nettesheim, Das Recht der Europäischen Union, 50. EL 2013, Art. 132 AEUV Rn. 2; *Manger-Nestler*, Par(s) inter pares?, S. 209; siehe auch *Steven*, in: Siekmann, EWU, Art. 12 ESZB-Satzung Rn. 16.

877 *Tröger*, ZBB 2013, 373 (389); siehe auch *Gurlit*, ZHR 2013, 862 (875).

Anwendung kommen, wenn es darum geht, die Aufsichtspraxis der nationalen Aufsichtsbehörden nach der Vorstellung der Europäischen Zentralbank zu lenken.[878] Dies betrifft v.a. den Anwendungsbereich von Art. 6 Abs. 5 lit. a) SSM-VO, wonach die Europäische Zentralbank zur Wahrnehmung der ihr übertragenen Aufgaben auch Leitlinien an die nationalen Aufsichtsbehörden richten kann. Auf diese Weise erfüllt sie die ihr übertragene Gesamtverantwortung für eine einheitliche und wirksame Funktionsweise des Einheitlichen Aufsichtsmechanismus.

Die Leitlinie dürfte darüber hinaus im Hinblick auf teilnehmende Mitgliedstaaten in enger Zusammenarbeit eine zentrale Rolle spielen. Die enge Zusammenarbeit mit der Europäischen Zentralbank im Sinne von Art. 7 SSM-VO setzt voraus, dass der betroffene Mitgliedstaat sichergestellt hat, dass seine nationale Aufsichtsbehörde allen Aufforderungen und Leitlinien der Europäischen Zentralbank nachkommt. Hierdurch wird gewährleistet, dass die Aufsichtsstandards auch außerhalb des Anwendungsbereiches der SSM-VO eingehalten werden.

Während das Verfahren zum Erlass von Aufsichtsbeschlüssen im Detail geregelt ist, enthält die SSM-VO in Bezug auf den Erlass von Leitlinien keine konkreten Regelungen. Es ist aber davon auszugehen, dass sich die Zuständigkeit des EZB-Rates aus Art. 12.1 ESZB-Satzung i.V.m. Art. 26 Abs. 8 SSM-VO in analoger Anwendung ergibt.[879] Der Entwurf von Leitlinien fällt hiernach in die Zuständigkeit des Aufsichtsgremiums, das seine Entwürfe für den Erlass einer Leitlinie dem EZB-Rat zur endgültigen Entscheidung vorlegt. Der Anwendungsbereich von Leitlinien darf sich aber nur auf den Aufgabenbereich des Einheitlichen Aufsichtsmechanismus beziehen.

bb) Allgemeine Weisungen

Das allgemeine Weisungsrecht unterscheidet sich vom Einzelfallweisungsrecht dahingehend, dass dieses sich allgemein an alle nationalen Aufsichtsbehörden richtet und nicht auf einen Einzelfall bezogen ist. Noch weniger darf ein einzelnes Institut infolge einer allgemeinen Weisung verpflichtet

878 *Ohler*, Bankenaufsicht und Geldpolitik in der Währungsunion, § 5 Rn. 190; *Roth*, Die indirekte Bankenaufsicht durch die EZB, S. 121.

879 *Ohler*, Bankenaufsicht und Geldpolitik in der Währungsunion, § 5 Rn. 191.

oder berechtigt werden.[880] Allerdings ergeben sich Abgrenzungsschwierigkeiten in Bezug auf den Anwendungsbereich von Leitlinien und allgemeinen Weisungen, da sich beide Handlungsformen auf den ersten Blick nicht merklich unterscheiden. Sie regeln anders als der EZB-Aufsichtsbeschluss keinen konkreten Fall, vielmehr sind sie an einen weiten Adressatenkreis gerichtet und wirken generell-abstrakt. Die Europäische Zentralbank kann insbesondere im Rahmen der indirekten Aufsicht auf dieses Handlungsinstrument zurückgreifen, um die Tätigkeit der nationalen Aufsichtsbehörden zu steuern. Aus der SSM-VO geht nicht ausdrücklich hervor, inwieweit die Leitlinie und die allgemeine Weisung in einem Hierarchie- oder Alternativverhältnis stehen. Die Wahl des jeweiligen Handlungsinstrumentes richtet sich daher vielmehr nach dem sachlichen Anwendungsbereich. Während Leitlinien einen Rechtsrahmen schaffen und somit normativer Natur sind, beinhalten allgemeine Weisungen Vorgaben für den konkreten Vollzug des materiellen Aufsichtsrechts, ohne sich auf einen Einzelfall zu beziehen.[881]

Für den Erlass von allgemeinen Weisungen ist allein der EZB-Rat und nicht – wie unter Umständen zu erwarten wäre – das Aufsichtsgremium zuständig. Eine etwaige Zuständigkeit des Aufsichtsgremiums zum Erlass von allgemeinen Weisungen findet mit Blick auf die grundlegende Zuständigkeitsverteilung von EZB-Rat und Aufsichtsgremium innerhalb des Einheitlichen Aufsichtsmechanismus keine Stütze in der SSM-VO.[882] Zudem widerspräche der Erlass von aufsichtsrechtlichen Maßnahmen mit Außenwirkung durch das Aufsichtsgremium der Zuständigkeitsverteilung innerhalb des Einheitlichen Aufsichtsmechanismus sowie Art. 129 Abs. 1 AEUV. Hiernach kann allein der EZB-Rat verbindliche Maßnahmen im Außenverhältnis ergreifen, während sich die Rolle des Aufsichtsgremiums gemäß Art. 26 Abs. 8 SSM-VO nur auf den Entwurf dieser Rechtsakte beschränkt.

---

880 *Lackhoff*, JIBLR 2014, 13 (17); *Wymeersch*, ECGI-Law Working Paper 240/2014, S. 12; *Schuster*, EuZW-Beilage 2014, 3 (6); *Neumann*, EuZW-Beilage 2014, 9 (13).

881 *Lackhoff*, JIBLR 2014, 13 (17); *Ohler*, Bankenaufsicht und Geldpolitik in der Währungsunion, § 5 Rn. 195; *Roth*, Die indirekte Bankenaufsicht durch die EZB, S. 123.

882 A.A. *Ohler*, Bankenaufsicht und Geldpolitik in der Währungsunion, § 5 Rn. 195, der die Zuständigkeit des Aufsichtsgremiums aus Art. 26 Abs. 1 SSM-VO sowie aus Art. 12.2 ESZB-Satzung folgert und die Rolle des Aufsichtsgremiums insoweit mit der Funktion des Direktoriums vergleicht.

cc) Verordnungen

Die SSM-VO ist kein abschließend geregelter Rechtsrahmen und bedarf daher weiterer Konkretisierungen, die von der Europäischen Zentralbank selbst vorgenommen werden.[883] Dies erfolgt in erster Linie durch den Erlass von Verordnungen auf der Grundlage von Art. 4 Abs. 3 UAbs. 2 SSM-VO. Der sachliche Anwendungsbereich der von der Europäischen Zentralbank erlassenen Verordnungen darf aber nur die Festlegung und Gestaltung der Modalitäten der Aufgabenwahrnehmung betreffen und nicht darüber hinausgehen; eine Regulierungsbefugnis für andere Sachbereiche geht damit nicht einher.[884] Als Beispiel ist die von der Europäischen Zentralbank erlassene Rahmenverordnung zu nennen, die die Arbeitsweise des Einheitlichen Aufsichtsmechanismus im Detail ausgestaltet sowie weitere Vorschriften zum Verwaltungsverfahren beinhaltet. Darüber hinaus sind u.a. die Geschäftsordnungen des Aufsichtsgremiums und der Schlichtungsstelle in Form einer Verordnung erlassen worden. Der Entwurf für eine Verordnung wird gemäß Art. 26 Abs. 7 SSM-VO vom Aufsichtsgremium erarbeitet und dem EZB-Rat als Hauptbeschlussorgan zur Entscheidung vorgelegt. Die auf dieser Grundlage erlassenen Verordnungen beanspruchen uneingeschränkte Geltung gegenüber dem nationalen Recht.[885]

2. Anwendbares Recht

Die Europäische Zentralbank hat die ihr übertragenen Aufsichtsaufgaben in Übereinstimmung mit dem einschlägigen Unionsrecht auszuüben. Hierzu gehören insbesondere die Vorschriften des gesamten Primär-, Sekundär- und Tertiärrechts.[886]

---

883 *Ohler*, Bankenaufsicht und Geldpolitik in der Währungsunion, § 5 Rn. 16.

884 Art. 4 Abs. 3 UAbs. 2 S. 3 i.V.m. Art. 33 Abs. 2 UAbs. 2 SSM-VO; *Gurlit*, ZHR 2013, 862 (877).

885 *Ohler*, Bankenaufsicht und Geldpolitik in der Währungsunion, § 5 Rn. 185.

886 Erwägungsgrund Nr. 32 SSM-VO.

a) Europäische Grundrechte

Die Europäische Zentralbank als Einrichtung der Europäischen Union unterliegt gemäß Art. 51 Abs. 1 GrCh uneingeschränkt der Grundrechtecharta. Soweit die Mitgliedstaaten Unionsrecht ausführen sind sie gleichermaßen an die in der Charta verankerten Grundrechte gebunden. Im Rahmen der Ausübung von Aufsichtsaufgaben sind insbesondere die Grundrechte, wie die Berufsfreiheit (Art. 15 GrCh), unternehmerische Freiheit (Art. 16 GrCh) und das Eigentumsrecht (Art. 17 GrCh) von besonderer Relevanz. Generell ist ein Eingriff in diese Grundrechte durch die Aufsichtsbehörden zu bejahen, sofern die beaufsichtigten Institute zu einem Tun, Dulden oder Unterlassen verpflichtet werden.[887] Grundrechtsfragen werden darüber hinaus insbesondere im Rahmen des Lizensierungsverfahrens nach Art. 14 SSM-VO aufgeworfen, soweit es um die Erteilung und den Entzug von Zulassungen geht. Bei der Ausübung von Aufsichtsbefugnissen haben die Aufsichtsbehörden stets die in Art. 52 Abs. 1 normierten Grundsätze zu beachten, wozu im Einzelnen der Verhältnismäßigkeitsgrundsatz, der Gesetzesvorbehalt und die Wesensgehaltsgarantie gehören.

b) Materielles Aufsichtsrecht

aa) Umfang

Mit der Übertragung von Aufsichtsaufgaben auf die Europäische Zentralbank stellt sich die Frage nach den materiellen Rechtsgrundlagen der künftigen Aufsicht über die Kreditinstitute in der Eurozone. Die SSM-VO beinhaltet mit Ausnahme der dort geregelten Befugnisse keine materiellrechtlichen Aufsichtsstandards. Dies ist in erster Linie darauf zurückzuführen, dass die Europäische Union derzeit über keine einheitliche Kodifikation des materiellen Aufsichtsrechts verfügt.[888] Es besteht vielmehr aus einzelnen Rechtsakten, wie Verordnungen und Richtlinien, wobei letztere das Bankenaufsichtsrecht mehrheitlich prägen.[889] Diese sind letztlich auch der

---

887 *Ohler*, Bankenaufsicht und Geldpolitik in der Währungsunion, § 5 Rn. 173.

888 *Geber*, EuZW 2013, 298 f.; *Ruthig*, ZHR 2014, 443 (478); *Carr*, JIFBL 2013, 67 (70).

889 *Sacarcelik*, BKR 2013, 353 (358); *Peuker*, JZ 2014, 764 (766); *Ruthig*, ZHR 2014, 443 (450); siehe auch *IMF Staff Discussion Note*, A Banking Union for the Euro Area, S. 10.

Grund für die Fragmentierung des Bankenaufsichtsrechts in der Europäischen Union, da die Mitgliedstaaten die ihnen durch die Richtlinien eingeräumten Regulierungsspielräume zu ihren Gunsten ausschöpfen, um mitgliedstaatlichen Besonderheiten Rechnung zu tragen.[890] Das von der Europäischen Zentralbank zu vollziehende materielle Bankenaufsichtsrecht setzt sich daher zusammen aus unmittelbar anwendbarem Unionsrecht und nationalem Recht, das Richtlinien im Sinne von Art. 288 Abs. 3 AEUV umsetzt.[891]

(1) Verordnungen und Richtlinien

Die wichtigsten Vorschriften sind in der Eigenkapitalanforderungsverordnung (CRR) und der Eigenkapitalrichtlinie (CRD IV) enthalten.[892] Die Eigenkapitalverordnung ist unmittelbar anwendbares Recht und bindet sowohl die Unionsorgane als auch die mitgliedstaatlichen Aufsichtsbehörden. Soweit die Verordnung den Mitgliedstaaten Wahlrechte einräumt und diese allein den nationalen Aufsichtsbehörden vorbehalten sind, normiert Erwägungsgrund Nr. 34 SSM-VO, dass diese von der Anwendung durch die Europäische Zentralbank ausgeschlossen sind.[893] In der Bundesrepublik Deutschland hat die Eigenkapitalrichtlinie durch das CRD IV-Umsetzungsgesetz[894] Eingang in das innerstaatliche Recht gefunden. Bei der Umsetzung von Richtlinien verlangt Art. 288 Abs. 3 AEUV nicht zwingend den Erlass eines Parlamentsgesetzes. Ausreichend ist jede allgemein verbindliche Rechtsnorm, sodass auch Rechtsverordnungen zulässig sind.[895] Zum unmittelbar anwendbaren Unionsrecht gehören nunmehr auch die

---

890 *Peuker*, JZ 2014, 764 (766).

891 *Gurlit*, ZHR 2013, 862 (885); *Ohler*, Bankenaufsicht und Geldpolitik in der Währungsunion, § 5 Rn. 179.

892 Siehe dazu auch *Lackhoff*, JIBLR 2014, 13 (15 ff.).

893 Vgl. Art. 89 Abs. 3 CRR, der ein Wahlrecht für die Beschränkung von qualifizierten Beteiligungen außerhalb des Finanzsektors enthält, die bestimmte Grenzwerte überschreiten. Die nationalen Behörden können hiernach entweder die Überschreitung verbieten oder ein erhöhtes Risikogewicht für die Überschreitungsbeträge verlangen. Die BaFin hat mit Allgemeinverfügung v. 14.03.2014 von diesem Wahlrecht Gebrauch gemacht. https://www.bafin.de/SharedDocs/Veroeffentlichungen/DE/Aufsichtsrecht/Verfuegung/vf_140405_allgvfg_Art89CRR_ba.html, zuletzt aufgerufen am 25.11.2018.

894 CRD IV-Umsetzungsgesetz v. 28.09.2013, BGBl. 2013.

895 *Berger*, WM 2016, 2325 (2332).

Befugnisse der Europäischen Zentralbank, die ihr unmittelbar durch die SSM-VO eingeräumt werden (vgl. Art. 16 Abs. 2 SSM-VO).

(2) Tertiärrecht und Soft-law

Innerhalb des Tertiärrechts hat die Europäische Zentralbank die von der EBA ausgearbeiteten und von der Europäischen Kommission in einem förmlichen Verfahren erlassenen technischen Regulierungsstandards nach Art. 290 AEUV sowie technischen Durchführungsstandards nach Art. 291 AEUV zu beachten. Die Bindung an diese Rechtsakte folgt aus Art. 4 Abs. 3 UAbs. 2 S. 2 SSM-VO.[896] Im Bereich des *soft-law* können die von der EBA herausgegebenen Leitlinien bzw. Empfehlungen zu berücksichtigen sein, gleichwohl diese für die Europäische Zentralbank rechtlich nicht verbindlich sind. Sie sind aber ebenfalls Bestandteil des *Single Rulebooks*, dessen Ziel die Vereinheitlichung des Aufsichtsrechts in der Europäischen Union sowie die Sicherstellung einer kohärenten Anwendung der materiell-rechtlichen Aufsichtsstandards durch die Aufsichtsbehörden ist.

bb) Anwendung durch die Europäische Zentralbank

Die Anwendung und der Vollzug des materiellen Bankenaufsichtsrechts erfolgte vor Errichtung des Einheitlichen Aufsichtsmechanismus in Ermangelung eines umfassenden europäischen Verwaltungsverfahrensrechts schwerpunktmäßig auf der Ebene der Mitgliedstaaten durch die jeweils zuständigen nationalen Aufsichtsbehörden nach dem dort geltenden innerstaatlichen Recht.[897] Mit Ausnahme der Eigenkapitalanforderungsverordnung besteht das europäische Aufsichtsrecht hauptsächlich aus Richtlinien, die sich nur an die Mitgliedstaaten richten und nach Umsetzung in innerstaatliches Recht nur von den dortigen Behörden vollzogen werden.[898] Da die SSM-VO selbst keine materiellen Standards enthält, bedient sich der europäische Gesetzgeber mit Art. 4 Abs. 3 SSM-VO einer gänzlich neuen Vollzugskonstruktion.[899] Hiernach wendet die Europäische Zentral-

896 *Berger*, WM 2016, 2325 (2330).
897 Vgl. *Witte*, Maastricht J. Eur. & Comp. Law 21/2014, 89 (90).
898 *Ruthig*, ZHR 2014, 443 (478).
899 *Peuker*, JZ 2014, 764 (766).

bank neben dem einschlägigen Unionsrecht nunmehr auch nationale Vorschriften an, sofern diese europäische Richtlinien umsetzen.

(1) Trennungsgrundsatz

Die Vollzugskonstruktion der SSM-VO führt aber zu rechtlichen Friktionen, da die Anwendung von nationalen Vorschriften durch ein Organ der Europäischen Union dem Vollzugssystem des AEUV fremd ist. Das Unionsrecht wird entweder durch Behörden der Union oder der Mitgliedstaaten vollzogen und die entsprechenden Kompetenzen sind insoweit klar verteilt.[900] Das europäische Verwaltungsorganisationsrecht unterscheidet im Sinne des Trennungsprinzips zwischen dem indirekten und direkten Vollzug von Unionsrecht.[901] Der indirekte Vollzug erfolgt durch die Mitgliedstaaten und stellt den Regelfall dar. Hierbei kommen allein das mitgliedstaatliche allgemeine Verwaltungsrecht und das damit zusammenhängende Verwaltungsverfahren zum Tragen, das durch die jeweils zuständigen Behörden der Mitgliedstaaten vollzogen wird.[902] Der direkte Vollzug von Unionsrecht durch Unionsorgane stellt hingegen die Ausnahme dar. Dies ist neben den geringen institutionellen und personellen Ressourcen u.a. auf das Prinzip der begrenzten Einzelermächtigung und dem Subsidiaritätsprinzip sowie den rechtlichen Vorgaben der Art. 197 Abs. 1 und Art. 298 Abs. 1 AEUV zurückzuführen.[903] Der Bereich der unionalen Eigenverwaltung umfasst insbesondere die herkömmlichen Intendanturaufgaben, wozu Personalangelegenheiten und das interne Organisationsrecht der Europäischen Union gehören.[904]

---

900 *Herdegen*, WM 2012, 1889 (1890); *Ruthig*, ZHR 2014, 443 (478); *Peuker*, JZ 2014, 764 (765 f.).

901 *Ruffert*, in: Calliess/ders., EUV/AEUV, Art. 197 AEUV Rn. 7; *Schwarze*, Europäisches Verwaltungsrecht, S. 25 ff.; *Terhechte*, in: Leible/ders., Europäisches Rechtsschutz- und Verfahrensrecht, § 30 Rn. 17 ff.; *Eekhoff*, Die Verbundaufsicht, S, 9; *von Danwitz*, Europäisches Verwaltungsrecht, S. 312 f.; *Guckelberger/Geber*, Allgemeines Europäisches Verwaltungsverfahrensrecht vor seiner unionsrechtlichen Kodifizierung?, S. 41 ff.; *Gärditz*, in: Rengeling/Middeke/Gellermann, Handbuch des Rechtsschutzes in der Europäischen Union, § 35 Rn. 25.

902 *Ruffert*, in: Calliess/ders., EUV/AEUV, Art. 197 AEUV Rn. 7.

903 *Geber*, EuZW 2013, 298; *Peuker*, JZ 2014, 764 (765).

904 *von Danwitz*, Europäisches Verwaltungsrecht, S. 326 f. m.w.N.; siehe auch *Krajewski/Rösslein*, in: Grabitz/Hilf/Nettesheim, Das Recht der Europäischen Union, 45. EL 2011, Art. 298 AEUV Rn. 10; *Augsberg*, in: Terhechte, Verwaltungsrecht der Europäischen Union, § 6 Rn. 34.

Die Anwendung nationaler Vorschriften durch die Europäische Zentralbank im Rahmen des Einheitlichen Aufsichtsmechanismus steht daher in Widerspruch zu diesem Grundsatz und weist Parallelen zum indirekten Vollzug auf, allerdings mit dem Unterschied, dass die Europäische Zentralbank neben dem einschlägigen Unionsrecht nunmehr auch durch Richtlinien umgesetztes nationales Recht anwendet.[905] Hieraus ergeben sich Zurechnungsprobleme in Bezug auf die Urheberschaft von aufsichtsrechtlichen Maßnahmen sowie damit einhergehende Folgeprobleme hinsichtlich der zuständigen Gerichtsbarkeit.

(2) Zurechnungsfragen

Die Anwendung des materiellen Aufsichtsrechts durch die Europäische Zentralbank und die damit verbundene Gemengelage von Zuständigkeiten haben Auswirkungen auf den Rechtsschutz der Betroffenen, da mehrere Entscheidungsträger tätig werden können und für Außenstehende unter Umständen nicht ersichtlich ist, wem letztlich eine Maßnahme zuzurechnen ist.[906]

Die Zuständigkeit der Gerichte im Mehrebenensystem richtet sich entlang des prozessualen Trennungsprinzips nach der rechtlichen Qualität der von den europäischen oder nationalen Stellen erlassenen Aufsichtsmaßnahmen.[907] Die Zurechnung ist im Allgemeinen dann unproblematisch, wenn sowohl nationale als auch europäische Behörden unabhängig voneinander von ihren Handlungsbefugnissen Gebrauch machen. Hiernach entscheiden allein die nationalen Gerichte über Maßnahmen der nationalen Aufsichtsbehörden, soweit diese auf der Grundlage von innerstaatlichem Recht gegenüber weniger bedeutenden Kreditinstituten oder aber gänzlich außerhalb der SSM-VO erlassen worden sind. Erlässt die Europäische Zentralbank auf der Grundlage der SSM-VO oder sonstigem unmittelbar anwendbarem Unionsrecht aufsichtsrechtliche Maßnahmen, ergeben sich sowohl in Bezug auf die handelnde Behörde als auch den zu wäh-

---

905 *Peuker*, JZ 2014, 764 (765 f.), der zutreffend von einem „Vollzug in umgekehrter Richtung" spricht; kritisch *U. Schneider*, EuZW 2013, 452 (455).

906 Vgl. *Gärditz*, in: Rengeling/Middeke/Gellermann, Handbuch des Rechtsschutzes in der Europäischen Union, § 35 Rn. 28; *Ruthig*, ZHR 2014, 443 (481); *U. Schneider*, EuZW 2013, 452 (456); *Lehmann/Manger-Nestler*, ZBB 2014, 2 (15).

907 *Dörr*, in: Grabitz/Hilf/Nettesheim, Das Recht der Europäischen Union, 49. EL 2012, Art. 263 AEUV Rn. 37; *Lehmann/Manger-Nestler*, ZBB 2014, 2 (19); *Berger*, WM 2015, 501 (506).

lenden Rechtsweg ebenfalls keine Zurechnungsschwierigkeiten. Die in diesem Zusammenhang getroffenen Entscheidungen sind Unionsrechtsakte, deren Rechtmäßigkeit gemäß Art. 263 Abs. 1 AEUV ausschließlich durch die Unionsgerichte überprüft werden.

Die Jurisdiktionsabgrenzung gestaltet sich jedoch weitaus schwieriger, wenn die Europäische Zentralbank im Rahmen der indirekten Aufsicht nationale Rechtsgrundlagen anwendet, nationale Aufsichtsbehörden anweist, von ihren Befugnissen auf der Grundlage des innerstaatlichen Aufsichtsrechts Gebrauch zu machen oder beide Institutionen z.B. im Rahmen des Zulassungsverfahrens nach Art. 14 SSM-VO arbeitsteilig tätig werden.

(a) Anwendung nationaler Rechtsvorschriften

Die Europäische Zentralbank wendet neben unmittelbar geltendem Unionsrecht nunmehr auch nationale Rechtsvorschriften an, soweit diese umgesetztes Richtlinienrecht darstellen. Erlässt die Europäische Zentralbank daher auf der Grundlage nationaler Rechtsvorschriften einen Beschluss gegenüber einem weniger bedeutenden Institut, so ist dieser nichtsdestotrotz als unionsrechtlicher Akt einzustufen.[908] Auch die Frage nach dem zuständigen Gericht ist unproblematisch zu beantworten, da gemäß Art. 263 Abs. 1 i.V.m. Art. 132 AEUV nur die Unionsgerichte für die Beurteilung der Rechtmäßigkeit von Handlungen der Europäischen Zentralbank zuständig sind. Wird dieselbe Norm hingegen von einer nationalen Aufsichtsbehörde angewendet, so ist das nationale Gericht für die Überprüfung der auf Basis dieser Vorschrift erlassenen Aufsichtsmaßnahme zuständig.[909] Es ergeben sich daher zunächst keinerlei Zurechnungsschwierigkeiten in Bezug auf den Urheber der Maßnahme.

Die Anwendung nationaler Vorschriften durch die Europäische Zentralbank führt aber zu zahlreichen Folgeproblemen. Dabei geht es weniger um die Frage, welcher Behörde im Mehrebenensystem eine aufsichtsrechtliche Maßnahme zuzurechnen ist, sondern inwieweit die Unionsgerichte

---

908 Vgl. *Ohler*, Bankenaufsicht und Geldpolitik in der Währungsunion, § 5 Rn. 180; kritisch *U. Schneider*, EuZW 2013, 452 (456).

909 Siehe *Kaufhold*, Die Verwaltung 2016, 339 (366), die zur Vermeidung einer unterschiedlichen Anwendung der nationalen Rechtsvorschriften ein „umgekehrtes Vorabentscheidungsverfahren" vorschlägt. Hierbei soll das Unionsgericht im Einzelfall verpflichtet sein, ein mitgliedstaatliches Gericht zu fragen, wie eine bestimmte nationale Norm zu interpretieren ist.

über Maßnahmen der Europäischen Zentralbank entscheiden dürfen, die zwar nach außen hin Rechtsakte der Union darstellen, aber inhaltlich nach Maßgabe des innerstaatlichen Rechts erlassen worden sind. Über die Rechtmäßigkeit von Gesetzgebungsakten sowie Handlungen europäischer Einrichtungen entscheiden gemäß Art. 19 Abs. 1 EUV das EuG und der EuGH am Maßstab des geltenden Unionsrechts. Der Terminus Recht im Sinne von Art. 19 Abs. 1 EUV erstreckt sich dabei auf alle „geschriebenen und ungeschriebenen Normen des Unionsrechts“[910]. Die Unionsgerichte verfügen demzufolge über keine Prüfungs- und Verwerfungskompetenz in Bezug auf nationale Rechtsvorschriften.[911] Dieser Umstand führt aber wiederum zu Rechtsschutzlücken für die Adressaten der Aufsichtsbeschlüsse, da die innerstaatlichen Gerichte demgegenüber nicht befugt sind, über die Rechtmäßigkeit von Unionsrechtsakten zu entscheiden. Beide Konstellationen hätten daher zwangsläufig eine Unzuständigkeit der jeweiligen Gerichte zur Folge.

Eine Zuständigkeit der Unionsgerichte lässt sich auch nicht damit begründen, dass der Europäischen Zentralbank mit Art. 4 Abs. 3 SSM-VO eine ausdrückliche Befugnis zur Anwendung innerstaatlicher Vorschriften zusteht. Auch hierbei würde sich der Prüfungsmaßstab der Unionsgerichte allein darauf beschränken, ob die Europäische Zentralbank von ihrer Befugnis im Sinne von Art. 4 Abs. 3 SSM-VO ordnungsgemäß Gebrauch gemacht hat. Eine darüberhinausgehende Rechtmäßigkeitsprüfung im Hinblick auf die ordnungsgemäße Anwendung innerstaatlicher Vorschriften wäre hingegen nicht zulässig.

Dies hat zur Konsequenz, dass die Unionsgerichte bei der Überprüfung von Beschlüssen der Europäischen Zentralbank stets das zugrunde liegende innerstaatliche Recht anwenden und auslegen müssen, um auch auf Unionsebene einen umfassenden Rechtsschutz zu gewährleisten.[912] Diese Annahme wird von Art. 24 Abs. 11 SSM-VO untermauert, wonach Klagen

---

910 *Rengeling/Kotzur*, in: Rengeling/Middeke/Gellermann, Handbuch des Rechtsschutzes in der Europäischen Union, § 4 Rn. 4.

911 *Schwarze*, in: ders., EU-Kommentar, Art. 263 AEUV Rn. 21; *Rengeling/Kotzur*, in: Rengeling/Middeke/Gellermann, Handbuch des Rechtsschutzes in der Europäischen Union, § 4 Rn. 11; *Sacarcelik*, BKR 2013, 353 (358); *Peuker*, JZ 2014, 764 (768); *Schuster*, EuZW-Beilage 2014, 3 (8); a.A. *Ohler*, Bankenaufsicht und Geldpolitik in der Währungsunion, § 5 Rn. 180.

912 So auch *U. Schneider/Mülbert*, Europäische Bankenunion ohne effektiven Rechtsschutz?, Börsen-Zeitung v. 05.01.2013, Ausgabe Nr. 3, S. 4; *Ruthig/Storr*, Öffentliches Wirtschaftsrecht BT I, § 2 V 4 Rn. 196; i. E. auch *Ohler*, Bankenaufsicht und Geldpolitik in der Währungsunion, § 5 Rn. 180, der aber die Heranziehung von

gegen Entscheidungen der Europäischen Zentralbank, die sie im Rahmen des Einheitlichen Aufsichtsmechanismus trifft, vor den Unionsgerichten zu erheben sind. Diese Sichtweise stünde schließlich auch im Einklang mit Art. 263 AEUV, wonach allein der Gerichtshof der Europäischen Union die Rechtmäßigkeit von Handlungen der Europäischen Zentralbank überprüft.[913] In diesen Fällen wird das Unionsgericht überprüfen müssen, ob einerseits die Maßnahme der Europäischen Zentralbank im Einklang mit ihren Aufgaben im Sinne von Art. 4 Abs. 1 SSM-VO erlassen und andererseits das nationale Recht ordnungsgemäß angewendet worden ist. Dabei ist die bislang zum innerstaatlichen Recht erfolgte höchstrichterliche Rechtsprechung zu beachten.[914] Andernfalls besteht die Gefahr, dass das nationale Recht auf Unionsebene eine andere Interpretation erfährt als auf mitgliedstaatlicher Ebene. Eine eindeutige Abgrenzung der Zuständigkeiten wird aber letztlich nur durch die Rechtsprechung der nationalen und unionalen Gerichte erfolgen können.[915]

(b) Richtlinien

Denkbar ist in diesem Zusammenhang auch das Szenario, dass ein Mitgliedstaat eine europäische Richtlinie nach Ablauf der Frist nicht umgesetzt hat. Für die Anwendung durch die Europäische Zentralbank stellt sich daher die Frage, inwieweit sie unmittelbar auf der Grundlage der Richtlinie Maßnahmen ergreifen darf. Dies ist insoweit bedenklich, als sich Richtlinien nur an Mitgliedstaaten richten und der Wortlaut von Art. 4 Abs. 3 SSM-VO ausdrücklich verlangt, dass die Europäische Zentralbank nationale Vorschriften nur anwenden darf, sofern diese auf der Grundlage von Richtlinien umgesetzt worden sind. Seit dem Vertrag von Nizza und dem Wegfall von Art. 286 EGV-Nizza gibt es den Sonderfall unionsgerichteter Richtlinien nicht mehr, sodass die Union und ihre Organe nicht unmittelbar aus einer Richtlinie verpflichtet werden können.[916] Es ist daher allein Aufgabe der Mitgliedstaaten, durch die Umsetzung einen

---

nationalem Recht als Prüfungsmaßstab vor dem Hintergrund von Art. 263 Abs. 4 AEUV für zulässig erachtet; so auch *Kämmerer*, WM 2016, 1 (4); *Roth*, Die indirekte Bankenaufsicht durch die EZB, S. 161.

913 So *Ter Kuile/Wissink/Bovenschen*, CMLRev. 52 (2015), 155 (183).

914 *Schuster*, EuZW-Beilage 2014, 3 (8).

915 *Berger*, WM 2015, 501 (506).

916 *Ruffert*, in: Calliess/ders., EUV/AEUV, Art. 288 AEUV Rn. 23 mit Verweis auf *Haratsch*, EuR 2000, 42 (52 f.).

richtlinienkonformen Zustand im nationalen Rechtssystem herzustellen.[917]

Unter bestimmten Voraussetzungen entfalten Richtlinien aber auch unmittelbare Wirkungen, wenn ein Mitgliedstaat die Umsetzung einer Richtlinie in nationales Recht trotz Ablauf der Frist nicht vorgenommen hat.[918] Die unmittelbare Wirkung führt dazu, dass sich ein Privater trotz Nichtumsetzung gegenüber dem Mitgliedstaat auf die Richtlinie berufen kann, sofern sich Rechte für ihn daraus ergeben (vertikale Wirkung). Demgegenüber sind der Mitgliedstaat und seine Einrichtungen aber nicht befugt, unmittelbar auf Grundlage der Richtlinie gegenüber einem Privaten vorzugehen oder sonstige Ge- und Verbote für diesen zu begründen (umgekehrt vertikale Wirkung).[919]

Die Europäische Zentralbank handelt im Rahmen des Einheitlichen Aufsichtsmechanismus als Aufsichtsbehörde und verfügt in Bezug auf alle signifikanten Institute ausschließliche Kompetenzen und verdrängt insoweit auch die nationalen Aufsichtsbehörden aus ihrer Stellung. Ungeachtet des Staatsbegriffs im Sinne von Art. 288 AEUV wäre auch die Europäische Zentralbank nicht befugt, auf der Grundlage nicht umgesetzter Richtlinienvorschriften gegenüber einem Institut belastende Maßnahmen zu ergreifen. Es ist daher nicht von Bedeutung, ob nun eine nationale Aufsichtsbehörde oder die Europäische Zentralbank tätig wird. Gleichwohl die unmittelbare Anwendung von Richtlinien durch die Europäische Zentralbank angesichts des *effet utile* Gedanken zur Wahrnehmung der ihr durch die SSM-VO übertragenen Aufgaben dienlich sein könnte, widerspräche dies jeglichen dogmatischen Grundsätzen und der bisherigen Rechtsprechung des EuGH in Bezug auf die unmittelbare Geltung von europäischen Richtlinien. Gleiches gilt demzufolge auch, wenn eine Richtlinie in Bezug auf

---

917 *Nettesheim*, in: Grabitz/Hilf/ders., Das Recht der Europäischen Union, 48. EL 2012, Art. 288 AEUV Rn. 109.

918 EuGH, Urt. v. 04.12.1974, Rs. 41/74, Slg. 1974, 1337 Rn. 12; Urt. v. 05.04.1979, Rs. 148/78, Slg. 1979, 1629 Rn. 21; ausführlich dazu *Ruffert*, in: Calliess/ders., EUV/AEUV, Art. 288 AEUV Rn. 47 ff.; *Nettesheim*, in: Grabitz/Hilf/ders., Das Recht der Europäischen Union, 48. EL 2012, Art. 288 AEUV Rn. 137 ff.; *Biervert*, in: Schwarze, EU-Kommentar, Art. 288 AEUV Rn. 29 ff.; *Gärditz*, in: Rengeling/Middeke/Gellermann, Handbuch des Rechtsschutzes in der Europäischen Union, § 35 Rn. 37 ff.; *H. Fischer*, NVwZ 1992, 635 ff.; *Fisahn/Mushoff*, EuR 2005, 222 ff.

919 EuGH, Urt. v. 08.10.1987, Rs. 80/86, Slg. 1987, 3969 Rn. 9; *Rengeling*, in: ders./Middeke/Gellermann, Handbuch des Rechtsschutzes in der Europäischen Union, § 34 Rn. 37; *Nettesheim*, in: Grabitz/Hilf/ders., Das Recht der Europäischen Union, 48. EL 2012, Art. 288 AEUV Rn. 15; *Götz*, NJW 1992, 1849 (1856).

das zu erreichende Ziel fehlerhaft umgesetzt worden ist (Art. 288 Abs. 3 AEUV).[920] Die Wirtschaftsteilnehmer könnten sich aber auf begünstigende Richtlinienvorschriften berufen und etwaige Rechte daraus herleiten.

(c) Maßnahmen auf Weisung der Europäischen Zentralbank

(aa) Weisung zur Anwendung nationaler Rechtsnormen

Zurechnungsprobleme können sich insbesondere auch dort ergeben, wo eine nationale Aufsichtsbehörde auf Weisung der Europäischen Zentralbank von ihren Befugnissen nach innerstaatlichem Recht Gebrauch macht. Hier bedarf es der näheren Untersuchung, welche Behörde letztlich für eine erlassene Maßnahme verantwortlich ist und die damit zusammenhängende Frage nach dem einschlägigen Rechtsweg.[921] Im Rahmen des Einheitlichen Aufsichtsmechanismus betrifft dies insbesondere Art. 9 Abs. 1 UAbs. 3 SSM-VO, wonach die Europäische Zentralbank nationale Aufsichtsbehörden anweisen kann, auf der Grundlage und im Einklang mit dem innerstaatlichen Recht von jenen Aufsichtskompetenzen Gebrauch zu machen, die der Europäischen Zentralbank nicht durch die SSM-VO übertragen worden sind. Auf diese Weise wird der Europäischen Zentralbank der Zugriff auf mitgliedstaatliche Kompetenzen eröffnet, um insbesondere Einfluss auf die indirekte Aufsicht über weniger bedeutende Kreditinstitute nehmen zu können.[922]

Die verbindliche Weisung der Europäischen Zentralbank gegenüber der nationalen Aufsichtsbehörde ist unstreitig als unionsrechtlicher Akt einzustufen, während die Maßnahme der nationalen Aufsichtsbehörde innerstaatliches Recht darstellt. Im Ergebnis liegen daher zwei auf unterschiedlichen Rechtsgrundlagen basierende Rechtsakte vor, gleichwohl die nationale Aufsichtsbehörde auf Initiative der Europäischen Zentralbank tätig geworden ist. Unklar ist in diesem Fall, wo die Zäsur liegt, um eine exakte Zurechnung zum Zwecke der Rechtsschutzwahl vornehmen zu können. Als maßgebliches Zurechnungskriterium könnte darauf abgestellt werden,

---

920 *Ruffert*, in: Calliess/ders., EUV/AEUV, Art. 288 AEUV Rn. 52; *H. Fischer*, NVwZ 1992, 635 (637); siehe auch EuGH, Urt. v. 25.02.1986, Rs. 152/84, Slg. 1986, 723, Rn. 46.

921 In Bezug auf das Gebot der Rechtsklarheit, *J. Hofmann*, Rechtsschutz und Haftung im europäischen Verwaltungsverbund, S. 296 f.

922 Siehe auch Art. 22 SSM-RahmenVO.

ob der nationalen Aufsichtsbehörde im Rahmen der Weisung Ermessen eingeräumt wird.[923] Ist dies nicht der Fall, so ist die aufsichtliche Maßnahme allein der Europäischen Zentralbank zuzurechnen. Innerhalb einer einheitlichen Maßnahme, die den nationalen Aufsichtsbehörden nur teilweise Ermessen einräumt und im Übrigen vorgegeben ist, müsste dann sogar differenziert werden. Allerdings würde solch ein graduelles Kriterium, wie das eingeräumte Ermessen, nicht zur Rechtssicherheit beitragen und erhebliche Abgrenzungsschwierigkeiten hinsichtlich der Zuständigkeit von Europäischer Zentralbank und nationaler Aufsichtsbehörde aufwerfen, da sich konsequenterweise die Frage anschließt, wo die Grenze für die Zuordnung zu der einen oder anderen Behörde zu ziehen wäre.

Zur Gewährleistung eines effektiven Rechtsschutzes sind daher sämtliche auf einer Weisung der Europäischen Zentralbank beruhenden innerstaatlichen Maßnahmen alleine den nationalen Aufsichtsbehörden zuzurechnen. Für den Adressat der nationalen Rechtsakte macht es keinen Unterschied, ob die nationale Aufsichtsbehörde mit oder ohne Ermessensspielraum gehandelt hat, da im Außenverhältnis nur ein innerstaatlicher Rechtsakt vorliegt, der auf einer nationalen Rechtsgrundlage beruht und nach dem dort geltenden Verwaltungsverfahrensrecht vollzogen wird.[924] Daher sind für die Maßnahmen der nationalen Aufsichtsbehörden allein die nationalen Gerichte zuständig. In diesem Zusammenhang verbleibt den nationalen Gerichten aber nach wie vor die Möglichkeit, dem EuGH etwaige Fragen im Wege der Vorabentscheidung nach Art. 267 AEUV vorzulegen.[925]

Ob das betroffene Institut darüber hinaus unmittelbar gegen die Weisung der Europäischen Zentralbank im Wege der Nichtigkeitsklage (Art. 263 Abs. 4 AEUV) vorgehen kann, hängt maßgeblich davon ab, ob es im Sinne der Plaumann-Formel unmittelbar von der Entscheidung der Europäischen Zentralbank betroffen ist, da diese sich nur an die zuständige nationale Aufsichtsbehörde, nicht aber unmittelbar an ein bestimmtes

---

923 *Cremer*, in: Calliess/Ruffert, EUV/AEUV, Art. 263 AEUV Rn. 10; *Ehricke*, in: Streinz, EUV/AEUV, Art. 263 AEUV Rn. 19; *Dervisopoulos*, in: Rengeling/Middeke/Gellermann, Handbuch des Rechtsschutzes in der Europäischen Union, § 7 Rn. 48; im Ergebnis ablehnend, *J. Hofmann*, Rechtsschutz und Haftung im europäischen Verwaltungsverbund, S. 226.

924 Vgl. Art. 14 Abs. 1 und 2 SSM-VO; siehe auch, *J. Hofmann*, Rechtsschutz und Haftung im Europäischen Verwaltungsverbund, S. 225.

925 *Dervisopoulos*, in: Rengeling/Middeke/Gellermann, Handbuch des Rechtsschutzes in der Europäischen Union, § 7 Rn. 36; *Kämmerer*, WM 2016, 1 (5); siehe auch *Roth*, Die indirekte Bankenaufsicht durch die EZB, S. 174 ff.

Institut richtet.[926] Eine unmittelbare Betroffenheit im Sinne der Plaumann-Formel ist gegeben, wenn das Institut darlegen kann, dass die Weisung der Europäischen Zentralbank an die nationale Aufsichtsbehörde „sie wegen bestimmter persönlicher Eigenschaften oder besonderer, sie aus dem Kreis aller übrigen Personen heraushebender Umstände berührt und sie daher in ähnlicher Weise […] wie einen Adressaten [individualisiert]“[927]. Dies wäre der Fall, wenn bereits aus der Weisung der Europäischen Zentralbank hervorgeht, wer Adressat der nationalen Maßnahme sein soll oder die nationale Aufsichtsbehörde aufgefordert wird, riskante Geschäftsmodelle zu verbieten, die nur von einem bestimmten und von der Europäischen Zentralbank nicht namentlich genannten Kreditinstitut betrieben werden.[928]

Problematisch ist in diesem Zusammenhang, dass dem von der Maßnahme betroffenen Institut in der Regel nicht bekannt sein wird, ob die nationale Aufsichtsbehörde auf Weisung der Europäischen Zentralbank gehandelt hat. So ist nicht auszuschließen, dass ein Unionsrechtsakt Bestandskraft erlangt, weil ein betroffenes Institut mangels Kenntnis seiner Klagebefugnis, keine Nichtigkeitsklage gemäß Art. 263 AEUV erhoben hat.[929] Daher sollte die nationale Aufsichtsbehörde zum Zwecke eines effektiven und umfassenden Rechtsschutzes dem betroffenen Institut mittteilen, dass die innerstaatliche Maßnahme auf einer Weisung der Europäischen Zentralbank beruht sowie über potenzielle Klagemöglichkeiten aufklären.[930] So wird verhindert, dass das betroffene Institut die Wahrnehmung ihm zustehender Verteidigungsmittel nicht versäumt und die für die Erhebung der Nichtigkeitsklage geltende Frist von zwei Monaten nach Art. 263 Abs. 6 AEUV eingehalten wird.

926 EuGH, Urt. v. 15.07.1963, Rs. 25/62, Slg. 1963; *Herdegen*, WM 2012, 1889 (1897); *Ter Kuile/Wissink/Bovenschen*, CMLRev. 52 (2015), 155 (184).

927 EuGH, Urt. v. 15.07.1963, Rs. 25/62, Slg. 1963, 2013 Rn. 4; siehe dazu auch die parallele Problematik im Beihilfenrecht, *Petzold*, in: Birnstiel/Bungenberg/Heinrich, Europäisches Beihilfenrecht, 4. Kap. Rn. 29.

928 *Witte*, Maastricht J. Eur. & Comp. Law 21/2014, 89 (102 f.).

929 *Eekhoff*, Die Verbundaufsicht, S. 309 f.

930 Vgl. *J. Hofmann*, Rechtsschutz und Haftung im Europäischen Verwaltungsverbund, S. 297; *Eekhoff*, Die Verbundaufsicht, 2006, S. 310 mit Verweis auf EuGH, Urt. v. 09.03.1994, Rs. C-188/92, Slg. 1994, I-883 Rn. 11.

(bb) Weisung zur Anwendung von Unionsvorschriften

Unzulässig dürfte hingegen auch jene Konstellation sein, in der die Europäische Zentralbank eine nationale Behörde anweist, Unionsrecht anzuwenden, da sie hierzu gemäß Art. 4 Abs. 3 SSM-VO selbst in der Lage ist. Art. 4 Abs. 3 SSM-VO beinhaltet ein Stufenverhältnis und ist so zu verstehen, dass die Europäische Zentralbank – soweit vorhanden – zunächst das Unionsrecht ohne Zuhilfenahme einer nationalen Aufsichtsbehörde unmittelbar anwendet. Erst wenn es an einer unionsrechtlichen Vorschrift mangelt, kann die Europäische Zentralbank die nationale Behörde anweisen, mitgliedstaatliches Recht anzuwenden. Eine andere Vorgehensweise könnte u.U. dazu führen, dass die Europäische Zentralbank mit Zuhilfenahme der nationalen Aufsichtsbehörden Maßnahmen erlässt, die sie auch selbst hätte ergreifen können. Sie könnte sich auf diese Weise als direkter Ansprechpartner gegenüber den Kreditinstituten entziehen, da nach außen nur ein Akt der nationalen Behörde vorliegen würde.

(d) Arbeitsteilige Vorgehensweise im Zulassungsverfahren

Im Rahmen des Zulassungsverfahrens nach Art. 14 SSM-VO werden die BaFin und die Europäische Zentralbank arbeitsteilig tätig.[931] Die Wahl des Rechtsweges richtet sich auch hier jeweils danach, ob die in Rede stehende Maßnahme von der Europäischen Zentralbank oder von einer nationalen Aufsichtsbehörde getroffen wurde.

Die Zurechnung von Maßnahmen und die Wahl des Rechtsweges ist dann unproblematisch, wenn sowohl die BaFin als auch die Europäische Zentralbank übereinstimmend zu dem Ergebnis kommen, dass dem Antragsteller eine Zulassung zu erteilen ist oder allein die Europäische Zentralbank trotz übermitteltem Beschlussentwurf der BaFin die Zulassung im Wege des Beschlusses versagt. In beiden Konstellationen liegt eine endgültige Entscheidung der Europäischen Zentralbank vor, die als Unionsrechtsakt nur vor den Unionsgerichten angegriffen werden kann. In Betracht kommt dabei eine Nichtigkeitsklage nach Art. 263 AEUV.[932]

Kommt die BaFin hingegen bereits auf der ersten Stufe zu dem Ergebnis, dass das antragstellende Institut die für die Zulassung erforderlichen Voraussetzungen nicht erfüllt, erlässt sie gegenüber dem betroffenen An-

931 Siehe Abschnitt E. VII. 2. a).
932 Kritisch *Neumann*, EuZW-Beilage 2014, 9 (11 f.).

tragsteller einen ablehnenden Bescheid. In diesem Fall übermittelt die BaFin der Europäischen Zentralbank daher auch keinen Beschlussentwurf, sodass nur ein nationaler Rechtsakt in Form eines Verwaltungsaktes nach § 35 VwVfG vorliegt. Hier besteht für den Antragsteller die Möglichkeit, den belastenden Verwaltungsakt im Wege der Anfechtungsklage durch das Verwaltungsgericht aufheben zu lassen. Gleichzeitig bedarf es jedoch einer Leistungsklage mit dem Antrag, die BaFin zur Übermittlung eines Beschlusses an die Europäische Zentralbank zu verpflichten.[933] Eine Verpflichtungsklage kommt hier nicht in Betracht, weil die bloße Übermittlung des Beschlussentwurfs an die Europäische Zentralbank als schlicht hoheitliches Verwaltungshandeln keine rechtliche Wirkung entfaltet.

Das Art. 14 SSM-VO zugrunde liegende zweistufige Zulassungsverfahren birgt losgelöst von Zurechnungsproblemen jedoch die Gefahr, dass sich der Rechtsschutz verdoppelt und Verfahren vor den Gerichten in die Länge gezogen werden. Der Adressat einer Ablehnungsentscheidung müsste zunächst Rechtsschutz vor den nationalen Gerichten ersuchen. Das nationale Gericht kann die BaFin im Erfolgsfall aber nur verpflichten, der Europäischen Zentralbank einen Beschlussentwurf zu übermitteln. Da die Entscheidung des nationalen Gerichts keinerlei Bindungswirkung für die Europäische Zentralbank entfaltet, ist nicht ausgeschlossen, dass die Europäische Zentralbank dem antragenden Institut die Zulassung trotz positivem Beschlussentwurf der BaFin versagt.[934] Ist dies der Fall, ist der Antragsteller gezwungen, nunmehr auch Rechtsschutz vor den Unionsgerichten zu ersuchen, womit sich dann die Gefahr des doppelten Rechtsschutzes realisiert hätte. Daher ist es aus Gründen eines effektiven Rechtsschutzes und verfahrensökonomischen Gesichtspunkten vorzugswürdig, wenn die nationale Aufsichtsbehörde der Europäischen Zentralbank in jedem Fall einen Beschlussentwurf übermitteln muss, unabhängig davon, ob dieser positiv oder negativ ausfällt, sodass die Letztentscheidungskompetenz über die Erteilung oder Versagung einer Zulassung allein der Europäischen Zentralbank vorbehalten bleibt.[935] Aus Sicht des Antragstellers wäre dies von Vorteil, da auf diese Weise jedes Zulassungsverfahren mit einer Entscheidung der Europäischen Zentralbank enden und der Rechtsschutz sich nur auf Unionsebene konzentrieren würde. Die Übermittlungshandlung der BaFin wäre dabei für den Fall einer Ablehnungsentscheidung als vor-

---

933 So auch *Berger*, WM 2015, 501 (505 f.).

934 *Kämmerer*, WM 2016, 1 (6).

935 *Ruthig*, ZHR 2014, 443 (482).

bereitende Maßnahme im Sinne von § 44a VwGO einzustufen mit der Folge, dass eine isolierte Anfechtung unzulässig wäre.[936]

Hierbei ist jedoch zu berücksichtigen, dass im Rahmen des Zulassungsverfahrens nach Art. 14 SSM-VO der Umfang an zur Verfügung stehenden Rechtsschutzmaßnahmen für die antragstellenden Institute limitiert ist. Aufgrund der in Art. 14 Abs. 3 SSM-VO geregelten Beschlussfiktion ist die Erhebung der Untätigkeitsklage faktisch ausgeschlossen, da die Europäische Zentralbank in jedem Fall, ob positiv oder negativ, einen Beschluss erlässt. Eine fehlende Beschlussfassung durch die Europäische Zentralbank kann daher nicht klageweise erzwungen werden. Die betroffenen Institute können die Beschlüsse der Europäischen Zentralbank nur im Wege der Nichtigkeitsklage gemäß Art. 263 i.V.m. 264 Abs. 1 AEUV durch die Unionsgerichte für nichtig erklären und aufheben lassen. Ein gleichzeitiger Klageantrag mit dem Ziel, die Europäische Zentralbank auch zum Erlass der begehrten Zulassung zu verurteilen, ist ausgeschlossen, da dem AEUV eine allgemeine Verpflichtungsklage fremd ist.[937] Das betroffene Institut muss daher darauf vertrauen, dass die Europäische Zentralbank ihr die begehrte Zulassung unter Beachtung der Rechtsaufassung des Gerichts erteilt. Aber auch hier ist nicht ausgeschlossen, dass die Europäische Zentralbank einen erneuten Antrag auf Erteilung einer Lizenz ablehnt.[938] Vor diesem Hintergrund sollte das gegenwärtige Rechtsschutzsystem des AEUV um eine allgemeine Verpflichtungsklage ergänzt werden, damit die betroffenen Institute ihre Rechtsschutzziele schneller und effizienter erreichen können.

c) Europäisches Verwaltungsverfahrensrecht

aa) Allgemeines

Mit der Errichtung des Einheitlichen Aufsichtsmechanismus und der Möglichkeit der Europäischen Zentralbank, unmittelbar gegenüber einzelnen nationalen Aufsichtsbehörden oder Kreditinstituten rechtsverbindliche Entscheidungen zu treffen, stellt sich die Frage nach den Verteidigungsrechten der Adressaten eines EZB-Aufsichtsbeschlusses. Da es vorliegend

936 *Ruthig*, ZHR 2014, 443 (482).

937 *Dörr*, in: Grabitz/Hilf/Nettesheim, Das Recht der Europäischen Union, 49. EL 2012, Art. 263 AEUV Rn. 200.

938 Siehe *Kämmerer*, WM 2016, 1 (6).

um den Erlass unionsrechtlicher Maßnahmen geht, kommt ausschließlich das einschlägige Unionsverfahrensrecht, nicht aber das nationale Verwaltungsverfahrensrechts zum Zug.[939]

Ähnlich wie das materielle Unionsaufsichtsrecht ist auch das europäische Verwaltungsverfahrensrecht nicht einheitlich kodifiziert. Vielmehr basiert es auf allgemeinen Rechtsgrundsätzen, die im Wesentlichen durch die Rechtsprechung der Unionsgerichte im Laufe der Zeit entwickelt worden sind.[940] Art. 41 GrCh bildet auf Unionsebene neben einigen primärrechtlichen Regelungen die zentrale Vorschrift im Hinblick auf die Verteidigungsrechte der Betroffenen.[941] Der in Art. 41 GrCh enthaltene Grundsatz für eine gute Verwaltung auf Unionsebene ist nunmehr auch in Art. 22 SSM-VO normiert. Hierzu gehört neben einem Anhörungs- und Akteneinsichtsrecht, auch eine Begründungspflicht der Verwaltung.

bb) Verteidigungsrechte

(1) Anhörungsrecht

Die Europäische Zentralbank ist gemäß Art. 31 SSM-RahmenVO vor Erlass eines Beschlusses verpflichtet, die Beteiligten des Aufsichtsverfahrens über ihre Absicht zu informieren sowie die Möglichkeit einzuräumen, zu den für den Aufsichtsbeschluss erheblichen Tatsachen, Beschwerdepunkten und Rechtsgründen Stellung zu beziehen.[942]

Das Anhörungsrecht setzt zunächst voraus, dass der Aufsichtsbeschluss eine belastende Maßnahme darstellt, der sich in rechtlicher oder faktischer Hinsicht nachteilig auf die Rechte der Betroffenen auswirkt.[943] Das Recht auf Anhörung besteht demzufolge nicht, wenn die Europäische Zentralbank einen ausschließlich begünstigenden Beschluss erlässt. Zwar differen-

---

939 *Lackhoff*, JIBLR 2014, 13 (14).

940 *von Danwitz*, Europäisches Verwaltungsrecht, S. 467; *Guckelberger/Geber*, Allgemeines Europäisches Verwaltungsverfahrensrecht vor seiner unionsrechtlichen Kodifizierung?, S. 66; siehe auch Grundrechtecharta-Erläuterungen, ABl. 2007 C-303/28.

941 Ausführlich zum Recht auf eine gute Verwaltung, *Lais*, ZEuS 2002, 447 ff.

942 EuGH, Urt. v. 27.06.1991, Rs. C-49/88, Slg. 1991, I-3187, Rn. 17; Urt. v. 29.06.1994, C-135/92, Slg. 1994, I-2885 Rn. 40; Urt. v. 24.10.1996, C-32/95 P, Slg. 1996, I-5373 Rn. 21; *Magiera*, in: Meyer, Grundrechtecharta, Art. 41 Rn. 12.

943 *Ruffert*, in: Calliess/ders., EUV/AEUV, Art. 41 GrCh Rn. 14; *Jarass*, Grundrechtecharta, Art. 41 Rn. 21.

ziert Art. 22 Abs. 1 SSM-VO nicht zwischen begünstigenden oder belastenden Beschlüssen, dies ist aber auch unschädlich, weil Art. 41 Abs. 2 lit. a) GrCh ein Anhörungsrecht nur für den Fall einer nachteiligen Maßnahme verlangt.[944]

Die Stellungnahme hat schriftlich binnen zwei Wochen nach Kenntnisnahme vom Aufsichtsbeschluss zu erfolgen. Die Anhörung des Betroffenen kann darüber hinaus in Ergänzung auch mündlich vorgenommen werden. Die Entscheidung hierüber steht aber im Ermessen der Verwaltungsbehörde, ohne dass der Betroffene einen Anspruch auf diese Form der Anhörung hat.[945] Die Anhörung ist insoweit von Bedeutung, als sie die Weichen für das weitere Aufsichtsverfahren legt. Ein Aufsichtsbeschluss der Europäischen Zentralbank darf sich nämlich nur auf jene Tatsachen und rechtlichen Aspekte stützen, zu denen sich der Betroffene äußern konnte. Ist dies nicht der Fall, so ist der zugrunde liegende Beschluss rechtswidrig.

Die Europäische Zentralbank kann aber im Einzelfall gemäß Art. 31 Abs. 4 SSM-RahmenVO auf eine vorherige Anhörung verzichten, wenn ein Beschluss dringend erlassen werden muss, um ernsthafte Schäden vom Finanzsystem abzuwenden. Dies bedeutet allerdings nicht, dass in diesem Fall gar keine Anhörung vorgenommen werden muss. Unverzüglich nach Erlass des dringlichen Beschlusses muss die Europäische Zentralbank die nach Art. 31 Abs. 1 SSM-RahmenVO erforderliche Anhörung nachholen und dem Betroffenen gemäß Art. 31 Abs. 5 SSM-RahmenVO Gelegenheit geben, sich zu allen Tatsachen und rechtlichen Gesichtspunkten schriftlich zu äußern. Hierbei wird der erlassene Beschluss einer erneuten Bewertung im Lichte der nachgeholten Anhörung unterzogen. Die Europäische Zentralbank kann den ursprünglichen Beschluss widerrufen, inhaltlich ändern oder durch einen neuen Aufsichtsbeschluss ersetzen.

Weder die SSM-VO noch die RahmenVO sehen eine Heilungsmöglichkeit für den Fall vor, dass die dem Grunde nach erforderliche Anhörung unterlassen oder fehlerhaft vorgenommen wurde. Der Betroffene kann die Verletzung seines Rechts auf rechtliches Gehör unmittelbar im Wege der Nichtigkeitsklage nach Art. 263 Abs. 4 AEUV rügen. Der Aufsichtsbeschluss ist vom Gericht aufzuheben, wenn die fehlende oder fehlerhafte Anhörung kausal für den Inhalt des Beschlusses war.[946] Hierbei ist es aus-

944 *Ohler*, Bankenaufsicht und Geldpolitik in der Währungsunion, § 5 Rn. 200.

945 EuG, Urt. v. 27.09.2005, T-134/03, Slg. 2005, II-3923 Rn. 108; *Ohler*, Bankenaufsicht und Geldpolitik in der Währungsunion, § 5 Rn. 200.

946 *Ohler*, Bankenaufsicht und Geldpolitik in der Währungsunion, § 5 Rn. 202.

reichend, wenn die Möglichkeit besteht, dass die Rechtsverletzung sich auf das Verfahren ausgewirkt haben könnte.[947]

(2) Akteneinsichtsrecht

Das Akteneinsichtsrecht ist ebenfalls als allgemeiner Rechtsgrundsatz von der europäischen Rechtsprechung anerkannt und dient der Vorbereitung des Anhörungsrechts.[948] Das Recht auf Akteneinsicht muss gemäß Art. 22 Abs. 2 SSM-VO i.V.m. Art. 32 SSM-RahmenVO während eines laufenden Aufsichtsverfahrens allen beteiligten Parteien in vollem Umfang gewährt werden. Die Europäische Zentralbank muss zu diesem Zweck den Zugang zu allen Dokumenten ermöglichen, die ihr in Bezug auf das laufende Aufsichtsverfahren vorliegen. Nach der Rechtsprechung des EuGH ist mit dem Akteneinsichtsrecht gleichzeitig die Pflicht des Anspruchsgegners verbunden, dem Antragsteller die Möglichkeit einzuräumen, „alle Schriftstücke in der Ermittlungsakte [überprüfen zu können], die möglicherweise für seine Verteidigung erheblich sind“[949]. Dabei ist es für den Zugang unbeachtlich, ob die Information belastend oder begünstigend ist.[950] Für die Europäische Zentralbank hat dies zur Folge, dass sie ihre Aufsichtsbeschlüsse nicht auf Informationen stützen darf, die dem Anspruchsteller im Zeitpunkt der Akteneinsicht nicht zugänglich waren.[951]

Das Recht auf Akteneinsicht setzt zunächst voraus, dass der Antragsteller Partei des Aufsichtsverfahrens ist. Hierzu gehört neben dem Antragsteller auch der Adressat, an den sich der Aufsichtsbeschluss richtet oder künftig richten soll.[952] Des Weiteren muss ein unmittelbarer individueller Bezug zwischen der Information und der beteiligten Partei bestehen, um einen Anspruch geltend machen zu können.[953] Das Akteneinsichtsrecht im Sinne von Art. 31 SSM-RahmenVO begründet anders als Art. 42 GrCh gerade keinen allgemeinen Anspruch auf Zugang zu Dokumenten.[954] Liegt keine

947 EuGH, Urt. v. 10.06.1980, Rs. 30/78, Slg. 1980, 2229 Rn. 26.
948 *Ruffert*, in: Calliess/ders., EUV/AEUV, Art. 41 GrCh Rn. 16; *Magiera*, in: Meyer, Grundrechtecharta, Art. 41 Rn. 13.
949 EuGH, Urt. v. 25.10.2011, C-109/10 P, Slg. 2009, II-4621 Rn. 54.
950 EuGH, Urt. v. 25.10.2011, C-109/10 P, Slg. 2009, II-4621 Rn. 54.
951 EuGH, Urt. v. 13.02.1979, C-85/76, Slg. 1979, 461 Rn. 14.
952 Art. 26 SSM-RahmenVO.
953 Vgl. *Jarass*, Grundrechtecharta, Art. 41 Rn. 20; *Ohler*, Bankenaufsicht und Geldpolitik in der Währungsunion, § 5 Rn. 203.
954 *Magiera*, in: Meyer, Grundrechtecharta, Art. 41 Rn. 13.

individuelle Betroffenheit vor, kann das Akteneinsichtsrecht demzufolge auch nicht geltend gemacht werden. Die Art und Weise der Akteneinsicht steht im Ermessen der Europäischen Zentralbank.[955] Die erforderlichen Informationen können entweder elektronisch oder in Papierform übermittelt werden. Darüber hinaus kann der Anspruchsteller zwecks Einsichtnahme der Akten in die Räumlichkeiten der Europäischen Zentralbank eingeladen werden. Die Parteien haben aber keinen Anspruch auf eine bestimmte Form der Akteneinsicht.[956]

Der Anspruch auf Akteneinsicht ist hingegen ausdrücklich ausgeschlossen, sobald Geschäftsgeheimnisse Dritter oder vertrauliche Informationen betroffen sind.[957] Unter dem Begriff der vertraulichen Informationen sind gemäß Art. 32 Abs. 5 SSM-RahmenVO u.a. interne Dokumente der Europäischen Zentralbank und der nationalen Aufsichtsbehörden zu verstehen. In diesem Fall muss die Europäische Zentralbank im Wege der Abwägung entscheiden, inwieweit der Zugang zu diesen Dokumenten zugelassen oder verweigert wird, wobei sich die Abgrenzung im Einzelfall schwierig gestalten kann.[958] Es stehen jedoch verschiedene Optionen zur Verfügung, um einen angemessenen Ausgleich zwischen den widerstreitenden Interessen vor dem Hintergrund des Verhältnismäßigkeitsgrundsatzes herzustellen.[959] So könnten die angeforderten Unterlagen in einer Weise aufbereitet werden, dass vertrauliche Informationen gestrichen oder geschwärzt werden, um entgegenstehende Interessen zu wahren und gleichzeitig dem Begehren des Antragstellers auf Akteneinsicht zu entsprechen.[960]

Wurde der Anspruch auf Akteneinsicht nicht oder nicht in vollem Umfang gewährt und hat die Europäische Zentralbank ihre Entscheidung dennoch auf Informationen gestützt, von denen die Parteien des Aufsichtsverfahrens keine Kenntnis hatten, führt dies zu einem Verstoß gegen das

955 Art. 32 Abs. 4 SSM-RahmenVO.

956 Vgl. *Jarass*, Grundrechtecharta, Art. 41 Rn. 21, wonach sich die Form der Akteneinsicht nach dem Begehren des Antragstellers richtet.

957 Art. 33 Abs. 1 S. 1 und 2 SSM-RahmenVO; siehe auch EuG, Urt. v. 30.11.2000, T-5/97, Slg. 2000, II-3755 Rn. 229.

958 *Magiera*, in: Meyer, Grundrechtecharta, Art. 41 Rn. 13; *Ohler*, Bankenaufsicht und Geldpolitik in der Währungsunion, § 5 Rn. 203.

959 *Jarass*, Grundrechtecharta, Art. 41 Rn. 23.

960 *Ruffert*, in: Calliess/ders., EUV/AEUV, Art. 41 GrCh Rn. 17 mit Verweis auf *Lais*, ZEuS 2002, 447 (468).

Recht auf Akteneinsicht.[961] Eine Heilungsmöglichkeit durch eine nachträgliche Akteneinsicht besteht wie im Fall der fehlerhaften Anhörung ebenfalls nicht.[962] Die Parteien können die Verletzung ihres Akteneinsichtsrechts mit der Nichtigkeitsklage gemäß Art. 263 Abs. 4 AEUV rügen und auf diese Weise einen Aufsichtsbeschluss der Europäischen Zentralbank durch die Unionsgerichte aufheben lassen.[963]

(3) Recht auf Entscheidungsbegründung

Das Begründungserfordernis gehört zu den Grundprinzipien des Unionsrechts. Es ist neben Art. 41 GrCh auch in Art. 296 Abs. 2 AEUV normiert und erfüllt gleich mehrere Funktionen.[964] Es dient in erster Linie der Transparenz der Organtätigkeit sowie dem Rechtsschutz der Betroffenen.[965] Der EuGH verlangt daher in ständiger Rechtsprechung, dass die der Entscheidung zugrunde liegende Begründung immer klar und eindeutig zum Ausdruck gebracht wird.[966] Der Betroffene ist nämlich nur dann in der Lage, die Erfolgsaussichten seiner Beschwerde richtig einzuschätzen, wenn ihm die Gründe für die ergangene Entscheidung hinreichend bekannt sind.[967] Gleichzeitig werden die Unionsgerichte in die Lage versetzt, ihre Kontrollaufgaben in Bezug auf die erlassene Maßnahme wahrzunehmen und anhand der genannten Gründe, die Rechtmäßigkeit der Entscheidung zu überprüfen.[968] Das den Rechtsakt erlassende Organ hat darüber hinaus die Gelegenheit zur internen Selbstkontrolle. Es kann seine Entscheidung vor dem endgültigen Erlass noch einmal überdenken und dahingehend überprüfen, ob die Maßnahme sowie die ihr zugrunde liegen-

961 EuGH, Urt. v. 13.02.1979, C-85/76, Slg. 1979, I-461 Rn. 14; *Magiera*, in: Meyer, Grundrechtecharta, Art. 41 Rn. 13.

962 EuGH, Urt. v. 25.10.2011, Rs. C-109/10 P Rn. 56.

963 EuGH, Urt. v. 15.10.2002, Rs. C-238/99 P Rn. 317; *Ohler*, Bankenaufsicht und Geldpolitik in der Währungsunion, § 5 Rn. 203.

964 *Voet van Vormizeele*, in: Schwarze, EU-Kommentar, Art. 41 GrCh Rn. 10.

965 *Gellermann*, in: Streinz, EUV/AEUV, Art. 296 AEUV Rn. 5.

966 EuGH, Urt. v. 15.04.1997, Rs. C-22/94, Slg. 1997, I-1809 Rn. 39; *Schoo*, in: Schwarze, EU-Kommentar, Art. 296 AEUV Rn. 9.

967 EuGH, Urt. v. 22.03.2001, Rs. C-17/99, Slg. 2001, I-2481, Rn. 35; *Jarass*, Grundrechtecharta, Art. 41 Rn. 25.

968 EuGH, Urt. v. 22.03.2001, Rs. C-17/99, Slg. 2001, I-2481, Rn. 35; *Krajewski/Rösslein*, in: Grabitz/Hilf/Nettesheim, Das Recht der Europäischen Union, 45. EL 2011, Art. 296 AEUV Rn. 5.

den Erwägungen mit dem einschlägigen materiellen Recht vereinbar sind und ggf. notwendige Korrekturen vornehmen.[969]

Die von der Europäischen Zentralbank erlassenen Aufsichtsbeschlüsse sind gemäß Art. 22 Abs. 2 UAbs. 2 SSM-VO i.V.m. Art. 33 Abs. 1 SSM-RahmenVO mit einer Begründung zu versehen, die alle tragenden Erwägungen der Entscheidung beinhalten soll. Nicht erforderlich ist hingegen, dass alle tatsächlichen oder rechtlich einschlägigen Gesichtspunkte genannt werden.[970] Darüber hinaus darf der Aufsichtsbeschluss nur auf jenen Tatsachen und Beschwerdepunkten beruhen, zu denen sich die Parteien des Aufsichtsverfahrens zuvor äußern konnten.[971]

Das Recht auf Begründung ist verletzt, wenn die Entscheidung mit einer fehlerhaften oder unzureichenden Begründung versehen worden ist.[972] Eine Heilungsmöglichkeit durch das Nachschieben einer Begründung wird zumindest für das gerichtliche Verfahren ausgeschlossen.[973] Der Verstoß gegen die Begründungspflicht führt allerdings nicht unmittelbar zur Nichtigkeit des Beschlusses[974], jedoch ist dieser mit der Nichtigkeitsklage gemäß Art. 263 Abs. 2 AEUV angreifbar, weil eine unzureichende oder unterbliebene Begründung die Verletzung einer wesentlichen Formvorschrift darstellt.[975] Bei einer gerichtlichen Überprüfung, ob ein Aufsichtsbeschluss der Europäischen Zentralbank in formeller Hinsicht die zwingend erforderliche Begründung enthält und in materieller Hinsicht aus dieser Begründung auf die Rechtswidrigkeit oder einen Ermessensfehler geschlossen werden kann, sind nach dem ersten Urteil des EuG zum Einheitlichen Aufsichtsmechanismus nicht nur die im streitgegenständliche Beschluss enthaltene Begründung, sondern auch die Stellungnahme des Administrativen Überprüfungsausschusses zu berücksichtigen.[976]

---

969 *Gellermann*, in: Streinz, EUV/AEUV, Art. 296 AEUV Rn. 5; *Calliess*, in: ders./Ruffert, EUV/AEUV, Art. 296 AEUV Rn. 14.

970 EuGH, Urt. v. 30.09.2003, Rs. C-76/01, Slg. 2003, I-10091 Rn. 88.

971 Art. 31 Abs. 3 SSM-RahmenVO.

972 Statt vieler *Magiera*, in: Meyer, Grundrechtecharta, Art. 4 Rn. 15.

973 *Jarass*, Grundrechtecharta, Art. 41 Rn. 5; siehe auch *Lais*, ZEuS 2002, 447 (469), die ein Nachschieben von Gründen mit Ausnahme „orthographischer und grammatikalischer" Korrekturen ausschließt.

974 EuGH, Urt. v. 15.06.1994, C-137/92 P, Slg. 1994, I-2555 Rn. 48; *Schoo*, in: Schwarze , EU-Kommentar, Art. 296 AEUV Rn. 17; *Gellermann*, in: Streinz, EUV/AEUV, Art. 296 AEUV Rn. 16.

975 EuGH, Urt. v. 22.03.2001, C-17/99, Slg. 2001, I-6959 Rn. 35; Urt. v. 14.10.2010, C-280/08 P, Slg. 2010, I-9555 Rn. 130.

976 EuG, Urt. v. 16.05.2017, T-122/15, Rn. 34.

(4) Sprachenregelung

Die unmittelbar von der Europäischen Zentralbank beaufsichtigten Institute oder andere natürliche oder juristische Personen, die dem Aufsichtsverfahren der Europäischen Zentralbank unterliegen, können gemäß Art. 24 Abs. 1 und 2 SSM-RahmenVO selbst entscheiden, in welcher Amtssprache der Union die Korrespondenz mit der Europäischen Zentralbank stattfinden soll. Das Wahlrecht hinsichtlich der Verfahrenssprache setzt die verfassungsrechtlichen Vorgaben aus Art. 41 Abs. 4 GrCh sowie Art. 24 Abs. 4 AEUV um, wonach sich jeder Unionsbürger in einer der in Art. 55 Abs. 1 EUV[977] genannten Amtssprachen an die Organe der Union wenden und eine Antwort in derselben Sprache verlangen kann.[978] Das Wahlrecht gilt allerdings nicht für mündliche Unterhaltungen.[979] Die unmittelbar beaufsichtigten Unternehmen sind jedoch gemäß Art. 24 Abs. 1 SSM-RahmenVO nicht dauerhaft an die einmal gewählte Sprache gebunden. Die Vereinbarung kann jederzeit widerrufen und gleichzeitig eine neue Sprache mit *ex nunc* Wirkung vereinbart werden.[980]

Die Europäische Zentralbank wird im Rahmen ihrer laufenden Aufsichtstätigkeit allerdings auf erhebliche praktische Schwierigkeiten stoßen, da sich ein Großteil der von ihr unmittelbar beaufsichtigten Institute sich dazu entschieden haben, mit der Europäischen Zentralbank statt der englischen in ihrer jeweiligen Landessprache zu kommunizieren. Die Mehrheit dieser Institute stammt aus Deutschland, vereinzelt aus Österreich, Belgien, Zypern, Frankreich und Italien.[981] Sämtliche Beschlüsse der Europäischen Zentralbank und andere offizielle Dokumente müssen daher in jene Sprache übersetzt werden, die zuvor zwischen der Europäischen Zentralbank und dem Institut vereinbart worden ist. Gleichwohl die Europäische Zentralbank die überwachten Institute in einer Aufsichtsrichtlinie dazu aufgefordert hatte, Englisch als Geschäftssprache zu wählen, kann sie

---

977 Amtssprachen der Union: bulgarisch, dänisch, deutsch, englisch, estnisch, finnisch, französisch, griechisch, irisch, italienisch, kroatisch, lettisch, litauisch, maltesisch, niederländisch, polnisch, portugiesisch, rumänisch, schwedisch, slowakisch, slowenisch, spanisch, tschechisch und ungarisch.

978 Siehe hierzu *Jarass*, Grundrechtecharta, Art. 41 Rn. 34 ff.; *Ruffert*, in: Calliess/ders., EUV/AEUV, Art. 41 GrCh Rn. 20; *Magiera*, in: Meyer, Grundrechtecharta, Art. 41 Rn. 22 ff.

979 *Ohler*, Bankenaufsicht und Geldpolitik in der Währungsunion, § 5 Rn. 198.

980 Art. 24 Abs. 2 UAbs. 2 SSM-RahmenVO.

981 *Europäische Zentralbank*, SSM-Quartalsbericht 4/2014, S. 15. Die übrigen 85 Kreditinstitute haben sich für Englisch als Amtssprache entschieden.

diese aufgrund der Vorgaben von Art. 41 GrCh und Art. 24 Abs. 4 AEUV nicht zur Verwendung einer bestimmten Amtssprache rechtlich verpflichten.[982] Die Europäische Zentralbank und die nationalen Aufsichtsbehörden haben sich hingegen auf der Grundlage von Art. 23 SSM-RahmenVO hinsichtlich der Kommunikation innerhalb des Einheitlichen Aufsichtsmechanismus auf Englisch als Geschäftssprache geeinigt.[983]

X. Rechtsschutz gegen Aufsichtsmaßnahmen der Europäischen Zentralbank

Angesichts der durch die SSM-VO übertragenen Aufsichtsbefugnisse sowie die damit verbundenen Eingriffe in den wirtschaftlichen Erfolg und der Existenz der Kreditinstitute, bedarf es einer eingehenden Untersuchung von etwaigen Rechtsschutzmöglichkeiten gegen Aufsichtsentscheidungen der Europäischen Zentralbank, die sie im Rahmen des Einheitlichen Aufsichtsmechanismus trifft. Die SSM-VO sieht hierfür ein „zweistufiges Rechtsschutzmodell" [984] vor, das administrative und gerichtliche Kontrollmechanismen beinhaltet. Das Rechtsschutzmodell weist dabei einige Parallelen zu dem der EBA auf.[985]

1. Administrativer Überprüfungsausschuss

Im Gegensatz zum Kommissionsentwurf verpflichtet die in Kraft getretene SSM-VO die Europäische Zentralbank zur Errichtung eines administrativen Überprüfungsausschusses (*Administrative Board of Review*), dessen Aufgabe darin liegt, sämtliche Beschlüsse der Europäischen Zentralbank, die sie in ihrer Funktion als europäische Aufsichtsbehörde erlassen hat, auf ihre verfahrens- und materiell-rechtliche Vereinbarkeit mit der SSM-VO zu überprüfen, nach dem dieser angerufen wurde.[986] Der administrative Überprüfungsausschuss setzt sich aus fünf Personen zusammen, die aus den Mitgliedstaaten stammen und über einen umfangreichen Sachverstand ins-

---

982 Siehe hierzu *Jarass*, Grundrechtecharta, Art. 41 Rn. 38 ff.; *Ruffert*, in: Calliess/ders., EUV/AEUV, Art. 41 GrCh Rn. 20; *Magiera*, in: Meyer, Grundrechtecharta, Art. 41 Rn. 22 ff.

983 *Europäische Zentralbank*, SSM-Quartalsbericht 4/2014, S. 15.

984 *Sacarcelik*, BKR 2013, 353 (359).

985 Siehe Abschnitt D. IV 2. c).

986 Art. 24 Abs. 1 SSM-VO; siehe auch *Neyer/Vieten*, DICE Working Paper 45/2013, S. 24.

besondere auf dem Gebiet des Aufsichtswesens verfügen. Des Weiteren dürfen die Mitglieder des Ausschusses in keiner Weise personell mit der Europäischen Zentralbank oder den nationalen Aufsichtsbehörden sowie sonstigen Organen oder Institutionen der Mitgliedstaaten verflochten sein.[987] Sie sind an keine Weisungen gebunden und sollen auf ausreichende Ressourcen zurückgreifen können, um die ihm durch die SSM-VO übertragenen Aufgaben wahrnehmen zu können.[988]

Antragsberechtigt ist jede natürliche oder juristische Person, die Adressat einer Aufsichtsentscheidung der Europäischen Zentralbank oder unmittelbar und individuell von dieser betroffen ist. Zum Kreis der Antragsberechtigten gehören sowohl nationale Aufsichtsbehörden als auch die Kreditinstitute im Sinne der SSM-VO.[989] Gegenstand des Beschwerdeantrages kann jeder Beschluss des EZB-Rates sein, der im Verfahren nach Art. 26 SSM-VO erlassen worden ist. So besteht beispielsweise für ein Kreditinstitut mit der Beschwerde nach Art. 24 Abs. 1 SSM-VO zunächst auf administrativer Ebene die Möglichkeit, gegen einen Beschluss des EZB-Rates vorzugehen, der den Entzug einer Zulassung oder die Einstufung als systemrelevantes Kreditinstitut zum Inhalt hat. In formeller Hinsicht erfordert der Antrag auf Überprüfung eines EZB-Beschlusses eine schriftliche Begründung. Dieser muss innerhalb eines Monats nach Bekanntgabe des Beschlusses gestellt werden. Wurde der Beschluss nicht unmittelbar gegenüber dem Antragssteller bekanntgegeben, so wird die Monatsfrist erst ab Kenntniserlangung in Gang gesetzt.[990]

Die Erhebung der Beschwerde entfaltet keinen Suspensiveffekt hinsichtlich der zweimonatigen Frist für die Erhebung der Nichtigkeitsklage nach Art. 263 Abs. 6 AEUV.[991] Die Adressaten eines Aufsichtsbeschlusses müssen demzufolge noch vor Abschluss des Beschwerdeverfahrens zwingend fristwahrend Klage erheben, da ansonsten die Gefahr besteht, dass dem Beschwerdeführer erst nach Ablauf der Klagefrist eine Entscheidung des administrativen Überprüfungsausschusses zugeht.[992] Allerdings kann der ad-

---

987 Art. 24 Abs. 2 SSM-VO; siehe auch *Lackhoff*, JIBLR 2014, 13 (19 f.).

988 Art. 24 Abs. 2 S. 2, 4 SSM-VO.

989 Art. 24 Abs. 5 SSM-VO.

990 Art. 24 Abs. 6 SSM-VO.

991 *Lackhoff*, JIBLR 2014, 13 (28).

992 Vgl. *Berger*, WM 2015, 501 (505); a.A. *Selmayr*, in: Müller-Graff, Europäisches Wirtschaftsordnungsrecht, § 23 Rn. 278, der trotz des unklaren Verhältnisses von administrativem Überprüfungsverfahren und gerichtlichem Rechtsschutz erst die Durchführung des Überprüfungsverfahrens verlangt, bevor eine Nichtigkeitsklage erhoben wird.

ministrative Überprüfungsausschuss auf Vorschlag des EZB-Rates, den Vollzug des Beschlusses aussetzen, wenn die Umstände es erfordern. Die SSM-VO normiert diesbezüglich jedoch nicht ausdrücklich, welche Voraussetzungen für eine Aussetzung des Vollzugs vorliegen müssen und stellt es vielmehr in das freie Ermessen des administrativen Überprüfungsausschusses.

Nachdem der administrative Überprüfungsausschuss über die Zulässigkeit des Antrages entschieden hat, gibt er eine Stellungnahme ab und überweist die Angelegenheit an das Aufsichtsgremium, damit es einen neuen Beschlussentwurf ausarbeiten kann. Die Frist hierfür beträgt höchstens zwei Monate. Eine frühere Abgabe der Stellungnahme ist allerdings auch möglich, sofern die Dringlichkeit des Falles es erfordert.[993] Das Aufsichtsgremium arbeitet nach Eingang der Stellungnahme einen neuen Beschlussentwurf aus, der den Standpunkt des administrativen Überprüfungsausschusses berücksichtigt und übermittelt diesen an den EZB-Rat. Der ursprüngliche Beschluss kann durch den neuen Beschlussentwurf aufgehoben, abgeändert oder mit demselben Inhalt neu erlassen werden. Widerspricht der EZB-Rat dem nunmehr geänderten Beschlussentwurf nicht innerhalb einer Frist von zehn Tagen, so gilt dieser im Sinne des *non-objection*-Verfahrens als angenommen.[994] Ein inhaltliches Änderungsrecht hinsichtlich der durch das Aufsichtsgremium überwiesenen Beschlussentwürfe steht dem EZB-Rat nicht zu. Zum Zwecke der Verfahrensökonomie könnte erwogen werden, dem EZB-Rat ein entsprechendes Änderungsrecht im Hinblick auf die Beschlussentwürfe des Aufsichtsgremiums, denen sie zuvor widersprochen hat, zuzubilligen, um das Verfahren nicht noch weiter zu verzögern.[995] Dieser Vorschlag trägt aber nicht dem Umstand Rechnung, dass der EZB-Rat auf diese Weise auch in Aufsichtsangelegenheiten selbstständig Entscheidungen treffen könnte. Dies würde in Widerspruch zu dem in Art. 19 SSM-VO enthaltenen Gebot zur Trennung von Geldpolitik und Aufsicht stehen.

Die Stellungnahme des Überprüfungssauschusses und der den ursprünglichen Beschluss zu ersetzende Beschlussentwurf des Aufsichtsgremiums als auch der endgültig durch den EZB-Rat gebilligte Beschluss sind zu begründen und gegenüber den Verfahrensbeteiligten bekanntzugeben.[996] Ein

---

993 Art. 24 Abs. 7 S. 1 SSM-VO.

994 Art. 24 Abs. 7 S. 4 SSM-VO.

995 *Deutsche Bundesbank*, Stellungnahme v. 31.05.2013 zum SSM-Zustimmungsgesetz (BT-Drs. 17/13470); *Sacarcelik*, BKR 2013, 353 (359).

996 Art. 24 Abs. 7 S. 9 SSM-VO.

erneuter Antrag auf administrative Überprüfung des jüngst erlassenen Beschlusses des EZB-Rates ist gemäß Art. 24 Abs. 5 S. 2 SSM-VO hingegen unzulässig. Den Verfahrensbeteiligten verbleibt daher nur noch die Möglichkeit, gerichtlichen Rechtsschutz gegen den zuletzt erlassenen Beschluss zu ergreifen.[997]

Das Verfahren vor dem administrativen Überprüfungsausschuss ist vergleichbar mit dem Widerspruchsverfahren im Sinne der §§ 68 ff. VwGO, allerdings mit dem Unterschied, dass es keine zwingende Sachurteilsvoraussetzung für ein ggf. sich daran anschließendes Verfahren vor dem EuG darstellt.[998] Dies ergibt sich aus Art. 24 Abs. 11 SSM-VO, wonach die Erhebung der Beschwerde nicht das Recht des Antragstellers berührt, darüber hinaus gerichtlichen Rechtsschutz anzustrengen. Das interne Kontrollverfahren ist für die Verfahrensbeteiligten dahingehend von Vorteil, als es im Gegensatz zu den teils langwierigen Verfahren vor dem EuG, eine schnellere und flexiblere Möglichkeit zur Durchsetzung ihrer Rechte darstellt.[999] Dennoch wäre es im Sinne eines effektiven Rechtsschutzes wünschenswert, wenn ein Rechtsbehelf – ähnlich wie beim ESFS – existieren würde, der als Zulässigkeitsvoraussetzung für ein späteres Gerichtsverfahren fungiert.[1000]

2. Gerichtlicher Rechtsschutz

Neben dem internen Beschwerdeverfahren vor dem administrativen Überprüfungsausschuss besteht darüber hinaus die Möglichkeit, die Rechtmäßigkeit von Aufsichtsentscheidungen, welche die Europäische Zentralbank in ihrer Funktion als europäische Aufsichtsbehörde auf der Grundlage der SSM-VO getroffen hat, gemäß Art. 24 Abs. 11 Abs. SSM-VO von den Uni-

997 Siehe *Peuker*, JZ 2014, 764 (769).

998 *Lehmann/Manger-Nestler*, ZBB 2014, 2 (19); *Berger*, WM 2015, 501 (505); a.A. *Ruthig*, ZHR 2014, 443 (470 f.), wonach Art. 24 SSM-VO so zu verstehen ist, „dass er ein Vorverfahren statuiert, das der gerichtlichen Klage vorauszugehen hat."; siehe auch *Selmayr*, in: von der Groeben/Schwarze/Hatje, AEUV/EUV[7], Art. 127 AEUV Rn. 569, der ein Vorrang des administrativen Beschwerdeverfahrens aus Rechtsschutzgesichtspunkten befürwortet.

999 Kritisch, *Sacarcelik*, BKR 2013, 353 (359), der interne „Blockadesituationen" aufgrund fehlender Bindungswirkung gegenüber dem EZB-Rat befürchtet.

1000 *Ferran/Babis*, Cambridge Legal Studies Research Paper 10/2013, S. 19.

onsgerichten überprüfen zu lassen.[1001] Sowohl die deutsche als auch die englische Fassung der SSM-VO sind in diesem Zusammenhang missverständlich, da beide auf einen erstinstanzlichen Rechtsschutz vor dem EuGH bzw. *CJEU* (*European Court of Justice*) verweisen.[1002] Das EuG ist gemäß Art. 256 Abs. 1 AEUV für Entscheidungen im ersten Rechtszug über Direktklagen gemäß den Art. 263, 265, 268, 270 und 272 AEUV zuständig, mit Ausnahme derjenigen Klagen, die u.a. gemäß Art. 51 EuGH-Satzung dem EuGH vorbehalten sind. Hierbei handelt es sich um Klagen, die von den Mitgliedstaaten gegen Handlungen oder wegen Unterlassungen des Rates und des Parlaments erhoben worden sind. Für Klagen gegen Entscheidungen der Europäischen Zentralbank ist daher entgegen dem Wortlaut von Art. 24 Abs. 11 SSM-VO im ersten Rechtszug allein das EuG zuständig.

Statthaft ist hierbei immer die Nichtigkeitsklage gemäß Art. 263, 264 AEUV. Anders als das Beschwerdeverfahren, ist eine gerichtliche Kontrolle von Entscheidungen der Europäischen Zentralbank allerdings nicht ausdrücklich von der SSM-VO vorgesehen, da dort nur die Rede davon ist, dass Art. 24 SSM-VO nicht das Recht berührt, gemäß den Verträgen ein Verfahren vor dem EuGH anzustrengen.[1003] Dieser Umstand ist aber unschädlich, da einer entsprechenden Regelung aufgrund der primärrechtlichen Vorgaben ohnehin nur deklaratorischer Charakter zukäme.[1004] Die Inanspruchnahme des gerichtlichen Rechtsschutzes ist auch nicht durch die Erhebung der Beschwerde nach Art. 24 SSM-VO bedingt, da diese keine Sachurteilsvoraussetzung im Sinne eines Vorverfahrens darstellt. Die Betroffenen können daher auch auf das interne Beschwerdeverfahren verzichten und sich unmittelbar an die Unionsgerichte wenden. Da die Entscheidung des Beschwerdegremiums für den EZB-Rat nicht bindend ist, ist es nicht ausgeschlossen, dass die Antragsteller, trotz der durch den administrativen Überprüfungsausschuss erhofften Verfahrensökonomie, sich unmittelbar an die Gerichte wenden, um eine Entscheidung zu erwirken, die auch gegenüber dem EZB-Rat Geltung hat.

1001 Die in Art. 130 AEUV verankerte Unabhängigkeit der Europäischen Zentralbank ist von der Justiziabilität ihrer Aufsichtsentscheidungen nicht betroffen, solange sich die richterliche Kontrolle auf Aufgaben und Befugnisse erstreckt, die unmittelbar in Zusammenhang mit der Durchführung der Geldpolitik stehen.

1002 So auch *Berger*, WM 2015, 501 (505).

1003 Art. 24 Abs. 11 SSM-VO.

1004 *Eriksson*, Einheitlicher Europäischer Bankenaufsichtsmechanismus, S. 40; *Sacarcelik*, BKR 2013, 353 (359).

XI. Unabhängigkeit der Europäischen Zentralbank im Rahmen des Einheitlichen Aufsichtsmechanismus

1. Rechtsgrundlagen der EZB-Unabhängigkeit

a) Geldpolitik

aa) Art. 130 AEUV

Die umfassende Unabhängigkeit der Europäischen Zentralbank und der Mitglieder ihrer Beschlussorgane ist in Art. 282 Abs. 3 S. 3 AEUV sowie Art. 130 S. 1 AEUV primärrechtlich verankert. Zunächst bestimmt Art. 282 Abs. 3 S. 2 AEUV, dass die Europäische Zentralbank in der Ausübung ihrer Befugnisse und der Verwaltung ihrer Mittel unabhängig ist. Dies wird durch Art. 130 S. 1 AEUV dahingehend konkretisiert, dass die Europäische Zentralbank bei der Wahrnehmung der ihr durch die Verträge und die ESZB-Satzung übertragenen Aufgaben keine Weisungen von Stellen der Europäischen Union oder der Mitgliedstaaten entgegennehmen darf.[1005] Ihre Unabhängigkeit ist aber nicht im Sinne einer absoluten Unantastbarkeit zu verstehen, vielmehr ist sie in funktioneller, institutioneller, finanzieller und personeller Hinsicht begrenzt.[1006] Für die vorliegende Untersuchung ist allein ersteres von Bedeutung.

Funktionelle Unabhängigkeit bedeutet, dass die Europäische Zentralbank sich nur insoweit auf ihre Unabhängigkeit berufen kann, als dies zur Wahrnehmung der ihr durch den Vertrag und die ESZB-Satzung übertragenen Aufgaben und Befugnisse erforderlich ist.[1007] Der Bezugspunkt für die Zentralbankunabhängigkeit ist somit das vorgegebene Ziel, welches es zu erreichen gilt. Dies hebt die Europäische Zentralbank auch selbst hervor, indem sie die ihr gewährte Weisungsfreiheit nicht als Selbstzweck

---

1005 Ausführlich dazu *Gaitanides*, Recht der Europäischen Zentralbank, S. 41 ff.; *Smits*, The European Central Bank, S. 155 ff.; *Griller*, in: Grabitz/Hilf/Nettesheim, Das Recht der Europäischen Union, 50. EL. 2013, Art. 130 AEUV Rn. 12; *Häde*, in: Calliess/Ruffert, EUV/AEUV, Art. 130 AEUV Rn. 9 ff.; *Hahn/Häde*, Währungsrecht, § 20 Rn. 1 ff.

1006 Vgl. *Griller*, in: Grabitz/Hilf/Nettesheim, Das Recht der Europäischen Union, 50. EL 2013, Art. 130 AEUV Rn. 30 f.; *Reumann*, Die Europäische Zentralbank, S. 20.

1007 *Siekmann*, in: ders., EWU, Art. 130 AEUV Rn. 69; *Manger-Nestler*, in: Pechstein/Nowak/Häde, Frankfurter Kommentar, Bd. 3, Art. 130 AEUV Rn. 10.

sieht, sondern vielmehr als „Mittel zur Erreichung eines Ziels".[1008] Zum vorrangigen Ziel des ESZB gehört gemäß Art. 127 Abs. 1 S. 1 AEUV die Erhaltung der Preisstabilität im europäischen Währungsraum. Nachrangig hierzu leistet sie einen Beitrag zur Unterstützung der allgemeinen Wirtschaftspolitik, „soweit dies ohne Beeinträchtigung der Preisstabilität möglich ist" (Art. 127 Abs. 1 S. 2 AEUV). Zu den weiteren grundlegenden, auf die Wahrung der Preisstabilität ausgerichteten Aufgabenbereiche der Europäischen Zentralbank bzw. des ESZB gehören gemäß Art. 127 Abs. 2 AEUV die Festlegung und Ausführung der Geldpolitik, die Durchführung von Devisengeschäften und Verwaltung der Währungsreserven sowie die Förderung eines reibungslos funktionierenden Zahlungssystems.

bb) Funktionelle Unabhängigkeit und Aufsichtsbefugnisse

Mit der Errichtung des Einheitlichen Aufsichtsmechanismus wird die Europäische Zentralbank neben ihrer Funktion als Währungshüterin nunmehr auch operativ in die Aufsicht über Kreditinstitute einbezogen und nimmt Aufgaben und Befugnisse wahr, die in keinem unmittelbaren Zusammenhang mit ihren währungspolitischen Aufgaben stehen.[1009]Daher könnte zunächst erwogen werden, die in Art. 130 AEUV normierte Weisungsfreiheit auch auf die neuen Aufsichtsbefugnisse der Europäischen Zentralbank im Rahmen des Einheitlichen Aufsichtsmechanismus zu übertragen.[1010]

Die Weisungsunabhängigkeit der Europäischen Zentralbank erstreckt sich gemäß Art. 130 S. 1 AEUV nur auf solche Kompetenzen, die ihr unmittelbar durch die Verträge und die ESZB-Satzung übertragen worden sind. Ausgenommen sind daher solche Aufgaben und Befugnisse, die ihr erst durch Sekundärrecht übertragen werden müssen.[1011] Dazu gehören sämtliche Zuständigkeiten der Europäischen Zentralbank im Rahmen des

---

1008 *Europäische Zentralbank*, Konvergenzbericht 2004, S. 28; *Gaitanides*, Das Recht der Europäischen Zentralbank, S. 44; ausführlich zu den Zielen des ESZB, *Stadler*, Der rechtliche Handlungsspielraum des ESZB, S. 100 ff.

1009 *Hahn/Häde*, Währungsrecht, § 20 Rn. 50.

1010 Siehe *Wolfers/Voland*, BKR 2014, 177 (148); *Moloney*, CMLRev. 51 (2014), 1609 (1635).

1011 *Häde*, in: Calliess/Ruffert, EUV/AEUV, Art. 130 AEUV Rn. 18; *Kämmerer/Starski*, ZG 2013, 318 (327 ff.); *Ruthig*, ZHR 2014, 443 (462); *Kempen*, in: Streinz, EUV/AEUV, Art. 130 AEUV Rn. 8; *Dziechciarz*, Rechtliche Integration der nationalen Zentralbanken in das ESZB und in das Eurosystem, S. 79; a.A. *Sel-*

Einheitlichen Aufsichtsmechanismus, die weder in Art. 127 Abs. 1 noch in Abs. 2 AEUV explizit aufgeführt sind und – anders als die Verpflichtung auf die Geldwertstabilität – nicht unmittelbar aus dem Primärrecht herrühren.[1012] Vielmehr mussten diese erst per Verordnung auf der Grundlage von Art. 127 Abs. 6 AEUV im Wege des besonderen Gesetzgebungsverfahrens auf die Europäische Zentralbank übertragen werden. Im Unterschied zu ihren in Art. 127 Abs. 1 AEUV genannten Aufgaben, ist die Europäische Zentralbank nicht in der Lage, selbstständig weitergehende aufsichtliche Befugnisse als die in Art. 127 Abs. 5 AEUV an sich zu ziehen und wahrzunehmen.[1013]

Der Einwand, die Weisungsfreiheit der Europäischen Zentralbank müsse sich schon vor dem Hintergrund einer systematischen Auslegung auch auf Art. 127 Abs. 6 AEUV beziehen, da Art. 130 AEUV im Kapitel „Währungspolitik" normiert sei und das gesamte Tätigkeitsfeld der Europäischen Zentralbank umfasse, verkennt die funktionelle Dimension der Weisungsfreiheit im Hinblick auf das Ziel der Preisstabilität.[1014] Sinn und Zweck der eingeräumten Unabhängigkeit ist in erster Linie der Schutz von zentralen Kompetenzen, wie jene auf dem Gebiet der Geld- und Währungspolitik und soll etwaige Beeinträchtigungen durch andere Organe und Stellen unterbinden; die Wahrnehmung von Aufsichtsaufgaben in Unabhängigkeit ist hiervon jedoch nicht umfasst.[1015]

Eine andere Beurteilung ergibt sich auch nicht aus dem Umstand, dass die Europäische Zentralbank bereits vor Errichtung des Einheitlichen Aufsichtsmechanismus in begrenztem Maße Aufsichtsaufgaben auf Unionsebene wahrgenommen hat und sich ihre Weisungsfreiheit auch auf den Aufgabenbereich des Art. 127 Abs. 5 AEUV bzw. Art. 25.1 ESZB-Satzung

---

mayr, in: von der Groeben/Schwarze/Hatje, EUV/AEUV[7], Art. 127 AEUV Rn. 58.

1012 *Häde*, in: Calliess/Ruffert, EUV/AEUV, Art. 130 AEUV Rn. 7; so auch *Reumann*, Die Europäische Zentralbank, S. 47.

1013 Siehe Abschnitt E. VIII. 1. a) (aa) (2) (a). Es liegt allein im Ermessen des Rates, bestimmte Aufsichtsaufgaben auf die Europäische Zentralbank zu übertragen.

1014 Siehe *Herdegen*, WM 2012, 1889 (1894); *Selmayr*, in: Müller-Graff, Europäisches Wirtschaftsordnungsrecht, § 23 Rn. 276, die die Wahrnehmung von Aufsichtsaufgaben auf der Grundlage von Art. 127 Abs. 6 AEUV in Unabhängigkeit bejahen; a.A. *Kämmerer/Starski*, ZG 2013, 318 (328).

1015 EuGH, Urt. v. 10.07.2003, Rs. C-11/00 Slg. 2003, I-7147, Rn. 134; *Häde*, in: Calliess/Ruffert, EUV/AEUV, Art. 130 AEUV Rn. 18; *Reumann*, Die Europäische Zentralbank, S. 20; siehe auch *Gnan/Wittelsberger*, in: von der Groeben/Schwarze, EUV/EGV[6], Art. 108 EGV Rn. 40; *Ferran/Babis*, Cambridge Legal Studies Research Paper 10/2013, S. 16.

erstreckt hat. Art. 127 Abs. 5 AEUV erlaubt zum einen nur rein unterstützende Tätigkeiten auf dem Gebiet der makroprudenziellen Aufsicht und zum anderen steht die Vorschrift in engem Sachzusammenhang mit den währungspolitischen Aufgaben der Europäischen Zentralbank.[1016]

b) Aufsicht (Art. 19 SSM-VO)

Da die in Art. 130 AEUV eingeräumte Weisungsfreiheit etwaige Aufsichtskompetenzen der Europäischen Zentralbank nicht umfasst, ist damit nicht gleichzeitig ausgeschlossen, ihr auf sekundärrechtlichem Wege Unabhängigkeit zuzuerkennen.[1017] Der Europäischen Zentralbank wird seit Inkrafttreten der SSM-VO neben Art. 130 S. 1 AEUV für ihre geld- und währungspolitische Aufgaben nunmehr auch über Art. 19 SSM-VO für sämtliche auf der Grundlage der SSM-VO übertragenen Aufgaben und Befugnisse umfassende Unabhängigkeit vermittelt. Hiernach handeln die Europäische Zentralbank und die am Einheitlichen Aufsichtsmechanismus teilnehmenden Mitgliedstaaten sowie die Gremien des Einheitlichen Aufsichtsmechanismus unabhängig und objektiv im Interesse der Union als Ganzes und dürfen weder Weisungen anfordern noch entgegennehmen.[1018] Art. 19 SSM-VO ist letztlich eine nahezu identische Wiedergabe von Art. 130 S. 1 AEUV – nur mit anderem Bezug. Daher erübrigt sich die Diskussion, ob Art. 19 SSM-VO in Bezug auf die Unabhängigkeit der Europäischen Zentralbank in Aufsichtsangelegenheiten rein deklaratorischer Natur ist. Nach der obigen Argumentation ist dies abzulehnen, weil die Europäische Zentralbank sich bei der Wahrnehmung von Aufsichtsaufgaben nicht auf Art. 130 S. 1 AEUV berufen kann. Es handelt sich bei Art. 19 SSM-VO vielmehr um eine, die Unabhängigkeit der Europäischen Zentralbank in Aufsichtsangelegenheiten konstituierende Vorschrift.[1019]

1016 Siehe dazu *Häde*, in: Calliess/Ruffert, EUV/AEUV, Art. 127 AEUV Rn. 61, der die Wahrnehmung von Aufsichtsaufgaben in Unabhängigkeit bejaht, sofern eine Schnittmenge mit den Währungsaufgaben der Europäischen Zentralbank vorliegt.

1017 *Ruthig*, ZHR 2014, 443 (462).

1018 Art. 19 Abs. 1 und 2 SSM-VO.

1019 *Herdegen*, WM 2012, 1889 (1894); *Eriksson*, Einheitlicher Europäischer Bankenaufsichtsmechanismus, S. 38 f.

c) Zwischenergebnis

Die Übertragung von Aufsichtsbefugnissen auf die Europäische Zentralbank dient nicht der Sicherung der Geldpolitik, wie es in Art. 127 Abs. 1 AEUV verlangt wird. Der Einheitliche Aufsichtsmechanismus wurde mit dem Ziel errichtet, die Stabilität des Finanzmarktes und die Liquidität der Kreditinstitute insgesamt wiederherzustellen und die kohärente Anwendung unionsrechtlicher Aufsichtsstandards im Besonderen zu gewährleisten.[1020] Zwar weisen die Aufgabenbereiche Geldpolitik und Aufsicht Schnittmengen auf, allerdings ist die Preisstabilität in diesem Zusammenhang „allenfalls reflexhaft"[1021] erfasst. Das Ziel des Einheitlichen Aufsichtsmechanismus lässt sich weder dem Preisstabilitätsziel in Art. 127 Abs. 1 AEUV zuordnen noch steht es in einem direkten Zusammenhang damit, sodass der sachliche Anwendungsbereich für eine Weisungsfreiheit der Europäischen Zentralbank hinsichtlich der Wahrnehmung von Aufsichtsaufgaben nicht eröffnet ist.[1022]

Die funktionell begrenzte Reichweite der Weisungsfreiheit der Europäischen Zentralbank wird durch die SSM-VO und die damit zusammenhängende Ausübung von Aufsichtsaufgaben in Unabhängigkeit überdehnt.[1023] Die Ausweitung der primärrechtlich garantierten Unabhängigkeit auf Aufsichtsbefugnisse, die in qualitativer Hinsicht über die bisherigen allgemeinen Aufsichtskompetenzen (Art. 127 Abs. 4 und 5 AEUV) der Europäischen Zentralbank hinausgehen, kann daher nur im Wege einer Vertragsänderung erfolgen.[1024] Ginge der europäische Gesetzgeber davon aus, dass Art. 130 S. 1 AEUV auch Art. 127 Abs. 6 AEUV umfasst, so wäre die zusätzliche Zusicherung der Unabhängigkeit durch die SSM-VO überflüssig und die in Art. 19 SSM-VO normierte Weisungsfreiheit nur rein deklaratorisch.

1020 *Röhl*, in: Fehling/Ruffert, Regulierungsrecht, § 18 Rn. 91; *Heun*, JZ 2012, 235 (236).

1021 Vgl. *Kämmerer/Starski*, ZG 2013, 318 (328).

1022 *Seidel*, EuR 2000, 861 (877).

1023 Vgl. *Rodi*, in: Vedder/Heintschel von Heinegg, Europäisches Unionsrecht², Art. 127 AEUV Rn. 13.

1024 *Reumann*, Die Europäische Zentralbank, S. 47; a.A. *Herdegen*, WM 2012, 1889 (1894).

2. Vereinbarkeit mit dem Demokratieprinzip

a) Unionsrechtliches Demokratieprinzip

Die Arbeitsweise der Europäischen Union beruht gemäß Art. 10 EUV auf dem Grundsatz der repräsentativen Demokratie, welches seine elementare Entfaltung im Prinzip der parlamentarischen Verantwortung hoheitlichen Handelns findet.[1025] Die demokratische Legitimation wird auf Unionsebene über zwei Legitimationsstränge vermittelt.[1026] Es handelt sich dabei um ein traditionell *input*-orientiertes Legitimationsmodell.[1027] Zum einen sind die Unionsbürger unmittelbar im Europäischen Parlament vertreten und zum anderen sind die Mitgliedstaaten im Europäischen Rat von ihrem jeweiligen Staats- oder Regierungschef und im Rat der Europäischen Union durch ihre Regierung vertreten, die ihrerseits in demokratischer Weise gegenüber ihrem nationalen Parlament oder gegenüber ihren Bürgerinnen und Bürgern Rechenschaft ablegen müssen.[1028]

Der EuGH hat in Bezug auf das unionale Demokratieprinzip klargestellt, dass das wesentlich strengere deutsche Legitimationskettenmodell auf Unionsebene keine uneingeschränkte Geltung beanspruche, da sich Legitimationsketten auf Unionsebene wesentlich von denen der nationalen Mitliedstaaten unterscheiden.[1029] So sei die Existenz von unabhängigen Stellen außerhalb des hierarchischen Verwaltungsaufbaus dem unionsrechtlichen Demokratieprinzip nicht zwangsläufig fremd, vorausgesetzt diese seien an das Gesetz gebunden und unterlägen einer gerichtlichen Kontrolle.[1030] Aus der unabhängigen Stellung von Verwaltungseinheiten dürfe nicht ohne weiteres der Schluss gezogen werden, diese seien in keiner Weise demokratisch legitimiert.[1031] Zwar kommt auch für den EuGH ein Verzicht auf jegliche parlamentarische Kontrolle unabhängiger Stellen

---

1025 *Schütz*, EuR 2001, 291 (296); *Gaitanides*, Das Recht der Europäischen Zentralbank, S. 211.

1026 *Kohtamäki*, Die Reform der Bankenaufsicht in der Europäischen Union, S. 211 mit Verweis auf *Ruffert*, in: Festschrift für Scheuing, S. 399 (404).

1027 *Müller-Franken*, AöR 2009, 542 (552).

1028 Art. 10 Abs. 2 und UAbs. 2 AEUV; siehe auch *Nettesheim*, in: Grabitz/Hilf/ders., Das Recht der Europäischen Union, 41. EL 2010, Art. 10 Rn. 12 ff.

1029 EuGH, Urt. v. 09.03.2010, Rs. C-518/07, Slg. 2010, I-1885; *Bull*, EuZW 2010, 488 ff.; *Groß*, JZ 2012, 1087 (1093); *Gärditz*, AöR 2010, 251 (276); *Peuker*, JZ 2014, 764 (770).

1030 EuGH, Urt. v. 09.03.2010, Rs. C-518/07, Slg. 2010, I-1885, Rn. 42; *Groß*, JZ 2012, 1087, 1093.

1031 EuGH, Urt. v. 09.03.2010, Rs. C-518/07, Slg. 2010, I-1885, Rn. 46.

nicht in Betracht, verweist aber gleichzeitig darauf, dass ein Defizit an demokratischer Legitimation durch zusätzliche legitimationsstiftende Komponenten und Instrumente beseitigt werden könne.[1032] Hinsichtlich der Errichtung von unabhängigen Verwaltungseinheiten verlangt der EuGH einen institutionellen Vorbehalt, der sämtliche Aufgaben und Befugnisse sowie die Struktur der zu errichtenden unabhängigen Behörde festlegt. Unerlässlich sei auch die Kontrolle durch gerichtliche Instanzen.[1033] Darüber hinaus bestehe die Möglichkeit, Personalauswahlentscheidungen durch das Parlament oder die Europäische Kommission zu treffen sowie der Behörde Rechenschafts- und Informationspflichten gegenüber dem Parlament aufzuerlegen.[1034] Auf diese Weise behalte das Europäische Parlament die Kontrolle über unabhängige Verwaltungseinheiten, indem es die einst eingeräumte Unabhängigkeit durch eine Änderung der zugrunde liegenden Errichtungsverordnung wieder ausräumen kann.[1035] Dies gilt allerdings nur für eine sekundärrechtlich vermittelte Unabhängigkeit.[1036]

b) Legitimationsniveau im Bereich der Bankenaufsicht

aa) Personelle Legitimation

Im Hinblick auf die personelle Legitimation muss zwischen dem EZB-Rat (Art. 283 AEUV) als zentrales Entscheidungsorgan der Europäischen Zentralbank und dem Aufsichtsgremium (Art. 26 Abs. 8 SSM-VO) differenziert werden. Der EZB-Rat besteht aus den Mitgliedern des Direktoriums der Europäischen Zentralbank und den Präsidenten der nationalen Zentralbanken der Mitgliedstaaten, deren Währung der Euro ist. Letztere werden von den Parlamenten der nationalen Mitgliedstaaten ernannt. Der Präsident, der Vizepräsident und die weiteren Mitglieder des Direktoriums werden vom Europäischen Rat auf Empfehlung des Rates, der hierzu das Europäische Parlament und den Rat der Europäischen Zentralbank anhört, aus dem Kreis der in Währungs- oder Bankfragen anerkannten und

---

1032 EuGH, Urt. v. 09.03.2010, Rs. C-518/07, Slg. 2010, I-1885, Rn. 43; *Groß*, JZ 2012, 1087 (1091 f.); *Peuker*, JZ 2014, 764 (770).

1033 EuGH, Urt. v. 09.03.2010, Rs. C-518/07, Slg. 2010, I-1885, Rn. 42.

1034 EuGH, Urt. v. 09.03.2010, Rs. C-518/07, Slg. 2010, I-1885, Rn. 44 und 45; *Peuker*, JZ 2014, 764 (770); *Groß*, JZ 2012, 1087 (1091).

1035 *Rötting/Lang*, EuZW 2012, 8 (13); *Groß*, JZ 2012, 1087 (1092).

1036 Dies betrifft insbesondere die 2011 errichteten Europäischen Aufsichtsbehörden ESMA, EBA und EIOPA.

erfahrenen Persönlichkeiten mit qualifizierter Mehrheit ausgewählt und ernannt (Art. 283 Abs. 2 UAbs. 2 AEUV).

Das Legitimationsniveau des Aufsichtsgremiums ist hingegen deutlich schwächer ausgeprägt.[1037] Der Vorsitzende des Aufsichtsgremiums wird von der Europäischen Zentralbank auf der Grundlage eines transparenten Auswahlverfahrens „aus dem Kreis der in Banken- und Finanzfragen anerkannten und erfahrenen Persönlichkeiten [...] ausgewählt“[1038]. Das Europäische Parlament hat in Bezug auf die Auswahl des Leitungspersonals des Aufsichtsgremiums nur ein eingeschränktes Mitspracherecht. Der Vorschlag für die Ernennung des Vorsitzenden des Aufsichtsgremiums wird dem Europäischen Parlament nach Anhörung des Aufsichtsgremiums lediglich zur Billigung vorgelegt. Ein selbstständiges Vorschlagsrecht steht dem Parlament hingegen nicht zu. Auch die Mitgliedstaaten haben keine Möglichkeit, die personelle Zusammensetzung des Aufsichtsgremiums zu beeinflussen. In diesem Zusammenhang bestehen insoweit Bedenken, als die Rolle des EZB-Rates als legitimiertes Organ beim Erlass von Aufsichtsentscheidungen eine eher untergeordnete Rolle spielt und sich allein auf die Billigung von Aufsichtsentscheidungen beschränkt, welche das Aufsichtsgremium zuvor erarbeitet hat. Der EZB-Rat ist hingegen nicht befugt, eigene Aufsichtsentscheidungen zu treffen.

bb) Sachlich-inhaltliche Legitimation

Die sachlich-inhaltliche Legitimation erfordert auch auf Unionsebene eine Verantwortlichkeit und Weisungsgebundenheit gegenüber dem demokratisch legitimierten Parlament.[1039] Die Europäische Zentralbank und die am Einheitlichen Aufsichtsmechanismus teilnehmenden Mitgliedstaaten sowie die Gremien des Einheitlichen Aufsichtsmechanismus handeln unabhängig und objektiv im Interesse der Union als Ganzes und dürfen weder Weisungen anfordern noch entgegennehmen. Eine laufende Überwachung durch andere Unionsorgane findet dabei nicht statt. Die Europäische Zentralbank unterliegt allein nachgelagerten Rechenschafts- und Berichtspflichten. Es gilt daher die Frage zu klären, inwieweit diese Rechenschafts- und Informationspflichten geeignet sind, das Defizit an sachlich-

1037 *Wolfers/Woland*, BKR 2014, 177 (183).
1038 Art. 26 Abs. 3 S. 3 SSM-VO.
1039 *Gärditz*, AöR 2010, 251 (277).

inhaltlicher Legitimation bei der Wahrnehmung von Aufsichtsaufgaben zu kompensieren.

(1) Rechenschafts- und Berichtspflichten

Die Vorschriften über die Rechenschafts- und Berichtspflichten der Europäischen Zentralbank gehörten zu den kontrovers diskutiertesten Streitpunkten im Gesetzgebungsverfahren zum Einheitlichen Aufsichtsmechanismus. Anders als der Kommissionsentwurf aus dem Jahr 2012, der nur wenige Überprüfungs- oder Kontrollrechte gegenüber der Europäischen Zentralbank vorsah, sieht die in Kraft getretene SSM-VO nunmehr zahlreiche Rechenschafts- und Informationspflichten der Europäischen Zentralbank auch gegenüber den nationalen Parlamenten vor. Es war ein besonderes Anliegen des Europäischen Parlaments, die Europäische Zentralbank trotz ihrer umfassenden Unabhängigkeit, zu regelmäßigen Rechenschafts- und Berichtspflichten gegenüber anderen Stellen und Organen zu verpflichten.[1040]

(2) Ausgestaltung in der SSM-VO

Die SSM-VO sieht zum Zwecke der parlamentarischen Kontrolle über die aufsichtliche Tätigkeit der Europäischen Zentralbank nur nachgelagerte Rechenschafts- und Informationspflichten vor, die über die aus dem Bereich der Währungspolitik bekannten Standards hinausgehen.[1041] Die Europäische Zentralbank ist zunächst verpflichtet, jährlich dem Europäischen Parlament, dem Rat, der Europäischen Kommission und der Euro-Gruppe nachträglich einen Bericht über die von ihr wahrgenommenen Aufsichtsaufgaben vorzulegen.[1042] Darüber hinaus kann sie auf Verlangen der Euro-Gruppe und in Anwesenheit von teilnehmenden Mitgliedstaaten, deren Währung nicht der Euro ist, angehört werden.[1043]

1040 Siehe Änderungsantrag Nr. 16 *Thyssen-Bericht*, Ausschuss für Wirtschaft und Währung.

1041 *Ceyssens*, NJW 2013, 3704 (3708); siehe auch *Ter Kuile/Wissink/Bovenschen*, CMLRev. 52 (2015), 155 (168 ff.).

1042 Art. 20 Abs. 2 SSM-VO; vgl. *Ferran/Babis*, Cambridge Legal Studies Research Paper 10/2013, S. 17.

1043 Art. 20 Abs. 4 SSM-VO.

Das Europäische Parlament besitzt zudem das Recht, den Vorsitzenden des Aufsichtsgremiums zu Anhörungen einzuladen, die von den jeweils zuständigen Ausschüssen des Europäischen Parlaments durchgeführt werden.[1044] Die Europäische Zentralbank ist verpflichtet, etwaige mündlich oder schriftlich gestellte Fragen des Parlaments oder der Eurogruppe in Bezug auf ihre bankaufsichtlichen Tätigkeiten zu beantworten.[1045] Soweit erforderlich, können vertrauliche Gespräche zwischen dem Vorsitzenden des Aufsichtsgremiums und dem stellvertretenden Vorsitzenden des zuständigen Ausschusses des Europäischen Parlaments auf Verlangen des Europäischen Parlaments unter Ausschluss der Öffentlichkeit geführt werden.[1046]

Ein Novum stellen die Unterrichtungs- und Informationspflichten der Europäischen Zentralbank gemäß Art. 21 SSM-VO gegenüber den nationalen Parlamenten der Mitgliedstaaten dar.[1047] Der jährlich vorzulegende Jahresbericht muss nunmehr auch den Parlamenten der teilnehmenden Mitgliedstaaten übermittelt werden. Ihnen wird auf diese Weise die Möglichkeit eröffnet, begründete Stellungnahmen zu den Jahresberichten abzugeben. Ferner können sie die Europäische Zentralbank ersuchen, schriftlich auf ihre Bemerkungen oder Fragen in Bezug auf die bankaufsichtlichen Tätigkeiten zu antworten oder Mitglieder des Aufsichtsgremiums zu einem Gedankenaustausch über die Beaufsichtigung von Kreditinstituten in deren Mitgliedstaat einladen. Im Gegensatz zum Europäischen Parlament haben die Parlamente der Mitgliedstaaten allerdings keinen Anspruch dahingehend, dass die Europäische Zentralbank deren Ersuchen auch nachkommt.[1048] Da die Unionsorgane den mitgliedstaatlichen Parlamenten gegenüber nicht rechenschaftspflichtig sind, ist eine Kontrolle durch diese mangels rechtlicher Verpflichtung der Europäischen Zentralbank nahezu bedeutungslos.[1049] Die Rechenschaftspflichten der nationalen Aufsichtsbehörden gegenüber ihren nationalen Parlamenten in Bezug auf sämtliche Aufgaben, die der Europäischen Zentralbank nicht übertragen worden sind, bleiben hiervon unberührt.[1050]

1044 Art. 20 Abs. 5 SSM-VO; *Deutsche Bundesbank*, Monatsbericht Juli 2013, S. 27.
1045 Art. 20 Abs. 6 SSM-VO.
1046 Art. 20 Abs. 8 SSM-VO.
1047 Art. 21 SSM-VO.
1048 *Deutsche Bundesbank*, Monatsbericht Juli 2013, S. 27; *Eriksson*, Einheitlicher Europäischer Bankenaufsichtsmechanismus, S. 231.
1049 *Wolfers/Voland*, BKR 2014, 177 (184); *Peuker*, JZ 2014, 764 (768).
1050 Art. 21 Abs. 4 SSM-VO.

cc) Fazit

Die Europäische Zentralbank kann sich in Aufsichtsangelegenheiten gemäß Art. 19 Abs. 1 SSM-VO auf eine umfassende Unabhängigkeit berufen, die eine externe Einflussnahme nicht zulässt. Die Mitglieder des Aufsichtsgremiums und des Lenkungsausschusses sind nicht befugt, von den Organen oder Einrichtungen der Union, von den mitgliedstaatlichen Regierungen oder von sonstigen Stellen Weisungen entgegenzunehmen. Angesichts der umfassenden Unabhängigkeit der Europäischen Zentralbank bleibt somit nur wenig Spielraum für zusätzliche legitimationsstiftende Komponenten, um das Defizit an parlamentarischer Kontrolle zu kompensieren. Hinsichtlich des personellen Legitimationsniveaus ist zumindest eine abgeleitete demokratische Legitimation des Aufsichtsgremiums und seiner Aufsichtsaufgaben über die Legitimation des EZB-Rates vorhanden, gleichwohl es sich nur um eine mittelbare Legitimation handelt. Dies dürfte aber noch den Anforderungen des unionsrechtlichen Demokratieprinzips genügen.[1051]

Das sachlich-inhaltliche Legitimationsniveau ist hingegen weitaus schwächer ausgeprägt. Die dem Europäischen Parlament und dem Europäischen Rat eingeräumten Frage- und Anhörungsrechte sowie die jährlichen Berichtspflichten der Europäischen Zentralbank sind nicht ausreichend, um das Defizit an demokratischer Legitimation zu kompensieren. Es handelt sich dabei im Wesentlichen um nachgelagerte Pflichten; eine laufende Kontrolle oder Überwachung findet nicht statt. [1052] Die Europäische Zentralbank muss sich für ihre Aufsichtstätigkeiten lediglich erklären, ohne dabei für etwaige Fehlentscheidungen politisch zur Verantwortung gezogen werden zu können.[1053] Das Europäische Parlament, der Rat der Europäischen Union oder die Kommission sind nicht in der Lage, unmittelbar Einfluss auf die Aufsichtstätigkeit der Europäischen Zentralbank im Rahmen des Einheitlichen Aufsichtsmechanismus zu nehmen. Ihnen verbleibt nur die Möglichkeit aufgrund ihrer privilegierten Klagebefugnis nach Art. 263 Abs. 2 AEUV, die Maßnahmen der Europäischen Zentral-

1051 *Wolfers/Voland*, BKR 2014, 117 (184).

1052 *Wolfers/Voland*, BKR 2014, 177 (184).

1053 Siehe *Ter Kuile/Wissink/Bovenschen*, CMLRev. 52 (2015), 155 (174), die der SSM-VO wegen der zahlreichen Rechtschafts- und Berichtspflichten eine Balance zwischen politischer Verantwortung und Unabhängigkeit bescheinigen, gleichwohl die Europäische Zentralbank bei einer Verletzung der zuvor genannten Pflichten nicht sanktioniert werden kann.

bank gerichtlich überprüfen zu lassen.[1054] Die eingeräumten Rechenschaftspflichten erweisen sich somit nur als stumpfes Schwert der parlamentarischen Kontrolle. Andererseits würde eine übermäßige laufende parlamentarische Kontrolltätigkeit gleichzeitig eine Gefahr für die Unabhängigkeit der Europäischen Zentralbank im Hinblick auf ihre währungspolitischen Aufgaben bedeuten.

Schließlich vermag auch die fehlende Sanktionsmöglichkeit gegenüber der Europäischen Zentralbank für Verstöße gegen ihre Rechenschafts- und Berichtspflichten, das Defizit an demokratischer Legitimation nicht zu beseitigen, zumal eine Auferlegung derartiger Pflichten kaum mit dem Unabhängigkeitspostulat zu vereinbaren wäre und sich allenfalls auf die aufsichtlichen Aufgaben der Europäischen Zentralbank erstrecken dürfte. Letztlich ist auch der Hinweis auf die Möglichkeit des Europäischen Parlaments, sich im ordentlichen Gesetzgebungsverfahren in Bezug auf Gründungsverordnungen hinreichenden Einfluss auf die zu errichtenden unabhängigen Stellen verschaffen zu können, nicht weiterführend.[1055] Das Europäische Parlament war im besonderen Gesetzgebungsverfahren gemäß Art. 127 Abs. 6 AEUV nicht in der Lage, sich Einflussrechte zu verschaffen, da sich seine Rechte in diesem Fall nur auf eine Anhörung beschränken.[1056] Im Hinblick auf die Errichtung des Einheitlichen Aufsichtsmechanismus konnte das Parlament nur mittelbar durch die EBA-ÄnderungsVO politischen Druck ausüben und Zugeständnisse erzwingen.[1057]

Das Defizit an sachlich-inhaltlicher Legitimation der bankaufsichtlichen Tätigkeit der Europäischen Zentralbank wird durch die zusätzlichen Rechenschaftspflichten gemäß Art. 20 SSM-VO nicht hinreichend kompensiert.[1058] Die Auferlegung weitergehender Kontrollmöglichkeiten der Europäischen Zentralbank hinsichtlich ihrer Aufsichtsaufgaben durch die

---

1054 *Ohler*, Bankenaufsicht und Geldpolitik in der Währungsunion, § 5 Rn. 86.

1055 *Groß*, JZ 2012, 1087 (1093).

1056 Dies war vor dem Vertrag von Lissabon der Fall.

1057 Siehe *Groß*, JZ 2012, 1087 (1093), der keine Gefahr für die Demokratie sieht, solange das Parlament sich bei der Errichtung von unabhängigen Behörden im ordentlichen Gesetzgebungsverfahren Einflussrechte einräumen lässt.

1058 *Peuker*, JZ 2014, 764 (770); *Neyer/Vieten*, DICE Working Paper 45/2013, S. 17; siehe auch *Ruthig*, ZHR 2014, 443 (468), der eine auf Rechenschaftspflichten beschränkte parlamentarische Kontrolle für nicht ausreichend erachtet; a.A. *Moloney*, CMLRev. 51 (2014), 1609 (1637), der davon ausgeht, dass die zahlreichen Berichtspflichten Tranzparenz schaffen und eine Überprüfung der aufsichtlichen Tätigkeit der Europäischen Zentralbank gewährleisten.

Kommission und das Europäische Parlament wäre daher nur im Wege einer Vertragsänderung nach Art. 48 EUV möglich.

3. Ausnahmen vom Demokratieprinzip

Die Wahrnehmung von Aufsichtsaufgaben durch die Europäische Zentralbank ist – wie aufgezeigt – nicht hinreichend legitimiert, gleichwohl jede Ausübung von Staatsgewalt grundsätzlich einer parlamentarischen Kontrolle unterliegen muss. Die unabhängige Ausübung von hoheitlichen Aufgaben, wie die Bankenaufsicht, ist zwar nicht per se unzulässig. Erforderlich sind jedoch besondere Rechtfertigungsgründe, die das mit einer unabhängigen Bankenaufsicht einhergehende Defizit an demokratischer Legitimation kompensieren.[1059]

a) Unabhängige Bankenaufsicht als Instrument zur Sicherung der geldpolitischen Unabhängigkeit?

Obgleich die Ausübung von Aufsichtsbefugnissen durch die Europäische Zentralbank nicht in den Anwendungsbereich von Art. 130 S. 1 AEUV fällt, bedarf es unter Umständen dennoch einer unabhängigen Wahrnehmung von Aufsichtsaufgaben, um gleichzeitig die Weisungsfreiheit in geldpolitischen Angelegenheiten zu wahren. Hierfür müsste der Unionsgesetzgeber darlegen, dass die Ausübung von Aufsichtsaufgaben in Abhängigkeit die sonstigen durch das Unionsrecht übertragenen Aufgaben der Europäischen Zentralbank gefährdet, wozu vordergründig das Preisstabilitätsziel gehört.[1060] Die Untersuchung der internen Struktur hat aber ergeben, dass die zusätzliche Wahrnehmung von Aufsichtsaufgaben durch die Europäische Zentralbank aufgrund der Wechselwirkungen zwischen Geldpolitik und Aufsicht sowie der unterschiedlichen Zielrichtung dieser Aufgabenbereiche zu Konflikten und damit auch zu einem internen Unabhängigkeitsverlust führen kann.[1061] Es ist nicht ausgeschlossen, dass die geldpoliti-

---

1059 *Dutzler*, Der Staat 2002, 495 (513 ff.); *Gaitanides*, Das Recht der Europäischen Zentralbank, S. 211 ff.; *Kämmerer/Starski*, ZG 2013, 318 (327); *Wolfers/Voland*, BKR 2014, (177) 184.

1060 EuGH, Urt. v. 10.06.2003, Rs. C-11/00 Slg. 2003, I-7147, Rn. 138; vgl. *Häde*, in: Calliess/Ruffert, EUV/AEUV, Art. 130 AEUV Rn. 8.

1061 Siehe *Moloney*, CMLRev. 51 (2014), 1609 (1637), der hierin die größte Herausforderung für den EZB-Rat sieht, wenn dieser ggf. Beschlussentwürfe des Aufschen Entscheidungen durch Kenntnisse aus dem Aufsichtsbereich, wenn auch nur minimal, beeinflusst werden können.[1062] Das Preisstabilitätsziel könnte durch eine externe und prinzipiell legitime Beeinflussung politischer Kräfte beeinträchtigt werden, sofern die Europäische Zentralbank auch einer parlamentarischen Kontrolle im Hinblick auf ihre Aufsichtsaufgaben unterworfen werden sollte.[1063] Die Bedeutung währungspolitischer Entscheidungen für die Finanzmarktstabilität ist nicht von der Hand zu weisen.[1064] Eine Beeinflussung muss dabei nicht im Sinne einer völligen Kontrolle der Geldpolitik durch die Aufsicht vorliegen. Vielmehr ist es ausreichend, wenn bereits eine „weichere Geldpolitik"[1065] aufgrund paralleler Aufsichtszuständigkeit betrieben wird. Die vorgesehenen Mechanismen, wie die Errichtung des Aufsichtsgremiums oder die völlige Trennung des Personals nach Tätigkeitsbereichen, vermögen die potenziellen Zielkonflikte jedenfalls nicht vollständig zu beseitigen.[1066]

b) Erforderlichkeit einer unabhängigen Bankenaufsicht zur Wahrung der Finanzmarktstabilität

Die Wahrnehmung von Aufsichtsbefugnissen ist als hoheitliche Gewalt mit Eingriffen in Grundrechte Dritter verbunden und muss in einem demokratischen System entweder einer parlamentarischen Kontrolle unterliegen oder einem vom Parlament ausgewählten Exekutivorgan gegenüber verantwortlich sein.[1067] Eingangs wurde festgestellt, dass die Europäische Zentralbank sich nur in Bezug auf das Preisstabilitätsziel auf ihre in Art. 130 S. 1 AEUV normierte Weisungsfreiheit berufen kann und diese

---

sichtsgremiums trotz potentieller Zielkonflikte mit der Geldpolitik billigen muss.

1062 *Richter*, Eine zentrale europäische Bankenaufsichtsbehörde?, S. 98 f.; *Kohtamäki*, Die Reform der Bankenaufsicht in der Europäischen Union, S. 110; *Seidel*, EuR 2000, 861 (877); ebenfalls kritisch *Véron*, Bruegel Policy Contribution 16/2012, S. 14.

1063 *Becker*, DÖV 2010, 909 (916); a.A. *Kämmerer/Starski*, ZG 2013, 318 (329 f.) mit Verweis auf Art. 298 AEUV.

1064 Siehe dazu *Becker*, DÖV 2010, 909 (912).

1065 *Kämmerer/Starski*, ZG 2013, 318 (329).

1066 Siehe dazu *Becker*, DÖV 2010, 909 (912); *Brandi/Gieseler*, BB 2012, 2646 (2649).

1067 *Wolfers/Voland*, BKR 2014, 177 (281); *Ferran/Babis*, Cambridge Legal Studies Research Paper 10/2013, S. 17.

auch nicht auf ihre bankaufsichtlichen Aufgaben im Rahmen des Einheitlichen Aufsichtsmechanismus übertagbar ist.[1068]

In diesem Zusammenhang stellt sich die weitergehende Frage, ob – wie im Fall der Geldpolitik auch – sachliche Argumente für eine unabhängige Bankenaufsicht, die dem Ziel der Finanzmarkstabilität verpflichtet ist, vorhanden sind, um die Wahrnehmung von Aufsichtsaufgaben in Unabhängigkeit und das damit einhergehende Defizit an demokratischer Legitimation rechtfertigen zu können. Die Antwort hierauf muss sich zwangsläufig aus der inhaltlichen Besonderheit des Aufsichtswesens ergeben.[1069] Die Unabhängigkeit der Europäischen Zentralbank beruht auf der überwiegend anerkannten Erwägung, dass eine unabhängige Notenbank eher geeignet ist, die Preisstabilität zu sichern als eine der parlamentarischen Kontrolle unterliegenden Notenbank.[1070] Der Anreiz von einer nichtinflationären Geldpolitik zugunsten wachstums- und finanzpolitischer Ziele abzuweichen ist bei einer weisungsunabhängigen Noten- und Währungsbank weitaus größer, was letztlich auch zu einem immensen Vertrauensverlust in die Währung führen kann.[1071]

Solch ein Befund ist für eine unabhängige Bankenaufsicht aber weder erkennbar noch aufgrund der unterschiedlichen Zielrichtungen auf diese übertragbar.[1072] Anders als bei einer Zentralbank, besteht eben gerade kein Spannungsverhältnis zwischen einer weisungsgebundenen Aufsichtsbehörde, die der Finanzmarktstabilität verpflichtet ist, und kurzfristigen politischen Renditen.[1073] Die Ausstattung mit Unabhängigkeit ist daher keine zwingend notwendige Voraussetzung für ein funktionierendes Aufsichtssystem.[1074] Die weitreichenden gesamtwirtschaftlichen und sozialen Auswirkungen von etwaigen Fehlentscheidungen der Aufsichtsbehörden erfordern gerade den Einfluss bzw. die Einbeziehung politischer Erwägun-

1068 Vgl. *Dutzler*, Der Staat 2002, 495 (514); *Wolfers/Voland*, BKR 2014 177 (184).

1069 *Wolfers/Voland*, BKR 2014, 177 (184).

1070 Vgl. *Richter*, Eine zentrale europäische Bankenaufsichtsbehörde?, S. 114.

1071 *Schütz*, EuR 2001, 291 (296).

1072 *Herdegen*, WM 2012, 1889 (1894); *Waldhoff/Dieterich*, EWS 2013, 72 (78); *Peuker*, JZ 2014, 764 (770); vgl. BVerfGE 89, 155 (209); *Dinov*, EuR 2013, 593 (606); *Hadjiemmanuil*, Tulane Journal of Int. & Comp. Law 1997, 106 (151 f.).

1073 *Herdegen*, WM 2012, 1889 (1894); *Gnan/Wittelsberger*, in: von der Groeben/Schwarze, EUV/EGV[6], Art. 108 EGV Rn. 40; *Peuker*, JZ 2014, 764 (770); *Dinov*, EuR 2013, 593 (606); siehe auch zuletzt BVerfG, EuZW 2014, 192 (195).

1074 A.A. *Basler Ausschuss für Bankenaufsicht*, Grundsätze für eine wirksame Bankenaufsicht, September 2012, S. 10.

gen.[1075] Bei den übertragenen Aufgaben und Befugnissen auf die Europäische Zentralbank handelt es sich um gefahrenabwehrrechtliche Instrumente, die zu Grundrechtseingriffen bei Privaten führen können und demzufolge einer politischen Kontrolle unterliegen müssen.[1076] Dies ist gleichzeitig der charakteristische Unterschied zu den geldpolitischen Instrumentarien der Europäischen Zentralbank, die mit Ausnahme der Mindestreservepolitik nicht polizeirechtlicher Natur sind.[1077] Bereits vor diesem Hintergrund kann für den Bereich der Aufsicht nicht dasselbe Maß an Unabhängigkeit gefordert werden, welchen die Europäische Zentralbank im Rahmen ihrer geldpolitischen Aufgaben genießt.[1078]

c) Output-Legitimation als Substitut?

Den klassischen *input*-orientierten Legitimationsmodellen steht das Modell einer sog. *output*-Legitimation gegenüber. Diesem Konzept liegt die Annahme zugrunde, dass eine Behörde bessere Entscheidungen treffen könne (*output*), wenn sie frei von politischen Einflüssen agiere und umfassende Weisungsfreiheit genieße.[1079] Hierbei wird für das Vorliegen eines hinreichend demokratischen Legitimationsniveaus allein auf eine *ex post* Sicht abgestellt:

> „*Die Legitimation politischer Herrschaft ergebe sich hiernach aus ihren Leistungen, d.h. aus dem, was sie für die Menschen erbringe, ihrem Output. Es komme an auf die Ergebnisse der Entscheidungsverfahren und deren anschließende Akzeptanz durch die Bürger. Trügen diese Ergebnisse zum Wohlergehen der Menschen bei, und fänden sie ex post die Zustimmung der Menschen, seien sie legitim.*“[1080]

1075 *Ferran/Babis*, Cambridge Legal Studies Research Paper 10/2013, S. 17; *Ohler*, in: Ruffert, Europäisches Sektorales Wirtschaftsrecht, Bd. 5, § 10 Rn. 118; so auch *Hadjiemmanuil*, Tulane Journal of Int. & Comp. Law 1997, 106 (152); kritisch in Bezug auf unabhängige Regulierungsbehörden, *Gärditz*, AöR 2010, 251 (279).

1076 *Wolfers/Voland*, BKR 2014,177 (182).

1077 *Ohler*, Bankenaufsicht und Geldpolitik in der Währungsunion, § 5 Rn. 84; siehe auch *Kern*, E.L.R. 40 (2015), 154 (170).

1078 Vgl. Art. 284 Abs. 3 AEUV und Art. 15 ESZB-Satzung; *Zilioli*, in: von der Groeben/Schwarze/Hatje, AEUV/EUV[7], Art. 130 AEUV Rn. 19 f.; *Ferran/Babis*, Cambridge Legal Studies Research Paper 10/2013, S. 16.

1079 *Gärditz*, AöR 2010, 251 (278).

1080 *Müller-Franken*, AöR 2009, 542 (553) m.w.N.

Das *output*-orientierte Modell würde aber voraussetzen, dass unabhängig getroffene Verwaltungsentscheidungen auch tatsächlich zu besseren Ergebnissen führen und einen Beitrag zum Wohlergehen der Bevölkerung leisten, um bereits von vorneherein auf jegliche parlamentarische Kontrolle verzichten zu können.[1081] Für eine nicht demokratisch legitimierte Bankenaufsicht sind solche Erkenntnisse nicht erkennbar und nur schwer zu begründen. Erwägungen wie Effektivität und besonderer Sachverstand rechtfertigen nicht den Verzicht auf jegliche Kontrolle durch den Gesetzgeber, da jede Verwaltung diesen Anforderungen genügen muss.[1082] Die Annahme, dass unabhängige Stellen fachliche bessere Entscheidungen treffen, vermag alleine keine Legitimation zu begründen und rechtfertigt nicht den Verzicht auf demokratische Legitimationsstrukturen.[1083]

d) Fazit

Für die Wahrnehmung von Aufsichtsaufgaben durch die Europäische Zentralbank sind keine sachlich besonderen Gründe ersichtlich, die das Defizit an demokratischer Legitimation rechtfertigen. [1084] Es lassen sich weder Argumente aus einer etwaigen Besonderheit bankaufsichtlicher Aufgaben entnehmen noch gebietet die bereits bestehende Weisungsfreiheit der Europäischen Zentralbank die Existenz einer unabhängigen Bankenaufsicht.

Im Hinblick auf den Einheitlichen Aufsichtsmechanismus ist nicht nachvollziehbar, weshalb die Wahrnehmung von Aufsichtsaufgaben in Unabhängigkeit erfolgen muss, nur weil diese mehr oder weniger mangels Alternativen auf die Europäische Zentralbank übertragen worden sind.[1085] Die Tatsache, dass die Europäische Zentralbank sich auch in ihrer Rolle als Aufseherin nunmehr auf vollständige Weisungsfreiheit berufen kann, beruht weniger auf das Vorliegen eines sachlich einleuchtenden Grundes, der wie aufgezeigt nicht gegeben ist, sondern vielmehr auf die im Zeitpunkt

---

1081 *Gärditz*, AöR 2010, 251 (278).

1082 *Wolfers/Voland*, BKR 2014, 177 (184).

1083 *Gärditz*, AöR 2010, 251 (279).

1084 *Peuker*, JZ 2014, 764 (770); *Neyer/Vieten*, DICE Working Paper 45/2013, S. 17; siehe auch *Ruthig*, ZHR 2014, 443 (468), der eine auf Rechenschaftspflichten beschränkte parlamentarische Kontrolle für nicht ausreichend erachtet.

1085 Vgl. *Ferran/Babis*, Cambridge Legal Studies Research Paper 10/2013, S. 2, die die Wahl der Europäischen Zentralbank als zentrale Aufsichtsbehörde mit Realpolitik und Pragmatismus begründen.

der SSM-Errichtungsverordnung vorherrschenden realpolitischen Umstände sowie auf der Entwicklung der letzten Jahre, europäische Behörden mit weitreichender Weisungsfreiheit auszustatten.[1086] Die Europäische Zentralbank ist – anders als die ebenfalls unabhängig agierende EBA[1087] – mit umfassenden Befugnissen und einem weiten Ermessenspielraum ausgestattet. Sie ist in der Lage, Aufsichtsentscheidungen zu treffen, die mit weitrechenden Folgen für die von ihr beaufsichtigten Institute verbunden sein können. Eine unabhängige Bankenaufsicht unter dem Dach der Europäischen Zentralbank dürfte vor diesem Hintergrund mit dem unionalen Demokratieprinzip nur schwer zu vereinbaren sein. [1088] Die in diesem Zusammenhang bestehenden rechtlichen Bedenken könnten daher nur durch eine Herauslösung des Einheitlichen Aufsichtsmechanismus aus den Strukturen der Europäischen Zentralbank ausgeräumt werden.

XII. Verhältnis der Europäischen Zentralbank zur EBA

Seit der Übertragung von umfassenden Aufsichtsaufgaben auf die Europäische Zentralbank agiert auf Unionsebene neben der EBA nun eine weitere Aufsichtsbehörde. Gleichwohl für die EBA mit der Errichtung des Einheitlichen Aufsichtsmechanismus keine wesentlichen Änderungen einhergehen, waren Änderungen an der ihr zugrunde liegenden Errichtungsverordnung angesichts der neuen Aufsichtsarchitektur notwendig, um etwaige Konflikte mit den neuen Aufgaben der Europäischen Zentralbank zu vermeiden.[1089]

1. Keine Kompetenzbeschränkung für die EBA

Der Einheitliche Aufsichtsmechanismus wird die bereits 2011 errichtete EBA weder ersetzen noch werden ihre Kompetenzen auf die Europäische Zentralbank übertragen.[1090] Die EBA ist weiterhin für die „Koordination der Beaufsichtigung“ aller in den 28 Mitgliedstaaten der Europäischen

---

1086 Vgl. *Häde*, EuZW 2011, 662 (665); *Groß*, JZ 2012, 1087 (1090 f.); *Peuker*, JZ 2014, 764 (770).

1087 Erwägungsgrund Nr. 59 EBA-VO.

1088 Kritisch *Siekmann*, Die Verwaltung 2010, 95 (110); *Ruthig*, ZHR 2014, 443 (468).

1089 *Weismann*, JIBLR 2013, 325 (328); *Boegl*, Die Bank 09/2013, 19 (25).

1090 Vgl. *Ferran/Babis*, Cambridge Legal Studies Research Paper 10/2013, S. 23.

Union ansässigen Institute zuständig und wird die Schaffung eines *Single Rulebooks* weiter vorantreiben.[1091] Dabei kann sie von ihren Kompetenzen, die ihr bislang nur gegenüber den nationalen Aufsichtsbehörden zustanden, nunmehr auch gegenüber der Europäischen Zentralbank in ihrer Funktion als Aufsichtsbehörde Gebrauch machen, da diese gemäß Art. 2 Abs. 2 lit. f) EBA-ÄnderungsVO auch unter den Begriff der zuständigen Behörde oder Aufsichtsbehörde fällt.[1092] Dies hat zur Folge, dass die Europäische Zentralbank der EBA nachgeordnet und an ihre Entscheidungen gebunden ist, sofern diese die Europäische Zentralbank in ihrer Funktion als Aufsichtsbehörde betreffen. Die EBA kann gegenüber der Europäischen Zentralbank auch von ihren Einzelfallbefugnissen Gebrauch machen. Dem steht auch Art. 19 Abs. 1 SSM-VO nicht entgegen, weil die sekundärrechtlich verankerte Unabhängigkeit der Europäischen Zentralbank unionsrechtswidrig ist.

2. Änderung der Abstimmungsmodalitäten

Eine weitere Änderung betrifft die Beschlussfassung im Hauptentscheidungsorgan der EBA (Rat der Aufseher), die ein ausgewogenes Verhältnis zwischen den am Einheitlichen Aufsichtsmechanismus teilnehmenden sowie den nicht teilnehmenden Mitgliedstaaten gewährleisten soll.[1093] Die Europäische Zentralbank verfügt nunmehr auch im Rat der Aufseher über einen nicht stimmberechtigten Vertreter, der vom Aufsichtsgremium ernannt und entsandt wird.[1094] Sie bündelt aber als Aufsichtsbehörde der Eurozone wider Erwarten nicht alle Stimmen der am Einheitlichen Aufsichtsmechanismus teilnehmenden Mitgliedstaaten. Die dort zuständigen nationalen Aufsichtsbehörden sind weiterhin jeweils mit einem stimmberechtigten Mitglied im Beschlussorgan der EBA vertreten.[1095]

Der Rat der Aufseher trifft seine Beschlüsse grundsätzlich mit der einfachen Mehrheit seiner Mitglieder. Bei besonders wichtigen Aufsichtsentscheidungen, wie die Beschlussfassung hinsichtlich technischer Regulie-

---

1091 *Gurlit*, EuZW-Beilage 2014, 14 (16); *Lehmann/Manger*-Nestler, ZBB 2014, 2 (4).

1092 *Brandi/Gieseler*, BB 2012, 2646 (2649).

1093 *Europäischer Rat*, Schlussfolgerungen der Tagung v. 18./19.10.2012, EUCO 156/12, S. 8; *Boegl*, Die Bank 09/2013, 19 (25).

1094 Art. 40 Abs. 1 lit. d) EBA-VO i. d. F. durch Art. 1 Nr. 21 lit. a) EBA-Änderungs-VO.

1095 *Herdegen*, WM 2012, 1889 (1896); *Deutsche Bundesbank*, Monatsbericht Juli 2013, S. 27.

rungs- und Durchführungsstandards, gilt aber nicht das einfache Mehrheitserfordernis. Erforderlich ist vielmehr eine doppelte Mehrheit der im Rat der Aufseher abgegebenen Stimmen. Hiernach müssen sowohl die am Einheitlichen Aufsichtsmechanismus teilnehmenden Mitgliedstaaten als auch jene, die nicht daran teilnehmen, jeweils mit einfacher Mehrheit entscheiden.[1096] Dieser Entscheidungsmechanismus trägt der Befürchtung jener am Einheitlichen Aufsichtsmechanismus nicht teilnehmenden Mitgliedstaaten Rechnung, die teilnehmenden Mitgliedstaaten könnten stets im Block abstimmen und auf diese Weise Entscheidungen zu ihren Gunsten beeinflussen oder ungünstige Maßnahmen blockieren.[1097] Der Kommissionsvorschlag sah nämlich ursprünglich vor, dass die Europäische Zentralbank zum Zwecke der Kohärenz zwischen den ihr übertragenen Aufgaben und der Beschlussfassung im Rat der Aufseher, die Abstimmung der in den Rat der Aufseher entsandten Vertreter auf einen gemeinsamen Standpunkt bringen sollte.[1098] Dieser Passus wurde jedoch aufgrund der Befürchtungen der nicht am Einheitlichen Aufsichtsmechanismus teilnehmenden Mitgliedstaaten gestrichen.

3. Kompetenzüberschneidungen

Gleichwohl die Europäische Zentralbank und die EBA grundlegend verschiedene Aufsichtsaufgaben und -funktionen wahrnehmen, ist zukünftig nicht auszuschließen, dass sich ihre Kompetenzen als Standardsetzer überschneiden.[1099] Die EBA hat zunächst die Aufgabe, durch den Entwurf technischer Regulierungs- und Durchführungsstandards sowie durch die Abgabe von Leitlinien und Empfehlungen an nationale Aufsichtsbehörden und Finanzinstitute, die einheitliche und kohärente Anwendung des Unionsrechts zu gewährleisten. Die Europäische Zentralbank und die nationalen Aufsichtsbehörden nehmen hingegen keine Rechtssetzungsfunktion ein, vielmehr wenden sie das geltende europäische oder nationale materielle

---

1096 Art. 44 Abs. 1 EBA-VO i.d.F. durch Art. 1 Nr. 24 EBA-ÄnderungsVO.

1097 *Ferran/Babis*, Cambridge Legal Studies Research Paper 10/2013, S. 25; *Waldhoff/Dieterich*, EWS 2013, 72 (74); *Lehmann/Manger*-Nestler, ZBB 2014, 2 (11); *Gurlit*, EuZW-Beilage 2014, 14 (15).

1098 So Erwägungsgrund Nr. 25 SSM-VOE.

1099 Kritisch *U. Schneider*, EuZW 2013, 452 (456); *Tröger*, ZBB 2013, 373 (389); *Gurlit*, EuZW-Beilage 2014, 14 (17); siehe auch *Ruthig*, ZHR 2014, 443 (469); *Ohler*, Bankenaufsicht und Geldpolitik in der Währungsunion, § 5 Rn. 99.

Bankenaufsichtsrecht an.[1100] Die Europäische Zentralbank ist in ihrer Funktion als Aufsichtsbehörde, wie die nationalen Aufsichtsbehörden auch, zunächst gemäß Art. 4 Abs. 3 UAbs. 2 SSM-VO an die technischen Regulierungs- und Durchführungsstandards gebunden und verpflichtet, die von der EBA erlassenen Leitlinien und Empfehlungen grundsätzlich zu berücksichtigen. Weicht die Europäische Zentralbank von den Leitlinien der EBA ab, muss sie dies im Sinne des *act or explain*-Mechanismus gemäß Art. 16 Abs. 3 UAbs. 2 EBA-VO der EBA unter Angabe der dahinterstehenden Gründe mitteilen. Liegen die hierfür erforderlichen Voraussetzungen vor, so ist die Europäische Zentralbank in der Folge nicht an die von der EBA herausgegebenen Leitlinien gebunden.

Mit der Errichtung des Einheitlichen Aufsichtsmechanismus ist die Europäische Zentralbank parallel zur EBA nunmehr auch selbst in der Lage, gemäß Art. 6 Abs. 1 und 5 SSM-VO durch den Erlass von Verordnungen, Leitlinien oder allgemeinen Weisungen, eine kohärente Aufsichtspraxis, insbesondere auf dem Gebiet der indirekten Aufsicht über weniger bedeutende Kreditinstitute, sicherzustellen. Die Konkurrenz wird insbesondere in solchen Bereichen deutlich, die bislang nicht durch technische Regulierungs- und Durchführungsstandards abgedeckt sind.[1101] Die Leitlinienkompetenz der Europäischen Zentralbank darf aber nicht dazu führen, dass innerhalb der Eurozone ein von der EBA abweichender Rechtsrahmen geschaffen wird. Dies ist insoweit bedenklich, als die Europäische Zentralbank im Gegensatz zur EBA weitreichendere Befugnisse gegenüber den am Einheitlichen Aufsichtsmechanismus teilnehmenden nationalen Aufsichtsbehörden besitzt mit der Folge, dass sie ihre Auffassung hinsichtlich der Auslegung und Durchführung des materiellen Aufsichtsrechts effektiver durchsetzen kann als die EBA.[1102] Die nationalen Aufsichtsbehörden können – anders als im Verhältnis zur EBA – gerade nicht von den Leitlinien der Europäischen Zentralbank auf der Grundlage eines *act or explain*-Mechanismus abweichen.

1100 *Tröger*, ZBB 2013, 373 (389).

1101 *Tröger*, ZBB 2013, 373 (389 f.).

1102 *„From an institutional perspective, EBA is not as powerful – has never been, will never be – as the ECB"*, *Lastra*, Fordham Int. Law Journal 2013, 1190 (1212); siehe auch *Tröger*, ZBB 2013, 373 (389), der die Europäische Zentralbank „de facto als mächtigeren Standardsetzer" einstuft; hingegen abwartend *Ruthig*, ZHR 2014, 443 (470).

F. Alternative Aufsichtsmodelle zum Einheitlichen Aufsichtsmechanismus

Das Modell des Einheitlichen Aufsichtsmechanismus unter dem Dach der Europäischen Zentralbank ist trotz seiner dem Grunde nach zu begrüßenden Konzeption in vielerlei Hinsicht kritisch zu betrachten.[1103] Dabei stehen mehrere Modelle zur Verfügung, die insbesondere die aufgezeigten kompetenzrechtlichen Bedenken sowie die Zielkonflikte ausräumen könnten. Der Fokus der Untersuchung liegt dabei im Wesentlichen auf zwei Alternativen zu der aktuellen Struktur des Einheitlichen Aufsichtsmechanismus, wobei sich beide in konzeptioneller Hinsicht ähneln. Zunächst könnte erwogen werden, die bereits bestehende vertragsfremde EBA auszubauen und mit weiteren Aufsichtsbefugnissen auszustatten. Alternativ kommt die Errichtung einer neuen Institution im Wege der Vertragsänderung in Betracht.

Bei der vorliegenden Untersuchung bleibt eine etwaige Zusammenarbeit der „neuen" Aufsichtsbehörde mit der Europäischen Zentralbank unberücksichtigt, da ein derartiges Modell mit komplizierten Konstruktionen verbunden wäre. Solange die Europäische Zentralbank auf Unionsebene mit in die Aufsicht einbezogen und mit eigenen Entscheidungsbefugnissen ausgestattet ist, kann sich diese nur auf die in der Eurozone niedergelassenen Institute erstrecken. Die Beaufsichtigung von Instituten außerhalb der Eurozone wäre vor dem Hintergrund von Art. 139 Abs. 2 lit. e) AEUV daher wiederum nur auf der Grundlage eines *opt-in* wie im Fall des Einheitlichen Aufsichtsmechanismus möglich. Eine Einbeziehung der Europäischen Zentralbank ließe sich dann realisieren, wenn alle Mitgliedstaaten der Europäischen Union den Euro einführen. In diesem Fall könnte der Unionsgesetzgeber sich an der gegenwärtigen deutschen Aufsichtsarchitektur orientieren, wo neben der Zentralbank eine rechtlich verselbstständigte Institution in die Aufsicht eingebunden ist.

1103 Siehe *Hadjiemmanuil*, Tulane Journal of Int. & Comp. Law 1997, 106 (154), der ebenfalls eine zentrale Rolle der Europäischen Zentralbank in der Aufsicht auf Unionsebene sowie Übertragung von Entscheidungsbefugnissen ablehnt.

I. Ausbau der EBA

In Betracht käme zunächst ein Ausbau der bereits existenten EBA.[1104] Nach diesem Modell sollte die EBA zum Zwecke der Ausübung einer effektiven Aufsicht mit jenen Befugnissen und Instrumenten ausgestattet werden, die der Europäischen Zentralbank im Rahmen des Einheitlichen Aufsichtsmechanismus übertragen worden sind. Auf diese Weise wird eine einheitliche Anwendung des materiellen Unionsaufsichtsrechts gewährleistet. Dies war bislang insoweit nicht möglich, als die EBA in der Regel lediglich mittelbar über die nationalen Aufsichtsbehörden tätig wird und nur in Ausnahmefällen unmittelbar gegenüber den Marktteilnehmern Maßnahmen ergreifen kann.[1105] Die EBA hat ihre Tätigkeit Anfang des Jahres 2011 aufgenommen und verfügt daher über eine Vielzahl von Informationen in Bezug auf die Finanzmärkte der Union und leistet mit dem Entwurf von technischen Regulierungs- und Durchführungsstandards sowie der Entwicklung eines *Single Rulebooks* einen Beitrag zur Harmonisierung des materiellen Unionsaufsichtsrechts. Mit der EBA als zentrale Aufsichtsbehörde auf Unionsebene wäre die Aufgabe der Harmonisierung sowie Überwachung über die Einhaltung der Aufsichtsstandards in einer Institution vereint.

1. Meroni-Rechtsprechung

Die Errichtung von Institutionen auf der Grundlage von Art. 114 AEUV ist zwar nicht per se unzulässig, der Übertragung von Befugnissen auf diese im Hinblick auf Art und Umfang sind jedoch enge Grenzen gesetzt.[1106] Maßgeblich hierfür sind die vom EuGH im Meroni-Fall entwickelten

1104 *Kämmerer*, NVwZ 2013, 830 (836); vgl. auch *Ferran/Babis*, Cambridge Legal Studies Research Paper 10/2013, S. 2 erachten die EBA taugliche Alternative zur Europäischen Zentralbank und heben hervor, dass die Wahl der Europäischen Zentralbank als zentrale Aufsichtsbehörde dabei keinem bestimmten ordnungsrechtlichen Prinzip folge, vielmehr sei es nur das Ergebnis von Realpolitik und Pragmatismus; siehe auch *Lehmann/Manger-Nestler*, ZBB 2014, 2 (9).

1105 *Ceyssens*, NJW 2013, 3704 (3707).

1106 In Bezug auf die ESMA Generalanwalt *Jääskinen*, Schlussanträge v. 12.12.2013 – Rs C-270/12, Rn. 36; vgl. *Orator*, EuZW 2013, 852 (853), der diese Frage im Zusammenhang mit den Eingriffsbefugnissen der ESMA im Bereich von Leerverkäufen behandelt.

Grundsätze.[1107] Hiernach ist zum Schutze des institutionellen Gleichgewichts in der Europäischen Union nur die Übertragung von genau umgrenzten Befugnissen erlaubt.[1108] Nicht zulässig ist demgegenüber die Übertragung von solchen Ausführungsbefugnissen, die von der vertragsfremden Einrichtung nach freiem Ermessen auszuüben sind.[1109] Darüber hinaus verbietet die Meroni-Rechtsprechung die Übertragung weiterreichender Befugnisse „als sie der übertragenden Behörde nach dem Vertrag selbst zustehen“[1110]. Letzteres gilt allerdings nicht ohne Weiteres für eine Aufgabenübertragung auf die EBA, da vorliegend nicht bestehende Kompetenzen eines Unionsorgans qua Sekundärrecht auf eine vertragsfremde Einrichtung übertragen werden; vielmehr handelt es sich um gänzlich neu geschaffene Befugnisse.[1111]

2. Stellungnahme

Die der EBA bisher übertragenen Befugnisse sind mit Art. 114 AEUV vereinbar. Allerdings würde eine mit dem Einheitlichen Aufsichtsmechanismus vergleichbare Aufgabenübertragung die Harmonisierungskompetenz überdehnen und in Widerspruch zu der bisherigen Meroni-Rechtsprechung des EuGH stehen. Die Ausstattung der EBA mit zusätzlichen Eingriffsbefugnissen würde den Regel-Ausnahme-Fall in das Gegenteil verkehren. Die der Europäischen Zentralbank im Rahmen des Einheitlichen Aufsichtsmechanismus übertragenen Aufgaben und Befugnisse unterscheiden sich sowohl in qualitativer als auch quantitativer Hinsicht deutlich von den Befugnissen der EBA. Bei einer Aufgabenübertragung in diesem Umfang könnte daher nicht mehr von einer bloßen Angleichung mitgliedstaatlicher Rechts- und Verwaltungsvorschriften gesprochen werden.[1112]

1107 EuGH, Urt. v. 13.06.1958, Rs. 9/56, Slg. 1958, 11; Urt. v. 13.06.1958, Rs. 10/56, Slg. 1958, 51; siehe auch *Kühling*, EuZW 2008, 129; *Häde*, EuZW 2011, 662 (633); *Rötting/Lang*, EuZW 2012, 8 (12).

1108 EuGH, Urt. v. 13.06.1958, Rs. 9/56, Slg. 1958, 11 (44); Urt. v. 13.06.1958, Rs. 10/56, Slg. 1958, 51 (81).

1109 EuGH, Urt. v. 13.06.1958, Rs. 9/56, Slg. 1958, 11 (43 f.); Urt. v. 13.06.1958, Rs. 10/56, Slg. 1958, 51 (81).

1110 EuGH, Urt. v. 13.06.1958, Rs. 9/56, Slg. 1958, 11 (40); Urt. v. 13.06.1958, Rs. 10/56, Slg. 1958, 51 (79).

1111 *Häde*, EuZW 2011, 662 (663 f.).

1112 *Herdegen*, WM 2012, 1889 (1897); *Lehmann/Manger-Nestler*, ZBB 2014, 2 (7); siehe auch *Ferran/Babis*, Cambridge Legal Studies Research Paper 10/2013, S. 2

Die Übertragung von weitreichenden Entscheidungsbefugnissen auf die EBA stellt vor dem Hintergrund der hohen Anforderungen der Meroni-Rechtsprechung keine alternative Lösung zum Einheitlichen Aufsichtsmechanismus dar.[1113]

Ein Ausbau der EBA würde schließlich auch an den gegenwärtigen politischen Gegebenheiten scheitern. Da in den Gremien der EBA neben den am Einheitlichen Aufsichtsmechanismus teilnehmenden Mitgliedstaaten auch nicht teilnehmende Mitgliedstaaten vertreten sind, ist eine Verknüpfung der Aufsicht mit dem ESM zum Zwecke der direkten Rekapitalisierung von Kreditinstituten nicht möglich, da Mitgliedstaaten wie Schweden nicht am Einheitlichen Aufsichtsmechanismus teilnehmen.[1114] Angesichts dieser Umstände müsste die Ausstattung der EBA mit einer Loslösung vom ESM einhergehen. Der Ausbau der EBA bzw. die Übertragung von echten Aufsichtsbefugnissen auf diese kann daher nur durch eine Änderung des Primärvertrages erreicht werden, um nicht einerseits an den Hürden der Meroni-Rechtsprechung zu scheitern und andererseits eine Einbeziehung von Nicht-Eurostaaten zu ermöglichen.[1115]

II. Institutionalisierung des Einheitlichen Aufsichtsmechanismus

Das nächste Modell beinhaltet eine Loslösung des Einheitlichen Aufsichtsmechanismus aus der Europäischen Zentralbank und eine damit einhergehende Institutionalisierung dieser Aufsichtsstrukturen. Da der AEUV zum gegenwärtigen Zeitpunkt über keine taugliche Rechtsgrundlage zur Übertragung von umfassenden Aufsichtsaufgaben auf eine Einrichtung der Union verfügt, bedarf es für die Errichtung des noch zu zeigenden Aufsichtsmodells einer Änderung des Unionsvertrages nach Art. 48 EUV. Der oftmals vorgebrachte Einwand, die hierfür erforderliche Änderung des AEUV stelle eine mehr oder weniger unüberwindbare Hürde dar, ist eine rein politische Frage; rechtlich realisierbar ist solch ein Vorhaben hingegen schon.[1116]

Fn. 5; vgl. Generalanwalt *Jääskinen*, Schlussanträge v. 12.12.2013, Rs C-270/12, Rn. 52; *Orator*, EuZW 2013, 852 (853).

1113 Vgl. *Dammann*, Georgetown Journal of Int. Law 4/2014, 1057 (1075).

1114 *Ohler*, Bankenaufsicht und Geldpolitik in der Währungsunion, § 5 Rn. 12.

1115 *Ferran/Babis*, Cambridge Legal Studies Research Paper 10/2013, S. 2; *Kämmerer*, NVwZ 2013, 830 (836).

1116 Siehe *Lehmann/Manger-Nestler*, ZBB 2014, 2 (9).

1. Institutionelle und organisatorische Ausgestaltung

Der Unionsgesetzgeber hat mit dem Einheitlichen Aufsichtsmechanismus bereits die wesentlichen Weichen für die Errichtung einer unionsweiten Aufsicht über Kreditinstitute geschaffen. Sowohl die Funktion als auch das Konstrukt des Einheitlichen Aufsichtsmechanismus sind grundsätzlich zu begrüßen. Die festgestellten rechtlichen Bedenken könnten durch eine Institutionalisierung des Einheitlichen Aufsichtsmechanismus im Wege einer Vertragsänderung hingegen beseitigt werden. Die dann hieraus hervorgehende rechtlich verselbstständigte Einrichtung sollte sämtliche Aufsichtsaufgaben wahrnehmen, die der Europäischen Zentralbank im Rahmen der SSM-VO übertragen worden sind.

Die organisatorische Ausrichtung der neu zu errichtenden Unionsaufsichtsbehörde ist im Wesentlichen eine Anlehnung an das Modell des ESZB, das bei der Entwicklung eines unionsweiten Aufsichtssystems als Vorbild dient und als „Europäisches Aufsichtssystem“ bezeichnet werden könnte. Integrale Bestandteile dieses zweistufigen Aufsichtssystems sind ähnlich wie das ESZB zum einen eine letztverantwortliche Oberbehörde und zum anderen nationale Aufsichtsbehörden, die die Oberbehörde bei der Wahrnehmung der ihr übertragenen Aufgaben als Trabanten unterstützen.[1117] Auf diese Weise wird ein Rückgriff auf bestehende personelle und institutionelle Ressourcen sowie eine dezentrale Anwendung der zentral festgelegten Aufsichtsstandards ermöglicht.[1118]

Die Leitung der Unionsaufsichtsbehörde sollte einem beschlussfassenden und -ausführenden Organ übertragen werden. Der Aufsichtsrat bildet dabei das zentrale Hauptbeschlussfassungsorgan innerhalb der Aufsichtsbehörde. Zu seinen grundlegenden Aufgaben gehören die Festlegung der Aufsichtspolitik und der Erlass von Beschlüssen und Leitlinien gegenüber

---

1117 *Jörgens*, Die koordinierte Aufsicht über europaweit tätige Bankengruppen, S. 123; *de Vicuña*, The International Lawyer 2000, 117 (122); siehe auch *Weinbörner*, Die Stellung der Europäischen Zentralbank und der nationalen Zentralbanken in der Wirtschafts- und Währungsunion nach dem Vertrag von Maastricht, S. 420; kritisch hingegen *Hadjiemmanuil*, Tulane Journal of Int. & Comp. Law 1997, 106 (154), „This possibility is not particularly attractive, since it could open the way to excessive centralism, overregulation resulting from lack of regulatory competition, and the disregard of the special characteristics of particular national submarkets, and should, accordingly, be explored with caution“. Dieses System ist in seinen Grundzügen vergleichbar mit der VO (EG) Nr. 1/2003 v. 16.12.2002 zur Durchführung der in den Artikeln 81 und 82 des Vertrags niedergelegten Wettbewerbsregeln, ABl. 2003 L 1/1.

1118 *Glatzl*, Geldpolitik und Bankenaufsicht im Konflikt, S. 248.

den Mitgliedstaaten sowie den von ihm beaufsichtigten Unternehmen. Allerdings sollte die Entscheidungsstruktur dezentralisiert erfolgen und auf untergeordnete Abteilungen übertragen werden, sodass die höchste Entscheidungsebene in Gestalt des Aufsichtsrates die Letztentscheidungskompetenz nicht zwingend in allen Aufsichtsfragen besitzt. Dies gilt insbesondere für Aufsichtsentscheidungen im Rahmen der laufenden Überwachung (sog. *day-to-day-supervision*). Die gegenwärtige Entscheidungsstruktur des Einheitlichen Aufsichtsmechanismus, bei der das Aufsichtsgremium mangels eigener Entscheidungskompetenz nach außen hin gemäß Art. 26 Abs. 8 SSM-VO sämtliche Aufsichtsbeschlüsse dem EZB-Rat zur endgültigen Verabschiedung vorlegen muss, ist aus Effizienzgesichtspunkten nicht vorzugswürdig. Das Aufsichtsgremium des Einheitlichen Aufsichtsmechanismus hat im Jahr 2015 schätzungsweise mehr als 2.000 Aufsichtsentscheidungen getroffen, die allesamt das Verfahren nach Art. 26 Abs. 8 SSM-VO durchlaufen mussten. Eine Unterscheidung nach Bedeutung und Tragweite der aufsichtlichen Maßnahmen wird dabei nicht vorgenommen. Dies hat zur Folge, dass das Aufsichtsgremium selbst über unbedeutende Detailfragen entscheiden muss.[1119] Ein Großteil der Entscheidungen erfolgt zwar im Wege des sog. *written-procedure*, bei dem eine physische Anwesenheit des Aufsichtsgremiums nicht erforderlich ist. Allerdings müssen auch solche Entscheidungen in letzter Instanz immer vom EZB-Rat gebilligt werden. Der Aufsichtsrat setzt sich zusammen aus dem Vorsitzenden und ggf. seinem Vertreter der Unionsaufsichtsbehörde, Vertretern der nationalen Aufsichtsbehörden, der ESAS, dem ESRB sowie der Europäischen Zentralbank. Stimmberechtigt sind allerdings nur der Vorsitzende und die Vertreter der nationalen Aufsichtsbehörden. Ein Rotationssystem wird dabei eine angemessene Interessenvertretung aller Mitgliedstaaten gewährleisten.[1120]

Neben dem Aufsichtsrat sollte ein weiteres, an das Direktorium der Europäischen Zentralbank angelehntes Gremium errichtet werden, welches die Sitzungen des Aufsichtsrates vorbereitet und für die Durchführung der Aufsichtspolitik gemäß den erlassenen Leitlinien und Beschlüsse zuständig ist. Zu diesem Zweck wird es mit einem Weisungsrecht gegenüber den Mitgliedstaaten und den beaufsichtigten Unternehmen ausgestat-

---

1119 *BaFin-Journal*, Interview mit BaFin-Exekutivdirektor Bankenaufsicht Raimund Röseler, Oktober 2015, S. 22, abrufbar unter: http://www.bafin.de/SharedDocs/Downloads/DE/BaFinJournal/2015/bj_1510.pdf?__blob=publicationFile&v=6, zuletzt aufgerufen am 25.11.2018.

1120 Siehe Abschnitt E. IV 2.

tet. Das Aufsichtsgremium setzt sich zusammen aus dem Vorsitzenden der Unionsaufsichtsbehörde sowie einer begrenzten Anzahl von Mitgliedern, die sich durch besondere Kenntnisse aus dem Bereich des Aufsichtsrechts auszeichnen. Die Unionsaufsichtsbehörde wird nach außen hin von einem Vorsitzenden repräsentiert, der in beiden Beschlussorganen den Vorsitz ausübt.

Ergänzend zum primärrechtlich gewährleisteten Rechtsschutz wird vorgeschlagen, einen internen Beschwerdeausschuss einzurichten, welcher sich mit Einwänden der beaufsichtigten Institute befasst. Um einen Gleichlauf von administrativem und gerichtlichem Rechtsschutz zu vermeiden, wird vorgeschlagen, dass die vorherige Anrufung des Beschwerdeausschusses eine zwingende Sachurteilsvoraussetzung für ein etwaiges Gerichtsverfahren vor den Unionsgerichten ist. Auf diese Weise wird die Gefahr divergierender Entscheidungen von administrativen und gerichtlichen Stellen vermieden.[1121]

2. Rechtsrahmen

Da die Errichtung auf sekundärrechtlicher Basis nicht möglich ist, bedarf es einer primärrechtlichen Rechtsgrundlage, die durch eine Änderung des Vertrages erst geschaffen werden muss. Die Vorschrift sollte dabei die Bestandteile des Aufsichtssystems sowie seine zentralen Ziele (Finanzmarktstabilität und Überwachung der einheitlichen Anwendung der unionsrechtlichen Aufsichtsstandards) benennen, um dem System einen verfassungsrechtlichen Status zu verleihen. Die Arbeitsweise des Aufsichtssystems und seiner Bestandteile sollte in Verordnungen und die der Gremien in Geschäftsordnungen näher konkretisiert werden.

3. Vorteile

Die Errichtung einer rechtlich verselbstständigten Unionsaufsichtsbehörde, deren Aufgaben und Befugnisse sich auf die gesamte Europäische Union erstrecken, ist aus mehreren Gründen vorzugswürdig. Die Loslösung des Einheitlichen Aufsichtsmechanismus aus den Strukturen der Europäischen Zentralbank und dessen gleichzeitige Institutionalisierung ermöglicht zum einen eine Rechtsaufsicht durch die Europäische Kommission

---

1121 Vgl. *Ter Kuile/Wissink/Bovenschen*, CMLRev. 52 (2015), 155 (185).

(Art. 17 Abs. 1 S. 2 EUV) und zum anderen eine, deutlich über die aus dem Bereich der Währungspolitik bekannten Standards hinausgehende parlamentarische Kontrolle.[1122] Die aus der Unabhängigkeit der Europäischen Zentralbank resultierenden Friktionen mit dem Demokratieprinzip hinsichtlich der Wahrnehmung der Aufsicht in Unabhängigkeit könnten auf diese Weise beseitigt werden. Gleichzeitig gewährleistet die Errichtung einer Aufsichtsbehörde die womöglich strikteste Trennung von geldpolitischen und aufsichtlichen Aufgaben sowohl in institutioneller als auch funktioneller Hinsicht.[1123] Hiernach würde sich das Augenmerk der Europäischen Zentralbank allein auf die Ausübung von geldpolitischen Funktionen richten und im Rahmen der Aufsicht über Kreditinstitute allenfalls unterstützende Tätigkeiten ausüben, sofern sie in diese überhaupt eingebunden wird.[1124]

Angesichts der begrenzten Reichweite von Art. 127 Abs. 6 AEUV, der bislang nur die Übertragung von besonderen Aufgaben im Zusammenhang mit der Aufsicht über Kreditinstitute erlaubt, würden sich für die Aufsicht auf Unionsebene durch die Schaffung einer neuen Ermächtigungsgrundlage neue Perspektiven eröffnen. So könnten neben Banken, auch Finanzdienstleister aus anderen Sektoren, wie Versicherungs- und Wertpapierunternehmen beaufsichtigt werden. Die bislang sektorenspezifische Aufsicht durch die Europäische Zentralbank könnte somit schrittweise durch eine Allfinanzaufsicht ersetzt werden. In geographischer Hinsicht bestünde demgegenüber die Möglichkeit, alle Kreditinstitute in der Europäischen Union zu beaufsichtigen ohne danach zu differenzieren, ob diese in der Eurozone niedergelassen sind oder nicht.[1125]

Die komplette Übertragung von Aufsichtskompetenzen auf die Unionsebene setzt allerdings als letzte Konsequenz voraus, dass das materielle Aufsichtsrecht lückenlos vereinheitlicht und das Unionverwaltungsverfahrensrecht weiterentwickelt und entsprechend angepasst wird.[1126] Hierfür wird wie im Fall der Wirtschafts- und Währungsunion eine schrittweise Integration erforderlich sein, bis das materielle Unionsaufsichtsrecht gänzlich de-

---

1122 Vgl. *Wolfers/Voland*, BKR 2014, 177 (185).

1123 *Jörgens*, Die koordinierte Aufsicht über europaweit tätige Bankengruppen, S. 120, der auf das in Deutschland vorzufindende dualistische Aufsichtsmodell nach dem KWG und BBankG verweist.

1124 Vgl. *Heller*, in: Festschrift für Polak, S. 269 (281).

1125 So auch *Peters*, WM 2014, 396 (398).

1126 Vgl. *Jörgens*, Die koordinierte Aufsicht über europaweit tätige Bankengruppen, S. 123; siehe auch *Ruthig*, in: Ziekow/Seok, Der Staat als Wirtschaftssubjekt und -regulierer, S. 43 (68).

zentral von den nationalen Aufsichtsbehörden als Bestandteile des neuen Unionsaufsichtssystems vollzogen werden kann.

G. Zusammenfassung

1. Die vergangene Finanz- und Wirtschaftskrise hat deutlich gemacht, dass eine einheitliche Aufsicht über alle – bzw. über die in der Europäischen Wirtschafts- und Währungsunion – ansässigen Kreditinstitute unerlässlich ist, um die Finanzmarktstabilität dauerhaft zu gewährleisten und künftige Risiken rechtzeitig zu erkennen und zu bekämpfen. Gleichwohl viele Gründe für die Errichtung einer unionsweiten Aufsicht schon immer auf der Hand lagen, scheute sich der europäische Gesetzgeber davor, eine Unionseinrichtung mit derart weitreichenden Befugnissen auszustatten. Es war absehbar, dass die voranschreitende europäische Finanzintegration auch eine supranationale Aufsichtsbehörde erfordern würde, die losgelöst von nationalen Interessen agieren kann. Die nationalen Aufsichtsbehörden stießen insbesondere bei grenzüberschreitend tätigen Kreditinstituten an ihre Grenzen und waren stets auf eine Kooperation mit ihren europäischen Nachbarn angewiesen. Die unterschiedlichen Schutz- und Kontrollmechanismen der nationalen Aufsichtsbehörden erschwerten dabei in hohem Maße die Analyse und Bekämpfung von Risiken auf dem europäischen Finanzmarkt. Das materielle Aufsichtsrecht war zwar weitgehend harmonisiert, jedoch oblag die Durchsetzung dessen allein den nationalen Aufsichtsbehörden, die wiederum einen erheblichen Beurteilungsspielraum hinsichtlich der Auslegung dieser Vorschriften hatten.

2. Die Errichtung des ESFS war ein erster Schritt in die richtige Richtung. Allerdings zeichnete sich schon diesem Zeitpunkt ab, dass u.a. die dazu gehörende Europäische Bankenaufsichtsbehörde nicht die Autorität und Durchschlagskraft haben würde, um die aus der Finanz- und Wirtschaftskrise resultierenden Probleme zu bewältigen. Dies lag in erster Linie an ihren limitierten und unverbindlichen Instrumentarien sowohl gegenüber den nationalen Aufsichtsbehörden als auch gegenüber einzelnen Kreditinstituten.

3. Die Errichtungsverordnung zum Einheitlichen Aufsichtsmechanismus ist nach einem langen Gesetzgebungsverfahren im Oktober 2013 in Kraft getreten. Der Einheitliche Aufsichtsmechanismus bildet eine von drei Säulen der Bankenunion in der Europäischen Union. Zu den wei-

teren Säulen gehören ein Bankenabwicklungsmechanismus (*Single Resolution Mechanism* – SRM) und das Europäische Einlagensicherungssystem (*European Deposit Insurance Scheme* – EDIS). Die Errichtung des Einheitlichen Aufsichtsmechanismus und die damit einhergehende Übertragung von Aufsichtsaufgaben auf die Europäische Zentralbank waren ein Novum in der Geschichte der Europäischen Bankenaufsicht. Hierbei wurde keine neue Institution geschaffen, sondern eine neue Abteilung innerhalb der Europäischen Zentralbank, die sich ausschließlich mit Aufsichtsaufgaben befasst. Die Aufgabenwahrnehmung erfolgt dabei in enger Zusammenarbeit mit den nationalen Aufsichtsbehörden, die im Wesentlichen vorbereitende Tätigkeiten für den Einheitlichen Aufsichtsmechanismus übernehmen.

4. Die Übertragung von Aufsichtsaufgaben auf die Europäische Zentralbank erfolgte mit dem Ziel, die einheitliche Anwendung der aufsichtsrechtlichen Vorschriften durch die nationalen Aufsichtsbehörden sicherzustellen und damit verbundene Aufsichtsarbitrage aufgrund unterschiedlicher Interpretation der unionsrechtlichen Vorschriften zu vermeiden sowie einen Beitrag zur Finanzmarktstabilität zu leisten. Hierfür kann die Europäische Zentralbank auf einen umfassenden Katalog von Handlungsbefugnissen zurückgreifen, um die ihr durch die SSM-VO übertragenen Aufgaben wahrnehmen zu können. Zu den bedeutendsten Befugnissen gehören die Erteilung und Zulassung von Erlaubnissen zum Betrieb eines Kreditinstitutes. Daneben bestehen zahlreiche Informations- und Sachverhaltsermittlungsrechte sowie die Möglichkeit, Verstöße gegen aufsichtsrechtliche Vorschriften zu sanktionieren. Die Europäische Zentralbank kann durch die Erteilung von Weisungen und Leitlinien maßgeblichen Einfluss auf die Aufsichtspraxis der nationalen Aufsichtsbehörden nehmen und auf diese Weise einen Beitrag zur einheitlichen Anwendung und Durchsetzung der materiellen Aufsichtsvorschriften leisten. Sie kann das materielle Aufsichtsrecht selbst anwenden oder die nationalen Aufsichtsbehörden anweisen, dies zu tun. Ein Novum ist zudem die Möglichkeit der Europäischen Zentralbank, als Unionsbehörde nationales Recht anzuwenden und Maßnahmen gegenüber Kreditinstituten zu erlassen. Das kann jedoch erhebliche Auswirkungen auf den Rechtsschutz der Adressaten haben, da mehrere Entscheidungsträger tätig werden und für die Betroffenen unter Umständen nicht ersichtlich ist, wem letztlich eine Maßnahme zuzurechnen ist. Damit geht auch die Frage einher, ob die nationalen Gerichte oder die Gerichte der Union über Rechtsakte, die

die Europäische Zentralbank auf der Grundlage von nationalem Recht erlassen hat, entscheiden müssen. Diese Frage ist bislang ungeklärt und bringt erhebliche Rechtsunsicherheiten mit sich.

5. Die Struktur des Einheitlichen Aufsichtsmechanismus musste sich aufgrund der primärrechtlichen Vorgaben aus Art. 129 AEUV in den bestehenden organisatorischen Rahmen der Europäischen Zentralbank einfügen. Die Entstehung von potenziellen Zielkonflikten zwischen den geldpolitischen und aufsichtlichen Funktionen ist trotz der getroffenen Vorkehrungen, wie die strikte Trennung des Personals, nach wie vor nicht ausgeschlossen.

6. Die Errichtung des Einheitlichen Aufsichtsmechanismus auf der Grundlage von Art. 127 Abs. 6 AEUV begegnet rechtlichen Bedenken und ist umstritten. Art. 127 Abs. 6 AEUV stellt zwar grundsätzlich eine geeignete Rechtsgrundlage zur Übertragung von Aufsichtsaufgaben auf die Europäische Zentralbank dar, ist aber angesichts der Fülle an übertragenen Aufgaben im Fall des Einheitlichen Aufsichtsmechanismus überdehnt worden. Alternative Rechtsgrundlagen wie Art. 114 AEUV oder Art. 352 AEUV kommen ebenfalls nicht in Betracht. Eine Übertragung von Aufsichtsaufgaben im Umfang der SSM-VO auf die Europäische Zentralbank hätte daher nur im Wege einer Vertragsänderung nach Art. 48 EUV erfolgen dürfen.

7. Die Europäische Zentralbank kann sich angesichts der funktionell begrenzten Reichweite von Art. 130 AEUV bei der Ausübung von Aufsichtsaufgaben nicht auf die primärrechtlich garantierte Unabhängigkeit berufen. Ihre Weisungsfreiheit in geldpolitischen Angelegenheiten ist auch nicht auf ihre Aufsichtsaufgaben übertragbar. Da es sich bei der Wahrnehmung von Aufsichtsbefugnissen um hoheitliche Gewalt handelt, die mit Eingriffen in die Grundrechte Dritter verbunden ist, müssen diese in einem demokratischen System entweder einer parlamentarischen Kontrolle unterliegen oder einem vom Parlament ausgewählten Exekutivorgan gegenüber verantwortlich sein. Das Defizit an demokratischer Legitimation wird durch die von der SSM-VO vorgesehenen Rechenschaftspflichten gegenüber dem Europäischen Parlament jedoch nicht kompensiert. Auch sind keine besonderen Rechtfertigungsgründe vorhanden, die eine Wahrnehmung der Bankenaufsicht in Unabhängigkeit rechtfertigen, sodass der Einheitliche Aufsichtsme-

chanismus in seiner jetzigen Form in Widerspruch zum unionalen Demokratieprinzip steht.

8. Die Ansiedlung des Einheitlichen Aufsichtsmechanismus bei der Europäischen Zentralbank führt zu einem Auseinanderfallen der Aufsichtspraxis zwischen den Mitgliedstaaten der Eurozone und den am SSM nicht teilnehmenden Mitgliedstaaten. Letztere haben zwar die Möglichkeit im Wege eines *opt-in* am Einheitlichen Aufsichtsmechanismus teilzunehmen, eine Pflicht besteht hierzu jedoch nicht. Nach Eingehung einer engen Zusammenarbeit mit Mitgliedstaaten, deren Währung nicht der Euro ist, kann die Europäische Zentralbank lediglich auf die nationalen Aufsichtsbehörden einwirken, nicht aber auf die von diesen beaufsichtigten Instituten.

9. Die Übertragung von Aufsichtsaufgaben im Umfang der SSM-VO auf die EBA als Alternative zum Einheitlichen Aufsichtsmechanismus kommt ebenfalls nicht in Betracht. Die umfassende Übertragung von weitreichenden Kontroll- und Eingriffsbefugnissen ist mit Art. 114 AEUV und der Meroni-Rechtsprechung nicht zu vereinbaren.

10. Die Errichtung des Einheitlichen Aufsichtsmechanismus ist im Grundsatz zu begrüßen, da eine grenzüberschreitend tätige Aufsichtsbehörde – anders als eine nationale Aufsichtsbehörde – eher in der Lage ist, den europäischen Finanzmarkt in seiner Gesamtheit zu überwachen sowie grenzüberschreitende Risiken zu erkennen und diese einzudämmen. Allerdings ist die Ausgestaltung des Einheitlichen Aufsichtsmechanismus, insbesondere dessen Ansiedlung bei der Europäischen Zentralbank, kritisch zu betrachten. Die damit verbundenen rechtlichen Bedenken könnten durch die Errichtung einer rechtlich verselbstständigten Unionsaufsichtsbehörde im Wege einer Vertragsänderung gemäß Art. 48 EUV beseitigt werden. Auf diese Weise könnte die gesamte Aufsicht auf Unionsebene unter Einbeziehung aller Mitgliedstaaten konzentriert werden. Die Loslösung der Aufsicht aus den Strukturen der Europäischen Zentralbank würde eine parlamentarische Kontrolle ermöglichen. Gleichzeitig wäre eine weitaus striktere Trennung von geldpolitischen und aufsichtlichen Aufgaben sowohl in institutioneller als auch funktioneller Hinsicht möglich. Die Schaffung einer neuen europäischen Aufsichtsbehörde auf primärrechtlicher Basis böte zudem die Möglichkeit, das bereits weitgehend harmonisierte materielle Aufsichtsrecht lückenlos zu vereinheitlichen und das Unionsverwal-

tungsverfahrensrecht weiter zu entwickeln. Die Mitwirkung der nationalen Behörden ist dabei unerlässlich. Diese könnten nach dem Vorbild des ESZB als Bestandteil des neuen Unionsaufsichtssystems das materielle Unionsaufsichtsrecht dezentral anwenden und vollziehen.

Literaturverzeichnis

Ausschuss der Weisen: Schlussbericht des Ausschusses der Weisen über die Regulierung der europäischen Wertpapiermärkte v. 15.02.2001 (Vorsitzender: Alexandre Lamfalussy), Brüssel 2001, abrufbar unter: https://www.esma.europa.eu/sites/default/files/library/2015/11/lamfalussy_report.pdf, zuletzt aufgerufen am 25.11.2018 [zitiert als *Lamfalussy-Bericht*]

Bafin: Jahresbericht 2002/Teil A

Bähre, Inge L./*Schneider*, Manfred (Hrsg.): Kommentar zum Kreditwesengesetz, 3. Auflage, München 1986

Bark, Felix/*Gilles*, André: Der ESM in der Praxis – Rechtsgrundlagen und Funktionsweise, EuZW 2013, 367 ff.

Basler Ausschuss für Bankenaufsicht, in: Bank für Internationalen Zahlungsausgleich, Grundsätze für eine wirksame Bankenaufsicht, September 2012

Bast, Jürgen: Grundbegriffe der Handlungsformen der EU entwickelt am Beschluss als praxisgenerierter Handlungsform des Unions- und Gemeinschaftsrechts, Berlin 2006

Baur, Georg/*Boegl*, Martin: Die neue europäische Finanzmarktaufsicht – Der Grundstein ist gelegt, BKR 2011, 177 ff.

Baur, Georg/*Ganguli*, Indranil: Die Neuordnung der Europäischen Bankenaufsicht, jurisPR-BKR 11/2013 Anm. 1

Beck, Heinz/*Samm*, Carl-Theodor/*Kokemoor*, Axel (Hrsg.): Kommentar zum Kreditwesengesetz, Loseblattsammlung, 172. Ergänzungslieferung, Heidelberg 2014

Becker, Florian: Die Reform der Finanzmarktaufsicht – Verfassungsrechtliche Vorgaben für eine Neuordnung der Bankenaufsicht, DÖV 2010, 909 ff.

Berger, Henning: Rechtsanwendung durch die EZB im Single Supervisory Mechanism (SSM), WM 2016, 2325 ff.

– Der Einheitliche Aufsichtsmechanismus (SSM), WM 2015, 501 ff.

Bieg, Hartmut/*Krämer*, Georg/*Waschbusch*, Gerd: Bankenaufsicht in Theorie und Praxis, 4. Auflage, Frankfurt am Main 2011

Binder, Jens-Hinrich: Auf dem Weg zu einer europäischen Bankenunion? Erreichtes, Unerreichtes, offene Fragen, ZBB 2013, 289 ff.

Birnstiel, Alexander/*Bungenberg*, Marc/*Heinrich*, Helge (Hrsg.): Europäisches Beihilfenrecht, Baden-Baden 2013

Bödecker, Andreas: Prüfungen nach § 44 Abs. 1 KWG – Verfahren und Kosten, Berlin 1986.

Boegl, Martin: Die neue Bankenaufsicht bei der EZB, Die Bank 09/2013, 19 ff.

– Nationale makroprudenzielle Aufsicht etabliert, Die Bank 06/2013, 17 ff.

Boos, Karl-Heinz/*Fischer*, Reinfried/*Schulte-Mattler*, Hermann (Hrsg.): Kommentar zum KWG und Ausführungsvorschriften, 5. Auflage, München 2016

Brandi, Tim O./*Giesler*, Konrad: Vorschläge der EU-Kommission zur einheitlichen Bankaufsicht in der Eurozone, BB 2012, 2646 ff

Buch, Claudia M./*Körner*, Tobias/*Weigert*, Benjamin: Stellungnahme anlässlich der öffentlichen Anhörung des Finanzausschusses des Deutschen Bundestages am 03.06.2013 zum „Entwurf eines Gesetzes zum Vorschlag für eine Verordnung des Rates zur Übertragung besonderer Aufgaben im Zusammenhang mit der Aufsicht über Kreditinstitute für die Europäische Zentralbank“ (Drucksache 17/13470), Antrag der Fraktionen SPD und BÜNDNIS 90/DIE GRÜNEN „Ein neuer Anlauf zur Bändigung der Finanzmärkte – für eine starke europäische Bankenunion zur Beendigung der Staatshaftung bei Bankenkrisen“ (Drucksache 17/11878), IWH Online 5/2013, abrufbar unter: http://www.iwh-halle.de/d/publik/iwhonline/io_2013-05.pdf, zuletzt aufgerufen am 25.11.2018

Bull, Hans P.: Die „völlig unabhängige" Aufsichtsbehörde – Zum Urteil des EuGH vom 09.03.2010 in Sachen Datenschutzaufsicht, EuZW 2010, 488 ff.

Burghof, Hans-Peter: Bankenunion – Ist eine gemeinsame europäische Bankenaufsicht ein neues Instrument der Bankenrettung?, Ifo-Schnelldienst 2012, 3 ff.

Burghof, Hans-Peter/*Müller*, Jan: Der "Fall Bankia" als Beleg für die Notwendigkeit einer einheitlichen europäischen Bankenaufsicht auch für regionale Kreditinstitute? Eine kritische Analyse, ZfGK 2013 Sonderheft, 3 ff.

Burghof, Hans-Peter/*Rudolph*, Bernd: Bankenaufsicht – Theorie und Praxis der Regulierung, Wiesbaden 1996

Caesar, Rolf: Der Handlungsspielraum von Notenbanken – Theoretische Analyse und internationaler Vergleich, Baden-Baden 1981

Calliess, Christian/*Ruffert*, Matthias (Hrsg.): Kommentar zum EUV/AEUV, 5. Auflage, München 2016

Carr, Alexandria: Banking Union – Story of the emperor's new clothes?, JIFBL 2013, 67 ff.

Ceyssens, Jan: Teufelskreis zwischen Banken und Staatsfinanzen – Der neue Europäische Bankaufsichtsmechanismus, NJW 2013, 3704 ff.

– Die neue europäische Aufsichtsarchitektur im Finanzbereich, Zentrum für europäisches Wirtschaftsrecht, Vorträge und Berichte Nr. 190/2011.

Claßen, Ruth/*Heegemann*, Volker: Das Lamfalussy-Verfahren – Bestandsaufnahme, Bewertung und Ausblick, ZfgK 2003, 66 ff.

Cœuré, Benoît: The History of Central Banks and the European Banking Union, IMFS Working Paper 2/2013, 15 ff.

Dammann, Jens: Banking Union – Flawed by Design, Georgetown Journal of Int. Law 4/2014, 1057 ff.

de Larosière, Jacques: Bericht High Level Group on Financial Supervision in the EU, Brüssel 2009, abrufbar unter: http://ec.europa.eu/economy_finance/publications/pages/publication14527_en.pdf, zuletzt aufgerufen am 25.11.2018 [zitiert als *de Larosière-Bericht*]

de Luna Martínez, José/*Rose*, Thomas A.: International Survey of Integrated Financial Sector Supervision, World Bank Policy Research Working Paper 3096 (2003)

de Vicuña, Antonio Sáinz: The ESCB and Its Role in Banking Supervision, The International Lawyer 2000, 117 ff.

Deutsche Bundesbank: Der Start in die Bankenunion – Der Einheitliche Aufsichtsmechanismus in Europa, Monatsbericht Oktober 2014, S. 45 ff.

– Stellungnahme v. 31.05.2013 zum SSM-Zustimmungsgesetz (BT-Drs. 17/13470), abrufbar unter: https://www.bundesbank.de/de/presse/stellungnahmen/stellungnahme-zum-ssm-zustimmungsgesetz-662882, zuletzt aufgerufen am 25.11.2018

– Gemeinsame europäische Bankenaufsicht – Erster Schritt auf dem Weg zur Bankenunion, Monatsbericht Juli 2013, S. 15 ff.

– Der Europäische Ausschuss für Systemrisiken – Vom institutionellen Fundament zur glaubwürdigen makroprudenziellen Überwachung, Monatsbericht April 2012, S. 29 ff.

– Internationale Zusammenarbeit in der Bankenregulierung. Historie und aktuelle Entwicklungen, Monatsbericht September 2011, S. 83 ff.

Di Noia, Carmine/ *Di Giorgio*, Giorgio: Should Banking Supervision and Monetary Policy Tasks be Given to Different Agencies?, International Finance Vol. 2, 3/1999, 361 ff.

Dinov, Stanyo: Europäische Bankenaufsicht im Wandel, EuR 2013, 593 ff.

Dolzer, Rudolf/*Vogel*, Klaus/*Graßhoff*, Karin (Hrsg.): Bonner Kommentar zum Grundgesetz, Loseblattsammlung, 161. Ergänzungslieferung, Heidelberg 2013 [zitiert als *Bearbeiter*, in: Bonner Kommentar]

Dragomir, Larisa: European Prudential Regulation and Supervision, New York 2010

Dutzler, Barbara: Der Status des ESZB aus demokratietheoretischer Sicht, Der Staat 2002, 495 ff.

Dziechciarz, Beata: Rechtliche Integration der nationalen Zentralbanken in das Europäische System der Zentralbanken und in das Eurosystem, Baden-Baden 2009

Eekhoff, Meike: Die Verbundaufsicht, Tübingen 2006

Ehrlicher, Werner: Wandlungen des Inflationsprozesses, in: Sigurd Klatt/Manfred Willms (Hrsg.), Strukturwandel und makroökonomische Steuerung, Festschrift für Fritz Voigt, Berlin 1975, S. 387 ff. [zitiert als *Bearbeiter*, in: Festschrift für Voigt]

Endler, Jan: Europäische Zentralbank und Preisstabilität – Eine juristische und ökonomische Untersuchung der institutionellen Vorkehrungen des Vertrages von Maastricht zur Gewährleistung der Preisstabilität, Stuttgart 1998

Eriksson, Andrea: Einheitlicher Europäischer Bankenaufsichtsmechanismus, Berlin 2013

Europäische Zentralbank, Jahresbericht zur Aufsichtstätigkeit, Frankfurt am Main 2017

– Leitfaden zur Bankenaufsicht, September 2014

– SSM-Quartalsbericht 4/2014

– Das Zusammenspiel von Geld- und Finanzpolitik in einer Währungsunion, Monatsbericht Juli 2012, S. 53 ff.

– Konvergenzbericht 2004

– Monatsbericht November 1999

Fehling, Michael/*Ruffert*, Matthias (Hrsg.): Regulierungsrecht, Tübingen 2010

Ferran, Eilís/*Babis*, Valia S.G.: The European Single Supervisory Mechanism, Cambridge Legal Studies Research Paper Series 10/2013

Fisahn, Andreas/*Mushoff*, Tobias: Vorwirkung und unmittelbare Wirkung Europäischer Richtlinien, EuR 2005, 222 ff.

Fischer zu Cramburg, Ralf: Aufsicht – Europäischer Rat einigt sich auf Zwei-Säulen-Modell, NZG 2009, 824 ff.

Fischer, Hans G.: Zur unmittelbaren Anwendung von EG-Richtlinien in der öffentlichen Verwaltung, NVwZ 1992, 635 ff.

Frach, Lotte: Finanzmarktregulierung in Deutschland, Baden-Baden 2010

Fritsch, Michael: Marktversagen und Wirtschaftspolitik, 9. Auflage, München 2014

Gaitanides, Charlotte: Das Recht der Europäischen Zentralbank, Tübingen 2005

Gärditz, Klaus Ferdinand: Europäisches Regulierungsrecht auf Abwegen, AöR 2010, 251 ff.

Geber, Frederic: Bankenaufsicht ohne Verwaltungsverfahrensrecht?, EuZW 2013, 298 ff.

Geerlings, Jörg: Die neue Rolle der Bundesbank im Europäischen System der Zentralbanken – Von der Reichsbank zur Europäischen Zentralbank, DÖV 2003, 322 ff.

Glatzl, Stefan: Geldpolitik und Bankenaufsicht im Konflikt – Die Pflicht der Mitgliedstaaten zur Unterstützung der EZB im Bereich der Preisstabilität unter besonderer Berücksichtigung der Bankenaufsicht, Baden-Baden 2009

Goodhart, Charles/*Schoenemaker*, Dirk: Should the Functions of Monetary Policy and Banking Supervision Be Separated?, Oxford Economic Papers 47/1995, 539 ff.

Görgens, Egon/*Ruckriegel*, Karlheinz /*Seitz*, Franz: Europäische Geldpolitik – Theorie, Empirie und Praxis, 6. Auflage, München 2014

Götz, Volkmar: Europäische Gesetzgebung durch Richtlinien – Zusammenwirken von Gemeinschaft und Staat, NJW 1992, 1849 ff.

Grabitz, Eberhard/*Hilf*, Meinhard/*Nettesheim*, Martin (Hrsg.): Das Recht der Europäischen Union, Loseblattsammlung, 60. Ergänzungslieferung, München 2016

Groß, Thomas: Unabhängige EU-Agenturen – eine Gefahr für die Demokratie?, JZ 2012,1087 ff.

Guarracino, Francesco: Role and Powers of the European Central Bank and of the European Banking Authority in the Perspective of the Forthcoming Single Supervisory Mechanism, Law And Economics Yearly Review Vol. 2/2013, 184 ff.

Guckelberger, Annette/*Geber*, Frederic: Allgemeines Europäisches Verwaltungsverfahrensrecht vor seiner unionsrechtlichen Kodifizierung?, Baden-Baden 2013

Gurlit, Elke: Instrumente makroprudenzieller Bankenaufsicht – unter besonderer Berücksichtigung zusätzlicher Kapitalanforderungen, WM 2015, 1217 ff.

– The ECB's relationship to the EBA, EuZW-Beilage 2014, 14 ff.

– Handlungsformen der Finanzmarktaufsicht, ZHR 2013, 862 ff.

Häde, Ulrich: Jenseits der Effizienz – Wer kontrolliert die Kontrolleure? Demokratische Verantwortlichkeit und rechtsstaatliche Kontrolle der europäischen Finanzaufsichtsbehörden, EuZW 2011, 662 ff.

– Rechtliche Vorgaben für die Organisation der Bankenaufsicht, in: Martin Müller/ Andreas Peilert (Hrsg.), Wirtschaft – Verwaltung – Recht, Festschrift für Rolf Stober, Köln 2008, S. 467 ff. [zitiert als *Häde*, in: Festschrift für Stober]

– Bankenaufsicht und Grundgesetz, JZ 2001, 105 ff.

– Die Europäische Wirtschaft- und Währungsunion, EuZW 1992, 171 ff.

Hadjiemmanuil, Christos: European Monetary Union, the European System of Central Banks, and banking supervision – A neglected aspect of the Maastricht Treaty, Tulane Journal of Int. & Comp. Law 1997, 106 ff.

Hagemeister, Hans-Otto: Die neue Bundesanstalt für Finanzdienstleistungsaufsicht, WM 2002, 1773 ff.

Hahn, Hugo J./*Häde*, Ulrich: Währungsrecht, 2. Auflage, München 2010

Handelsblatt: „Sitz der neuen Bankenaufsicht in Paris?“, Online-Ausgabe v. 09.12.2012, abrufbar unter: http://www.handelsblatt.com/economy-business-und-finance-sitz-der-neuen-bankenaufsicht-in-paris/7497568.html, zuletzt aufgerufen am 25.11.2018

– „Aus Aktionärssicht ist die Bilanz verheerend“, Online Ausgabe v. 31.08.2008, abrufbar unter: http://www.handelsblatt.com/unternehmen/banken/allianz-und-dresdner-bank-hatten-bei-fusion-grosse-erwartungen-geweckt-sdk-aus-aktionaerssicht-ist-die-bilanz-verheerend/3013840.html, zuletzt aufgerufen am 25.11.2018

– EZB stellt 1.000 Mitarbeiter für Bankenaufsicht ein“, Online-Ausgabe v. 15.10.2013, abrufbar unter: http://www.handelsblatt.com/wirtschaft-und-finanzen-ezb-stellt-1-000-mitarbeiter-fuer-bankenaufsicht-ein/8937000.html, zuletzt aufgerufen am 25.11.2018

Hänle, Florian: Die neue Europäische Finanzaufsicht, Hamburg 2012

Hanten, Mathias/*Bracht*, Hannes: Die Europäisierung des Bankenaufsichtsrechts im Praxistest – Die L-Bank-Entscheidung des Gerichts der Europäischen Union, ZBB 2017, 236 ff.

Haratsch, Andreas: Verweisungstechnik und gemeinschaftsgerichtete EG-Richtlinien, EuR 2000, 42 ff.

Hartmann-Wendels, Thomas: Notwendigkeit einer europäischen Bankenaufsicht – Orientierungen zur Wirtschafts- und Gesellschaftspolitik 4/2012, S. 2 ff.

Hartwig, Helge: Die Befugnisse der EZB und ESRB auf dem Gebiet der Finanzmarktstabilität, EuZW 2012, 775 ff.

Hecker, Jan: Marktoptimierende Aufsicht, Tübingen 2007

Heller, Robert: Prudential Supervision and Monetary Policy in: Jacob A Frenkel/ Morris Goldstein (Hrsg.), International Financial Policy, Festschrift für Jacques J. Polak, Washington D.C. 1993, S. 269 ff. [zitiert als *Heller*, in: Festschrift für Polak]

Herdegen, Matthias: Europäische Bankenunion – Wege zu einer einheitlichen Bankenaufsicht, WM 2012,1889 ff.

– Bankenaufsicht im Europäischen Verbund, Berlin 2010

– Bundesbank und Bankenaufsicht – Verfassungsrechtliche Fragen, WM 2000, 2121 ff.

Heun, Werner: Finanzaufsicht im Wandel, JZ 2012, 235 ff.

– Der Staat und die Finanzkrise, JZ 2010, 53 ff.

– Rechtsgutachten zur verfassungsrechtlichen Zulässigkeit verschiedener Organisationsmodelle zur Umgestaltung der Bankenaufsicht, 2000, abrufbar unter: http://home.uni-leipzig.de/~bankinst/alt/dokumente/2000-09-05-01.pdf, zuletzt aufgerufen am 28.11.2018

Hofmann, Jens: Rechtsschutz und Haftung im Europäischen Verwaltungsverbund, Berlin 2004

Honold, Eduard: Die Bankenaufsicht, Mannheim 1956

Hopt, Klaus J.: Auf dem Weg zu einer neuen europäischen und internationalen Finanzmarktarchitektur, NZG 2009, 1401 ff.

Humm, Hubert: Bankenaufsicht und Währungssicherung, Berlin 1989

Hütz, Gerhard: Die Bankenaufsicht in der Bundesrepublik Deutschland und in den USA – Ein Rechtsvergleich, Berlin 1990

IMF Staff Discussion Note: A Banking Union for the Euro Area, 2013, abrufbar unter: https://www.imf.org/external/pubs/ft/sdn/2013/sdn1301.pdf, zuletzt aufgerufen am 25.11.2018

Ioannidou, Vasso P.: Does monetary policy affect the central bank's role in bank supervision?, Journal of Financial Intermediation 14/2005, S. 58 ff.

Jarass, Hans D.: Kommentar zur Charta der Grundrechte der Europäischen Union, 3. Auflage, München 2016

Jestaedt, Matthias: Demokratieprinzip und Kondominialverwaltung – Entscheidungsteilhabe Privater an der öffentlichen Verwaltung auf dem Prüfstand des Verfassungsprinzips Demokratie, Bonn 1993

Jörgens, Stefan: Die koordinierte Aufsicht über europaweit tätige Bankengruppen, Baden-Baden 2001

Junker, Johannes: Gewährleistungsaufsicht über Wertpapierdienstleistungsunternehmen, Berlin 2003

Kämmerer, Jörn A.: Tektonische Verwerfungen im Einheitlichen Aufsichtsmechanismus (SSM) der Bankenunion – Kritische Betrachtungen aus Anlass der L-Bank-Entscheidung des EuG, ZBB 2017, 317 ff.

– Rechtsschutz in der Bankenunion (SSM, SRM), WM 2016, 1 ff.

– Bahn frei der Bankenunion? Die neuen Aufsichtsbefugnisse der EZB im Lichte der EU-Kompetenzordnung, NVwZ 2013, 830 ff.

– Das neue Europäische Finanzaufsichtssystem (ESFS) – Modell für eine europäisierte Verwaltungsarchitektur?, NVwZ 2011, 1281 ff.

Kämmerer, Jörn A./*Starski*, Paulina: Die Europäische Zentralbank in der Bankenunion oder – Vor Risiken und Nebenwirkungen wird gewarnt, ZG 2013, 318 ff.

Kaufhold, Ann-Kathrin: Die Europäische Bankenunion – vollendet unvollendet? Eine Zwischenbilanz, ZG 2017 18 ff.

– Systemaufsicht – Anforderungen an die Ausgestaltung einer Aufsicht zur Abwehr systemischer Risiken entwickelt am Beispiel der Finanzaufsicht, Tübingen 2016

– Instrumente und gerichtliche Kontrolle der Finanzaufsicht, Die Verwaltung 2016, 339 ff.

– Makroaufsicht über das Finanzsystem – Nationale und Europäischen Gremien im Strukturvergleich, 2013, 1877 ff.

Kern, Alexander: European Banking Union – A legal and institutional analysis of the Single Supervisory Mechanism and the Single Resolution Mechanism, E.L.R. 40 (2015), 154 ff.

Keßler, Thomas H.: Aufsichtskonkurrenz im Sparkassenwesen – Eine Untersuchung der verschiedenen Aufsichtsarten über die Sparkassen auf ihre möglichen Überschneidungen, Tübingen 1987

Kohtamäki, Natalia: Die Reform der Bankenaufsicht in der Europäischen Union, Tübingen 2012

Kühling, Jürgen: Die Zukunft des Europäischen Agentur(un)wesens – oder: Wer hat Angst vor Meroni?, EuZW 2008, 129 ff.

Laars, Reinhard: Finanzdienstleistungsaufsichtsgesetz, 3 Auflage, Baden-Baden 2017

– Finanzdienstleistungsaufsichtsgesetz, 1. Auflage, Baden-Baden 2012

Lackhoff, Klaus: How will the single supervisory mechanism (SSM) function? A brief overview, JIBLR 2014, 13 ff.

– Which credit institutions will be supervised by the single supervisory mechanism?, JIBLR 2013, 454 ff.

Lais, Martina: Das Recht auf eine gute Verwaltung unter besonderer Berücksichtigung der Rechtsprechung des Europäischen Gerichtshof, ZEuS 2002, 447 ff.

Lastra, Rosa M.: Banking Union and Single Market – Conflict or Companionship?, Fordham Int. Law Jorunal 2013, 1190 ff.

Lautenschläger, Sabine: Wie ist das EU-Konzept zur Bankenunion zu bewerten?, ifo Schnelldienst 2013, 3 ff.

Lehmann, Matthias/*Manger-Nestler*, Cornelia: Einheitlicher Europäischer Aufsichtsmechanismus – Bankenaufsicht durch die EZB, ZBB 2014, 2 ff.

– Das neue Europäische Finanzaufsichtssystem, ZBB 2011, 2 ff.

– Die Vorschläge zur neuen Architektur der europäischen Finanzaufsicht, EuZW 2010, 87 ff.

Leible, Stefan/*Terhechte*, Jörg Philipp (Hrsg.): Enzyklopädie Europarecht – Europäisches Rechtsschutz- und Verfahrensrecht, Bd. 3, Baden-Baden 2014 [zitiert als *Bearbeiter*, in: Leible/Terhechte, Europäisches Rechtsschutz- und Verfahrensrecht]

Lener, Raffaele/*Rulli*, Edoardo: The reforms of the European financial markets supervision – The difficult coordination between EU and Member States, Law and Economics Yearly Review 2/2013, 99 ff.

Lenz, Christofer: Wem nützt eigentlich die Bankenaufsicht?, NVwZ 2010, 29 ff.

Luz, Günther/*Neus*, Werner/*Schabeer*, Mathias/*Scharpf*, Paul/*Schneider*, Peter/Weber, *Max* (Hrsg.): Kommentar zum Kreditwesengesetz, 2. Auflage, Stuttgart 2011

Manger-Nestler, Cornelia: Rechtsschutz in der europäischen Bankenaufsicht, ZfgK 2012, 528 ff.

– Par(s) inter pares? Die Bundesbank als nationale Zentralbank im Europäischen System der Zentralbanken, Berlin 2008

Manger-Nestler, Cornelia/*Böttner*, Robert: Ménage à trois? Zur gewandelten Rolle der EZB im Spannungsfeld zwischen Geldpolitik, Finanzaufsicht und Fiskalpolitik, EuR 2014, 621 ff.

Martini, Mario/*Weinzierl*, Quirin: Nationales Verfassungsrecht als Prüfungsmaßstab des EuGH?, NVwZ 2017, 177 ff.

Maunz, Theodor/*Dürig*, Günther (Hrsg.): Kommentar zum Grundgesetz, Loseblattsammlung, 78. Ergänzungslieferung, München 2016

Mayer, Franz C./*Kollmeyer*, Daniel: Sinnlose Gesetzgebung? Die Europäische Bankenunion im Bundestag, DVBl. 2013, 1158 ff.

Meyer, Jürgen (Hrsg): Kommentar zur Charta der Grundrechte in der Europäischen Union, 4. Auflage, Baden-Baden 2014

Michel, Katja: Die neue Europäische Bankenaufsichtsbehörde, DÖV 2011, 728 ff.

Moloney, Niamh: European Banking Union – Assessing its risks and resilience, CMLRev. 51 (2014), 1609 ff.

Möller, Andreas: Kapitalmarktaufsicht – Wandel und Neubestimmung der nationalen und europäischen Kapitalmarktaufsicht anhand des Beispiels der Aufsicht über die Börsen und den Börsenhandel, Berlin 2006

Mösbauer, Heinz: Staatsaufsicht über die Wirtschaft, Köln 1990

Mülbert, Peter O.: Finanzmarktregulierung – Welche Regelungen empfehlen sich für den deutschen und europäischen Finanzsektor?, JZ 2010, 834 ff.

Müller, Werner A.: Bankenaufsicht und Gläubigerschutz. Eine Analyse von Regulierungs- und Aufsichtsvorschriften für Kreditinstitute, Baden-Baden 1981

Müller-Franken, Sebastian: Die demokratische Legitimation öffentlicher Gewalt in den Zeiten der Globalisierung – Zur unhintergehbaren Rolle des Staates in einer durch Europäisierung und Internationalisierung veränderten Welt, AöR 2009, 542 ff.

Müller-Graff, Peter-Christian (Hrsg.): Enzyklopädie Europarecht – Europäisches Wirtschaftsordnungsrecht, Bd. 4, Baden-Baden 2015 [zitiert als *Bearbeiter*, in: Müller-Graff, Europäisches Wirtschaftsordnungsrecht]

Neumann, Kerstin: The supervisory powers of national authorities and cooperation with the ECB – A new epoch of banking supervision, EuZW-Beilage 2014, 9 ff.

Neyer, Ulrike/*Vieten*, Thomas: Die neue europäische Bankenaufsicht – eine kritische Würdigung, DICE Working Paper 45/2013

Niethammer, Thomas: Die Ziele der Bankenaufsicht in der Bundesrepublik Deutschland – Das Verhältnis zwischen "Gläubigerschutz" und "Sicherung der Funktionsfähigkeit des Kreditwesens", Berlin 1990

Ohler, Christoph: Bankenaufsicht und Geldpolitik in der Währungsunion, München 2015

– Anmerkung zu EuGH, Rs. C-217/04, Vereinigtes Königreich gegen Parlament und Rat, Urt. v. 02.05.2006 – Rechtsgrundlage für die Errichtung von Agenturen, EuZW 2006, 369 ff.

Orator, Andreas: Die unionsrechtliche Zulässigkeit von Eingriffsbefugnissen der ESMA im Bereich von Leerverkäufen, EuZW 2013, 852 ff.

Papathanassiou, Chryssa/*Zagouras*, Georgios: Mehr Sicherheit für den Finanzsektor – Der Europäische Ausschuss für Systemrisiken und die Rolle der EZB, WM 2010, 1584 ff.

Pechstein, Matthias/*Nowak*, Carsten/*Häde*, Ulrich (Hrsg.): Frankfurter Kommentar zu EUV, GRC und AEUV, Bd. 3, Art. 101 – 215 AEUV, Tübingen 2017

Pernice, Ingolf/*Wendel*, Mattias/ *Otto*, Lars S./*Bettge*, Kristin/*Mlynarski*, Martin/ *Schwarz*, Michael: Die Krise demokratisch überwinden – A Democratic Solution to the Crisis, Baden-Baden 2012 (zitiert als *Pernice/Wendel et. al*)

Peters, Kerstin: Die geplante Europäische Bankenunion – eine kritische Würdigung, WM 2014, 396 ff.

Peuker, Enrico: Die Anwendung nationaler Rechtsvorschriften durch Unionsorgane – ein Konstruktionsfehler der europäischen Bankenaufsicht, JZ 2014, 764 ff.

Piecha, Sebastian: Die Europäische Gemeinschaftsanleihe – Vorbild für EFSF, ESM und Euro-Bonds?, EuZW 2012, 532 ff.

Pitschas, Rainer/*Gille*, Stefanie: Rechtliche und institutionelle Entwicklungen der Finanzmarktaufsicht in der EU und in Deutschland, VerwArch 2003, 68 ff.

Pöhl, Karl O./ *Berger*, Roland/*Gaddum*, Johan Wilhelm/*Henzler*, Herbert/*Hesse*, Helmut/*Hungenberg*, Harald/*Rudolph*, Bernd: Bericht zur Strukturreform der Deutschen Bundesbank, 2000, abrufbar unter:_https://www.bundesbank.de/resource/blob/680356/59a36023d73759748d07cd8e8160f191/mL/2000-07-05-strukturreform-download.pdf, zuletzt aufgerufen am 25.11.2018 [zitiert als *Pöhl et al*]

Reimer, Ekkehart/*Waldhoff*, Christian: Verfassungsrechtliche Vorgaben für Sonderabgaben des Banken- und Versicherungssektors, Heidelberg 2011

Reiter, Julius F./*Geerlings*, Jörg: Die Reform der Bankenaufsicht – Eine Chance für den Verbraucherschutz?, DÖV 2002, 562 ff.

Rengeling, Hans-Werner/*Middeke*, Andreas/*Gellermann*, Martin (Hrsg.): Handbuch des Rechtsschutzes in der Europäischen Union, 3. Auflage, München 2014

Reumann, Ute: Die Europäische Zentralbank – Zwischen Selbstbestimmung und vertragsmäßiger Zusammenarbeit mit der Gemeinschaft, Herbholzheim 2001

Richter, Tanja: Eine zentrale europäische Bankenaufsichtsbehörde?, Hamburg 2006

Roth, Tilmann: Die indirekte Bankenaufsicht durch die Europäische Zentralbank: Eine Untersuchung zur ebenenübergreifenden Zusammenarbeit bei der Beaufsichtigung weniger bedeutender Kreditinstitute im SSM, Baden-Baden 2018

Rötting, Michael/*Lang*, Christina: Das Lamfalussy-Verfahren im Umfeld der Neuordnung der europäischen Finanzaufsichtsstrukturen – Entwicklung und Ablauf, EuZW 2012, 8 ff.

Ruffert, Matthias (Hrsg.): Europäisches Sektorales Wirtschaftsrecht, Bd. 5, Baden-Baden 2013

– Die neue Unabhängigkeit – Zur demokratischen Legitimation von Agenturen im europäischen Verwaltungsrecht, in: Peter-Christian Müller-Graff/Stefanie Schmahl/Vassilios Skouris (Hrsg.), Europäisches Recht zwischen Bewährung und Wandel, Festschrift für Dieter H. Scheuing, Baden-Baden 2011, S. 399 ff. [zitiert als *Ruffert*, in: Festschrift für Scheuing]

Ruppel, Nadine: Finanzdienstleistungsaufsicht in der Europäischen Union – Institutionell auf dem richtigen Weg?, Tübingen 2015.

Ruthig, Josef: Die EZB in der europäischen Bankenunion, ZHR 2014, 443 ff.

Ruthig, Josef/*Storr*, Stefan, Öffentliches Wirtschaftsrecht, 4. Auflage, Heidelberg 2015

Sacarcelik, Osman: Europäische Bankenunion – Rechtliche Rahmenbedingungen und Herausforderungen der einheitlichen europäischen Bankenaufsicht, BKR 2013, 353 ff.

Sachs, Michael (Hrsg.): Kommentar zum Grundgesetz, 7. Auflage, München 2014

Sachverständigenrat zur Begutachtung der gesamtwirtschaftlichen Entwicklung: Gegen eine rückwärtsgewandte Wirtschaftspolitik, Jahresgutachten 2013/14, Wiesbaden 2013

– Stabile Architektur für Europa – Handlungsbedarf im Inland, Jahresgutachten 2012/13, Wiesbaden 2012

– Chancen für einen stabilen Aufschwung, Jahresgutachten 2010/11, Wiesbaden 2010 [zitiert als *Sachverständigenrat*]

Samm, Carl-Theodor: Stellung der Deutschen Bundesbank im Verfassungsgefüge, Berlin 1967

– Verfassungsgarantierte Bundesbankautonomie, WM-Beilage 1984, 3 ff.

Schäfer, Hendrik: Bankenaufsichtsrecht in Deutschland, dem Vereinigten Königreich und den Vereinigten Staaten, Baden-Baden 2011

Schemmel, Jakob: Europäische Finanzmarktverwaltung – Dogmatik und Legitimation der Handlungsinstrumente von EBA, EIOPA und ESMA, Tübingen 2018

Schieber, Jörg: Die Aufsicht über Finanzkonglomerate – Das Aufsichtsrecht der Finanzdienstleistungsunternehmen im Spannungsverhältnis zwischen Gruppen- und Einzelinstitutsaufsicht, Berlin 1998

Schimansky, Herbert/*Bunte*, Hermann-Josef/*Lwowski*, Hans-Jürgen (Hrsg.): Bankrechts-Handbuch, 4. Auflage, München 2011

Schmidt-Bleibtreu, Bruno/*Hofmann*, Hans/*Henneke*, Hans-Günther (Hrsg.): Kommentar zum Grundgesetz, 13. Auflage, Köln 2014

Schmidt, Reiner (Hrsg.): Öffentliches Wirtschaftsrecht, Besonderer Teil 1, Berlin 1995

Schmitz-Lippert, Thomas: Die neue europäische Finanzaufsicht, BaFin Journal 12/2010, 10 ff.

Schmolke, Klaus U.: Der Lamfalussy-Prozess im Europäischen Kapitalmarktrecht – Eine Zwischenbilanz, NZG 2005, 912 ff.

Schneider, Sven H.: Sanctioning by the ECB and national authorities within the Single Supervisory Mechanism, EuZW-Beilage 214, 18 ff.

Schneider, Uwe H.: Inconsistencies and unsolved Problems in the European Banking Union, EuZW 2013, 452 ff.

– Europäische Bankenunion – Ein Etikettenschwindel!, NVwZ 2012, 721 ff.

Schneider, Uwe H./*Mülbert*, Peter: Europäische Bankenunion ohne effektiven Rechtsschutz?, Börsen-Zeitung v. 05.01.2013, Ausgabe Nr. 3, S. 4 ff.

Schuster, Gunnar: The banking supervisory competences and powers of the ECB, EuZW-Beilage 2014, 3 ff.

Schütz, Charlotte: Die Legitimation der Europäischen Zentralbank zur Rechtsetzung, EuR 2001, 291 ff.

Schwarze, Jürgen (Hrsg.): EU-Kommentar, 3. Auflage, Baden-Baden 2013

– Europäisches Verwaltungsrecht – Entstehung und Entwicklung im Rahmen der Europäischen Gemeinschaft, Baden-Baden 2005

Schwennicke, Andreas/*Auerbach*, Dirk (Hrsg.): Kommentar zum Kreditwesengesetz, 2. Auflage, München 2009

Seidel, Martin: Konstitutionelle Schwächen der Währungsunion, EuR 2000, 861 ff.

Selmayr, Martin: Die „Euro-Rettung" und das Unionsprimärrecht – Von putativen, unnötigen und bisher versäumten Vertragsänderungen zur Stabilisierung der Wirtschafts- und Währungsunion, ZÖR 2013, 259 ff.

Sethe, Rolf: Die Pflicht zum Risikomanagement im Gesellschafts-, Konzern- und Bankaufsichtsrecht, ZBB 2012, 357 ff.

Siekmann, Helmut (Hrsg): Kommentar zur Europäischen Währungsunion, Tübingen 2013

– Die Europäisierung der Finanzmarktaufsicht, IMFS Working Paper 47/2011

– Die Neuordnung der Finanzmarktaufsicht, Die Verwaltung 2010, 95 ff.

– Die Unabhängigkeit von EZB und Bundesbank nach geltendem Recht und dem Vertrag über eine Verfassung für Europa, IMFS Working Paper 1/2006

Smits, René: The role of the ESCB in banking supervision, in: Europäische Zentralbank (Hrsg.), Legal Aspects of the European System of Central Banks, Festschrift für Paolo Zamboni Garavelli, Frankfurt a.M. 2005, S. 199 ff [zitiert als *Smits*, in: Festschrift für Garavelli]

– The European Central Bank, Amsterdam 1997

Sodan, Helge: Die funktionelle Unabhängigkeit der Zentralbanken, NJW 1999, 1521 ff.

– Kollegiale Funktionsträger als Verfassungsproblem – Dargestellt unter besonderer Berücksichtigung der Kunststoffkommission des Bundesgesundheitsamtes und der Transparenzkommission, Berlin 1987

Speyer, Bernhard: EU Bankenunion – Besser gründlich als schnell, DB Research EU-Monitor August 2012

– Makro-prudentielle Aufsicht und das ESRB – Unterschätzt, DB Research Briefing März 2012

– Finanzaufsicht in der EU, DB Research EU-Monitor 84/2011

Speyer, Bernhard/*Walter*, Norbert: Plädoyer für eine Europäisierung der Finanzaufsicht, DB Research EU-Monitor 48/2007

Spiegel-Online: „Schäuble will Bankenaufsicht nach Paris abgeben", Online-Ausgabe v. 09.12.2012, abrufbar unter: http://www.spiegel.de/wirtschaft/unternehmen/schaeuble-will-bankenaufsicht-nach-paris-abgeben-a-871832.html, zuletzt aufgerufen am 25.11.2018

Stadler, Rainer: Der rechtliche Handlungsspielraum des Europäischen Systems der Zentralbanken, Baden-Baden 1996

Stern, Klaus: Die Notenbank im Staatsgefüge, in: Deutsche Bundesbank (Hrsg.), Fünfzig Jahre Deutsche Mark – Notenbank und Währung in Deutschland seit 1948, München 1998. S. 141 ff.

– Das Staatsrecht der Bundesrepublik Deutschland, Bd. 2, München 1980.

Streinz, Rudolf (Hrsg.): Europarecht, 10. Auflage, Heidelberg 2016

– Kommentar zum EUV/AEUV, 2. Auflage, München 2012

Szagunn, Volkhard/*Haug*, Ulrich/*Ergenzinger*, Wilhelm (Hrsg): Kommentar zum Kreditwesengesetz, 6. Auflage, Stuttgart 1997

Ter Kuile, Gijsbert/*Wissink*, Laura/*Bovenschen*, Willem: Tailor-made accountability within the Single Supervisory Mechanism, CMLRev. 52 (2015), 155 ff.

Terhechte, Jörg Philipp (Hrsg.): Verwaltungsrecht der Europäischen Union, Baden-Baden 2011

Thiele, Alexander: Krise der Europäischen Integration? Die Bankenunion als Beleg für die Handlungsfähigkeit der EU, GewArch, 2015, 111 ff. (Teil I) und 157 ff. (Teil II)

– Finanzaufsicht, Tübingen 2014

Tietje, Christian: Internationales Wirtschaftsrecht, 2. Auflage, Berlin 2015

Tolksdorf, Michael: Weltfinanzkrise – Zur Rolle der Banken, Notenbanken und „innovativer Finanzprodukte" IMB Working Paper 57/2010

Tröger, Tobias: Anmerkung zu EuG, T-122/15, Landeskreditbank Baden-Württemberg gegen Europäische Zentralbank, Urt. v. 16.05.2017, EuZW 2017, 461 ff.

– Der Einheitliche Aufsichtsmechanismus (SSM) – Allheilmittel oder quacksalberische Bankenregulierung?, ZBB 2013, 373 ff.

Uhlenbruck, Dirk: Die verfassungsmäßige Unabhängigkeit der Deutschen Bundesbank und ihre Grenzen, München 1960

Umbach, Dieter C./*Clemens*, Thomas (Hrsg.): Grundgesetz – Mitarbeiterkommentar und Handbuch, Bd. 2, Heidelberg 2002

van den Berg, Carel C. A.: The Making of the Statute of the European System of Central Banks – An Application of Checks and Balances, Amsterdam 2004

van Roosebeke, Bert: Bankenaufsicht bei der EZB – Doppelte Quadratur des Kreises, Orientierungen zur Wirtschafts- und Gesellschaftspolitik 2012, 10 ff.

Vedder, Christoph/*Heintschel* von Heinegg, Wolff (Hrsg.): Europäisches Unionsrecht, 2. Auflage, Baden-Baden 2018

Verhelst, Stijn: Assessing the Single Supervisory Mechanism – Passing the Point of no Return for Europe's Banking Union, Egmont Paper 58/2013

– Renewed Financial Supervision in Europe – Final or Transitory? Egmont Paper 44/2013

Véron, Nicolas: A Realistic Bridge Towards European Banking Union, Bruegel Policy Contribution 9/2013

– Europe's Single Supervisory Mechanism and the Long Journey Towards Banking Union, Bruegel Policy Contribution 16/2012

Vetter, Rainer: Die Kompetenzen der Gemeinschaft zur Gründung von unabhängigen europäischen Agenturen, DÖV 2005, 721 ff.

von Danwitz, Thomas: Europäisches Verwaltungsrecht, Berlin 2008

von der Groeben, Hans /*Schwarze*, Jürgen (Hrsg.): Kommentar zum Vertrag über die Europäische Union und zur Gründung der Europäischen Gemeinschaft, 6. Auflage, Baden-Baden 2003 [zitiert als *Bearbeiter*, in: von der Groeben/Schwarze, EUV/EGV[6]]

von der Groeben, Hans /*Schwarze*, Jürgen/*Hatje*, Armin (Hrsg.): Vertrag über die Europäische Union – Vertrag über die Arbeitsweise der Europäischen Union – Charta der Grundrechte der Europäischen Union, 7. Auflage, Baden-Baden 2015 [zitiert als *Bearbeiter*, in: von der Groeben/Schwarze/Hatje, EUV/AEUV[7]]

von Mangoldt, Hermann/*Klein*, Friedrich/*Starck*, Christian (Hrsg.): Kommentar zum Grundgesetz, Bd. 3, 6. Auflage, Vahlen 2010

von Münch, Ingo/*Kunig*, Philip (Hrsg.), Kommentar zum Grundgesetz, Bd. 2, 6. Auflage, München 2012

von Rosen, Rüdiger: Allfinanzaufsicht – Die reorganisierte Wacht an Rhein und Main als Garant für neues Anlegervertrauen, ZfgK 2002, 634 ff.

Waldhoff, Christian/*Dieterich*, Peter: Einführung einer gemeinsamen Bankenaufsicht auf EU-Ebene – Ein Überblick über die Rechtsprobleme, EWS 2013, 72 ff.

Walker, George A./*Purves*, Robert L./*Blair*, Michael (Hrsg.): Financial Services Law, 3. Auflage, Oxford 2014

Walla, Fabian: Die Europäische Wertpapier- und Marktaufsichtsbehörde (ESMA) als Akteur bei der Regulierung der Kapitalmärkte Europas – Grundlagen, erste Erfahrungen und Ausblick, BKR 2012, 265 ff.

Weidmann, Jens: Stabilitätskultur im Lichte der Staatsschuldenkrise, Leo-Brandt-Vortrag an der Nordrhein-Westfälischen Akademie der Wissenschaften und der Künste v. 08.10.2012, abrufbar unter: http://www.awk.nrw.de/weidmann-jens/stabilitaetskultur-im-lichte-der-staatsschuldenkrise.html, zuletzt aufgerufen am 25.11.2018

Weikart, Thomas: Die Änderung des Bundesbank-Artikels im Grundgesetz im Hinblick auf den Vertrag von Maastricht – Entstehen und Rechtswirkungen einer reformierten Norm, NVwZ 1993, 834 ff.

Weinbörner, Susanne: Die Stellung der Europäischen Zentralbank (EZB) und der nationalen Zentralbanken in der Wirtschafts- und Währungsunion nach dem Vertrag von Maastricht, Frankfurt a.M. 1998

Weismann, Paul: The Single Supervisory Mechanism (SSM) – The Commission Proposals on Reforming EU Banking Supervision, JIBLR 2013, 325 ff.

Wissenschaftlicher Beirat beim Bundesministerium für Wirtschaft und Technologie: Gutachten zur „Reform von Bankenregulierung und Bankenaufsicht nach der Finanzkrise", Nr. 3/2010

Witte, Andreas: Anmerkung zu EuG, T-122/15, Landeskreditbank Baden-Württemberg gegen Europäische Zentralbank, Urt. v. 16.05.2017, EuR 2017, 648 ff.

– The Application of National Banking Supervision Law by the ECB – Three Parallel Modes of Executing EU Law, Maastricht Journal of European and Comparative Law, 21/2014, 89 ff.

Wittinger, Michaela: „Europäische Satelliten" – Anmerkungen zum Europäischen Agentur(un)wesen und zur Vereinbarkeit Europäischer Agenturen mit dem Gemeinschaftsrecht, EuR 2008, 609 ff.

Wolfers, Benedikt/*Voland*, Thomas: Europäische Zentralbank und Bankenaufsicht – Rechtsgrundlage und demokratische Kontrolle des Single Supervisory Mechanism, BKR 2014, 177 ff.

Würdemann, Aike I.: Anmerkung zu EuG, T-122/15, Landeskreditbank Baden-Württemberg gegen Europäische Zentralbank, Urt. v. 16.05.2017, BKR 2017, 421 ff.

Wymeersch, Eddy: The Single Supervisory Mechanism or 'SSM' – Part One of the Banking Union, ECGI-Law Working Paper 240/2014

– Das neue europäische Finanzmarktregulierungs- und Aufsichtssystem, ZGR 2011, 443 ff.

– The reforms of the European Financial Supervisory System – An Overview, ECFR 2010, 240 ff.

– The Future of Financial Regulation and Supervision in Europe, ECGI-Law Working Paper 2005

Ziekow, Jan/*Seok*, Jong Hyun (Hrsg.): Der Staat als Wirtschaftssubjekt und -regulierer, Berlin 2013